젠더

젠더

이반 일리치 지음
허택 옮김

사월의책

젠더

1판 1쇄 발행 2020년 7월 10일

지은이 이반 일리치
옮긴이 허택
펴낸이 안희곤
펴낸곳 사월의책

편집 박동수
디자인 김현진

등록번호 2009년 8월 20일 제396-2009-126호
주소 경기도 고양시 일산동구 무궁화로 7-45 451호
전화 031)912-9491 | **팩스** 031)913-9491
이메일 aprilbooks@aprilbooks.net
홈페이지 www.aprilbooks.net
블로그 blog.naver.com/aprilbooks

ISBN 978-89-97186-55-6
ISBN 978-89-97186-50-1 (세트)

* 책값은 뒤표지에 있습니다.
* 이 도서의 국립중앙도서관 출판예정도서목록(CIP)은 서지정보유통지원시스템 홈페이지
  (http://seoji.nl.go.kr)와 국가자료종합목록 구축시스템(http://kolis-net.nl.go.kr)에서 이용
  하실 수 있습니다. (CIP제어번호: CIP2020023944)

차례

"젠더는 두 다리 사이에만 있는 것이 아니다.

발걸음을 옮길 때마다, 행동거지마다 존재하는 것이다."

이반 일리치

일러두기

1. 이 책의 핵심 단어인 *'gender'*와 *'sex'*는 '젠더'와 '성'으로 통일했다. 관련 단어인 *'sexual'*과 *'sexist'*는 각각 '성적'과 '성차별적'(또는 '성중심적')으로 옮겼고, *'gendered'*는 '젠더적인' '젠더화된' '젠더를 가진'으로, 또 *'genderless'*는 '젠더 없는'이나 '젠더를 잃은'으로 옮겼다.

2. 본문의 가독성을 위해 인명, 지명, 도서명 등의 고유명사는 원어를 병기하지 않았고, 권말의 주(註)에 나오지 않을 때만 본문에 병기했다.

3. 원어를 특별히 밝힐 경우 라틴어와 특수용어는 이탤릭으로, 영어와 일반 유럽어는 보통 서체로 괄호 안에 병기했다.

4. 본문의 주(註) 번호는 일반적인 주와 달리 저자가 일종의 핵심어(keyword)로 선별한 것이어서 제목을 함께 붙였다.

5. 미주의 모든 참고문헌은 독자의 이해를 돕기 위해 제목을 번역하고 원 제목을 괄호에 넣었다.

이 시대는 과거와 단절되었다. 어떤 이들은 이 단절을 과거의 생산양식이 자본주의로 이행한 것이라고 설명한다. 이 책에서 나는 젠더가 다스리는 시대에서 섹스가 지배하는 시대로 이행한 것이라고 설명한다. 이 책은 바바라 두덴과의 오랜 대화에서 얻은 결론을 요약한 것이다. 처음에 우리가 주제로 삼았던 것은 19세기 가사노동을 경제학적 측면과 인류학적 측면에서 어떻게 볼 것인가 하는 문제였다. 나는 이 주제를 『그림자 노동』에서 다룬 바 있다.[1] **토박이 가치** 지금 쓰는 이 글은 나중에 쓰려고 하는 '희소성의 역사'라는 주제에 한 걸음 다가서기 위한 것이다. 바바라 두덴과 대화하면서 누가 먼저 새로운 통찰을 제시했는지도 잘 기억하지 못하겠다. 하지만 우리는 시종일관 서로에게 비판적인 태도를 잃지 않고 대화했다.

리 호이나키와의 공동 연구는 또 다른 즐거움이었다. 지난 20년간 그랬듯이 작년에도 우리는 수시로 만나 그동안 각자 배운 것을 서로에게 가르쳐 주었다. 호이나키는 내가 그의 농가에 머문 2주 동안 이 책의 초안을 검토해 주었다. 그곳에서 토론하고 글을 쓰고, 나중에 베를린으로 옮겨 함께 연구하면서 책의 모양새가 점점 갖추어졌다. 우리는 열띤 토론을 하다가도 종종 미소 지으면서, 집필 과정에서 느낀 즐거움을 독자들과 함께 나누면 좋겠다고 말하곤 했다. 이 책에 나오는 표현들 역시 우리 중 누구에게서 나온 것인지 알 수 없다. 호이나키와 함께하지 않았다면 나는 이 글을 쓰지 못했을 것이다.

이 책에는 1979~1981년에 독일 카셀대학의 객원교수로 있을 때 맡았던 12세기 사회사 강좌의 일부 내용이 포함되어 있다. 강의 내내 과감한 비평을 해준 동료 교수 에른스트 울리히 폰 바이체커와 하인리히 다우버, 그리고 학생들에게 고마운 마음을 전한다.

그밖에 또 다른 대화를 통해 큰 도움을 주신 분들께 특별히 감사드린다. 노마 스웬슨은 1975년 내가 출간한 『병원이 병을 만든다』(Limits to Medicine)가 **성적 차이**를 고려치 않은 단점이 있다는 것을 깨닫게 해주었다. 클라우디아 폰 베를호프가 알려준 **경제학의 사각지대**라는 개념 덕분에 '그림자 경제'와 '토박이 영역'을 구분할 수 있었다. 경제학자들은 두 영역을 똑같이 무시하지만 부정하는 정도는 다르다. 지그마르 그뢰네펠트는 성의 **토착적 위상**과 **산업적 위상**이 어떻게 다른지 구별하는 데 도움을 주었다. 루돌프 쿠헨부흐와의 대화를 통해서는 결혼의 역사를 새로운 시각으로 볼 수 있었다. 민족지학자이면서 예술사학자인 오랜 친구 루스와 렌츠 크리스 레텐벡 부부도 소중한 격려를 해주었다. 그들과 나는 생 빅토르의 위그(Hugo of St. Victor)에서부터 구스타프 퀸스틀러(Gustav Künstler)에 이르기까지 여러 스승들을 함께 공부했다. 이 책에는 베를린 고등연구소의 연구원으로 있으면서 공부한 내용도 들어 있다. 수잔 헌트는 젠더와 성에 대한 자신의 책을 준비하면서도 내 원고 작업을 도와주었다. 마지막으로 올해 70세 생일을 맞은 조지프 피츠패트릭 신부에게 이 책을 바친다. 그는 내게 30년 동안 사회학을 가르쳐주었다.

멕시코 쿠에르나바카에서

1982년

제1장

성차별로 이룬 경제 성장

Sexism and Economic Growth

산업 사회는 두 가지 신화를 창조했다. 하나는 이 사회의 성적 계보에 관한 신화이고, 다른 하나는 산업 사회가 평등을 향해 나아가고 있다는 신화이다. 그러나 두 신화는 이른바 '제2의 성'에 속하는 사람들에 대해 거짓으로 지어낸 이야기임이 드러났다. 나의 분석은 여성들이 겪은 실제 경험에서 시작한다. 그리고 나서 현재와 과거에 대해 좀 더 만족스러운 방식으로 얘기해줄 수 있는 몇 개의 개념적 틀을 세워보고자 한다.

나는 '젠더가 이끌던 시대'와 '희소성이 통치하는 시대'를 대비해 살펴보고자 한다. 토착화된 젠더가 무너지면서 자본주의 부상의 결정적 조건이 마련되었고, 산업 생산품에 의존해서 살 수밖에 없는 생활양식이 성립되었다. 현대 영어에서 젠더는 "양성 및 무성에 일정 정도 대응하는 세 가지 문법 성분을 말하는 것으로, 각 명사는 구문 상에서 그 명사와 관련된 단어들이 요구하는 어형변화에 따라 셋 중 하나로 분류된다"(1932년 판『옥스퍼드 영어사전』)고 한다. 즉 영어 명사들은 남성, 여성, 중성 젠더 중 하나에 속한다는 것이다. 그러나 내가 이 용어를 채택한 것은 토박이 문화에서 일상적으로 구분되던 행위상의 특징들을 지칭하기 위해서다. 토박이 문화에서는 장소, 시간, 도구, 일, 말투와 몸짓, 감각 등을 남자와 결부시키거나 여자와 결부시켜 구분했다. 이러한 연관관계는 때와 장소에 따라 다르게 나타나므로 **사회적 젠더**를 이룬다. 나는 이것을 **토박이 젠더**(vernacular gender)라고 부르겠다. 왜냐하면 이 연관관계는 토박이 방언이 그러하듯이 같은 전통을 가진 사람들(라틴어로 '*gens*' 곧 핏줄)에게만 속하는 것이기 때문이다.

나는 이처럼 '젠더'라는 말을 좀 더 새로운 방식으로 쓰려고 한다. 즉 과거에는 너무나 당연해서 이름붙일 필요조차 없었지만 지금은 거의 사라진 탓에 성(sex)으로 착각되곤 하는 어떤 이원적 특징을 지칭할 때 이 말을 쓰고자 한다. 내가 볼 때 '성'이라는 말은 18세기 말부터 시작된 현상으로, 모든 인간에게 동일한 특성을 집어넣고 나서 다시 양극화시킨 결과를 의미한다. 하지만 젠더는 지역마다 다른 이원성을 띠고 나타나는 물질문화를 보여준다. 그리고 그 규칙을 스스로 따르면서 살아가는 남자와 여자를 나타낸다. 이런 젠더와 달리 **사회적 성**은 '획일성'을 특징으로 한다. 즉 그것은 인간의 노동력, 성 충동, 성격 또는 지성을 남과 여로 양분한 다음, 그 각각이 인간이라는 추상적이고 무성적인 기준에서 얼마나 벗어났는지를 진단하는 도구로 쓰인다. 진단(diagnosis)은 그리스어로 차별(discrimination)을 뜻하는 것이기도 하다. 성을 논할 때는 과학의 분명한 언어가 필요하다. 하지만 젠더는 신비롭고도 비대칭적인 상보성을 나타내므로, 오직 은유를 통해서만 그 진정한 의미에 도달할 수 있다.

세뇌된 언어들

젠더가 사라지고 성이 지배하는 시대가 되자, 인간의 조건에 유례없는 변화가 일어났다. 이젠 젠더를 다시 회복할 수 없을지도 모른다. 그렇다고 해서 성이라는 것을 과거에까지 억지 적용하면서 젠더가 사라진 현실을 가리려 해서는 안 된다. 또한 현대에 와서 처음 나타난 인간의 질적 퇴화에 대해서도 거짓말을 늘어놓아서는 안 된다.

내가 아는 한, 어떤 산업사회도 여성과 남성이 경제적으로 평등한 곳은 없다. 경제학이 측정하는 모든 분야에서 여성은 남성보다 덜 갖는다. 이러한 경제상의 성차별을 다룬 보고서는 이미 차고 넘친다. 많은 페미니스트들이 여성을 착취하는 현실을 기록하고, 그 부당한 행위를 비판하고, 구시대의 악이 여전하다면서 치료 대책을 첨부한 상세한 이론을 제시한다. 그 결과 여성 평등을 외치는 직업 운동가들의 활동이 새로운 성장산업이 되었다. 그들은 UN과 세계교회평의회, 그리고 정부와 대학의 제도적 후원을 등에 업고 호황을 누린다. 처음에는 노동계급, 그 다음에는 저개발국가, 이제는 여성이 이 후원자들의 애완견이 되었다. 그리하여 이제 성차별에 관해 발언하려는 사람은 평등한 성의 정치경제학에 이바지하고자 한다는 인상을 풍겨야 한다. 실제로 '성차별 없는 경제'를 실현하려는 사람이든, 현재의 성차별 경제를 그저 눈가림하는 데 급급한 사람이든, 모두가 그렇다는 얘기다. 나는 성차별을 보여주는 이런 증거들에 입각하여 주장을 펼치고자 하지만, 둘 가운데 어느 쪽도 택하고 싶지 않다. 내 눈에는 성차별적 경제가 혐오스러운 만큼, 성차별 없는 경제도 결국 '경제'라는 점에서는 허황된 목표로 보인다. 이 책에서 나는 본질적으로 성차별적 특징을 띤 경제학의 본성을 있는 그대로 밝히고자 한다. '희소성이라는 가정 위에 세워진 가치의 과학'인 경제학이 가장 기본적인 가정으로 숨기고 있는 성차별적 본성을 분명하게 드러내고자 한다.

이 책에서는 경제 성장과 관련된 모든 기획이 어떻게 전 세계의 **토박이 젠더**를 파괴했으며(3~5장), 어떻게 **경제적 성**을 착취해 왔는지(2장) 설명할 것이다. 이를 통해 여성에 대한 경제적 격리 (apartheid)와 억압을 분석하고자 한다. 하지만 여성 차별을 '자연스러운' 것으로 설명하는 사회생물학이나, '문화적으로' 어쩔 수 없다고 보는 구조주의라는 덫에 걸려들지는 않으려고 한다. 역사가로서 나는 여성의 **경제적** 종속이 시작된 기원을 추적하고, 인류학자로서는 가족 사이에 벌어진 성의 새로운 등급화가 무엇을 말해주는지 포착하고자 하며, 철학자로서는 이렇게 반복되는 양상을 살펴봄으로써 오늘의 대학과 사회과학들이 기대고 있는 통념으로서의 공리들이 과연 무엇인지 분명하게 밝히고자 한다.

그럼에도 지금은 내 주장을 언어로 표현하기가 힘든 시대이다. 내가 몇 년 전 처음 느꼈을 때보다 더 산업시대의 일상회화에서 젠더가 사라짐과 **동시에** 성 관점도 심화되었기 때문이다. 머리로는 원래부터 이원적 젠더가 있었음을 알면서도, 내 사고방식은 산업화된 언어가 심어준 젠더 부재의 관점으로 인해 끊임없이 왜곡되고 있다. 그러다가 나 자신이 **키워드**라는 정신 사나운 그물에 걸려있음을 알게 되었다. 확실히 이런 키워드들은 현대어의 특징이지만, 기술적 용어와는 분명히 다르다는 사실을 깨달았다. '자동차'나 '제트기'는 기술적 용어다. 기술 용어는 전통적인 언어의 어휘를 삼켜버린다. 그런 경우를 나는 기술적 혼성어라 부른다. 하지만 '교통' 같은 용어는 기술적 용어가 아니라 키워드다. 단순히 어떤 장치를 가리키는 데서 끝나지 않고 사람들에게 기본적 필요를 심어주기 때문이다.[2] ^{키워드}

현대 언어를 조사해보면 키워드가 얼마나 강력하고 설득력 있게 일상어로 쓰이는지 알 수 있다. 어떤 단어는 어원상 오래된 말이지만 여태까지와는 전혀 다른 의미로 쓰인다. '가족' '인간' '노동' 등이 그 대표적 사례다. 또 최근에 생긴 신조어도 있다. 애당초 특수한 용도로 쓰려고 만들었지만, 어느 순간 일상어로 흘러 들어가 광범위한 분야의 생각과 경험을 지칭하게 된 것들이다. '역할' '성' '에너지' '생산' '발전' '소비'가 그런 말들이다. 모든 산업화된 언어에서 키워드는 상식과 비슷해 보인다. 물론 모든 현대 언어에는 우리가 사는 세계의 사회적이고 이념적인 현실을 각 사회별로 고유하게 해석하는 관점이 들어 있다. 그럼에도 현대의 모든 산업화된 언어의 키워드들은 서로 통한다. 그래서 키워드로 해석한 현실은 근본적으로 보면 어디나 똑같다. 똑같은 고속도로를 달려 똑같은 학교와 사무실 건물에 이르고, 그 위로 똑같은 TV 안테나가 달려서 서로 다른 풍경과 마을을 단조롭고 획일적인 모습으로 바꾼다. 마찬가지로 키워드로 쓰는 글은 그것이 영어이든 일본어이든 말레이어이든 다른 언어로 쉽게 번역될 수 있다.

처음에는 기술 용어였다가 널리 쓰다 보니 키워드가 된 용어들, 가령 '교육'이나 '프롤레타리아트'나 '의료' 같은 말은 현대의 모든 언어권에서 의미가 동일하다. 분명히 다른 낱말밭에 속하는 전통적 용어들이지만 키워드로 쓰게 되면 외국어라 하더라도 의미가 정확히 일치한다. 인간됨을 뜻하는 영어의 '휴머니티'

(humanity)와 독일어의 '멘쉬하이트'(Menschheit)가 그런 사례이다.[3] 날말발

현대 언어에서 키워드가 왜 이토록 큰 힘을 발휘하는지 설명하기 위해서는 **토박이말**과 학교에서 **가르치는 모어**를 먼저 구분해야 한다. 토박이말은 자신의 마음을 말로 표현하는 사람들이 매일처럼 서로 만나서 익혀가는 언어다. 반면에 모어(母語)는 우리 대신 말하거나 우리에게 말을 가르치도록 고용한 전문가들로부터 배운 언어다. 키워드는 이처럼 배워서 익힌 모어에서만 볼 수 있는 특징이다. 토박이말을 억압하려면 단순히 어휘나 문법을 통일하는 것보다 키워드가 훨씬 효과적인 방법이다. 키워드는 **상식**과 비슷한 겉모습을 띠고 있어서 조작된 현실 위에 토박이말과 같은 광택을 입혀주기 때문이다. 또한 키워드는 산업화된 언어에서 기술적 용어로 혼성어를 만드는 것보다 훨씬 중요한 기능을 한다. 개개의 키워드마다 키워드 전체의 공통된 관점이 나타나기 때문이다. 모든 언어에서 발견되는 키워드의 가장 중요한 특징으로는 젠더가 없다는 점을 짚을 수 있다. 따라서 키워드인 '성'과 구별하여 젠더를 제대로 이해하려면, 혹시 키워드일지 모르는 용어들은 되도록 쓰지 말거나 쓰더라도 주의를 기울여야 한다.

경제적 중성의 시대

이 책을 쓰면서 나는 언어학적으로 이중의 게토에 갇혀 있는 것 같았다. 젠더의 울림을 들려주는 옛 용어를 쓸 수도 없었고, 그렇다고 해서 성 중심의 소리를 내는 언어를 남들처럼 반복하고 싶지도 않았다. 이 어려움을 처음으로 느낀 것은 1980~1982년에 걸쳐 이 원고의 초안을 강의할 때였다. 그토록 많은 동료와 친구들이 내가 시작하는 일을 그만두라고 설득한 적이 없었다. 그들은 내게 더 중요하고 더 분명하고 더 고상한 주제로 관심을 돌리라고 충고했다. 어떤 이는 지금처럼 페미니즘이 위기에 처한 상황에서 여성에 관한 이야기는 남자가 맡을 일이 아니라고 말했다.

내게 충고하는 이들의 말을 곰곰이 들어보니 그들이 내 강의에 왜 그렇게 불편해 하는지 이유를 알 수 있었다. 내 논지가 그들이 꿈꾸는 것들에 걸림돌이 되기 때문이었다. 페미니스트는 성 역할을 강요받지 않는 젠더 없는 경제를 꿈꾼다. 좌파 운동가는 모든 인간이 평등하게 정치 경제의 주체가 되는 사회를 꿈꾼다.[4 인간] 미래주의자는 사람들이 마음만 먹으면 의사, 남자, 개신교도, 유전공학자 등으로 자신의 역할을 바꾸고, 무엇을 골라도 똑같이 대접받을 수 있는 사회를 꿈꾼다. 그러나 성의 관점으로 경제학을 들여다 본 결론은, 간단히 말해 이런 꿈들이 여지없이

22

무너질 수밖에 없다는 것이었다. 왜냐하면 그들이 꿈꾸는 욕망은 모두 하나의 재료로 만들어진 것이기 때문이다. 그것은 바로 '젠더 없는 경제'이다.(7장 참조.)

산업사회는 단일 성(unisex)을 전제하지 않고서는 존재할 수 없다. 단일 성이란 남성과 여성이 같은 일을 하기 위해 태어났고, 같은 현실을 느끼며, 겉모습은 달라도 욕구는 같다는 가정이다.[5 젠더 없는 개인주의] 경제학의 바탕을 이루는 희소성이라는 가정 자체가 논리적으로 단일 성에 근거를 두고 있다. 남자와 여자가 '일'을 두고 경쟁할 수밖에 없는 이유는, 일이란 것이 성별과 무관하게 인간에게 들어맞는 행위라는 새로운 정의가 생겼기 때문이다. 경제학이 경제 주체로 드는 존재는 젠더 없는 인간이다. 이렇듯 희소성이라는 원리를 일단 받아들이면, 단일 성에 대한 가정도 널리 퍼질 수밖에 없다. 학교와 가정, 노동조합과 법원을 막론하고 현대 사회의 제도 모두가 희소성이라는 가정 위에 서 있기 때문이다. 그 구성요소인 단일 성이라는 가정이 사회 구석구석까지 퍼지게 된 이유이다. 예를 들어 어느 시대건 남자와 여자는 알아서 어른으로 커나갔지만, 현대 사회에서 성인이 되려면 '학교교육' 없이는 불가능하다. 전통 사회에서는 지금처럼 학습이라는 희소 자원을 갖추지 않아도 성숙한 어른이 되었다. 그러나 지금의 교육 제도에서는 바람직한 학습이나 능력이 희소한 재화처럼 간주되므로, 남녀 공히 그것을 얻기 위해 경쟁해야 한다고 가르친다. 그리하여 교육은 이제 희소성이라는 가정 위에서 사는 법을 배우는 과정에 대한 이름이 되었다.

교육은 확실히 현대가 만들어낸 필요의 **전형적인** 예를 보여준다. 여기서 더 중요한 점은, 교육이 희소한 가치, 그것도 젠더 없는 가치의 희소성을 가정하고 있다는 것이다. 교육 과정을 밟는 남녀는 우선 젠더 없는 교육을 받을 필요가 있는 인간 존재가 되어 교육을 받는다. 다음으로는 경제 제도 역시 젠더와 상관없이 가치가 희소하다는 가정 위에서 운용된다. 그리하여 이 가치는 생물학적으로 별개의 성이면서도 서로 경쟁하는 중성 인간들에게 똑같이 필요하고 바람직한 것이 된다.[6 시기심에 기초한 개인주의] 칼 폴라니는 이것을 두고 공식 시장경제가 토박이 경제로부터 '뽑혀 나간'(disembedding) 것이라고 표현했다. 나는 인류학적으로 표현하여, 젠더가 성으로 탈바꿈했다고 말한다.

경제 제도는 문화적으로 뿌리를 내린 두 젠더를 전혀 낯선 경제적 중성으로 가차없이 바꿔버린다. 이럴 경우 뿌리 없이 생겨난 성보다 남녀를 더 잘 구분할 수 있는 것이 없다. 바짓가랑이 사이가 불거졌는지 아닌지는 예로부터 남녀를 구별하는 특징이긴 했지만 부차적인 것이었다. 하지만 이제는 이 기준으로 인간을 구별하고, 그에 따라 한 종류 인간에게 다른 종류 인간 위에 올라설 수 있는 특권을 준다. 여성에 대한 **경제적** 차별은 이렇듯 젠더를 폐기하고 성을 사회적으로 구성하지 않았다면 생겨날 수 없는 것이었다.[7 성과 성차별주의] 이것이 내 주장의 요지다. 그리고 이것이 사실이라면, 즉 경제 성장으로 젠더가 회복될 수 없을 만큼 파괴됨으로써 성 중심적 사회가 만들어진 것이라면, 경제 축소라는 대가를 치르지 않고서는 성차별을 줄일 수 없을 것이다. 나아가 금전 관계를 줄이고 시장 거래와 관계없는 비경제적 형태의 자급자족(subsistence)을 확대해야 한다. 이것이야말로 성차별을 줄이는 데 충분하지는 않더라도 꼭 필요한 조건이다.

성장을 포기해야 하는 이유

지금까지 우리로 하여금 반성장 정책을 채택하지 않을 수 없게 하는 동기로는 두 가지가 있었다. 하나는 환경 파괴이고,[8 환경 파괴] 또 하나는 성장의 역설로 생기는 역생산성(counter-productivity)이다.[9 역생산성] 이제 세 번째 이유가 생겼다. 우리는 성차별을 줄이기 위해서라도 경제 성장에 맞서야 한다. 하지만 이 제안은 양심적인 비평가들조차 받아들이기 어려워한다. 그들은 작년에 이 책의 주장을 수정하면 좋겠다고 충고했다. 내가 웃음거리가 되거나, 아니면 평등한 경제 성장이라는 그들의 꿈이 환상으로 보일까봐 두려웠던 것이다. 하지만 나는 지금이야말로 사회변화 전략을 뒤집을 때라고 생각한다. 남자와 여자가 공존하려면 어떤 식으로든 경제 영역을 축소해야지 확장해서는 안 된다는 사실을 깨달을 때다. 지금까지 있었던 어떤 이념이나 투쟁도, 어떤 법률이나 기술도 산업사회의 특징인 성 착취를 줄이지 못했다. 앞으로 설명하겠지만, 성이 일으킨 경제적 타락상을 단지 마초주의가 여전히 시장 환경을 지배하고 있기 때문이라고 한다면 문제가 풀리지 않는다. 지금까지 많은 곳에서 평등한 권리를 법으로 제정하고 시행했다. 남성과 여성 사이의 협력을 제도로 만들었다. 하지만 이런 변화를 통해 만족감을 느끼는 사람은 그 변화를 제안하고 성과를 챙긴 소수 엘리트들뿐이다. 대다수 여성은 아무런 혜택도 받지 못하거나, 오히려 과거보다 상황이 열악해졌다.

남녀평등 경제라는 이상은 지금 죽어가는 중이다. 마찬가지로, 경제가 성장하면 북반구와 남반구의 GNP가 비슷해질 것이라는 이상도 사라지고 있다. 하지만 문제를 거꾸로 보는 것은 가능하다. 차별 없는 경제를 꿈꾸느니, 경제 축소 정책을 추진하는 게 훨씬 현명하다. 그래야 성차별 없는 사회, 적어도 성차별이 덜한 사회를 만들 수 있다. 그간을 돌이켜볼 때, 성차별적 위계가 사라진 산업사회가 가능하다는 주장은 산업사회 이전에 젠더가 없었다는 주장만큼이나 억지스럽게 보인다. 그들은 과거에도 남자와 여자가 행동하고 말하고 보는 방식에 구별이 없었다고 우긴다. 그 꿈을 꾸는 사람이 남성이든 여성이든 두 가지 가설은 모두 몽상에 불과하다.

하지만 금전적 관계 곧 상품 생산과 상품 의존도 모두를 줄이는 일은 환상이 아니다. 경제 축소란 오늘날 '인간에게 자연스러운 일'로 여기고 있는 일상의 기대와 습관을 버리는 것을 의미한다. 많은 사람이 그런 선택은 불가능하다고 생각한다. 미래의 두려움 대신 그런 삶이 대안이라고 생각하는 이들조차 엄두를 내지 못한다. 하지만 여러 경험을 하고 나서 경제 축소가 현명한 선택이라고 생각하는 사람이 늘고 있다. 전문가 중에도 동참하는 이들이 늘고 있다. 물론 몇몇은 신념을 가져서일 것이고, 몇몇은 시류에 편승해서일 것이다. 하지만 이제 금전적 관계에서 서서히 빠져나와 자급자족적 생활양식을 택하는 것이야말로 생존의 조건이 될 것이다.

반성장 정책 없이는 생태 균형을 유지할 수도 없고, 지역 간 조화를 도모할 수도 없으며, 평화로운 세상을 만들 수도 없다. 이 정책은 당연히 가난한 나라보다 부유한 국가에서 훨씬 높은 강도로 시행해야 한다. 아마도 합리적으로 기대할 수 있는 최대치는 현재 가장 가난한 나라들이 평균적으로 쓰는 것과 동등한 수준으로 세계 희소자원을 제한하는 것이다. 이 제안을 구체적인 실천으로 제시하기 위해서는 여러 다양한 집단의 이해를 모아 공유(the commons) 회복 운동을 벌여야 한다. 나는 그것을 '급진적 정치생태학'이라 부른다.[10] 공유의 회복 젠더의 상실로 고통 받는 사람들을 이 연대에 동참시키기 위해서, 나는 이 책에서 상품 생산에서 벗어나 자급자족으로 가는 운동과 성차별 축소 운동 사이에 다리를 세우려 한다.

나는 성 중심적 관점과 경제학 사이에 분명한 연관성이 있음을 증명하기 위해 새 이론을 만들어야 했다. 이 이론은 희소성의 역사를 다루기 위한 전제조건이기도 하다.[11 희소성] 이 책 전체에 걸쳐 나는 엄청난 자료를 늘어놓고 독자를 괴롭히기보다는 주로 사례를 가지고 조명함으로써 내 주장을 전개해 나갈 것이다. 소개되는 사례는 주장을 구체적으로 보여주고 추가 연구를 자극하기 위한 것들이다. 통계가 있으면 해당 주제에 대한 주석 안에 넣어 처리했다. 책에서 말하려는 관점이 아직은 낯선 데다 그것을 뒷받침할 실증적 연구도 부족한 상황이기에, 새로운 용어를 써야 하는 경우도 많았다. 하지만 그럴 때마다 가능하면 오래된 단어를 새롭게 쓰는 방식으로 내가 말하고 싶은 이론과 증거를 정확하게 표현하려고 노력했다.

이 책에서는 인간의 생존 방식을 두 가지로 대비해서 본다. 즉 **토박이 젠더에 따른 방식**과 **경제적 성에 지배받는 방식**이다. 이 용어에는 이미 두 생존 방식이 **모두** 이원성을 띠고 있지만 각각의 이원성이 **전혀** 다르다는 점이 암시되어 있다.[12 이원성] 그리고 **사회적 젠더**라는 용어를 통해서는 지역과 시대별로 현저히 다르게 나타나는 이원성을 지칭하려고 한다. 남녀가 '똑같은 것'을 말하고 행동하고 원하고 느낄 수 없는 환경과 조건에서 성립된 이원성이다. **경제적 성** 또는 **사회적 성**이라는 용어를 통해서는 경제, 정치, 법률, 사회 분야에서 남녀평등을 이루겠다는 허황된 목표를 꿈꾸는 이원성을 지칭하려고 한다. 앞으로 설명하겠지만, 이렇게 현실을 이차적으로 재구성한 상태에서는 평등이란 것도 거의 신화에 불과하다는 것을 알 수 있다.

나는 산업시대와 이 시대가 낳은 망상에 대한 에필로그로서 이 책을 썼다. 글을 쓰면서 이 시대가 회복 불가능한 만큼 파괴해버린 것이 어떤 것들인지를 새로운 방식으로 이해할 수 있었다. 『공생공락을 위한 도구』(*Tools for Conviviality*, 1971)를 쓸 때는 공유재가 파괴되어 자원으로 탈바꿈했다고 생각했다. 지금은 젠더가 파괴되어 성으로 탈바꿈했다고 이해하게 되었다. 이 주장을 나는 과거 관점으로부터 설명하려고 한다. 미래에 대해서는 아는 바도 없고, 말할 것도 없다.

제2장

보이지 않는 성 경제

$$\lessgtr$$

Economic Sex

여성이 경제적으로 차별받고 있다는 사실을 이 글에서 군이 증명할 필요는 없을 것 같다. 그 증거는 이미 차고 넘친다. 지난 15년에 걸친 페미니스트들의 연구가 모든 의심을 불식시켰다. 그럼에도 여전히 두 가지 중요한 과제가 남아 있다. 첫째는 현대의 모든 경제를 세 영역으로 구분해서 보아야 한다는 것이다. 이 세 영역에서 여성은 차별 방식만 다를 뿐 한결같이 경제적 차별을 받는다. 둘째는 여성에 대한 이 **삼중**의 경제적 차별과, 금전적 관계가 아직 들어서지 않았던 사회에서 여성에게 가해진 가부장적 억압을 구별해야 한다는 것이다. 이렇게 보면 성차별이라는 현실은 선진 산업사회에서 '경제'라 부르는 것을 들여다보는 검시경의 역할을 해준다.

우리는 상품 및 서비스에 대한 생산자와 소비자 간의 공식적 거래를 '경제'라고 부르지만, 이 경제는 통계로 보고되는 부문과 보고되지 않는 부문으로 나뉜다. 마찬가지로 여성 일자리에도 **보고되는 차별**과 **보고되지 않는 차별**이 있다. 그리고 이것 외에 또 다른 경제가 존재하는데, 앞서 말한 공식 경제의 그림자로서 여성에 대한 세 번째 차별이 이뤄지는 부문이다. 이 차별은 **그림자 노동**이라는 지하 부문에서 발견된다.

보고되는 경제

급여, 세금, 그리고 공식적 일자리에서 여성이 겪는 차별의 강도는 여러 해 동안 달라진 게 없지만, 규모에 있어서는 꾸준히 확대되었다.[13] **노동과 성** 현재 미국 여성의 51퍼센트가 직장에 나가 일하지만, 1880년에 집밖에서 일하는 여성은 5퍼센트에 불과했다. 현재 미국 노동력의 42퍼센트가 여성이지만, 1880년에는 15퍼센트도 안 되었다. 오늘날 결혼한 여성 가운데 절반이 직장에 나가 스스로 돈을 벌지만, 한 세기 전에는 5퍼센트에도 못 미쳤다. 오늘날에는 여성에게 교육과 고용 기회를 모두 법으로 보장하지만, 1880년에는 학교도 직장도 여성에게 문을 열지 않았다. 요즘 여성의 평균 고용기간은 28년이지만, 1880년에는 5년이었다.

이런 수치만 보면 경제적 평등이 크게 진전된 것처럼 보인다. 하지만 다른 평가 잣대를 하나만 들이대도 생각이 달라질 것이다. 정규직 여성의 연평균 소득을 남성의 연평균 소득과 비교해

보면 마치 마술이라도 부리듯 여전히 3 대 5의 비율에 머물러 있다. 3퍼센트의 오차를 감안한다 해도 백 년 전에 남자 수입의 59퍼센트였던 것과 비슷한 비율이다.[14] 벌어지는 임금격차 여성에게 동등한 교육 기회를 주고, 법을 제정하고, 아무리 획기적인 정치적, 기술적, 여성적 수사를 쏟아내도, 여성의 수입이 남자에 한참 못 미치는 상황은 바뀌지 않았다.[15] 차별에 대한 통계 언뜻 보기에는 남녀평등을 향한 발걸음이 꽤 많이 진전된 듯하다. 하지만 대다수 여성의 입장에서 볼 때 그런 진전은, 성을 이유로 경제적 차별을 받는 인구가 더 늘어나고 있는 상황이 조용히 이어져온 것에 불과하다. 현재 대졸 직장여성이 올리는 평균 소득은 높은 학력에도 불구하고 남성 고교중퇴자와 비슷하다.

나는 이 통계를 처음 접하고는 믿을 수가 없었다. 몇 년 전 다른 통계를 보았을 때도, 그러니까 의료 제도의 효과를 연구하다가 만난 통계를 보았을 때도 그러했다. 1880년 이후 미국 중년남성의 평균수명이 눈에 띌 만큼 늘지 않았다는 사실을 보고 나는 믿기지가 않았다. 병원 진료에 드는 비용이 고정 달러가치로 환산하여 25배로 늘었고, 그 가운데 압도적인 비율이 생애의 마지막 4분기를 보내는 사람들의 질병을 치료 예방하는 데 들어갔음에도, 성인 기대수명이 그다지 늘어나지 않았다는 사실을 나는 도저히 믿을 수 없었다. 이 정보에 담긴 중요성을 깨닫기까지는 여러 달을 보내야 했다. 물론 지난 100년간 유아 생존율이 눈에 띄게 높아졌고, 45세까지 사는 사람들의 숫자가 늘어난 것도 사실이다. 사고로 다친 몸을 플라스틱과 알루미늄으로 재건할 수 있게 되었고, 갖가지 전염병도 거의 박멸되었다. 하지만 성인 기대수명은 눈에 띌 만큼 늘어나지 않았다. 불시에 찾아오는 죽음의 문턱을 넘어가는 시간을 늦추거나 앞당기는 것은 의학적인 노력과 거의 무관하다. 죽음 앞에서는 돈도, 수술도, 화학치료도, 그 어떤 호의도 무력하다는 깨달음은 우리 사회에서 줄곧 무시되었다. 의학의 획기적 발전이라는 신화나 의사들의 주술적 의례로 극복할 수 있는 사안인 것처럼 여겨왔던 것이다.[16] 차별을 가리는 평등 의례

이와 별개의 사안이기는 하지만, 집단으로서의 여성에 대한 경제적 차별 역시 대다수 양심적인 사람들로서는 그다지 즐겁게 받아들일 수 없는 사실이었다. 그리하여 소아마비나 디프테리아가 거의 사라진 것처럼, 여자라고 해서 중학교나 고등학교에 못 들어가는 일도 없어졌다. 교통사고에 대비해 안전벨트를 매듯이, 성폭력을 방지하기 위한 감시카메라도 곳곳에 설치했다. 빈곤층의 건강 개선을 위해 적극적인 시책을 세우듯이, 여성의 지위 향상을 위한 특별 장학제도도 시행해 왔다.

하지만 성인 평균 기대수명이 거의 늘어나지 않은 것처럼 그 어떤 프로그램도 남녀 간 임금격차를 줄이지 못했다는 것을 우리는 인정해야 한다.[17] 여성과 법 성인 남성 기대수명이 건강 증진에

실패한 현대 의학의 단면을 보여주듯이, 변함없는 남녀 간 임금 격차도 일하는 여성에 대한 경제적 차별의 단면을 보여준다. 물론 이렇게 반박하는 사람도 있을 것이다. 현대 의료제도가 수명 연장에 그토록 큰 노력을 기울이지 않았더라면 스모그와 스트레스로 가득한 산업사회의 성인 기대수명은 가난한 나라보다 훨씬 짧아졌을 거라고. 같은 방식으로 이렇게 주장할 수도 있을 것이다. 국회의원, 노동조합, 여성운동가, 이상주의자들이 갈수록 상품 집약적이고 성차별적이 되어가는 사회에 대해 합심하여 투쟁하지 않았더라면 임금격차는 더 벌어졌을 거라고.

이들의 주장에서 산업사회를 비관적으로 보는 관점만큼은 전적으로 타당하다고 할 수 있을 것이다. 여기에 관해서는 좋은 증거가 있는데, 최근 20년간 소비에트러시아에서[18] 사회주의 국가의 여성 모든 연령대의 기대수명이 줄어들었다는 점이다. 앞으로도 대부분의 산업 국가가 이 선례를 따라갈 것이다. 마찬가지로 대부분의 국가가 당장의 일자리 위기를 핑계로 이른바 기회 균등을 위한 '우대' 정책을 폐기하고 있는데, 이 추세는 앞으로 뒤집어지지 않을 것이다.[19] 여성과 불황 하지만 낙관적 입장을 취하든 비관적 입장을 취하든 분명한 사실이 하나 있다. 성이 다르다는 이유로 인구 절반이 삭감당하는 소득의 비율이, 성인 남자의 기대수명이나 인간 종의 보편적 현상인 암 발생률처럼 변하기 어려운 고정 요소가 되었다는 점이다.

1960년대 여성학의 연구 주제는 크게 두 가지였다. 첫째는 강간범, 남편, 의사 등이 여성에게 가하는 물리적 폭력이었고, 둘째는 임노동 여성들이 겪는 노동 조건이었다. 두 종류의 연구에서 드러난 양상은 놀라울 정도로 일치했고 똑같이 암담했다. 어느 나라건 여성이 당하는 폭력과 차별은 경제성장 속도에 비례해서 확대되었다. 즉 소득이 늘어날수록 더 많은 여성이 임금은 덜 받고 폭력은 더 많이 겪었다.[20 성차별적 강간] 이런 부당한 상황이 그토록 오래 무시된 적은 없었다. 그러다가 최근 10년에 이르러서야 마치 대단한 사실이라도 발견한 양 인정되기 시작한 것이다. 미국 대학에서 1차 여성학 물결이 일어난 이 시기에 주로 연구된 분야는 임금 노동이었다. 즉 저임금, 좁은 취업문, 열등한 직무, 노동조합에서의 과소대표성, 직업 불안정성 등이 주로 다루어졌다. 전 세계적으로 여성 대부분은 도시에서 노조가 조직되어 있지 않은 직종에 종사하며, 그조차 몇몇 직종에서만 일한다. 노조에 속해 있다 해도 근로계약에서 여성이 고려되는 경우는 거의 없다. 심지어 노조원 대부분이 여성인 곳에서조차 노조를 대표하여 노사협상을 하는 사람들은 남자다. 하지만 이런 연구들을 아무리 들여다봐도, 경제가 발전할수록 차별이 심화된다는 사실 이상의 요점이 무엇인지 알 수가 없다. 이 연구들이 남긴 것이라고는 쓸모없는 자료들뿐이거나 이 분야 전문가가 되려는 이들을 위한 학위일 뿐이며, 그것을 이용해 기존의 해설을 보강하려는

이들의 자만심만 키워주었을 뿐이다.[21] 가부장제와 성차별주의

전후 페미니즘 연구 대부분이 처음에는 사회 운동을 목적으로 했고 행동 지향적이었다. 그 주창자들 가운데는 기회 균등과 차별 시정을 동시에 요구하는 자유주의자들도 있었고, 마르크스, 프로이트, 빌헬름 라이히 등의 이름을 성서처럼 되뇌며 기존 이론의 승인을 받고자 바쁘게 뛰어다니는 이들도 있었다. '재생산'이라는 개념도 이때 발견되었다.[22] 재생산 이에 따라 여성의 권리나 노동자의 권리도 산업 발전에 맞춰 함께 신장될 수 있는 것처럼 보였다. 연구의 약점과 진부함에도 불구하고 이 연구들은 여전히 산업사회가 어떻게 작동하는지 이해하는 데 기본적인 역할을 한다. 이 이론으로 우리는 일하는 여성에 대한 차별이 어디에서나, 즉 사회주의 사회에서나 자본주의 사회에서나, 부유한 사회에서나 가난한 사회에서나, 라틴아메리카에서나 북미에서나, 가톨릭에서나 개신교에서나 일본 신도(神道)에서나 놀랍도록 똑같다는 사실을 알 수 있게 되었다. 가령 프랑스와 일본처럼 지역이 달라도 소득수준이 같으면 여성은 어디서나 똑같은 수준의 냉대를 받는다. 또한 마땅히 받아야 할 대우에서 여성이 소외되는 현상 역시 흑인이나 한국인, 말레이시아인, 푸에르토리코인, 터키인이 차별당하는 것 이상으로 매우 획일적으로 나타난다. 게다가 여자들이 정권을 세운 곳은 아무데도 없다. 흑인 지도자 줄리어스 니에레레를 지지하는 탄자니아, 폴란드 출신 유대인

메나헴 베긴을 지지하는 이스라엘은 있지만, 아마조네스 전사를 위한 나라는 없다. 국민국가는 어김없이 성차별적이다.

보고되지 않는 경제

경제 활동 중에는 정부 관료나 경제학자가 보고할 수 없고 보고 하지도 않는 종류가 여럿 있다. 통계자료를 아예 얻을 수 없거 나, 얻을 수 있다 하더라도 명칭을 붙이거나 측정할 수 없기 때문이다. 경제학자들이 통계에서 빠뜨리는 이런 경제 활동을 부르는 이름은 많이 나와 있다. '비공식 부문' 또는 'D 섹터'라고도 하며, 어떤 이들은 '제4 부문'이라고도 한다. 1차 원료 채취, 2차 제조, 3차 서비스 다음에 추가한 것이다. 어떤 이들은 가정경제, 현대식 물물교환경제, 현물거래경제, 비화폐경제라고도 부른다. 또는 셀프서비스나 자조 또는 자발적 활동이라 부르는 이들도 있다.[23] 보고되지 않는 경제

마르크스주의자들은 주저 없이 이와 같은 노동에 '사회적 재생산'이라는 이름을 붙였다. 그러나 그들조차 여러 분파로 나뉘어 자신들이 그 의미를 가장 잘 안다고 주장한다. 용어를 둘러싼 혼란에 정점을 찍기라도 하듯 1970년대 중반에는 페미니스트들 사이에서 보고되지 않는 경제 행위를 통틀어 '여성 노동'(women's work)이라 부르는 게 유행이었다. 그리고 이런 일을 하는 남성은

성차별적 호칭으로 **남자 주부**라 불렸다.

이 비공식적 경제의 규모를 측정하기는 쉽지 않다. 법적으로 인정된 급여를 받지 않거나 사회보장 대상에서 제외된 활동과, 어떤 식으로든 보수를 받는 활동이 뒤섞여 있기 때문이다. 그런 일들의 대부분이 서로의 부탁을 들어주거나 현찰을 주고받는 등 세금 징수와 통계에 잡히지 않는 비공식적 거래로 이루어진다. 옛 유고슬라비아에서는 보건소에서 진료를 받으려면 닭 한 마리를 가져가야 했다. 폴란드에서는 공무원에게 달걀 정도는 들고 가야 결혼증명서를 얻을 수 있었다. 옛 소련에서는 가정에서 구입한 달걀, 우유, 치즈, 신선한 야채의 4분의 3 이상이 암시장에서 구한 것이고, 책도 몰래 유통하거나 자비로 출판했다. 미국도 마찬가지다. 미국의 비공식 시장에는 캘리포니아에서 수십억 달러의 대마초를 재배하고 판매하는 업자, 아프가니스탄에서 헤로인을 가져오는 밀수업자, 그리고 그들이 갖다 바치는 돈을 챙기는 경찰이 있다. 또한 이 시장에는 포도 수확기에 밀입국하는 멕시코인, 집 잔디를 깎아주면 그 대가로 지방정부의 무허가주택 조사에서 통과하도록 뒤를 봐주는 변호사, 카뷰레터를 새로 달아준 자동차 정비사에게 그 대가로 납세신고서를 대신 작성해주는 회계사 등이 포함된다.

이 모든 것들은 명백한 거래 행위이자 돈으로 환산할 수 있는 거래로서 '보고되지 않는 경제'의 일부를 이룬다. 교환 수단으로 실제로 현금이 오가는 경우도 있고 물물교환을 하는 경우도 있지만, 모두가 경제 활동인 것만은 분명하다. 하지만 이 가운데 어떤 것도 기록으로 남지 않는다. 또한 어떤 것은 합법이고 어떤 것은 범죄 행위이다. 전문 서비스를 받을 때보다 거래 고객이 손해를 보는 경우도 있고 이익을 보는 경우도 있다. 거래자 쌍방이 공식적인 절차를 거치는 것보다 금전적으로 더 유리한 경우도 있고, 한쪽이 철저하게 착취당하는 경우도 있다. 하지만 이들은 분명히 시장 양식에 부합하는 서비스, 생산물, 통화를 교환하고 있는 것이다.

몇몇 정부에서는 지하경제의 규모를 측정하거나 최소한 국민총생산(GNP)과 비교라도 해보려는 시도를 여러 차례 했다. 영국 정부는 탈세를 통해 빠져나가는 금액이 국민총생산의 7.5퍼센트라고 추정한다. 임금의 7.5퍼센트가 아니다.[24 국세청의 혼란] 그럼에도 이 수치는 아마도 정부가 파악하지 못하는 시장 규모의 극히 일부에 지나지 않을 것이다. 미국 국세청은 1976년에 개인소득과 법인소득을 합쳐 1,350억 달러가 연방정부에 신고되지 않았다고 파악했다. 이 액수는 세금 포탈의 경우만 따진 것이다. 기업 운영비나 손실금을 조작하는 식으로 조세를 회피하는, 법적으로 판단하기 애매한 경우는 여기에서 빠져 있다. 그것까지 계산하면 아마도 정부 세입에 육박할지 모른다.

최근에 미국에서 나온 통계를 보면, 이 감춰진 경제는 인플레이션마저 추월해 공식 경제보다 훨씬 빠르게 성장하고 있는 듯 하다.[25 국세청의 혼란] 만일 미국에서 비화폐 거래에다 통계에 잡히지 않는 화폐 거래까지 합치면 그 경제적 가치는 분명히 경제학자 들이 경제지표를 세우거나 예측과 처방의 근거로 삼는 경제(군 사 부문은 제외한)에 맞먹을 것이다. 통계에 잡히고 과세 대상이 되는 공식 경제에서도 대부분의 노동력은 인위적으로 만들어진 가짜노동에 종사한다. 쓸모없는 물건, 원치 않는 서비스를 만들 거나, 효과도 없는 사회적 통제와 비용만 드는 경제적 중재를 하 는 일에 주로 투입되기 때문이다. 그에 반해 보고되지 않는 경제 는 실제 효율성 면에서 평균적으로 훨씬 높은 성과를 올린다. 지 난 10년 간 경제학자들이 해마다 국가부도가 임박했다고 자신 있게 예측한 이탈리아가 암시장이 번창한 덕분으로 여전히 건재 하고 있으며, 이론적으로 불가능한 수준의 부실 경영을 하는 동 구권 인민민주주의 국가가 살아남았다.

이 모든 것을 볼 때 한 가지만큼은 확실하다. 시장 경제에 부 합하지 않는 자급자족 활동과 가사노동을 제외하더라도, 보고되 지 않는 비공식 경제가 보고되는 국민총생산보다 더 빠르게 증 가해왔으며, 이 부문에서도 여성에 대한 차별은 거의 주목되지 않은 채 온존해왔다는 사실이다. 게다가 공식 시장의 실업률 증 가로 비공식 시장에서 새 직업들이 속속 생겨나고 있음에도, 여 성들은 경제학자가 통계의 저인망으로 훑어내서 측정하는 부문에서보다 더 열악한 대우를 받는 듯하다. 이 부문이야말로 차별금지법이나 고용평등법이 통하지 않는 경제 영역이기 때문이다. 남자들은 밤에 부업을 하건, 마약을 팔건, 뇌물을 받건, 그 어떤 불법을 저지르건, 돈 되는 일을 하지만, 여자들에게 주어지는 일은 매춘같이 싸구려 위안을 팔거나, 푼돈을 긁어내거나, 장물을 파는 일뿐이다. 야간 부업도 이웃집 접시를 닦는 일이나 집에서 타자하는 일 정도이며, 최근 들어 밤샘 문서작업이 추가되었을 뿐이다.[26 경제적 계산법 대 정치적 계산법]

스스로 '신가정경제학파'라 부르는, 대부분 시카고학파의 일원이기도 한 경제학자들은 보고되지 않는 경제에 주목하는 최근의 정책연구자들과 적어도 한 가지 공통점을 가진다.[27 신가정경제학] 암시장 노동과 무급 가사노동이 국민총생산에 크게 기여한다는 사실을 인정하는 점이다. 그래서 가사노동에 대해 세금 공제를 요구하는 이들도 있다. 하지만 숨겨진 경제를 연구하는 이 학파들은 보고되지 않은 시장 활동과 여성의 무급 가사노동을 구별하는 문제에서 또 다른 혼란을 일으키고 있다. 보고되지 않는 노동과 무급 노동을 명확히 구분하지 못하는 한계 때문에 이 새로운 경제학파는 이론적으로 취약할 수밖에 없으며, 여성들에게도 의심을 받는다.[28 비합법적 실업]

여성들은 세금을 내는 합법적 노동시장보다 성장 중인 비합법적 시장에서 더 소외감을 느끼지만, 가사노동에서는 구속감을 느낀다. 따라서 여성을 불평등하게 **소외시키는** '보고되지 않는' 경제와 여성을 불평등하게 **구속하는** 경제 활동을 공식적으로 구분하는 것이 무엇보다 중요하다. 경제 활동의 '이념형'으로 가사노동을 보면, 암시장 노동과 구별되는 두 가지 특징을 볼 수 있다. 첫째, 가사노동의 가치는 다른 데서 전가된 것이며, 둘째, 그수행 역시 독립해서 이뤄질 수 없다는 것이다.[29 직접 거래] 가사노동의 가치는 오늘날 유통되는 화폐 모두에 반영되어 있지만, 그렇기 때문에 화폐로 측정할 수 없는 현대의 지하경제를 이룬다.

그림자 경제[30 그림자 노동]

1970년대 중반이 되면서 여성노동과 그 경제적 분석에 관한 여성학자들의 연구에서 방향 전환이 일어났다. 역사학, 경제학, 민족학 및 인류학 분야에서 익숙하게 쓰던 범주로는 제대로 표현할 수 없는 통찰을 얻으려는 연구가 시작된 것이다. 새 연구에서는 여성이 임금을 적게 받는다는 것 따위는 쟁점이 되지 못했고, 전혀 다른 문제가 중요한 의미를 띠게 되었다. 즉 산업사회 어디서나 여성은 왜 직장에서는 차별을 감수해야 하고, 집안에서는 **경제적** 필요에 따라 새로 생겨난 노동을 보수도 받지 않으면서해야 하는가 하는 문제였다. 여성이 직장을 구할 때나 승진하려고 할 때, 또는 유급 일자리를 지키려 할 때마다 번번이 실패한다는 사실은 누구나 안다. 하지만 19세기를 거치며 확산된 임금 노동 바깥에서, 그것과 병행하여 역사상 유례없는 제2의 경제 활동이 생겨났다는 점은 잘 모른다. 물론 이전에도 여자는 남자와 다른 방식으로 더 광범위하게 경제 활동에 동원되었고, 이전이나 이후나 임금 노동에서 동등한 대우를 받지 못한 게 사실이다. 하지만 이제는 임금 노동이 출현하기 전에는 존재하지도 않았던 일에 한층 더 불평등한 조건으로 얽매이게 되었다.[31] 가사노동

새로운 지하경제의 출현을 보여주는 가장 확실한 증거는 가사노동을 연구하는 역사학자들에 의해 제시되었다. 나는 그들의 글을 읽고서, 과거의 집안일과 현재의 가사노동 사이에는 전통적 언어로는 제대로 담아낼 수 없고 계급분석의 범주나 사회과학의 전문용어로도 충분히 표현할 수 없는 차이가 있다는 것을 깨달았다. 오늘날 여성들이 하는 가사노동은 과거의 여성이 하던 일이 아니다. 그럼에도 현대의 여성은 그녀의 조상이 지하경제에서 일하지 않았다는 것을 믿기 어려워한다. 하지만 가사노동을 연구하는 역사학자들이 반론의 여지 없이 그 점을 증명했다. 그들은 설명하기를, 현대 주부의 전형적인 활동은 비산업사회에서 여성이 하던 일과는 전혀 다르다고 한다.[32] 가정주부 보고되지 않는 경제의 일부라고 말할 수도 없으며, '사회적 재생산'이라는 교조적 범주로도 그 의미를 충분히 밝힐 수 없다고 한다.

가사노동에 대해 역사학자와 인류학자들이 연구한 현상을 자

세히 들여다보면서, 나는 오늘날의 노동시장이 보고된 것이든 보고되지 않은 것이든 빙산의 일각에 불과하다는 것을 알게 되었다. 이러한 비유가 옳다면, 눈에 보이는 빙산을 떠받치는 것은 거의 모두 수면 아래의 지하경제에서 이뤄지는 노동일 것이다. 다양한 형태의 임금 노동으로 고용이 늘어날수록, 물밑에서는 고생스런 노력이 더 빠른 속도로 증가한다. 물론 가사노동은 보고되지도 않고 경제학의 탐조등이 비추지도 않는, 지하세계의 실상을 전형적으로 보여주는 노동이지만, 그 세계 유일의 노동은 아니다. 따라서 나는 보고되는 경제와 보고되지 않는 경제에서 공히 행해지는 유급 노동과, 그것을 보완하는 지하경제의 그림자 노동(shadow work)을 대조해 살펴보고자 한다.[33 경제인류학]

물품 및 서비스 생산과 달리 그림자 노동은 상품 소비자가 수행하는 노동이며, 특히 가정에서의 소비 활동이다. 소비자가 상품을 구매하고 사용가능한 물건으로 전환하기 위해 기울이는 **노동**은 모두 그림자 노동이다. 어떤 상품이든 구매한 상태 그대로는 용도에 맞춰 쓸 수 없으므로, 소비자는 시간과 노력을 들여 새로 가치를 추가해야 한다. 따라서 그림자 노동이란 상품을 수단으로 하여 자신의 필요를 충족시키려고 하는 모든 행위를 지칭한다. '그림자 노동'이라는 용어를 통해 달걀을 요리하는 오늘날의 절차와 옛날에 하던 방식이 어떻게 다른지 비교해보자.

현대의 가정주부는 마트에 가서 달걀을 고르고, 자동차에 실고 아파트에 도착해서, 엘리베이터를 타고 7층 집에 내려서는, 레인지를 켜고 냉장고에 있는 버터를 꺼내 달걀을 부친다. 각 단계마다 주부는 상품에 가치를 추가한다. 하지만 할머니가 하던 방식은 달랐다. 닭장에서 달걀을 꺼내고, 집에서 만든 돼지기름 덩어리를 조금 떼어낸 다음, 손자가 공유지에서 주워온 장작으로 불을 지피고, 장에서 사온 소금을 뿌렸다. 이 예가 낭만적으로 들릴지 모르지만, 양쪽의 경제적 차이는 분명히 드러난다. 똑같이 달걀을 부치지만, 현대의 가정주부는 시장에서 구매한 소비재와 고도로 자본이 들어간 생산재를 사용한다. 자동차나 엘리베이터, 가전제품 등이 그런 생산재다. 할머니는 여성 젠더 고유의 일을 함으로써 자급자족을 유지한다. 반면에 현대의 가정주부는 그림자 노동이라는 힘겨운 가사노동을 견뎌야 한다.[34] 그림자 노동의 신비화

가사노동의 변화는 겉으로 드러난 것보다 훨씬 광범위하게 일어나고 있다. 생활수준의 상승으로 온갖 가정용 기기와 제품이 쏟아지면서 가사노동은 더욱 자본집약적이 되었다. 캐나다에서 평균 가구가 가사 도구에 투자하는 비용은 전 세계 3분의 2 국가의 공장노동자 1인당 설비투자액보다 높다. 이것은 다른 선진국 가구에서도 마찬가지다. 결과적으로 가사노동은 앉아서 하는 일이 많아졌고, 힘든 일로 정맥이 붓는 일도 줄었다. 이런 변화로 인해 소수 여성에게는 흥미로우면서도 보수도 높은 부업을

할 기회가 생기거나 '책을 쓰고 여행을 떠날' 자유시간이 주어졌다. 하지만 대다수 여성에게 이 '새로운' 가사노동은 더욱 외롭고, 지겹고, 인간미 없고, 시간만 죽이는 일이 되었다. 발륨 같은 신경안정제 소비량과 TV드라마 시청률이, 억눌려 지내는 데서 오는 이 스트레스를 보여주는 지표가 되었다.[35 발륨 경제] 하지만 좀 더 근본적인 변화는 이 가사노동이 새로운 무급 경제활동의 패러다임이 되었다는 것이다. 가사노동은 마이크로프로세서를 장착한 컴퓨터 관리 사회에서 경제학자가 통계로 잡거나 잡지 못하는 생산 활동보다 더 근본적인 노동이 되었다.

그림자 노동은 집이 아파트로 바뀌기 전에는 존재하지 않았던 것이다. 아파트는 원래 무가치한 상품의 가치를 높이는 경제적 역할을 하라고 만든 것이다. 그림자 노동이 예외 없이 여성의 일이 되어버린 것은 남성의 일이 가정으로부터 공장이나 사무실로 이전되었기 때문이다. 그때부터 가사 일은 급여로 산 물건들을 가지고 수행하는 노동이 되었다. 하지만 남자가 벌어오는 월급만으로는 여러 명의 가족이 먹고살기에 빠듯하므로, 아내는 삯일을 하고 딸은 가사도우미로 나간다. 그럼에도 임금 노동으로 생산한 물건의 가치를 무급으로 높이는 활동은 고스란히 여성의 몫일 수밖에 없다. 따라서 '여성'이라는 말도 그들이 놓인 처지에 맞는 새 용법을 가지게 되었다. 이처럼 임금 노동과 그림자 노동이라는 두 종류의 노동은 둘 다 산업화와 함께 확산된 것이다. 그리고 이렇게 생겨난 두 가지 역할, 즉 한 사람은 밥벌이를 하고 한 사람은 피부양자라는 역할로 사회도 크게 갈라지게 되었다. 말하자면 남자는 작업복이나 공장과 동일시되고, 여자는 앞치마나 부엌과 동일시되어버린 것이다. 그리하여 여자가 부업으로 임금 노동을 해도 값싼 임금이나 주변의 동정을 받을 수밖에 없게 되었다.

19세기에 일어난 기술 변화로 사회 전반에 노동 혁신이 일어났지만, 초기에는 가사노동에 미치는 영향이 거의 없었고 다만 주부들을 각자 집안에 가두는 역할만 했을 뿐이다. 부엌에 수도꼭지가 생기면서 더 이상 물동이를 이고 물 긷는 수고를 할 필요가 없어진 것이다. 하지만 그와 함께 우물가에서 친구를 만날 기회도 줄었다. 이처럼 여성 노동에 전례 없는 경제적 변화가 일어났지만 이때만 해도 기술적으로는 별로 달라진 게 없는 듯했다. 미국에서 실내 수도관이나 가스, 전기 같은 새 연료가 상용화된 시기는 대도시가 1920년, 소도시가 1930년인데, 세기 초만 해도 대다수 사람에게는 그저 기술적 가능성을 보여주는 데 불과했다. 기술이 가사의 물질적 현실을 변화시킨 것은 1930년대에 들어와서다. 그와 동시에 라디오와 TV가 도입되어 공동체 내의 대화를 대신하게 되었다. 산업 분야에서 **그림자 노동**을 위한 설비들을 생산하기 시작한 것도 이때다. 산업에서는 서서히 노동집약적인 일이 줄었지만, 가사에서는 일이 줄기는커녕 가사 규모가

클수록 더욱 자본집약적이 되었다.[36] 가사용 장비

경제적 진보는 보통 새로 생겨난 직장들 곧 일자리 숫자로 측정된다. 하지만 그것은 더 많은 상품을 시장에 공급하는 과정이라고도 할 수 있다. 그 의미는 상품이 새로 나올 때마다 그림자 노동이 더 많이 투입된다는 것이다.[37] 무급 노동 일반적으로 경제 발전이란 생산이 더욱 자본집약적이 되는 것을 말한다. 다른 말로 하면 자본집약적인 그림자 노동을 더욱 더 투입해서 최소 수준의 복지에 도달하는 과정이라 할 수 있다.[38] 무급 노동 많은 사람이 앞으로는 전 세계 어디서나 생산 분야의 임금 노동이 늘어날 것으로 예측한다. 그리고 이른바 '서비스'라 부르는 억지로 만든 노동에서도 지금까지 받았던 것처럼 풍족한 급여를 받을 거라 생각한다. 하지만 나는 생산 자동화로 인해 임금 노동의 전체 규모가 줄고 상품 마케팅만 확대되어, 소비자/사용자가 무상으로 기울여야 하는 노동만 증가할 것이라 예측한다. 그리고 임금 노동이 줄고 그림자 노동이 늘면서 생겨나는 경제 성장의 그림자로 인해 새로운 종류의 성차별이 가속화될 것이다. 바로 그림자 노동 **안**에서 벌어지는 여성 차별이다.

그림자 경제와 성차별

물론 그림자 노동이 반드시 여성들에게만 해당하는 것은 아니다. 하지만 임금 노동이 그렇듯이 젠더가 소멸함으로써 생겨난 것이 분명하다. 이제 남자도 무보수로 산업 생산물의 가치를 높이는 그림자 노동을 한다. 가령 승진을 위해 끔찍이 싫어하는 시험을 보려고 벼락치기 공부를 하는 남편이나, 매일 사무실로 출근하는 남자 회사원 모두 그림자 노동을 하는 것이다. 일반적으로 소비 주체를 '가정'이라 부르며, 여성의 고된 노동에 대한 완곡어법으로 "여성이 가정을 책임진다"고 말한다. 하지만 여성들만이 그림자 노동의 짐을 짊어진다고 하면서, 그림자 노동의 영역에서 여성이 차별받는다고 하면 우스꽝스러운 말이 될 것이다. 그럼에도 이것은 현실에서 엄연히 벌어지고 있는 일이다. 그림자 노동에서 여성은 임금 노동에서보다 훨씬 강도 높게 차별을 받는다. 여성은 남자보다 그림자 노동에 더 얽매이고, 더 많은 시간을 쏟아야 하며, 벗어날 기회도 거의 없다. 직장을 다닌다고 해서 집에서 하는 일이 줄지도 않는다. 집안일을 거부하면 어떤 가혹한 처벌이 가해질지 모른다. 보고되는 직업과 보고되지 않는 직업에서 여성이 받는 차별은, 가정의 무보수 그림자 노동이 만들어내는 숨은 가치의 크기에 비하면 매우 사소해 보일 정도다.

교육 분야는 이 점을 이해하기에 아주 좋은 사례다. 과거에 어른으로 크는 것은 '경제적' 과정이 아니었다. 남자아이나 여자아이가 가정에서 크면서 뭔가를 배워나가는 것은 드문 일이 아니었다. 누구나 토박이말을 익히고 토박이 삶에 필요한 기본적 기술을 배웠다. 아주 드문 예외를 제외하면, 어른으로 자라는 과정을 놓고 노동력을 자본화시키는 과정이라 말하는 사람은 없었다. 하지만 요즘에는 모든 것이 바뀌었다. 부모는 교육 시스템에 소속된 보조 교사다. 경제학 용어로 말하면, 아이에게 인적 자본을 투입하여 **호모 에코노미쿠스**(*Homo oeconomicus*)의 자격을 갖추게 하는 책임을 진다. 교육경제학자들이 어떻게 하면 엄마에게 대가를 지불하지 않고서도 아이에게 최대한의 자본을 투입하게 할 수 있을지 고민하는 것을 보면, 참으로 당연할 정도다.

이렇게 말하는 경제학자도 있다. "…초등학교에 들어온 아이들을 보면 언어나 수학 능력에서 현격한 차이를 보인다. 이 차이를 통해 알 수 있는 것은 첫째, 아이들의 선천적 능력의 차이이고, 둘째, 그때까지 부모가 아이에게 투입한 인적 자본의 양적 차이이다. 아이에게 들어간 이런 인적 자본의 양을 통해 부모, 교사, 친척 및 아이 자신이 시간과 자원을 얼마나 투입했는지 알 수 있다. 취학 전의 아이가 인적 자본을 획득하는 과정은 이후에 학교교육과 직업훈련으로 인적 자본을 얻는 과정과 비슷하다." **39 무급 노동** 아이를 자본화하기 위해 엄마가 무보수로 들이는 시간과 노력이 인적 자본을 형성하는 주요 원천이라고 말하고 있는 점에서, 이 경제학자의 말은 차라리 정확하다고 해야 할 것이다. 이런 표현이 끔찍하게 들릴지 모르지만, 능력도 하나의 희소자원으로서 경제적으로 산출해야 하는 사회에서는 이 말의 진실성을 인정하지 않을 수 없다. 엄마의 그림자 노동은 분명히 하나의 경제적 활동으로서, 결국은 여기에 의존해 현금 유입, 급여, 자본 형성을 위한 잉여가치 축적이 이루어진다. 그래서 경제 중심부에서나 주변부에서나 그림자 노동을 국가적 지원 하에 전문적으로 '조작화'하는 것이 새로운 발전 전략이 된다. 이것을 가장 잘 표현한 말이 '비공식 부문의 식민화'(*the colonization of the informal sector*)이다.[40] 무급 노동

그럼에도 불구하고 그림자 노동은 화폐 단위로 측정할 수 없다. 다만 그림자 노동 가운데 몇 가지는 임금 노동으로 전환될 수 있을 것이다. 예를 들어 노동자의 통근에 임금을 지불한 사례가 있다. 오스트리아에서는 몇몇 노동조합이 한 스웨덴 노조의 사례를 따라, 통근도 피고용자가 하는 노동의 일부라는 점을 고용주로부터 인정받았다. 노조는 통근이 노동자 각자에게 강요된 고된 업무라고 주장했다. 그들이 통근할 수밖에 없는 이유는 공장이 노동자가 사는 집 근처에 있지 않기 때문이다. 대부분 부지가 싸거나, 주변에 고속도로가 여럿 지나가거나, 임원들 거주지와 가까운 곳에 있다. 통근은 분명히 그림자 노동이다. 노동자는 매일 아침 집에서 자신의 노동력을 끌어내서 자동차에 싣고, 배송기사처럼 이 상품을 직장으로 운반한다. 고용주와 하루 8시간 임대 계약을 한 물건을 갖다놓기라도 하듯이. 게다가 그림자 노

54

동을 하려면 상당한 자본을 투자해야 한다. 노동자는 하루 일당의 상당 부분을 자동차를 구입하고 유지하는 데 써야 한다. 자동차가 달리는 고속도로를 건설하는 데 들어가는 세금도 내야 한다. 통근은 이동수단이 자동차가 되었건 버스나 자전거가 되었건 상관없이 그림자 노동이다. 몇몇 노조가 요구를 관철하자, 이때부터 소속 노조원들은 회사에 고용된 배송기사가 되어 자기 몸을 일터로 운반했다. 하지만 이런 주장이 널리 인정되어, 노동자가 직장에 맞게 자신을 자본화하고 통근시키는 데 들이는 무보수 노고에 대해 보수를 받겠다고 하면, 산업체제는 바로 작동을 멈출 것이다.[41 무급 노동]

이 조합원들처럼 여성들도 자신들의 그림자 노동을 임금 노동으로 전환시켜 달라고 요구할 수 있다. 하지만 그림자 노동의 그림자 가격과 임금 노동의 비용을 비교하면 곧바로 그림자 노동의 역설적인 본질이 뚜렷하게 드러난다. 군사 부문을 제외한 현대 경제에 있어 그림자 노동의 형태로 들어가는 노동 투여량은 임금 노동보다 훨씬 많다.[42 무급 노동] 산업사회는 대다수 사회구성원의 기본적 필요를 만족시키기 위해서는 상품 소비를 늘려야 한다는 가정을 기초로 하고 있다. 따라서 상품 소비에 들어가는 노력이야말로 생산에 들어가는 노력보다 인류학적으로 더 근본적이라 할 수 있다. 이러한 사실이 그간 은폐된 것은, 기술의 결함으로 인해 생산 과정에 인간의 손과 기억력이 여전히 필요했기 때문이다. 그리하여 지금까지는 생산 노동만 정당한 노동으로 인정되고, 소비와 연관된 노동은 조용히 무시되거나 필요충족 활동으로만 치부되었다. 그러나 이제 생산에 투입되는 시간은 가파르게 줄어드는 반면, 사회가 점점 상품 집약적이 되다 보니 소비에 필요한 시간이 늘어나고 있다. 그와 동시에 온갖 형태의 소비가 '필수적인' 일이 되고 있다. 이런 소비가 만족을 위한 것이 아니라 시간을 도구로 쓰는 형태의 소비라는 것은 말할 것도 없다. 예컨대 철수가 자동차를 운전하는 것은 운전이 좋아서도 아니고 운전하는 친구가 멋있어 보여서도 아니다. 어쩔 수 없어서 하는 것이다. 소비 행위를 '만족'이라 부른다면 그것은 한참 잘못된 이름이다. 소비는 순전히 노동이며, 그것도 철저하게 그림자 노동이다. 이제 그림자 노동의 총량은 생산과 연관된 노동이나 생산에 들이는 관례적인 노력의 총량을 빠르게 넘어서고 있다. 가사노동을 어떤 방식으로 돈으로 환산하든 그 가치의 총량은 임금 노동의 가치 총량을 넘어설 것이다.

페미니스트들이 가계소득으로 구매한 물건을 소비하는 데 들이는 노동에 대가를 지불해야 한다고 주장하는 경우, 그들이 요구하는 것이 임금이라면 그것은 뭘 모르는 얘기다. 그런 주장으로 최대한의 보상을 받아내더라도 그것은 그림자 가격이 아니라 위로금에 불과할 것이다. 그림자 노동이라는 무료 봉사활동이야말로 모든 가정을 상품에 기대어 살게 하는 가장 근본적이고 유일한 조건이기 때문이다. 앞으로 상품 생산에 로봇이 점점 더 많이 동원된다 해도, 그림자 노동 없이는 산업사회가 작동할 수 없다. 그림자 노동과 돈의 관계는 중성자와 원자의 관계이다. 그림자 노동은 다른 생산적 '직업'처럼 남을 위해 상품을 생산하는 일이 아니다. 그렇다고 해서 과거의 농촌이나 전통적인 가정에서 하던 일도 아니다. 그때의 일은 돈이 들어가거나, 돈을 벌기 위해 하는 일이 아니었다.

그림자 노동은 오늘날 자조(自助, self-help)라는 말들로 상당 부분이 가려져 있다. 자조는 현대에 퍼진 용어로, 최근까지도 자위(自慰, masturbation)의 뜻이 들어 있었다. 자조는 행위 주체를 둘로 나눈다. 한 손으로 다른 손을 씻어 서로에게 이득을 준다는 것이다. 이 용어는 미국의 국제원조 기관이 국제개발 사업에서 널리 사용하면서 유행했다. '자조'라는 말이 퍼지면서, 지금까지 경제학자들이 인간의 모든 행위를 생산과 소비, 또는 생산 '관계'와 재생산 '관계'로 구분하던 방식이 소비자에게 그대로 투영되었다. 즉 소비자에게 오른손을 써서 왼손이 필요로 하는 것을 생산하라고 가르쳐온 것이다. 적은 노력으로 가능한 한 큰 성과를 거두고, 가치가 형편없는 상품에 최대한의 그림자 노동을 기울여서 완벽하게 만들라고 가르친다. 그리하여 더욱 많은 신제품들이 그림자 노동이나 자조에 맞춰서 출시되고 있을 뿐 아니라, 점점 더 많은 일자리들이 자동화 기계로 대체되고 있다. 이렇게 하여 임금 노동에서 더 이상 쓸모없어진 사람들은 그림자 노동으로 밀려난다.[43] **셀프서비스 경제** 그림자 노동은 더 이상 여성의 영역이 아니다. 시간이 지날수록 그림자 노동은 젠더 구분 없는 노동으로 뚜렷하게 바뀌어가고 있으며, 여성에 대한 가부장적 억압의 장에서 경제적 차별의 장으로 중심 무대를 바꾸고 있다.[44] **자조 영역에서의 성차별**

요즘 중산층 가정에서는 아빠들도 집에서 요리와 육아를 할 권리를 달라고 주장한다. 손님을 위해 고기를 굽고 어린 아들과 놀며 시간을 보내고 싶다는 것이다. 얼핏 보면 가사를 분담하겠다는 얘기 같지만 실은 여성과 남성 사이에 경쟁과 불화를 부추기는 장을 열고 있는 셈이다. 과거에 여성이 임금 노동에서 남자와 동등한 기회를 얻기 위해 경쟁에 뛰어들었다. 그런데 이제는 남자들이 집안의 그림자 노동에서 자신을 특별히 고려해 달라고 요구한다. 지난 20년간 남녀평등을 보장하는 법을 시행했어도 직장 내 여성 차별은 더 확산되고 훨씬 심해졌다. 이제는 갈수록 줄어드는 일자리로 인해 많은 남자들이 그림자 노동으로 내몰리면서, 가정에서까지 더 공공연하게 여성 차별이 벌어지게 생겼다.

다음은 최근 여성학 연구에서 나온 현황이다.[45] **여성학** 공식적인 고용 노동과 그림자 노동을 막론하고 여성 차별은 세계적으로 벌어지는 현상이다. 자주 논의되지는 않지만, 보고되지 않는 시장 및 지하경제에서 일하는 여성도 마찬가지다. 직장 안에서건 밖에서건 여성 차별은 국민총생산이 늘어날수록 심해지는 경향을 보인다. 스트레스, 환경오염, 좌절감 같은 부작용이 심해지는 것과도 비슷하다. 이런 형태의 차별은 그 나라의 문화적 배경이나 정치, 기후, 종교의 영향도 크게 받지 않는다. 여성 차별에 대한 통계를 보면 유방암이나 자궁암 통계와 그 패턴이 비슷하다. 일인당 국민소득이 비슷한 나라들끼리 통계를 비교해보면, 지리적 차이는 질병을 호소하고 인지하는 정도에만 영향을 줄 뿐 실제 발생하는 추이에는 큰 영향을 주지 않는다. 가령 호주 여성들은 그 병들에 대해 훌륭한 통계를 가지고 있는 반면, 이탈리아 여성들은 흔한 냉소로 그것을 받아들인다는 차이가 있을 뿐이다. 여성에게 좋은 일자리를 가로막는 장벽과 그들을 부엌에 가두는 덫이 무엇인지는 일본과 러시아에서 각기 다르게 설명할 것이다. 하지만 장벽의 높이나 덫의 강도는 어느 나라나 통계적으로 비슷하다.

이번에도 교육을 예로 들면 여성 차별의 현황을 잘 이해할 수 있다. 어느 나라에서든 남자와 여자가 받는 학교교육은 기간도 같고 교과과정마저 같다. 하지만 한결같이 여성은 남자보다 적은 급여를 평생토록 받는다. 실제로 교육을 많이 받은 여성일수록 그 자리에서 벗어나기 어렵다. 다른 길에서 새로 출발할 기회가 남자보다 적기 때문이다. 1960년대 일어난 저항 운동으로 여성도 회사에서 임원이 되는 길이 열렸다. 여성을 부엌에 가두는 덫의 용수철 장력도 약해졌다. 하지만 이 변화로 혜택을 얻는 여성은 특별한 배경이 있는 '언니들'뿐이다. 집단으로서의 여성에 대한 차별은 하나도 변하지 않았다. 의사나 교수가 되거나, 집에서 설거지해주는 남편을 둔 소수의 여성은 오히려 변함없는 현실을 보여주는 특별한 예외일 뿐이다. 성차별과 함께 일자리를 구할 수 없는 데서 오는 분노는 더욱 날카로워지고 있다.

빈곤의 여성화

성차별은 전 세계에서 벌어지지만, 저개발국가에서는 조금 다른 양상을 보인다. 제3세계에서는 소득도, 경제적 차별도 동등하게 분배되지 않는다. 그곳에서 성차별이란 주로 경제 성장으로 혜택을 본 여성들이 누리는 경험이다. 멕시코의 예를 들어보자. 와하카 주에 사는 부유한 치과의사 부인은 여성에게 가해지는 경제적 모욕이 가져다준 이점을 감사히 여기게 되었다. 뉴욕의 치과의사 부인과 달리 이 여인은 차고에 자동차가 두 대나 있고, 집안일은 가정부에게 맡긴 채 페미니스트 집회에 나가곤 한다. 제3세계 자본주의 사회는 '성적 기생'(남아프리카의 페미니스트 올리브 슈라이너가 1911년에 예측한 현상)을 하기에 적합한 환경이다. 왜냐하면 뉴욕의 의사 부인과 달리 이 멕시코 부인은 **가정주부**로 잘 번식할 수 있기 때문이다. 그녀는 시골에 사는 먼 사촌언니는 경험할 수 없는 세계에 산다. 사촌언니는 마을에서 발치(拔齒) 일을 하는 남편과 산다. 화요일이면 남편 뒤를 따라 장에 가서 좌판을 깔고 토마토를 판다. 남자는 이를 뽑아주거나 부적을 판다. 그녀는 남편에게 순종하지만 경제적으로 의존하지는 않는다. 이 발치사의 처는 지금도 마술과 소문으로 남자들을 잡아두는 법을 잘 알고 있다. 반면 돈 많은 라틴아메리카 부인은 마술이나 소문의 힘 대신에 하인이 딸린 자동차와 페미니스트 언사를 즐길 권리를 얻었다. 그러나 뉴욕의 페미니스트에게는 마술도 없고 하인도 없다. 게다가 시장에 내던져진 여성들이 무엇을 잃었는지 알려줄 이론도 없다. 성 구분에 기초한 사회과학의 횡설수설로는 젠더 부재의 사고밖에 할 수 없기 때문이다.[46] 입체경식 연구

라틴아메리카에서는 여자든 남자든 압도적인 다수가 치과의사 부인처럼 살지 못하며, 발치사의 부인처럼 살지도 못한다. 대부분 슬럼에 살면서 '현대화된 가난'을 겪는다. 가족의 생계는 주로 한 사람이 벌어오는 소득에 달려 있다. 하지만 소득이 증가하는 속도보다 경제 발전으로 인해 주변 환경의 사용가치가 파괴되는 속도가 훨씬 빠르다. 한 세대 동안 벌어진 경제 개발이 환경 자원을 송두리째 삼켜버리는 바람에, 시장에 의존하지 않고 대부분의 필요를 충족했던 일은 더 이상 가능하지 않게 되었다. 이 과정에서 자급자족에 필요한 기술도 거의 다 잊어버렸다. 제

3세계 슬럼 거주자들은 텍사스로 밀입국해서 퇴락한 사우스브롱크스로 간 그들의 이웃과 달리 아직도 경제 발전을 믿을 만한 것으로 여긴다. 여전히 그들은 빌리 브란트의 남북 협력에 대한 보고서나 카스트로의 연설을 믿는다. 그들은 사우스브롱크스의 라틴계 이민자들이 왜 현대화된 가난에 조직적 저항을 벌이고, 자기 지역에 교사, 사회사업가, 의사가 들어오지 못하도록 막는 지 이해하지 못한다.[47 빈곤의 현대화] 성에 따른 경제적 구분조차 없이 아무런 고용기회도 주어지지 않는 세상에서 상품 의존적인 삶을 살아간다. 그들은 과거처럼 자급자족을 할 기회도 잃었다. 경제개발로 어쩌다가 번듯한 직장이 주어질 때도 있지만 역시 그들 차지는 아니다.[48 여성과 경제개발] 그리하여 제3세계의 빈민들은 남자든 여자든 뉴욕의 가정주부와 마찬가지로 이중의 구속을 겪고 있다. 즉 안정된 일자리에서 배제되는 **동시에** 자급자족하던 환경에서도 추방당했다. 가난한 나라에서 현대화된 가난을 겪는 이들에게 경제발전이란 젠더 소멸로 인한 '가난의 여성화'를 의미한다.

그림자 노동이 부자나라에서 가난한 나라로 수출되는 현상은 한 번도 주목을 받은 적이 없다. 그 이유는 경제학도들이 자기들이 배운 전문용어의 무능력으로 인해 스스로 불구가 되었기 때문이다. 그들의 개념으로는 그림자 노동을 그 자체 독자적인 실재로 식별할 수가 없다. '신가정경제학파'는 전통적인 농촌 여인이 하던 일과 현대 미국의 가정주부가 포장된 불량상품의 가치를 높이기 위해 하는 일을 분간할 수 없다. 마찬가지로 사용가치 중심의 자급자족 활동과 슬럼 주민이 누군가 버린 나무상자와 폐품을 재활용해 집을 짓고 사는 쓰레기 경제를 구별하지 못한다. 클라우디아 폰 베를호프는 이런 지하 존재들에 의해 이루어지는 생산을 '경제학의 사각지대'라 부른다. 현대 사회는 남자 또는 여자를 보이지 않는 시초적 축적의 원천으로 만들기 위해 임노동자에 의존해서 사는 배우자를 먼저 이 사각지대로 밀어 넣는다. 이 배우자라는 이념형에 관해서는 즉각 다음과 같은 의문이 떠오른다. 그림자 노동을 하는 가정주부가 라틴아메리카 슬럼 거주자를 본떠 만들어진 것인가? 아니면 라틴아메리카 빈민이 세계 경제 속에서 북반구 파트너인 현대의 젠더 없는 가정주부를 본떠 만들어진 것인가?[49 가사노동의 전 세계적 확대]

여성에 대한 경제적 차별은 경제 발전이 시작될 때 나타나서는 이후에도 사라지지 않는다. 사라지기는커녕 그럴 기미조차 보이지 않는다. 프랭크 휴베니와 대화하면서 나는 젠더가 소멸된 인간 양성 사이에서 경제적 평등을 이루려는 노력은 마치 직선 자를 가지고 원을 재단해 네모를 그리려는 것과 비슷하다는 결론을 내렸다. 기원전 4세기경의 그리스 수학자 에우독소스는 무리수들 사이에서 비례 관계를 발견하려고 했다. 이 문제는 19세기 독일 수학자 페르디난트 린데만이 답이 없다는 것을 증명하고 나서야 해결되었다. 그는 π가 대수(代數)가 아니라는 걸 입증해서 실수 사이에도 약분이 불가능한 경우가 있다는 것을 알게 해주었다. 정치경제학은 아직도 린데만 이전의 수학과 비슷한 상태다. 양성 간의 경제적 평등을 이루려는 시도가 늘 실패했다는 증거를 보면서 우리는 오래도록 무시해온 가능성 하나를 받아들여야 할지 모른다. **호모 에코노미쿠스**라는 패러다임은 현실에 존재하는 남자와 여자에 부합되지 않는다는 것이다. 남자와 여자는 인간으로, 곧 남자나 여자라는 성을 띤 경제적 중성으로 환원될 수 없다. 경제적 존재와 젠더는 문자 그대로 비교 불가능한 것들이다.

제3장

젠더로 이루어진 세상

Vernacular Gender

산업 사회가 아닌 곳에서 남녀가 같은 노동을 하는 경우는 아예 없지는 않지만 매우 드문 예외다. 여자도 할 수 있고 남자도 할 수 있는 일이란 거의 없었다. 대체로 남자는 여자가 하는 노동을 할 수 없었다. 18세기 초 파리에서는 저 앞에 서있는 남자가 몸에서 악취가 나고 음울한 표정이면 홀아비라고 생각했다. 당시 공증인의 기록을 보면 혼자 살다 죽은 남자는 침대보 한 장, 옷 한 벌도 남기지 못했다고 한다. 전쟁과 기근으로 점철된 루이 14세의 절대왕정이 끝나가던 그 무렵, 남자는 집안일을 챙겨주는 여자가 없으면 생존 자체가 어려웠다. 부인이나 누이동생, 어머니나 딸이 없으면 옷을 짓지도 못하고, 빨래나 수선도 못하고, 닭을 치거나 염소젖을 짜지도 못했다. 게다가 가난하기까지 하면 버터, 우유, 달걀도 먹지 못했다. 재료가 있어도 요리를 할 줄 몰랐다.[50] 피폐한 독신자 지금도 내가 잘 아는 멕시코 시골 마을에서는 남자가 콩 요리를 한다고 하면 까무러치는 여인들이 있다.

어느 곳에서든 토박이 주민들은 멀리서 누군가 일하는 모습을 보면 얼굴이 안 보여도 그가 남자인지 여자인지 알 수 있었다. 지금이 어느 절기인지, 어떤 농기구로 어떤 농작물을 기르는지 보고서 여자인지 남자인지 가려냈고, 짐을 머리에 이는지 어깨에 짊어지는지만 보고도 그 사람의 젠더를 알았다. 가령 추수가 끝난 들판에 거위가 돌아다니고 있으면 근방에는 분명히 여자애가 있을 것이다. 길 가다가 양떼를 마주치면 조금 있다가 사내애가 나타날 것이다. 어디엔가 **속한다**는 말은 무엇이 **우리** 여자들에게 맞고 **우리** 남자들에게 맞는 일인지 안다는 뜻이었다. 다른 젠더의 일로 여겨지는 일을 하는 사람이 있다면, 그는 틀림없이 타지에서 온 사람이거나 체면 차릴 필요가 없는 종일 것이다. 젠더는 두 다리 사이에만 있는 것이 아니라 발걸음을 옮길 때마다, 행동거지마다 존재하는 것이다.

푸에르토리코는 뉴욕에서 비행기로 세 시간 떨어진 거리밖에 안 된다. 주민 가운데 3분의 2는 미국 본토에 다녀온 경험이 있다. 하지만 지금까지도 이 섬 안에서 푸에르토리코식이라 할 수 있는 걸음걸이를 하지 않는 주민은 없다. 여인들이 무역풍을 받고 파도를 일렁이며 나아가는 돛배처럼 주춤주춤 걷는 것이나, 남자들이 널찍한 마체테 칼로 사탕수수를 벨 때처럼 몸을 좌우로 흔들며 활보하는 것 모두 틀림없이 히바로(*jibaro*, 시골뜨기) 스타일이다. 걸음걸이만 봐도 이들이 근처 산토도밍고에 사는 도시인들과 다르다는 걸 대번에 알 수 있다. 그링고(*gringo*)라 부르는 본토 백인들과 다른 건 말할 것도 없다. 푸에르토리코 사람 대부분에게 있어 토박이 젠더는, 할렘에 모여 사는 경우뿐 아니라 사우스브롱크스에서 백인 하층민이나 흑인과 뒤섞여 사는 경우에도 수십 년이 넘도록 살아남았다.[51] **토박이**

젠더는 성과 다른 것이며, 훨씬 많은 의미가 들어 있다. 젠더는 사회의 근본적인 양극성을 지칭하며, 어디서도 같은 모습을 띠지 않는다. 사람이 할 수 없거나 해야 하는 일은 마을마다 다르다. 하지만 사회인류학자는 늘 이 부분을 놓친다. 그가 쓰는 전문용어는 두 가지 면으로 된 현실을 가리는 단일 성(unisex)의 가면에 불과하다. 보어와 하이젠베르크가 물리학의 인식론에서 이룬 성과를 사회과학은 아직 달성하지 못했다. 빛이 입자의 패러다임과 파동의 패러다임 양쪽에 다 들어맞는다는 사실은 오늘날 누구나 다 아는 진리다. 두 이론 가운데 어느 하나만으로는 빛의 복잡한 실체를 전달할 수 없으며, 이론적 틀을 더 확장한다 해도 실체를 명확히 파악하기는 어렵다. 하지만 같은 접근법이 사회과학 개념에도 필요하다고 말하면 아직도 많은 사람이 낯설어한다.[52] **상보성과 사회과학**

푸에르토리코 사람을 남녀 구분 없이 연구 대상으로 다룰 때

전형적으로 쓰는 용어 중에는 '행동'뿐 아니라 '문화'라는 말도
있다. 사회복지사는 그들을 모두 '그'로 다루려고 한다. 토박이
문화의 여러 측면들에 내포된 섬세하고도 언제나 이원적인 뉘앙
스는 수천 년의 전통에도 불구하고 무시되거나 뒤섞인 채 다뤄
진다. 학교교사 역시 계집애나 사내애가 아닌 푸에르토리코 '아
동'을 돕고자 한다. 아동기란 젠더가 없어지면서 생긴 개념이라
는 걸 깨닫지 못한다. 사회과학과 현대 제도가 공생관계를 맺고
서 젠더를 성으로 전락시키는 효과적 장치로 쓰인다는 사실을
생각해보는 교사는 거의 없다. 나는 앞으로, 이런 퇴보야말로 현
대라는 시대를 다른 모든 시대와 다르게 만든 결정적 인류학적
특징이라는 점을 논할 것이다. 그러나 젠더의 세계로 첫 탐험을
떠나기에 앞서, 깊은 바다에 닿기 전에 탐험을 좌초시킬 수도 있
는 세 개의 여울에 대해 설명하고자 한다. 이 예비 설명을 통해
서 젠더뿐만 아니라 경제적 성을 보는 관점도 함께 제시하려고
한다.

모호한 상보성

바깥에서 온 사람만이 그곳의 문화를 의식한다. 안에 있는 사람
들에게는 그저 남자와 여자, 그리고 제3의 존재들이 있을 뿐이
다. 제3의 존재란 이방인, 노예, 가축, 천민, 또는 괴짜 같은 국외

자들을 말한다. 국외자에게 성이 있는 것으로 감지되면 그의 '성' 또는 좀 더 정확하게 그의 '젠더'는 우리 중의 남자나 여자로부터 유추해서 판단한다. 친족관계(kinship) 역시 우리가 남자라고 생각하는 것과 여자라고 생각하는 것이 있기 때문에 생겨난 것이다. 친족이란 젠더를 가진 사람들 사이의 결합을 특별히 가리키는 말이다. 우리가 남자로 인식하는 존재와 여자로 인식하는 존재는 단지 그들 사이의 독특한 대비 **때문에** 구별되는 것이 아니라, 그런 대비에도 **불구하고** 서로 만나 어울리는 것이다. 그들은 마치 오른손과 왼손이 어울리는 것처럼 어울린다.[53] **오른손과 왼손** 이처럼 남성과 여성의 관계를 오른손과 왼손의 이원성으로 유추해 보면, 젠더를 이해하려 할 때 빠질 수 있는 위험을 피할 수 있다.

많은 문화권에서 왼손은 약하고 힘이 없다고 여긴다. 오랜 세월 동안 왼손은 결함이 있는 것으로 취급 받았다. 그러나 이런 인식은 저절로 생겨난 것이 아니라 되풀이하여 주입된 규범이다. 아이가 왼손을 쓸라치면 바로 나무라거나 손을 찰싹 때리고, 심지어 등 뒤에 묶어 못 쓰게 했다. 양쪽 신체기관을 비대칭으로 보는 관념은 이렇게 하여 차츰 사실로 굳어졌다. 감각, 근력, 적응력 면에서 오른손이 왼손보다 신경학적으로 우수하다는 생각은 오른손 우위의 이념이 되었다. 왼손은 오른손이 필요로 할 때마다 그에 순응하는 충직한 조수가 되어야 했다. 이런 관계를 남녀 관계에 유추하면 '여성은 사회생물학적으로 남성에 순응적이다'라는 관념을 뒷받침하는 데 이용될 수 있으며, 실제로 그렇게 이용되었다.[54 도덕적 성차별주의와 인식론적 성차별주의]

하지만 그것이 내가 주장하려는 요지는 **아니다**. 이 비유에는 더 중요한 의미가 들어 있다. 지금처럼 버튼을 눌러서 일하는 산업사회가 아닌 곳에서는 생존을 위해서라도 양손을 다 써야 했다. 오른손잡이를 우대하는 사회가 더 많은 건 사실이지만, 그렇지 않은 사회도 꽤 있었다. 중국의 예법 및 세계관을 보면, 왼손과 오른손을 상황에 따라 섬세하게 번갈아 쓰는 것을 알 수 있다.[55 옮양] 그런가 하면 아프리카의 뇨로족(Nyoro)처럼 왼손잡이를 신성한 예언자 집단에 들어갈 운명으로 여기는 사회도 있다. 이처럼 어느 한쪽 손에 힘과 기술을 더 많이 부여하고 가치를 더 매기는 일은 흔하다. 물론 오른손을 왼손보다 중시하는 경우가 더 많기는 하지만 말이다. 그렇다 하더라도 동작과 몸짓을 할 때는 양손을 서로 보완해서 쓰지 않을 수 없다. 전통에 따르면, 왼손잡이 무당이라 하더라도 제물을 바칠 때는 어느 손을 쓸지 엄격한 지침을 따라야 했다. 양손은 항상 함께 쓰이되, 거울에 반사되는 식과는 다른 별도의 두 프로그램에 따라 움직인다. 따라서 이 독특한 종류의 이원성은 언제나 모호한 성격을 가지고 있었다.

인류의 오래된 전통을 보면, 우리 존재의 근본적 특징은 이렇게 독특한 갈라짐에 있었다는 것을 알 수 있다. 그것은 거울에 비친 모습이나 그림자와는 다른 '모호한 상보성'을 가진다. 이 이원성은 네거티브 필름을 인화한 것과도 다르고, DNA 이중나선 구조의 자연결정론적 결합과도 다르다. 나는 은유와 시적 언어의 바탕 위에서만 이 상보성을 적절한 양식으로 표현할 수 있다고 생각한다. 이 이원성을 잘 보여줄 수 있는 신화적 표상으로는 쌍둥이, 배꼽과 탯줄, 음양 등이 있다.[56 타자에 대한 은유] 젠더와 성 사이의 대립적 관계 때문에 생긴 난점을 이제 다소나마 밝혀야겠다. 그러니까 토박이 젠더를 모호한 상보성의 바탕으로 보고, 또 경제적으로 중성인 현대의 성을 이 바탕을 거부하거나 초월하려는 시도로 보는 것이 마땅하다는 것이다. 사회과학은 모든 상호작용을 교환 관계로 환원함으로써 상보성이라는 바탕을 부정하고, 남자와 여자의 관계를 **경제적으로** 분석하는 것에 정당성을 부여하려고 한다. **이것이 바로 내가 경제적 성을 언급하는 이유다.** 따라서 이제는 과거에 존재했던 젠더와 현대에 만들어진 성을 말하려면 두 개의 다른 언어가 필요하다는 점을 명확히 해야 한다.[57 모호한 상보성]

사회생물학의 성차별주의

내가 젠더와 성을 설명하는 도입부에서 오른손과 왼손을 언급한 것은 그러한 비유가 꽤 효과적이기 때문이다. 나아가 이 비유는 젠더를 이해하려고 할 때 부딪치는 두 번째 어려움을 보여준다. 이 어려움은 앞에서처럼 근본적인 것이라기보다는 현재 학계의 유행으로 인해 생겨난 것이다. 미국에서 젠더를 인간 행동과 관련지어 분석하려고 하면 두 진영의 격렬한 반응을 각오해야 한다. 한쪽은 마르크스주의 페미니스트들이고, 다른 한쪽은 사회생물학자들이다. 이들이 아무리 내 주장을 왜곡하든 상관없이 내 논지를 펼쳐보고자 한다. 우선 마르크스주의 페미니스트들과는 젠더를 토론하는 것이 애초에 불가능하다. 정치경제학을 통해 성을 인지하게 되면 젠더의 모호한 상보성을 이중의 필터로 걸러내는 결과만 초래하기 때문이다. 하지만 그들보다 더 조심스럽게 피해야 할 이들은 인류학자 라이어널 타이거나 사회생물학자 에드워드 윌슨, 프랑스의 뉴라이트 이론가 알랭 드 브누아 등이 퍼뜨린 수사학을 따르는 사람들이다. 그들은 생물학적 결정론이라는 가설에서 출발하여 모든 문화가 그 위에서 생겨났다고 가정한다. 하지만 내가 볼 때 호모 사피엔스가 인간 현상으로서 특별한 점이 있다면, 젠더라는 상징적 이원성을 변함없이 몸에 지니고 있다는 점일 것이다.

나는 이들 동물행동학자들이 관찰한 것을 두고 논쟁하고 싶은 생각은 없다. 하지만 젠더 없는 현대의 인간이 마치 유인원처럼 행동하는 것을 볼 때마다 성이 지배하는 체제가 비인간적이라는 내 주장이 옳다는 생각이 든다. 게다가 생물학적 결정주의는 내가 굳이 나서서 반박할 필요도 없다. 그 임무는 미국의 소위 **자유주의 진영** 사람들에게 맡기면 된다. 자유주의 사회에서 시행하는 사회복지 프로그램이 정당성을 얻으려면 그것을 운영하는 전문가들이 반파시스트이고 반인종주의자라는 것을 믿게 해야 한다. 따라서 이 전문가들은 새로 등장한 사회생물학자들이 결국은 고비노 백작의 인종주의를 계승하고 있다는 점을 열심히 지적한다. 실제로 현대의 성차별주의는 초기 인종주의와 동일한 점이 있다. 19세기 인종주의는 유럽의 식민주의를 지탱하는 이념이었다. 마찬가지로 현대의 성차별주의는 전 세계적으로 남녀를 동일한 성으로 통치하려는 계획에 이바지한다. 현대의 성차별주의는 오늘날 후기식민주의 경제를 지배하는 탐욕스러운 엘리트들에게 적합한 이념이다.

사회생물학자들의 주장은 한결같다. 논리 구조 또한 순진할 정도로 단순한데, 바로 그 점 때문에 사람들이 끌리는 듯하다.[58]
사회생물학이라는 신화 그들의 책을 읽는 독자들은 온갖 수학적 알고리즘과 위험한 통계로 복잡하게 엮은 논의 속에 사실상 아무런 내용도 없다는 사실을 받아들이지 못한다. 사회생물학의 논지는 다음과 같이 한 문단으로 정리할 수 있다. 영장류를 보면 암컷이 원래부터 수컷에 맞춰 살아가는 것을 볼 수 있는데,[59] 동물사회학 마찬가지로 남자가 여자를 지배하는 것은 원시시대부터 있었던 일이고, 고도로 발전한 문화도 이 지배를 제도로 만든 것에 불과하며, 따라서 남자가 우월한 위치를 점하고 여자가 종속된 위치에서는 이 패턴이 왜 꾸준히 이어져왔는지를 유전자로 설명하는 일은 과학적으로 정당하다는 것이다. 즉 유전적 우열이야말로 예나 지금이나 각각의 성 역할을 설명해주는 근거라는 얘기다.

내가 이런 학문적 성차별주의와 논쟁하는 게 적절치 않다고 생각하는 이유는 그들 이론이 허술해서가 아니라 이 생물학주의자들이 주장을 펴나가는 방식 때문이다. 이 사회생물학자들은 드 고비노에서부터 나치당 인종이론가인 알프레드 로젠베르크에 이르기까지 그간의 인종주의자들이 주장해온 방식과 공통점이 많다. 특히 광신자들만을 대상으로 '과학적' 논법을 편다는 점에서 그러하다. 하지만 인종주의와 성차별주의는 내용과 방식만 비슷한 게 아니다. 그들이 그려내는 인간상도 동일한 소재로 직조한 것이다. 인종주의자들과 성차별주의자들의 가정에 따르면, 인간은 과학적으로 범주화될 수 있고, 그에 따라 등급을 매길 수도 있다고 한다. 피부가 검거나 지능지수가 떨어지거나 여성이거나 그밖에 유전적 결함이 있는 사람일수록 더 아래 등급으로 분류된다.

현대의 서비스 전문가들도 인종주의자와 공통점이 많다. 그들 모두 객관적 기준에 따라 사람들을 줄 세우고 거기에 맞춰 희소한 특전을 부여하는 게 가능하다고 가정한다. 이러한 등급 매기기는, 젠더 없는 개인들이 갈수록 더해가는 희소성의 조건 위에서 살고 있다고 가정함으로써 가능하다. 따라서 교육자 같은 서비스 전문가나 인종주의자의 관점은 현대 서구문화에만 들어맞는다. 하지만 서비스 전문가들이 정당성을 인정받으려면 그들의 전문가적 진단에 숨어있는 인종주의를 들키지 않도록 믿음직한 수사법을 구사해야 한다. 그래서 나는 조잡하기 짝이 없는 이 새로운 사회생물학에 대한 논쟁을, 인간의 '우열'을 측정하는 일보다 인간에게 '필요'를 심어주는 일에 있어 전문가적 풍모를 갖춘 내 동료들 곧 교사, 의료인, 산부인과 의사, 사회사업가에게 맡기려는 것이다. 이들은 나름 과학적이라고 하는 진단을 통해 타인을 자기가 제공하는 서비스의 소비자로 전락시키는 법을 잘 아는 사람들이다. 하지만 이런 자신감에 붙어있는 그들의 사욕으로 말미암아 그들의 교묘한 등급 매기기 능력도 타격을 입을 것이고, 그들 역시 조잡한 사회생물학적 성차별주의와 다를 바 없다는 점도 공공연하게 알려질 것이다.[60 인종주의자와 전문가]

사회과학의 성차별주의

성 역할(sex role)은 최근 15년 전부터 대중화되기 시작한 개념이다.[61 역할] 사람들이 즐기는 놀이, 과학 논문, 교수법, 정치 연설이 모두 성 역할이 존재한다는 가정을 바탕으로 한다. 성 역할에 대한 관심은 국민총생산이 늘어날수록 커지는 듯하다. 부유한 나라일수록 더 많은 사람이 성 역할을 어떻게 정하고 수행하고 물려줄지에 대해 관심을 갖는다. 사회학의 역할 이론은 새로 대두한 사회생물학 개념보다 젠더 분석을 더욱 어렵게 만드는 강고한 장벽이다. 어떤 식으로든 역할 개념에 기대면 행동뿐 아니라 언어에 들어 있는 젠더마저 식별하기 어려워지기 때문이다.

젠더는 그 자체로 실체성을 가진 것이다. 하지만 경제적 중성으로서의 성은 실체가 없다. 이 중성의 측면에서 보면 성은 부차적 속성, 곧 개인에게 속하는 속성이자 인간 존재에 덧붙여진 특징이다. 성 역할이라는 개념은 젠더 없는 방식으로 사회 제도가 조직되기 전까지는 존재하지 않았던 것이다. 즉 젠더 없는 고객의 젠더 구별이 없는 필요를, 젠더 없는 세계에서 생산한 젠더 없는 상품으로 충족시키도록 사회 제도가 구축된 것이다. 이처럼 성 역할은 젠더 없는 **인간**이라는 존재를 기초로 해서 만든 것이다. 그럼에도 성은 그냥 하나의 역할이 추가된 것으로 간주되지 않는다. 잘 만들었건 형편없이 만들었건 특별한 행사 때 입고 나갈 적당한 옷 한 벌이 더 생긴 것으로 보지도 않는다. 부모, 교수, 배관공이라는 역할을 그렇게 보지 않듯이 말이다. 이처럼 많은 사람들이 성 역할을 변하지 않는 것으로 본다. 여성들도 자신의 성 역할에 불가피하게 매여 있을 수밖에 없다고 생각한다.

하지만 싫건 좋건 하나의 성 역할을 갖는다는 것은—그것을 기꺼이 받아들이건, 강요된 것으로 느끼고 원망하건 간에—어느 한쪽의 젠더에 속해 있다는 것과는 다른 의미를 갖는다. 당신이 남성 젠더이거나 여성 젠더라는 말은, 당신이 암수 성 가운데 하나를 가진 인간이라는 말과는 전혀 다른 것이다. 젠더란 당신이 네모이거나 동그라미라고 말하는 것이다. 반면 성 역할은 맨 바닥 같은 것이다. 우리는 그 위에 어떤 역할도 지을 수 있다. 어떤 이들은 마치 란제리나 러닝셔츠를 골라 입듯이 자기 피부를 입는다. 그러고는 그 피부 밑에 언제든지 바꿀 수 있는 맨 살갗의 자아가 있다고 여긴다. 반면에 어떤 이들은 성 역할을 코르셋 같은 것이라고 여긴다. 젠더 구분 없이 누구나 가진 성충동(libido)을 누르려고 부모가 강제한 족쇄라는 것이다. 그 위에 제복을 겹쳐 입거나 드레스를 겹쳐 입을 수도 있는, 그리하여 옷을 바꿔 입거나 언제든지 버릴 수도 있는 단속곳이라는 것이다. 토박이 문화에서는 누구나 젠더를 가지고 태어나서 젠더로 성장해간다. 하지만 현대 사회의 성 역할은 주어진 것이다. 사회나 부모에게 왜 이런 성 역할을 '안겨주었냐'고 원망할 수도 있다. 그러나 토박이 말이나 젠더에 대해서는 불평할 도리가 없다.

토박이 젠더와 성 역할의 구분은 토박이말과 학습으로 배운 모어(母語)를 구분하는 것과 비슷하며, 자급자족적 생활과 경제적 생존을 구분하는 것과도 비교할 수 있다. 두 비교 항목들은 근본 전제부터 전혀 다르다. 젠더와 토박이말과 자급자족은 단힌 형태의 공동체적 생활을 특징으로 한다. 여기에는 암묵적이지만 종종 의례나 신화로 표현되곤 하는 전제가 깔려 있는데, 공동체란 사람의 몸이 그러하듯이 일정 정도 이상 커질 수 없다는 전제가 바로 그것이다. 반면에 성, 학습된 모어, 상품 소비에 기초한 생활양식은 무한히 열려있는 우주를 전제로 한다. 이런 우주에서는 희소성이라는 가정이 필요와 그 충족 수단 사이의 모든 상호관계를 지탱해 준다. 젠더는 세계 안에 근본적으로 존재하는 상보성을 의미하며, 비록 모호하고 망가지기 쉬운 것일지언정 그 폐쇄된 세계를 '우리' 안에 걸어 잠그는 역할을 한다. 반대로 성은 무한히 열려있는 것, 영원히 확장만을 거듭하는 우주를 의미한다.

따라서 엄격히 말하면 젠더에 관한 담론은 은유적 언어로만 표현할 수 있다. 두 세계에 공통적으로 존재하는 그 어떤 것도 같은 것을 의미하지 않기 때문이다. 세계, 사회, 공동체라고 하는 것들은 모두 현실의 젠더들이 가진 상보성으로 인해 생겨난 독특하고도 이원적인 전체로서, 이 전체가 비대칭적으로 만들어져 있고 일정한 한계를 갖는 것도 이 젠더라는 구성요소들 때문이다. 젠더는 오로지 형태학(morphology)에 의해서만 파악할 수 있다. 젠더가 어떻게 존재하는지는 그 젠더가 구축한 이원적 세계의 형태와 크기에 의해서만 알 수 있다는 얘기다.[62] 사회형태학

달팽이는 여러 겹의 나선형 고리를 정교하게 더해가며 껍질

을 만드는데, 그러다 어느 순간이 되면 이 익숙한 건축 활동을 멈춘다. 나선형 고리가 하나 더해질 때마다 껍데기 크기는 16배로 늘어난다. 그러므로 고리가 계속 늘어나면 달팽이의 생존에 도움이 되기는커녕 버거운 짐만 된다. 타고난 한계 이상으로 커진 껍데기 때문에 생긴 어려움을 해결하는 일이 생산성 증가로 얻는 이점을 능가하게 되는 것이다. 요컨대 과잉성장으로 인한 문제는 기하급수적으로 증가하는 반면, 달팽이의 생물학적 능력은 산술급수적으로만 늘어난다는 얘기다. 마찬가지로 젠더는 그것이 만들어낸 사회 구조에 한계를 설정한다. 이 구조는 삶의 여러 측면에서 드러나지만 무엇보다 친족의 크기를 보면 알 수 있다.

'성 역할'이라는 용어의 이면에는 일반적으로 쓰는 의미와는 정반대의 관념이 들어 있다. 즉 성 역할을 수행하는 사람은 정도 차이를 불문하고 모두가 '성'으로 만들어진 젠더 없는 존재이며 얼마든지 성형 가능한 개인이라는 것이 암묵적으로 가정되어 있다. 지난 한 세기 동안 전 세계 남자와 여자의 행동 차이를 연구해온 학자들은 용어가 생기기 전부터 원시적, 전통적, 이국적 성 역할에 대해 관심을 가졌다.[63 성 역할] 그리하여 젠더를 관찰하고서도 그것을 성의 일종이라고 보고했다.

이런 혼동은 1947년 미국 인류학자 멜빌 허스코비츠가 쓴 글에서 잘 드러난다. 그는 "문자 이전 사회에 사는 사람들의 경제

생활 가운데 성적 분업만큼 주목을 많이 끈 측면도 없으며, 그것을 설명하기 위해 무수한 시도가 행해졌다"[64] 성 역할고 썼다. 이 문장에 숨어있는 가정들을 정리하면 다음과 같다. **그들**과 **우리** 사이를 구분하는 차이는 다름 아닌 **우리가 가진** 문자라는 것. 그때나 지금이나 인간은 모두 **경제생활**을 하는 존재로서, **호모 사피엔스**는 곧 **호모 에코노미쿠스**이며, 따라서 우리는 모두 희소성이라는 가정 위에서 활동한다는 것. 나 저자는 '노동'이 무엇인지 아는 사람이라는 것. 그러므로 결론적으로, 합리성이 대두되기 전부터 있었던 **성 분업**이야말로 현대 인류학이 설명해야 할 위대한 신비라는 것. 허스코비츠가 이런 말을 하는 사이에도 그가 언급한 문헌은 엄청나게 늘어난 반면, 젠더와 성의 차이를 밝히려는 글은 여전히 보잘 것 없는 비율에 머물렀다.

성 역할에 대한 연구가 어떻게 젠더 문제를 더 혼란스럽게 만들었는지는 '여성 노동'이란 말이 유행한 다음 세 시기의 문헌을 들여다보면 쉽게 이해할 수 있다. 빅토리아 시대의 민족지학, 미국 뉴딜 시대의 문화인류학, 그리고 최근 영미권의 페미니스트 연구가 그것이다. 빅토리아 시대의 민족지학자들은 사회진화론을 신봉했다. 그래서 외국을 다녀온 여행자들과 선교사들의 글에서 관련 자료들을 수집했는데, 다윈이 갈라파고스 섬에서 특이한 생물 형태들에 사로잡혔던 것처럼 인간의 낯설고 예기치 못한 행동들에 매료되었다. 하지만 이런 자료를 남긴 사람들과 달리 학자들은 그 자료들을 분류하려는 욕심에 사로잡혀, 인간 행동도 인간의 뼈처럼 범주화하여 진화 단계에 맞춰 배열할 수 있을 것처럼 생각했다. 그리고는 진화 단계의 꼭대기에 영국 중산층을 올려놓고서 최상의 문명이자 생존에 가장 적합한 형태라고 여겼다. 미국에서는 일부 여성과 성직자가 결탁하여, 시대를 불문하고 여자의 역할이 주부였다는 증거를 이 보고서들에서 읽어냈다. 남자란 자신을 위해 본성을 억누르고 거친 삶 속으로 뛰어들어야 하는 존재인데, 여자의 **본성**은 이런 남자라는 종족에게 준 선물이라고 해석한 것이다. 성 역할에 대한 이런 인류학적 연구들은 앤 더글러스가 '감상적 거짓말'(the sentimental lie)이라고 부른 그것을 마치 과학적인 사실인 양 증명하려는 데서 시작되었다. 앤 더글러스는 『미국 문화의 여성화』에서 연약한 여성을 보호한다는 감상적 명분이 자급자족적 생계를 이끌던 여성의 지위를 어떻게 박탈했는지 잘 밝혀낸 바 있다. 성 역할이라는 맥락에서 보면, 여성 노동은 원시 문화 때부터 약한 성에 가해진 가혹한 대우의 징표로 이해될 수밖에 없다. 따라서 진보란 여성을 우아한 가정생활에 가둬두는 것이다. 남자에게 힘든 일을 맡기고 여자는 생산의 고역을 감해주는 식으로 둘의 지위와 직무를 점차 분화시키는 것이야말로 진보라는 것이다.[65 빅토리아 시대의 페미니즘]

여성 노동에 대한 관심은 이후 두 세대가 흐르는 동안 차츰 가라앉았다. 그러다가 1935년부터 1937년 사이에 다시 관심이 폭발했다. 2년도 채 안 되는 동안 세 편의 고전적 연구가 발표된 것이다. 먼저 마거릿 미드는 생물학적 성만으로는 어디서나 관찰되는 남녀 인성구조의 사회문화적 차이를 설명할 수 없다고 강조했다.[66 성과 기질] 그녀는 이 차이를 설명하기 위해 당시의 심리학적 개념들에 의존했는데, 그것들은 모두 궁극적으로는 미국의 가정생활을 프로이트적으로 읽는 데 기초한 것이었다. 같은 해에 랠프 린턴은 남성 행동과 여성 행동을 비교하는 연구에 집중했다. 린턴은 '역할'이라는 용어를 문화인류학에 처음 도입한 사람이다(1932년). 그는 기술하기를, 한 문화가 그 구성원에게 부여할 수 있는 성 역할은 거의 무한하다고 할 만큼 다양하다고 주장했다. 미드와 달리 그의 관심은 인성보다 행동에 있었다. 마지막으로 같은 시기에 조지 머독이 『민족지 지도』를 출간했다. 그는 주로 '노동'에 관심을 갖고 그것이 어떻게 남녀 노동으로 나뉘었는지 연구했다.[67 역할의 상보성] 그가 만든 도표를 훑어보면, 오키나와에서는 남자와 여자 모두 항아리를 빚지만 남자가 더 많이 빚고, 드루즈 교에서는 여자만 도공이 될 수 있으며, 한국에서는 남자만 될 수 있다는 사실을 알 수 있다. 그는 수백 개 문화권의 노동을 열한 가지 행동 유형으로 분류하고, 그것을 다시 남자와 여자의 참여 정도에 따라 아홉 단계로 분류했다. 하지만 미드가 강조한 인성도, 린턴이 강조한 행동도, 머독이 강조한 노동도 필히 밝혀내야 할 젠더와 성 역할 사이의 차이점을 모호하게 만들었을 뿐이다.

1950년대를 전후해서 여성 고유의 활동에 대한 관심은 다시 수그러들었다. 근대화가 의제로 올랐기 때문이다. 처음으로 인류학자들이 정책 입안자들로부터 지원을 받고서 진보를 가로막는 장애물이 무엇인지 밝혀내는 일에 동원되었다. 이후 수십 년간 대상에 참여하는 연구 방식이 정교하게 발전하여, 제3세계 마을이나 민가에서 누가 무엇을 하는지 세세하고도 면밀한 보고가 이루어졌다. 학자들은 젠더에 바탕을 둔 행위야말로 발전의 장애물이자 전형적인 성 역할에 매인 활동이며, 낮은 생산성과 빈곤의 본질적인 원인이라고 보고했다. 하지만 1970년대 초에 이런 상황은 영미권 여성학자들에 의해 송두리째 바뀌었고, 여성학의 세 번째 물결이 일어났다. 이번에는 페미니스트 관점이었다. 앞선 두 시기의 연구에서 밝혀진 여성들의 기여가 어떻게 남성 편향적으로 해석되었는지가 이번의 연구 주제가 되었다. 그 결과, 수세대에 걸친 인류학자들의 작업이야말로 여성이 하는 일에 대해 의문조차 갖지 않았을 정도로 끔찍한 무능력을 보여주는 증거라는 게 드러났다. 하지만 이 새로운 연구들 역시 아무리 그것이 여성적 시각에서 출발한 것들이라 해도, 젠더를 성 역할의 원시적 형태로 보는 기존의 기본 가정을 강화하기만 했을 뿐이다.[68] ^{여성의 종속} 그리고 이후로도 여성학 연구는 대체로 젠더를 더욱 눈가림하는 식으로 이어져 왔다.

제4장

토박이 문화 속의 젠더

Vernacular Culture

도구는 사회적 관계에 있어 필수적인 요소다. 사람들은 누구나 행위를 통해서, 또한 그 행위를 수행하기 위해 익힌 도구를 통해서 사회와 관계를 맺기 때문이다. 그리고 자신의 도구를 얼마나 적극적으로 익혔는가에 따라 그 도구의 생김새대로 그 또는 그녀의 자아상이 결정된다. 산업사회 이전에는 젠더 고유의 일에 맞춰 그 젠더가 쓰는 도구도 정해져 있었다. **공동**의 목적으로 쓰는 도구조차 그것을 만질 수 있는 사람은 한쪽 젠더로 한정되어 있었다. 특정 도구를 쥐고 사용한다는 것은 곧 자신에게 적합한 젠더와 관계한다는 뜻이다. 따라서 젠더 간의 이런 상호관계야말로 무엇보다 사회적인 것이다. 서로 분리된 도구들이 삶의 물질적 상보성을 결정한다.

도구가 나뉘면 삶의 영역도 극단적으로 나뉜다. 아마존 정글에서 과야키족(Guayaki)과 함께 지낸 피에르 클라스트르는 그렇게 분리된 세계를 책의 감동적인 한 장(章)에 담아 보고했다. 그 곳에서 여자의 영역은 바구니를 중심으로 편성되어 있다. 여자는 첫 월경을 시작할 때부터 혼자 힘으로 바구니를 엮는다. 반면 남자의 영역은 활을 중심으로 이루어진다. 아무리 권위 있는 사람도 두 영역 위에 있을 수 없다.[69] 젠더 분리 살아가는 내내 경험하는 이런 분리를 통해서 사회를 하나로 통합하는 긴장이 생긴다. 만일 여자가 어떤 사냥꾼의 활에 손이라도 대는 경우, 그 사냥꾼은 남자의 자격을 잃고 '빵가루를 뒤집어쓴'(pané) 신세가 된다. 화살도 쓸모없어지고, 성적 능력도 상실되며, 사냥에서도 배제된다. 시들시들한 채로 죽지 않고 살아남는다 해도, 평생 여인의 오두막 뒤에 숨어 살면서 누군가 버린 바구니에 음식을 모아 남은 생을 보내야 한다.

젠더와 도구

그러나 젠더와 도구를 묶는 문화의 끈을 굳이 이국적인 곳에서 찾을 필요는 없다. 우리 자신의 과거만 들여다봐도 금방 이해가 되고 다른 길로 새지 않을 수 있다. 우리 할아버지들이 쓰던 도구를 자세히 보면 여전히 젠더의 향기를 맡을 수 있다. 이 장의 초안을 쓸 때 나는 퀘벡 주에 사는 제빵사 집에 초대받았다. 퀘벡 민족주의자이자 예술가인 이 여성은 셰르브루크 인근에서 가게를 운영하면서 전통적인 부엌 도구를 가지고 빵을 굽는다. 손수 만든 케이크를 내오고 단골손님에게는 중세의 서재처럼 사색과 토론을 할 수 있는 공간을 빌려준다. 나는 그녀의 초대를 받아 식당에 모인 관심 있는 청중들에게 이 글을 읽어주었다. 식당 벽에는 십여 개의 녹슨 농기구가 걸려 있었다. 주인이 그 도구들을 수집한 이유는 모양이 아름다운 데다가 모두 이 지역에서 만들었기 때문이다. 우리는 가정집과 농장에서 나온 그 유물들을 함께 살펴보았다. 한 세기 이상 된 것은 없었다. 도구마다 이름이 있을 텐데 대부분 모르는 것들이었다. 심지어 아무도 그 용도나 목적을 짐작하지 못하는 도구도 있었다. 분명히 땅을 파거나 나무 자르는 도구인데, 어떤 작물을 심고 어떤 나무를 잘랐는지 아무도 알지 못했다. 나이든 할머니 한 분을 제외하고는 거기 모인 프랑스계 사람 중에 누구도 이 도구가 어떤 젠더에 속했는지, 남자의 것인지 여자의 것인지 알지 못했다.

북아메리카에서는 퀘벡처럼 지방색이 강한 곳에서마저 젠더의 흔적이 도구에서 씻겨나갔다. 그러나 유럽의 외딴 시골마을에 가면 지역마다 조금씩 다르긴 해도 여전히 젠더가 남아있는 곳이 있다. 어떤 곳에 가면 남자는 벌낫을 쓰고, 여자는 왜낫을 쓴다. 남녀가 다 왜낫을 쓰는 지역도 있지만, 그곳에서도 왜낫은 두 종류다. 남자와 여자에 따라 모양이 다르므로 손잡이와 날을 보면 젠더를 알 수 있다. 예를 들어 오스트리아 슈티리아 지방에서 남자가 쓰는 낫은 풀을 베는 용도라 날이 예리하다. 여자가 쓰는 낫은 줄기를 긁어모으는 것이라 들쭉날쭉하게 구부러진 날이다. 방대한 농사일 목록을 정리한 귄터 비겔만의 책을 보면 수많은 지역마다 도구에 얽힌 수백 개의 이야기가 나온다.[70 도구와 젠더] 알프스의 한 계곡 마을에서는 양쪽 젠더 모두 벌낫을 쓰지만, 여자는 꼴만 베고 남자는 호밀만 벤다. 여자만 부엌에서 칼을 만질 수 있는 곳도 있고, 양쪽 젠더 모두 부엌에 들어가 빵을 써는 곳도 있다. 하지만 그곳에서도 한쪽 젠더는 칼을 가슴 바깥으로 밀어내면서 빵을 썰고, 다른 젠더는 가슴 쪽으로 당긴다.

대부분의 지역에서 작물을 심는 쪽은 남자이지만, 독일 다뉴브 강 상류 지역에서는 여자가 흙을 고르고 씨를 뿌린다. 남자는 종자에 손을 댈 수 없다. 가축은 작물보다 더 젠더와 밀접한 연관이 있다. 어떤 지역에서는 여자가 젖소에게 풀을 먹이지만, 수레를 끄는 가축은 건드리지 않는다. 좀 더 동쪽으로 올라가면 농가의 소는 여자가 젖을 짜고, 장원의 소는 남자가 짠다. 몇 시간만 걸어가면 그 일을 하녀가 한다. 젠더와 도구를 잇는 끈은 쉽게 사라지지 않았다. 유럽을 휩쓴 전쟁이 도시를 파괴하고, 경제 발전이 농촌의 삶을 송두리째 바꿔도 끈질기게 이어졌다. 합성 살충제, 콤바인, TV가 널리 보급된 와중에도 시대에 아랑곳없이 옛 도구는 오래된 젠더의 흔적을 간직하고 있다.

하지만 도구와 젠더를 이어주는 끈이 끊어지는 시대가 왔다.

서유럽보다 동유럽에서 더 빈번하게 의도적으로 이런 일이 벌어졌다. 도구와 젠더 사이의 끈은 이제 노인의 기억 속에나 남아 있다. 10년 전 나는 세르비아 농부를 만나 한 세대 전에는 건초를 어떻게 만들었는지 들었다. 그는 건초를 거두고 쌓고 보관하는 일을 마치 남자와 여자가 각자의 몸짓으로 함께 어울려 추는 발레처럼 이야기했다. 노인의 이야기를 듣는 동안, 눈앞에서는 건초 거두는 일이 진행되고 있었다. 건초 만드는 일은 이제 남녀 구별 없이 고용되어 감독의 지시를 받아 하는 성 구분 없는 노동이 되었다. 노인은 만감이 교차하는 눈으로 마을 조합의 트랙터를 모는 젊은 여성을 바라보았다. 젠더는 이제 트랙터 운전석에서 종적을 감추었지만, 지난 천 년 동안 끝없이 변화하는 조건에서도 살아남았던 것이다. 잘 보존된 몇몇 자료를 보면 남성 젠더와 황소 사이의 끈은 선사시대부터 내려온 것임을 알 수 있다. 트랙터를 모는 젊은 여성의 여자 조상 중에 황소에 멍에를 씌우거나 여물을 먹인 사람은 한 명도 없었을 것이다. 이런 젠더의 흔적을 찾으려면 마을사람 중 아무도 슬라브어를 쓰지 않았고 유럽의 일부로 살지도 않았던 시대로 거슬러 올라가야 할 것이다.

젠더, 지대, 상업, 수공업

'원시적' 삶은 항상 젠더로 나뉜 도구 위에서 유지되었다. 수렵

인과 채집인의 삶이 도구에서 서로 나뉘는 것처럼, 농민과 유목민의 삶도 그러했다. 신석기시대부터 근대에 이르기까지 우리는 그렇게 살아왔다. 젠더 구분은 거의 예외 없이 도시 아닌 사회에서 선명하고 확실하게 나타난다. 자급자족 경제로 살아가는 곳이라면 언제나 젠더가 있었다. 그러다 보니 학자들은 젠더를 부족 생활이나 농민 생활에서만 나타나는 표지로 보려는 유혹을 강하게 느낀다. 이들이 사회적 젠더에 대한 연구에 착수한다 해도 기껏해야 인류학적 주제로나 다룰 것이다. 역사가들은 젠더가 모든 역사적 시기에 걸쳐 뚜렷하게 존재했고, 모든 도시문명의 구성요소였으며, 단순 상품 생산의 기초를 이루었다는 점을 무시한다. 간혹 이런 젠더 규칙이 느슨한 경우가 있었다 해도 그것은 퇴폐적인 엘리트들에게나 있었던 일이며, 그마저 아주 짧은 기간에 불과했다. 상품집약적인 산업사회가 등장하면서 비로소 젠더의 상실도 나타난 것이다. 결과적으로 19세기와 20세기에 벌어진 젠더 소멸의 역사는 아직 아무도 쓰지 않은 셈이다. 따라서 산업사회에서 벌어진 젠더의 소멸 과정을 이해하기 위해서는 먼저 젠더를 역사학의 중심 주제로 인정해야만 한다. 젠더가 역사적으로 어떻게 존재했는지 보여주기 위해, 나는 지대, 상업, 수공업 속의 젠더를 간략히 살펴보고자 한다.[71] **노동 분업**

중세의 소작농과 자영농은 영주에게 지대를 내야 했다.[72] **엘리트와 젠더** 그들은 대개 화폐경제에서 벗어나 있었으므로 지대로 낼 수 있는 것은 잉여생산물이 유일했고, 그것만이 농민이 생산하는 것 가운데 유일하게 교환 가능한 재화였다. 그들의 다른 활동을 '생산'이라 지칭하는 것은 잘못일 것이다. 왜냐하면 오늘날 '생산'이라고 하면 가치를 한 형태에서 다른 형태로 옮기거나 소모하는 것을 의미하지만, 중세 농부에게는 오로지 지대를 내기 위한 일에만 적용되기 때문이다. 이렇듯 생산과 소비의 기능이 명확히 구분되지 않았다는 점이야말로 자급자족을 근대 경제와 구분해주는 가장 뚜렷한 특징이다.

9세기에서 12세기 사이에 만들어진 농부와 영주 사이의 수백 건의 계약서를 보면 지대가 무엇인지 알 수 있다. 지대는 생산물로 내기도 했고 부역으로 내기도 했다. 전통적으로 지대는 젠더마다 다른 방식으로 지불했다. 대다수 계약서를 보면 땅을 빌리는 값으로 얼마를 내야 하는지와 함께, 그것을 내는 사람의 젠더도 꼼꼼하게 적혀 있었다. 예를 들면 이런 식이었다. "잉그마르는 수도원에 내는 지대로 15일 동안 매일 가축 두 마리를 끌고 와서 노역을 해야 하고, 2년마다 양 한 마리를 바쳐야 한다. 잉그마르의 부인은 매년 가을 닭 다섯 마리를 바쳐야 하고, 부인이 죽는 경우에는 하녀가 대신한다." 이 말에서 분명히 알 수 있는 사실은, 남자와 여자의 능력은 섞일 수 없고 그 둘을 통일할 수 있는 공통분모도 없었다는 점이다. '여자의 생산물'과 '남자의 생산물'은 명확히 구별되었다. 교회법 역시 모든 '주일 노동'을 금하지는 않았다. **남자**의 경우에는 사냥, 벌목, 울타리치기를 금하고 **여자**는 괭이질, 양털깎기, 가지치기를 금하는 식으로 구체적으로 규정했다. 남자와 여자는 각자 생산한 잉여생산물을 바꿔서 지대로 낼 수도 없었다. 이렇듯 생산물이나 부역에는 모두 젠더 경계가 그어져 있었다.[73 지대와 젠더]

지대와 마찬가지로 교역에도 젠더가 있었다. 교역은 남자만 하는 일이 아니었다. 여자는 마을 안에서만 물건을 팔았고 남자는 멀리까지 돌아다녔다는 통념에도 별 근거가 없다. 말레이시아나 아프리카 사헬 지대 서부, 그리고 스페인어권이 아닌 카리브 해안에서는 여자가 가사 활동의 주도권을 쥐었는데, 그러한 관습은 지금도 뿌리 깊게 남아있다. 장사를 하려면 친족에게 연줄이 있어야 하는데, 남자는 그 연줄에 비집고 들어갈 틈이 없었기 때문이다. 그래서 교역물품이 옹기이든 보석이든 여자가 멀리 떨어진 마을까지 가서 거래를 했고, 그러는 동안 남자가 집안을 돌보았다. 장사꾼 아내는 남편을 집안에 묶어두기 위해 첩을 안겨주고, 그렇게 하지 않으면 남편을 떠나버리겠다고 위협했다. 오늘날에도 세네갈에서는 이렇게 남편을 위협하면 효과가 있다. 남편은 부인이 거래하는 물건을 아무도 자기한테서는 사지 않을 것이며, 여자가 벌어오는 수입이 집안에 필요하다는 것을 안다. 지대와 마찬가지로 교역물품에도 젠더가 있는 것이다. 미얀마 북부에서는 지금도 시장에서 남자에게 보석을 사는 사람이 있다면 제정신이 아닌 사람이다. 남자가 파는 보석이라면 관광객에게나 파는 가짜이기 십상이기 때문이다.[74 교역과 젠더]

젠더는 수공업에도 있었으며, 매우 정교하게 발달되어 있는 경우가 많았다. 집에서 항아리를 빚거나 요리하는 일, 낙타에게 얹을 천을 짜는 일 등의 자급자족적 수공예뿐 아니라, 판매용 예술품이나 공예품에도 젠더가 있었다. 북아프리카 전통시장인 바자르(bazaar)에서는 남자 재단사의 일을 여자 재봉사가 대신할 수 없다. 이곳에서는 신발 수선하는 여자도 볼 수 없다. 눈을 날카롭게 뜨고 젠더를 찾아보면, 매일처럼 쓰는 접시나 일상복에서도 정교한 금속세공품만큼이나 섬세하고 생생한 젠더의 형태를 찾아볼 수 있다. 천을 짜고 재양치고 물들이고 마름질하고 마무리하는 매 단계마다 특별한 손길이 요구되는데, 어떤 일은 남자가 하고 어떤 일은 여자가 하다가 마침내 남녀의 네 손을 합쳐 작품을 완성한다.

중세 교역에 관한 최근 연구를 보면 여자도 장인이 될 수 있게 허용한 길드의 사례가 많았음을 알 수 있다. 14세기 쾰른의 견직물 방직 길드는 여성들만으로 이루어져 있었다. 더 놀라운 건 절대적으로 남자 영역인 길드에도 여자가 있었다는 점이다. 예들 들어 14세기의 한 대장간에서는 스무 명이 넘는 일꾼이 수차(水車) 해머로 고된 일을 했는데, 그 우두머리가 여자였다. 물론 이런 여자는 대개 길드 조합원의 미망인으로서 길드에 살면서 가게를 가족의 일로 유지하는 경우였다. 남편이 죽은 뒤 그 자리를 이어 관리자로 임명된 것이다. 하지만 여성이 마을이나 가족의 이익을 지키는 이런 자리에 올랐다고 해서, 곧바로 여자가 직공들과 함께 경쟁적으로 대장일을 했다고 비약한다면 우스운 추론이 될 것이다.[75 수공업과 젠더] 지대, 교역, 수공업은 선진 문명 또는 고도 문명에서 젠더가 역사적으로 어떻게 진화했는지 연구해야 할 몇 가지 사례에 지나지 않는다.

젠더는 단순히 원시적 생활양식이 가진 기묘한 측면이라고 치부할 수 있는 개념이 아니다. 읍락 생활, 단순 상품 생산, 또는 복잡한 상행위 등의 개념을 가지고 사회적 맥락으로부터 씻어낼 수 있는 것도 아니다. 젠더는 오히려 고도 문명에서 성숙했다. 젠더는 중세 도시생활을 거치면서 노동 분업과 결합하여 새롭고 복잡한 형태의 수공업과 예술에까지 스며들었다. 그리하여 인류학자들이 매달렸던 주제인 원시적 성 분업보다 훨씬 풀기 어려운 문제가 되었다.

또한 젠더는 한 시대에만 국한되는 것이 아니었다. 즉 역사적으로 특정한 시기에 사람들의 삶을 지탱해준 활동과 도구에서만 발견되는 것이 아니라는 얘기다. 모든 문화는 남자와 여자에게 각기 다른 임무를 주어 그들의 과거를 기리도록 했다. 프랑스 부르고뉴 지역의 한 마을인 미노에서는 마을의 신생아를 씻어주는 일을 하는 여자가 죽은 이를 염하고 입관하는 일도 한다. 먼

옛날부터 전해 내려온 젠더가 관습적 의례 안에 보존되어 있는 것이다. 기억 또한 이원성을 띤다. 발칸 반도의 트라키아에서는 오늘날까지도 여자만 죽은 이에게 말을 걸 수 있고, 남자는 여러 사람 앞에서 죽은 이와 그의 행적에 대해서만 말할 수 있다. 여자만 목 놓아 곡을 하고 떠난 이를 애도하며 신의 가호를 기원한다. 이렇게 젠더로 나뉜 행동은 과거에까지 뻗어 있으며 내세에까지 미친다.

젠더와 친족

역사가들은 젠더를 선사시대에나 있었던 일로 치부함으로써 그것에 대한 논의를 피하려고 한다. 그리고 선사시대의 일은 또 인류학자에게 떠넘긴다. 인류학자들도 나름대로 젠더에 대한 논의를 피하는 방법을 알고 있다. 의사들이 병에만 집중하느라 환자의 존재를 잊는 것처럼, 친족에만 집중하고 젠더는 무시하는 것이다. 19세기 중반 친족 연구를 처음 시작했던 헨리 모건 자신부터 친족제도를 남녀 성으로 양극화된 개인들 사이의 복잡한 관계라고 기술했다. 모건과 이후 인류학자들은 친족관계가 무엇보다 남녀 간의 상보성을 통해 젠더 영역을 형성한다는 명백한 사실을 경시하는 경향이 있다. 친족이란 정확하게 정의하면, 젠더 구분을 가로질러 상대에게 다가갈 수 있는 사람들을 말한다. 친족관계를 맺는다는 것은 본질적으로 누가 누구에 대해 어떤 관계를 갖는지의 규칙을 세우는 일이다. 남자에게 여자를 다스릴 힘을 부여하는 제도라는 의미보다 훨씬 중요한 의미가 있다는 얘기다. 친족관계는 서로 관계를 맺는 두 개의 젠더를 전제로 한다. 젠더는 단순히 누가 누구인지를 말하는 것이 아니다. 누가 언제 어디서, 어떤 도구와 어떤 말을 쓰는 사람인지를 정의하는 것이기도 하다. 다시 말해서 공간, 시간, 기술을 나누는 일이라는 뜻이다. 아마도 귀한 집에서 태어난 과학자들이라 근친상간의 금기에만 정신이 팔려서 친족관계의 바탕이 되는 젠더 경계를 보지 못하는 모양이다. 친족을 출발점으로 해서 젠더를 설명한다는 것은 엑스레이를 보고 신체를 재구성하는 것이나 다름없는 일이다. 젠더는 친족관계에서 이끌어낼 수 있는 것이 아니며, 구조주의 방법론처럼 우주적 이원성의 한 현상으로 환원할 수 있는 것도 아니다.[76 구조주의]

이렇게 젠더를 다른 이원성과 동렬에 놓으려는 사람은 근원에 대한 탐구를 회피하는 데 주된 목적이 있다고 생각할 수밖에 없다. 영국 시인 로버트 그레이브스는 켈트 신화 속의 여성숭배를 다룬 그의 책 『하얀 여신』(White Goddess: A Historical Grammar of Poetic Myth)에서, 자신의 근원을 불가피하게 찾아 나서는 시인에 대해 이렇게 말한 적이 있다. "하얀 여신의 둥지, 그 악몽의 둥지 속에는 예언적 새들의 깃털이 뒤덮여 있고, 시인들의 턱뼈와 내장이 어지럽게 흩어져 있으니." 섬뜩하고 위험천만한 임무가 시인과 젠더 없는 현대인 모두를 기다리고 있는 셈이다. 시인은 잡초와 덤불이 우거진 길도 없는 광야를 가로질러야 하고, 현대인은 고속도로와 관습적 키워드들 너머에 펼쳐져 있는 황무지와 폐허를 통과해야 한다.

젠더와 결혼

인류학자들은 결혼한 짝을 무비판적으로 자기들 학문의 중심 주제로 삼곤 한다. 본 모습을 알 수 없게 변장한 경우도 많은데 말이다. 그들은 모든 자아의 배후에 혼인관계로 맺어진 창조자들—그들의 어머니와 아버지 같은 사람—이 있다고 가정한다. 사람의 태생에 대한 성적 이해나 인종적 편향이 그들의 연구 대상을 왜곡한다는 것도 모른다. 이런 편견 때문에 역사가와 인류학자는 모두들 현대 부부가 가진 특징이 무엇인지 볼 수 없게 되었다. 그러나 '역할'이나 '교환'이란 말이 그렇듯이 '결혼'도 젠더 없는 키워드라는 것을 인정할 때만이 젠더와 생식 활동에 관한 연구의 첫걸음을 뗄 수 있을 것이다.

서구 사회에서 잉여생산물에 기초한 경제가 발전하기 시작한 것은 12세기 들어서였다. 부부로 구성된 가구로부터 잉여생산물을 취할 수 있게 되면서부터다. 우리는 잉여생산물을 징수하고 교환하는 방식에 여러 가지가 있다는 것을 알고 있다. 칼 폴라니와 제자들이 그 형태를 구별하는 분류법을 제시했기 때문이다. 하지만 결혼한 남녀가 하나의 생산 단위가 되자 특이한 잉여생산 형태가 생겨났다. 새로운 형태가 가진 중요하고도 본질적인 요소는 한 지붕 아래 사는 가구 규모에 있지 않고, 왕, 하인, 손님, 노예 등을 하나의 경제 단위로 조직하는 데 있지도 않았다. 그보다는 부부가 수행하는 **경제적** 기능에 그 본질이 있었다. 민족학은 이런 가구 형태, 곧 서구 사회의 독특한 생산성을 형성하는 데 필수적으로 작용한 인류학적 조건을 다른 곳에서는 찾아내지 못하고 있다. 인류학적으로 서구화란, 여러 상이한 친족 유형들이 부부 중심 가구라는 모델로 수렴되는 과정이라고 이해할 수 있다.

이러한 수렴 과정에서 '결혼'이란 말이 갖는 두 가지 의미도 차츰 하나로 통합되었다. 결혼이란 첫째로, 우리가 아는 모든 사회에서 여러 형태로 확인할 수 있듯이 무엇보다 축하잔치와 혼인의례를 의미한다. 둘째로는, 다른 여러 사회에서 찾아보기 힘든 것으로 '혼인한 상태' 자체를 의미한다. 중세 유럽에서 혼인 상태에 있다는 것은 지금보다 훨씬 중요한 의미가 있었다. 결혼은 무엇보다 복잡한 가계와 혈통으로 얽힌 두 집안을 하나로 묶는 의식이었기 때문이다. 그랬던 것이 이후에는 두 개인을 부부라는 새로운 경제 단위, 즉 세금을 거둘 수 있는 단위로 평생 묶는 의식이 되어버렸다. 두 개의 젠더 그물망을 하나로 묶는 일이, 두 개인을 세금 징수 단위로 용접하는 일로 바뀌어버린 것이다. 이러한 이행과정은 그동안 잘 드러나지 않았다. 왜냐하면 축제라는 의미와 결혼한 쌍이 힘을 합쳐 생산적으로 여생을 이어간다는 의미가 '결혼'이라는 말 안에 불분명하게 섞여 있었기 때문이다.

돌이켜보면 여기에도 중요하게 지적할 부분이 있다. 부부 단위의 생산이 시작된 초기 단계에도 잉여생산물을 만드는 일상 활동은 여전히 젠더로 엄격하게 구분되어 있었다는 점이다. 실제로 교회법이 나서서 때때로 이런 구분을 해석해주고 강화하기도 했다. 그러나 혼인한 부부가 점차 과세의 기본 단위가 되자, 그들이 산출하는 대부분의 잉여생산물에서 전통적인 젠더는 더이상 찾아볼 수 없게 되었다. 여자가 영주에게 달걀을 바치는 책임을 지지 않는 대신, 그 집안의 남자가 가구 대표자가 되어 지대를 지불했다. 심지어 19세기까지도 영지나 공공도로에서 하는 부역이 젠더별로 부과되었던 것이 사실이다. 하지만 지대는 점차 화폐로 바뀌었고, 지역에서 쓰던 통화도 국가 통화로 바뀌었다. 그와 함께 혼인으로 맺어진 부부야말로 과거의 어떤 가구 형태보다 뛰어나고 다루기 쉬운 생산 단위임이 드러났다. 이 시기에도 자급자족 활동에서는 젠더 의존적인 형태가 꽤나 널리 남아있었지만, 국가와 교회가 전통적 젠더 규범에서 벗어나거나 그것을 뛰어넘는 새 젠더 기능을 부여함에 따라, 부부는 이런 기술적 변화에 빠르게 적응해갈 수밖에 없었다. 작업은 여전히 젠더로 구분되었지만, 처음에는 교회가, 나중에는 세속 권력이 남녀의 영역을 규정하려 들었다. 지난 500년에 걸쳐 경제는 젠더가 무너진 가정에 의존하여 지탱해왔다. 부부 중심 생산의 등장이야말로 초기 유럽의 농촌생활과 도시생활을 형성하는 인류학적 조건이었다. 그리고 이 조건은 유럽인들과 다른 세계의 농부, 상인, 직공을 가르는 특징이 되었다.

그러나 이처럼 부부 단위로 수행되었지만 여전히 젠더에 맞춰 하는 생산방식은 유럽과 다른 문화권이 갈라지는 초기 단계에만 있었던 일이다. 이런 부부 단위 생산으로 인해 그리스도교유럽은 금세 근본적 동질성을 띠게 되었다. 물론 이 단계로 가는 사회적 과정이 일사천리로 진행된 것은 아니다. 시대와 장소마다 양상이 달랐고, 2차 세계대전 때까지도 유럽의 모든 공동체들이 이 길로 가지도 않았다. 이러한 경제적 생산 단위로서의 혼인관계는 부부 진화의 **첫** 단계에 불과하며, 그것을 젠더 상실로 곧바로 연결시키기도 어렵다. 즉 13세기 무렵부터 19세기 초까지 500년 동안 하나의 생산 단위로 부부라는 남녀 결합이 퍼져가던 와중에도 노동은 젠더별로 갈라져 있었다. 봉건적이면서 중상주의적으로 조직된 국가 권력은 결혼한 부부면서도 여전히 젠더를 유지하는 남녀가 생산한 잉여에 기반하고 있었다.[77] 경제적 결혼

그러다가 19세기에 갑자기 상황이 달라졌다. 가구 단위로 부과되는 노동을 젠더로 나눠 수행하던 방식이 임금 노동과 그림자 노동이라는 **경제적** 분업으로 바뀌어버린 것이다. 두 노동은 새로 발견된 남녀 성 특징에 맞춰 차별적으로 배당되었다. 이러한 젠더의 붕괴로 인해 유럽은 토착적 자급자족으로부터 경제적 성이 지배하는 시대로 이행하게 되었다. 이 낯선 단계에 와서야 비로소 경제적 구분만 있고 젠더는 없이 성적으로만 결합한 부부가 산업 생산의 토대가 되었다. 그리고 그들로부터 태어난 인류학자는 이런 부부를 기준으로 해서 '성적 충동(libido)의 구조와 감각'을 찾았다. 이들에게 젠더는 깊은 충격을 주기는커녕 최소한의 의미조차 없었던 것이 분명하다. 이들로서는 지역마다 다른 젠더 관습보다는 친족 이론을 연구하는 게 더 그럴듯해 보였을 것이다.

제5장

젠더의 공간과 시간

Gender Domains and Vernacular Milieu

젠더는 토착적(vernacular)이다. 토박이말이 그렇듯이 거칠고 적응력이 강한가 하면, 위태로우면서 연약하다. 토박이말이 교육에 의해 지워졌듯이 젠더도 지워지기 쉽다. 그 존재마저 잊히거나 심지어 부정되기까지 한다. 그리하여 이제는 많은 사람들이 젠더나 토박이말을 기억하는 능력도, 상상하는 능력도 잃어버렸다. 고등학교를 졸업한 아이에게 부모가 쓰는 토박이말은 학교에서 배운 모어에 한참 뒤떨어진 사투리로 들릴 뿐이다. 마찬가지로 멕시코 도시에서 대학 졸업장을 따고 시골집에 내려온 딸에게 늙은 어머니의 젠더는 자신이 이미 벗어던진 굴레처럼 보일 것이다.

살면서 익힌 토박이말과 학습으로 배운 모어 사이의 심각한 차이는 부모 눈에는 뚜렷하게 보이지만, 자식들 눈에는 보이지 않는다. 부모는 두 언어가 두 개의 양립할 수 없는 세계에 속한다는 사실을, 나아가 아이들이 토박이말을 잃었다는 사실을 실감한다. 토박이말을 쓰지 말도록 아이들이 교육받은 탓이다. 그런데 이런 토박이말과 학습한 말의 차이보다 훨씬 더 이해하기 어려운 것이 젠더와 성의 차이이다.

젠더 구분하기

누가 무엇을 하며 무엇을 이용해서 언제 그것을 할지는 시간과 공간의 테두리 안에서 결정된다. 예를 들어 젠더는 북아프리카 베르베르족 여자에게는 집의 동쪽 벽 안쪽에 앉도록 요구하고, 남자는 벽 바깥쪽에 앉도록 요구한다. 젠더를 나누는 방식에 따라 두 젠더 사이의 거리도, 서로 어울릴 수 있는 장소와 상황도 결정된다. 알프스의 어떤 계곡 마을에서는 도리깨를 든 남자와 체를 든 여자가 타작마당에서 함께 일한다. 하지만 강 아래로 조금만 내려가면 타작마당은 남자들만의 배타적 영역이다. 젠더를 분리하는 방식이 각기 다르듯이 젠더가 서로 엮이는 방식도 문화와 시대마다 다르다.[78 환경과 영역] 두 젠더는 각각의 영역을 지배하며 하나로 통합될 수 없지만, 아일랜드 『켈스의 서』에 그려져 있는 장식문자처럼 서로 엮일 수는 있다. 남녀의 손을 함께 쓰지 않으면 때로는 바구니조차 엮을 수 없고 불을 붙이기도 어려운 법이다. 각 문화는 저마다 독특한 방식으로 두 젠더를 하나로 묶는다. 어떤 지역에서는 젊은 남녀가 몇 년 간 마을에서 함께 어울려 살다가, 각기 떨어진 장소에 가서 일 년 동안 따로 살기도 한다.

프랑스 외딴 마을에서의 요리, 세탁, 바느질을 다룬 이본 베르디에의 책은, 거미줄처럼 정교하게 짜인 삶의 결을 여성의 관점에서 그려낸 대작이다.[79 공간/시간] 나는 특히 마을에서 돼지 잡는 장면을 유쾌하게 읽었다. 어떤 돼지를 잡을지는 여자들만 결정할 수 있는데, 여자들은 '무슈'라고 부르며 돼지를 고른다. 하지만 돼지 잡는 날을 정하는 건 남자의 몫이다. 그날이 되면 남자와 여자는 마치 미뉴에트를 추듯이 십여 단계의 정해진 순서를 함께 밟으며 돼지를 잡는다. 돼지를 잡은 후 소시지를 만드는 건 여자들의 몫이고, 비계를 소금에 절이는 건 남자들 몫이다. 그런데 부르고뉴의 미노 마을에서는 완경기를 지난 여성만이 곳간에 들어가 소금에 절인 돼지고기를 꺼내올 수 있다. 미노에서 조금 떨어진 마을에서는 곳간이 남자의 공간이라 여자가 들어갈 수 없다. 이렇게 마을마다 고유한 음악에 맞춰 그들만의 춤을 춘다.

마르틴 스갈랑은 프랑스 농촌 사회의 남편과 부인을 다룬 저서를 통해, 남녀의 상보적 리듬을 묘사하는 데 있어 새로운 경지를 보여주었다. 그녀는 젠더 고유의 일들과 두 젠더의 대위법적인 조화를 섬세하게 분석하고 나서, 그것을 역할, 지위, 서열 따위와 분명하게 구별한다. 스갈랑은 또한 여성의 관점에서 농가

구조와 농부의 일과를 검토한다. 그리고 아직까지 남아있는 형태를 바탕으로 19세기 중반의 삶을 재구성하기 위해, 속담과 사진을 수집하고 오래된 그림들과 민족학자의 보고들을 해석한다. 그 결과 스갈랑은 남녀 사이의 관계가 가족이나 친족보다는 남녀 손이 상호 의존해서 처리해야 하는 집안일의 필요에 따라 달라진다는 것을 밝혀냈다. 그녀는 남자와 여자가, 결혼을 통해 한 쌍으로 맺어진 부부가 아닌 각자의 젠더를 가진 구성원으로서 일상의 노동을 수행했다고 말한다. 19세기 프랑스 농촌 가정에서 부부 관계는 큰 의미가 없었다. 따라서 난폭한 남성 지배의 신화나 낭만적인 농촌 부부의 모습을 읊은 전원시는 모두 핵심을 놓친 이야기들이다. 그때까지만 해도 젠더의 큰 줄기는 여전히 살아있었다.[80 성적 신체]

스갈랑에 따르면, 개인과 마을 공동체 사이를 잇는 매개체는 두 명으로 구성된 부부나 부모가 아니라 한 가정이었다고 한다. 그리하여 가정이 깨지거나 가족 중 누군가가 젠더에 합당하게 처신하지 않으면, 마을 공동체가 나서서 잘못을 저지른 개인을 직접 다스렸다고 한다. 예컨대 프랑스 북부에서 집 텃밭은 4월까지 괭이질을 해야 하고, 그 일은 여자 몫이다. 만일 5월 초까지도 밭을 일구지 않으면 마을사람들은 괭이를 든 밀짚인형을 여자의 부엌 창문 앞에 세워 놓는다. 다른 예도 있다. 부인을 때린 남자는 조리돌림을 당한다. 진흙으로 뒤범벅이 된 채 외바퀴 수레에 실려 마을을 빙빙 돌아야 한다. 마을사람들은 그를 조롱하는 팻말을 들고 솥과 냄비를 두드리며 손수레를 따라간다. 부인에게 얻어맞아도 비난을 받았다. 당나귀 등 위에 태우고 손을 꼬리에 묶었다.[81 조리돌림]

젠더를 나누는 나름의 양식과 정조가 공동체에 있는 한, 그 공동체는 동질성을 유지하며 계속 살아남을 것이다. 학자들은 공동체 존속의 증거라고도 할 수 있는 이런 규범들에 사람들이 흔쾌히 참여하는 것을 설명하기 위해 다양한 용어를 고안했다. 농민을 연구하는 인류학자들은 '자급자족 윤리'라는 용어를 썼고, E. P. 톰슨 같은 학자는 좀 더 도시화된 사람들에 해당하는 용어로 '도덕 경제'라는 말을 썼다. 이 용어들은 상당히 효과적이다. 왜냐하면 젠더의 지배를 받는 예의범절과, 희소성이라는 가정에 따라 만들어진 현대의 규범을 구별할 수 있게 해주기 때문이다. 두 용어를 통해 우리는 **공동** 행동에 관한 최상위 규범을 만드는 일이, 고립된 개인이 아닌 집단 구성원이나 마을사람 모두에게 주어진 권리였다는 사실을 확인할 수 있다. 우리는 또한 두 용어를 통해서 가장 약한 이를 파탄에서 막으려는 공동체의 태도와 지향을 엿볼 수 있다. 두 용어는 특히 예의나 관습을 지킬 권리도 보여주는데, 물론 이런 권리는 그것을 지키려는 노력을 통해서만 표현되는 권리라 하겠다. '자급자족 윤리'나 '도덕 경제'는 모두 현대에 만들어진 개념이지만, 역사 속에 줄곧 존재했던 젠더적인 행동양식을 옹호하려는 의도에서 나온 것이다. 따라서 나는 '윤리'나 '도덕'이라는 말이 담고 있는 오늘날의 비젠더적 의미에 대해서는 건드리지 않으려 한다. 그보다는 다른 표현을 써서 지역 젠더를 수호했던 규범들에 대해 말해보고자 한다.

젠더 구분선을 침범할 때 옛사람이 느꼈을 감정을 요즘 사람들은 실감하기 어렵다. 왜냐하면 한편으로는 젠더 구분선 자체만큼이나 그런 감정도 토착적이고 '비문법적'이기 때문이고, 다른 한편으로는 젠더와 함께 그런 경험이 사라졌기 때문이다. 오늘날 쓰는 의미로 '수치심'이나 '죄의식'도 여기에는 맞지 않는다. 이브 카스탕은 프랑스 남부의 랑그도크 지방에서 1715~1780년 사이에 '오네트테'(*honnêteté*)라고 불리던 것을 연구한 바 있다. 나는 그 말을 '도리'(probity)로 옮기고자 한다.[82 도리] 카스탕은 당시 법원 기록을 통해 어떤 것이 도리에 어긋난 행위인지 조사했다. 이 기록은 문맹의 하층민이 실제로 어떻게 말했는지 알 수 있는 보기 드문 보고(寶庫)다. 그의 연구는 어떻게 사람들이 젠더에 맞게 행동함으로써 도리를 지켰는지 아주 세세한 면까지 보여준다. 예컨대 집에 손님이 오면, **여자**는 잔을 내오고 안주를 준비하고 포도주를 가져온다. 남편과 손님 사이에 오가는 말을 하나도 놓치지 않고 전부 듣지만, 호기심을 내비치거나 대화에 끼어들지는 않는다. 이것이야말로 그녀에게 기대되는 행동이다. 그녀에게는 한 명의 여자로서, 남자들의 직설적인 대화보다 훨씬 강력한 방법으로 집안의 필요에 대해 알릴 방법이 있기 때문이다. 만일 여자가 남자들 대화에 끼어들면 여자의 행동 방식에 어긋나는 잘못을 저지르는 것이다. 그랬다가는 귓속말이나 소문을 통해 남자보다 더 효과적인 힘을 발휘할 기회를 잃을 수도 있다.[83 소문] 여자의 임무 중에는 세리(稅吏)로부터 집을 지키는 일도 있었다. 여자 혼자 집에 있다고 우기면 세리는 집안으로 들어올 수 없었다. 아이가 명백한 잘못을 저지른 경우에도 여자는 아이의 편을 들었다. 필요하다면 손톱과 이빨을 세워서라도 적에게 맞서라는 것이 여자에게 요구되는 도리였기 때문이다. 하지만 **남자**가 지켜야 할 도리는 정반대였다. 여자가 아이를 감싸더라도 남자는 아이 잘못을 꾸짖고 때로는 가혹하게 벌을 주는 게 올바른 태도였다.[84 남녀의 비대칭적 지배]

프랑스 아날학파의 일원인 에마뉘엘 르루아 라뒤리는 젠더와 집의 관계에 대해, 카스탕보다 좀 더 이른 시기의 랑그도크 지방에 초점을 맞춰 연구했다. 그가 주로 분석한 것은 교황 베네딕토 12세가 남긴 기록물이었다. 젊은 시절 주교이자 이단 심문관이었던 그는 랑그도크의 작은 산자락마을인 몽타유 주민 수십 명을 소환해 가혹하고도 능숙한 솜씨로 그들이 당시 이단이던 카타리파와 연루되어 있지 않은지 심문했다. 피레네 북부 산지에 살던 이들 농부와 양치기들에게서 그는 일상생활에 관한 수많은 정보를 예리하게 캐냈고, 들은 그대로 기록했다. 라뒤리가 연구한 것은 바로 그렇게 수집된 650년 전 진술들이다. 나는 이제 껏 한 공동체의 구성원들이 서로 공유하는 주거와 토지에 대해, 그리고 상대에게 바라거나 수긍하는 행동들에 대해, 각자 느끼는 바를 이토록 광범위하게 잘 기술해놓은 자료를 본 적이 없다. 이 심문의 피해자들이 특히 살아있는 사람으로서의 생생한 모습을 보여주는 때는, 심문관이 무방하다고 보는 행동을 했을 때보다는 미심쩍게 보는 행동을 했을 때, 다시 말해 남자 또는 여자의 도리에 따라 행동했을 때다. 자료를 넘기다 보면 '집'(house)의 가장 강력한 의미라 할 수 있는 **도무스**(*domus*)라는 단어가 도처에 나오는데, 이 말은 두 젠더가 만나는 장소와 거소, 곧 부엌이라든지 토지, 재산 등을 의미하며, 아이들은 물론이고 종과 손님까지 포함하는 전 가족을 의미하기도 한다.

한 사회를 이루는 기본 단위로서 역사를 이끌어가는 주체는 인민이 아닌 이 **도무스**로 생각된다. 건물과 가족을 함께 의미하는 '집'은 남자와 여자를 그들의 소유물과 연결시켜주고, 그들은 또 이 소유물을 통해 서로 관계를 맺었다. 14세기 초에 이뤄진 심문관과 몽타유 농부들 사이의 상세한 심문내용을 보면, 당시 농부는 중세 후기의 전형적인 유럽 농부와 달리 토지 소유에 집착하지 않은 듯하다. 그들에게 중요한 건 **도무스**였고, 심지어 배우자나 아이보다 더 중요했다. 눈앞의 가족이 아닌 도무스야말로 실재적이고 독자적인 것이었다. 세대에서 세대로 재생산된 것은 도무스라는 얘기다. 몽타유 가정의 여자들은 불, 요리, 마당, 가축사료, 식수를 책임지고, 남자는 도무스에 속한 여자나 밖에서 고용한 사람의 도움을 때로 얻으며 들과 숲과 양을 돌본다. 이렇듯 그들의 물질적 생활은 가정에 의해 창출되었고, 가정이야말로 그 남녀 구성원을 통해 주된 행위의 주체로 존재했다.[85 역사의 주체]

이탈리아 중부 에트루리아 지방에는 역사의 중심 주체인 **도무스**와 가정의 수호신인 **라레스**(*lares*)를 함께 지칭하는 라틴어 단어가 있다. **라레스**는 발기한 남근이나 음문을 가진 고대의 신들을 말한다. 이 신들은 함께 공동 환경의 경계를 수호한다. 전통적으로 라레스는 마을 바깥 네거리에서 공경을 받았지만, 그 조상(彫像)들은 집안 벽난로 위에 모셔두었다. 죽은 자가 잠들어 있는 땅으로부터 솟아난 신들이지만, 집안에서 매일 순서대로 경배를 받았다. 그리고 이런 주거로서의 가정, 벽난로를 중심으로 배치된 집안을 가리켜 **라르**(*lar*)라고 불렀다. 이 '라르' 역시 도무스처럼 역사의 궁극적 주체를 지칭하는 용어로 쓸 수 있을 것이다.

젠더와 가정

젠더는 인간의 몸을 형성한다. 마치 몸이 공간을 만들어내고, 공간의 배치에 의해 다시 몸이 만들어지는 것처럼 말이다. 활동 중에 있는 몸은 그 동작과 리듬, 몸짓과 억양을 가지고 가정을 만든다. 가정은 단순히 오두막이나 천막 또는 집이 아니다. 어딘가에 산다는 것은 나무를 심고 담장을 치는 일일 뿐만 아니라, 이 세상에 아이를 데려와 한 가정을 꾸린다는 말이다. 인간의 행동을 가리키는 동사 가운데 가정을 꾸리는 일과 연관되지 않은 말은 드물다. 토박이 문화에서 거주한다(to dwell)는 말과 살아간다(to live)는 말은 같은 것이다. 토박이 삶이란 젠더로 나뉜 도구를 가지고, 젠더 특유의 의미에 맞춰, 이 생태계의 한 자리에 젠더화된 고치를 짓는 일이다. 살아가는 것은 거주하는 것이며, 주거를 형성하는 일이다. 거주한다는 것은 지나간 삶이 남긴 자취 안에서 살아가는 것을 의미한다. 거주의 흔적은 사람의 유골처럼 시간이 지나도 사라지지 않는다. 하지만 사람이 살지 않는 공간은 금세 사막으로 변한다.

가정을 꾸린다는 것은 다른 생명체의 영역이나 야생의 영역에 들어가 밭과 목초지를 일구고, 그것들을 길들여진 생명 형태로, 즉 곡식이나 당나귀나 버터를 응고시키는 박테리아의 형태로 바꾸는 것을 말한다. 생태계의 여러 자리 가운데서도 가정은 특별하게 분류된다. 하지만 최근의 생태학 담론은 가정의 고유한 성격을 밝히기보다는 오히려 가리는 역할을 한다. 생태 운동은 중요하고 새로운 상식을 만들었지만, 미묘하게 성차별주의를 부추긴다. 왜냐하면 공간에 대해 젠더가 빠진 성차별적 언어를 사용하기 때문이다. 생태학 용어들은 1970년대 후반의 키워드들 가운데서도 급부상한 것이므로 더 주의해서 써야 한다.

집은 둥지도 아니고 차고도 아니다. 생태학자는 이 세 가지를 모두 서식지라 부를 것이다. 하지만 철학자는 서로 다른 활동으로 인해 생겨난 세 가지 공간으로 분류할 것이다. 생물학적 의미의 둥지, 공학적인 의미의 차고, 역사적인 장소로서의 거주지는 서로 다른 공간이다. 동물은 본능에 의해 자기 영역을 정한다. 둥지란 그 본능에 따라 종족을 번식하는 장소다. 그와 반대로 차고는 공간의 희소성이라는 가정 위에서 자동차를 위해 설계한 공간이다.

현대의 아파트는 차고를 설계하는 것과 같은 방식으로 만든 공간이다. 아파트는 시간과 공간을 경제적인 단위 곧 젠더 없는 단위인 '시공간'(spime)으로 나누어, 입주자가 이유도 없이 갖게 된 필요를 충족시키라고 지은 것이다. 그것은 대개 운송시스템에 덧붙여진 형태로 존재한다. 차고나 아파트나 모두 생산 자원을 밤새 보관하기 위해 합리적이고 경제적으로 만든 공간이다. 따라서 그것들은 내인성(耐人性)을 가져야 한다. 벽들은 자동차 범퍼나 아이들이 가하는 훼손을 견뎌야 하고, 자동차와 아이 역시 손상을 입지 않도록 보호해야 한다. 아파트는 다치기 쉽거나 위험하게 보이는 사람을 가두기 위한 보관창고인 셈이다. 입주자가 그곳에서 가정을 꾸리기란 불가능하다. 그 장소는 오로지 그림자 노동만을 위해 조성하고 설비한 공간이기 때문이다. 아파트는 전선과 도로망, 집배원과 경찰이 쉽게 접근할 수 있도록 만든 주소지일 뿐이며, 보호시설 바깥에서 살아가는 건강한 보통의 시민들에게 신경안정제, TV, 슈퍼마켓 배달과 같은 서비스를 제공하는 곳이다. 또한 그곳은 젠더 없는 인간들끼리 친분을 쌓도록 특별히 마련한 장소이며, 남성과 여성이 같은 변기에 일을 볼 수 있는 유일한 장소이기도 하다.[86 주택과 거주]

앞서 살펴본 프랑스 몽타유나 미노 또는 오늘날의 멕시코 시골에서 집이란, 유전자의 굴레에 매인 동물이 영역을 정해 새끼를 번식하는 그런 곳이 아니다. 그렇다고 해서 경제적 공간의 그늘진 사면에 섹스 파트너들을 위해 특별히 마련해놓은 체류장소도 아니다. 집은 사람에 **의해** 만들어진 곳이지 사람을 **위해** 만든 곳이 아니다. 집은 그곳에 거주하는 사람들의 몸에 의해 생겨난 공간이자, 토박이 삶이 환경에 새긴 자취이다. 그곳은 동물의 번식지가 아니며, 시설을 잘 갖춘 보호소도 아니다. 집은 남자의 환경과 여자의 환경 각각을 반영한 결과물이다. 따라서 **집에 있다**는 것은 남자와 여자에게 각기 다른 의미를 갖는다.

천을 짤 때 세로로 뻗은 날실에 씨실을 직각으로 교차시켜 실을 엮듯이, 가정을 꾸리는 활동 내지 삶의 공간을 만드는 활동 역시 그것이 남자가 남긴 자취인지 여자가 남긴 자취인지에 따라 차이가 있을 수밖에 없다. 남자와 여자 모두 각자의 움직임을 통해 자신을 집에 사는 존재로 만든다. 하지만 여자는 생명의 부단한 연속성을 가능케 하는 존재이기에, 공간과 맺는 관계가 현상학적으로 특별한 의미를 지닌다. 물론 문화는 모계로 이어질 수도 있고 부계로 이어질 수도 있다. 즉 여자가 권력의 몫을 더 가질 수도 있고 남자가 더 가질 수도 있다. 하지만 산다는 것과 거주한다는 것이 곧 몸을 탄생시킨다는 의미가 되고 새로운 생명의 흔적을 이어간다는 의미가 되는 것은 오로지 여자의 경우뿐이다. 어떤 문화에서는 남자가 오두막을 짓고 담장을 세우고 비탈을 일구지만, 어떤 문화에서는 이런 일을 여자가 한다. 하지만 생명이 몸을 얻어 세상에 나오는 것은 오직 여자로부터만 가능하다. 지역 신화에서 세상의 창조자를 어머니, 아버지, 양성구유자 가운데 그 무엇으로 부르든, 집을 둥지나 차고와 다른 특별한 공간과 시간으로 만드는 일은 **오로지** 여자에게 달려 있다. 왜냐하면 살아있는 몸을 낳는 사람은 여자이기 때문이다.

이런 얘기가 너무 시적이거나 모호하거나 낭만적으로 들린다면, 그것은 여자들이 현대의 아파트 공간에서 이중으로 **밀려났고** 또 그들 스스로 그렇게 말하는 것을 미처 생각지 못한 탓이다. 마땅히 가져야 할 공간을 침해당하고 박탈당해도 남자에게는 별로 영향이 없거나 영향을 줄 수도 없지만, 여자의 몸은 망가져버린다. 남녀 차이를 무시한 건물은 남녀에게 똑같이 맞춘 시계처럼 남성에게만 유리하게 마련이다. 그렇게 설계한 공간은 신체와 생활리듬이라는 두 가지 측면 모두에서 여자를 위험에 빠뜨린다. 즉 가사에 기여할 수 있는 여자의 잠재능력을 쇠퇴시키며, 그들에게 맞는 젠더 의미를 쌓을 기회마저 빼앗는다. 이 두 가지 점에서 여자는 남자보다 더 큰 고통을 받는다.

급여를 받건 받지 않건, 또 집에서 일하건 직장에서 일하건, 그 존재가 경제적 생산자로 바뀌면, 여자는 남자와 마찬가지로 한 장소에 거주하면서 삶을 이어갈 조건, 곧 거주를 통해 가정을 꾸려갈 환경적 조건을 빼앗긴다. 경제적으로는 어느 정도 생산적인 존재가 될지 모르지만, 남자와 여자 모두 가정을 잃는다. 하지만 이렇게 가정이 젠더를 잃고 전문화된 재생산 단위로 바뀌면, 새로운 공간을 창출하는 삶의 역량을 먼저 박탈당하는 이는 여자다. 여자들은 제각기 홀로 새로운 개인을 낳아 이 젠더 없는 경제적 공간으로, 규격화된 시공간 단위로 만들어진 세상으로 내보내야 한다. 이런 의미에서 아파트는 병원만큼이나 딱딱하고 젠더가 없는 공간이다. 이 공간에서는 젠더에 맞게 누워 있기도 불가능하다. 아파트에서 가정 출산을 시도해 보았거나 병원 출산보다 가정 출산이 더 좋다고 여기는 사람들은 여러 번 좌절을 겪은 후 자기 몸의 위상을 깨닫는다. 여성의 몸은 새끼를 낳거나 노동력을 재생산하는 일과는 맞지 않으며, 둥지나 조립라인과도 맞지 않는다는 것을. 오히려 여성의 몸은 아이와 함께 토박이적 공간과 시간을 낳도록 만들어졌다는 것을.

토박이 공간은 풍경과 집을 형성할 뿐만 아니라 과거와 저 세상까지 이어준다. 그 공간은 여자에게 있어 남자와는 전혀 다른 방식으로 몸 자체로 연장된다. 하지만 지금 전 세계적으로 잘 통제된 시공간을 구성하고 있는 경제적 건축물들, 그 젠더 없는 건축물로 인해 여성은 안과 밖이 뒤바뀐 처지가 되었고, 여성 젠더도 '제2의 성'으로 전락하고 말았다. 19세기를 거치며 발전한, 미셸 푸코가 '의료적 관점'이라 부른 현상이 몸에서 젠더 자체를 씻어냈기 때문이다.

여성의 몸에서 젠더를 차근차근 씻어낸 과정, 그리하여 여성을 생식기관은 발달했지만 털은 별로 없는 특수한 인간 종으로 재구성해온 과정은 최근 들어 충분히 연구되고 있다. 하지만 여성을 이렇게 반대쪽 극단의 인간으로 만드는 데 있어 결정적 전기가 된 것은, 의료와 공공 법규를 통해 여성의 출산장소를 제한하면서부터이다. 1780년까지만 해도 의학 논문이나 공공 법규에서 출산은 여성의 영역으로 규정되어 있었다. 생리가 멈추고 몸이 불어나는 등의 임신 징후, 유산 또는 낙태, 출산 및 수유는 영아살해—영아(in-fant)라는 말 자체가 라틴어로 말을 못한다는 뜻이기에—를 택할지 양육을 택할지의 문제 못지않게 여성에게 달린 일이었다. 이런 문제는 사적인 일도 비밀도 아닌, 그저 젠더에 맡겨진 일이었다. 잠을 자면서 몸으로 영아를 눌러 질식사시키거나, 한겨울 창가에 두어 동사시키거나, 젖을 물리지 않아

아사시키거나 하는 일은 흔히 있었으며, 당국이 관여할 일도 아니었다. 공적 언어나 담론에서도 아이를 세상에 내놓는 일은 의학적으로나 법적으로나 명백히 여자들 소관이었다.

여성(특히 복수명사나 집합명사로서의 여성)이 새 생명의 원천이라는 인식은 앙시앙 레짐의 마지막 무렵에 와서 비로소 바뀌었다. 일찍이 심문관이 **도무스**의 문지방을 넘어 가정으로 들어왔을 때처럼, 이제는 법 조항이 외음부의 문턱을 넘어 자궁으로 들어가기 시작했다. 이때부터 아직 태어나지도 않은 태아를 '시민'이라 부르기 시작했다. 동시에 태(胎) 안에 든 생명을 보호하기 위해 자궁을 감시하는 법률도 통과되었다. 엄마라는 존재가 장차 시민이 되고 군인이 될 생명을 위협하는 주요 공격자로 여겨지기 시작한 것이다. 엄마가 가난하거나 미혼모라면 더욱 그렇게 간주되었다. 1735년 프로이센 경찰은 생리가 멈춘 미혼여성을 관리대상으로 등록하기 시작했다. 오랫동안 낙태용으로 쓰던 약초를 시장에서 몰아냈고, 약국 처방을 받아야만 하는 최초의 약품으로 지정했다. 경찰은 마치 오늘날의 대마초를 대하듯이 낙태용 추출물을 얻던 튜자나무(서양측백나무)를 공원에서 뿌리째 뽑아버렸다.

마침내 자궁은 공공의 영역으로 선포되었다. 이제는 산파도 공식적 지시를 따라야 했고, 수시로 의료 감독을 받아야 했다. 경험 많은 이웃이 면허증을 소지한(그렇지 않으면 불법이다) 전문

조산부로 대체된 과정은 인간을 불구화하는 전문가주의의 등장에 있어 핵심적 역할을 한 사건이다. 이 변화는 언어에도 반영되었다. 출산은 더 이상 여자의 일일 수도, 여자들 사이의 일일 수도 없게 되었다. 의료경찰의 언어로 말하면, 자궁은 태아를 생산하는 특수 신체기관이다. 그들은 여자를 '두 발로 걷는 자궁'으로 묘사했다. 이제 여자들은 더 이상 이웃 여자의 출산을 도울 수 없게 되었다. 대신에 의사나 조산부가 아이들을 낳았다.

19세기 중반에 이르자 산부인과 의사들은 산모가 산통을 느끼기도 전에 자궁이라는 새로운 영역으로 밀고 들어가기 시작했다. 19세기 끝 무렵에는 신생아를 보호한다면서 자궁과 질을 소독하는 일에 주력했다. 산모가 혹시 감염이라도 되면 태아가 위험에 빠질 수 있다는 이유에서였다. 18세기에는 가난한 여자일수록 유산 가능성이 높다고 의심받았지만, 19세기에는 아이를 감염시킬 위험이 크다고 의심받았다. 시대를 불문하고 가난은 산모를 이웃으로부터 격리하고 출산 전에 보호시설에 수용하는 구실이 되었다. 그리고 이 과정에서 여성의 몸은 미래의 남성 의료인을 훈련하는 실험장으로 손쉽게 이용되었다. 20세기가 되자 매사추세츠가 선두에 서고 베를린과 밀라노가 뒤를 이어 젠더 없는 병원 출산이 여자들에게 이롭다고 광고하기 시작했다. 그 이전까지만 해도 병원 출산은 산모에게 생길지 모르는 질병이나 사고를 방지하기 위한 예방책으로 여겨졌다. 그러나 젠더 없는 의료로 인해 여성의 자궁은 태아가 출산 전에 잠시 머무는 일종의 주차장이 되었다. 즉 출산이 전문가의 집중치료 대상이 됨에 따라, 이제부터는 마지막 남은 토박이 시공간마저 점령했음을 선포하는 승전식이 되어버린 것이다.[87] 엄마의 출산에서 의사의 출산으로

이 글은 젠더를 따르는 생계 경제와 성차별적 경제를 비교해서 다룬 글이다. 하지만 나는 성차별적 체제가 왜 궁극적으로 여성에게만 늘 해롭게 작동하는지는 설명하지 않았다. 스스로 이렇게 제한을 둔 까닭은, 젠더에 관한 더 생생하고 구체적인 철학이 있어야만 만족스런 답변을 할 수 있다고 믿기 때문이다. 이것은 남겨진 과제이다. 그러나 젠더의 상실이 왜 남자보다 여자를 더 파괴하는지에 대해 꼭 설명을 해야 한다면, 나는 먼저 젠더가 사라진 환경이 남자의 몸과 여자의 몸에 각기 어떤 식의 영향을 미치는지를 분석하는 일부터 시작할 것이다.

젠더와 현실 이해

어느 곳에서나 여자아이와 남자아이는 아주 어려서부터 각자의 젠더에 맞게 자라는 것 같다. 젖 뗄 무렵만 되어도 아이들의 동작은 뚜렷하게 달라진다. 이집트에서 페르시아에 이르는 이슬람 세계의 중심지인 마슈리크(Mashriq) 지역에서는 아이가 두 돌이 된 직후에 젖을 뗀다(여자애가 조금 빠르다). 이 무렵부터 엄마는

수십 가지 속담을 지침 삼아 어떻게 젠더에 맞춰 아이를 어르고 다뤄야 하는지 배운다. 어떤 언어권에서는 남녀별로 삼촌을 부르는 말이 다르다. 그리고 이렇게 젠더마다 다른 단어가 종종 아이들이 처음 배우는 말이 된다. 각 젠더에 부여되는 의무도 아주 어려서부터 각인된다. 북부 로디지아에 사는 뱀바족의 여자아이는 아홉 살이 되면 마흔 가지 버섯을 구별하는 법을 배우고, 남자아이는 온갖 새의 이름을 배운다. 개념의 진화에 가장 기본적 역할을 하는 인지 발달 단계에서부터 두 젠더가 다르게 성장하는 것이다. 하지만 지난 두 세대 동안 심리학과 인식론을 연구하는 이들은 이 점에 거의 관심을 기울이지 않았다. 두 젠더의 공통점과 차이점이야말로 아이가 말을 배우기 전에 가장 먼저 경험하는 것들이다. 장 피아제는 이 단계의 주요 특징에 대해 전-논리 (pre-logical)가 아닌 바탕-논리(infra-logical)라는 말을 썼다. 하지만 그는 가장 중요한 특징인 젠더를 빠뜨렸다.[88 상징적 세계의 비대칭성]

아기는 눈앞에 있는 것을 몸으로 파악함으로써 비로소 개념을 형성하기 시작한다. 팔을 뻗어 다른 물체 또는 신체를 만지고, 붙잡고, 돌리고, 안아보지 않으면 분별력이 형성되지 않는다. 이런 동작들은 '본능'이 아니며, 문화와 상관없이 일어나는 단순한 생물학적인 반응도 아니다. 엄마 자신부터 여자아이와 남자아이를 다른 눈길로 바라보기에, 아이 눈에도 서로 다른 패턴이 일찌감치 새겨진다. 이렇게 아이는 토박이 젠더가 가르치는 대로 일찍부터 자기 몸으로 세상과 만나고 세상에 둘러싸인다. 젠더가 다스리는 곳에서는 '성장'이라는 말이 결코 논리적인 중성이나 젠더 없는 인간, 불특정한 학생으로 자란다는 것을 의미하지 않는다.

유아기 때부터 남녀는 상보적인 입장에서 세계를 파악함으로써, 우주를 개념화하는 두 개의 서로 다른 양식을 발전시킨다. 젠더마다 다른 지각 방식은 도구와 작업에 있어서도 각기 다른 젠더 영역을 형성한다. 아이들은 같은 사물을 서로 다른 관점, 다른 색조로 볼 뿐만 아니라, 같은 사물에도 항상 다른 측면이 있다는 것을 어려서부터 배운다. 그리고 종류에 따라서는 (살아가는 내내) 남자에게만 허용되고 여자에게는 허용되지 않는 것도 있다는 것을 배운다.

현대 담론 속의 젠더 없는 키워드들은, 토착적 현실의 모호한 양면성을 마치 아담과 이브 때부터 내려온 성 대결처럼 생각하게 한다. 그 결과 이제는 시기심 어린 비교가 상대에 대한 경외심을 대체해버렸다. 서로 다른 몸을 표시하고 두 젠더를 엮어주며 그러다 다시 밀어내는 삶의 춤을 이끌던 의식이, 원시적 성에 대한 교육으로 둔갑했다. 아가멤논의 아내 클리타임네스트라를 말하면서 부정한 어머니를 상상하는 기이한 정신 상태는 오이디푸스의 수난을 아들 된 이의 열등감으로 돌리는 것만큼이나 기괴한 신화를 만들어냈다.

젠더와 성은 동일한 개념의 우주 안에 동거할 수 없다. 그럼에도 둘을 결혼시킨다면, 마초이즘이든 페미니즘이든 과학적 성차별주의에 근거한 인류학이 나올 수밖에 없다.

가장 널리 퍼져 있는 성차별적 관점은 단연코 남성 관찰자의 것이다. 이런 사실을 입증하는 자료는 많다. 민족지학자 중에는 압도적으로 남자가 많다. 이들의 학생이나 동료 중에도 여성은 드문 형편이다. 그러다보니 민족지학자는 주로 남성 연구대상에게 생각을 물어보는 경향이 많다. 또한 연구자들 대부분이 자주 부딪히는 언어장벽 문제에서도, 여자보다는 남자가 현지 통용어를 배울 기회가 많다. 시장에서 아프리카 하우사 말을 배우거나 꾸란 학교에서 아랍어를 배우거나 군 복무를 통해 프랑스어를 배울 기회가 더 많은 것이다. 영국 인류학자 에드윈 아드너는 연구대상 가운데 '침묵 그룹'(muted group)에 주목한 학자다. 그는 바로 이 점 때문에 민족지학자들이 여성을 인터뷰하는 일을 골칫거리로 생각하는 경향이 있다고 지적했다. "젊은 여자에게 물어보면 낄낄거리고, 나이든 여자에게 물어보면 코웃음을 친다. 물어봐도 대답을 안 하거나, 질문의 주제를 비웃거나, 낯선 사람과 이야기하는 것에 관심이 없는 것 같다"는 보고가 그런 사례다. 게다가 여자들은 장시간 인터뷰하기도 어렵다. 왜냐하면 남자들이 여자들을 가로막고는 위험하거나 불순한 일이 일어날 수 있으니 보호가 필요하다고 우기기 때문이다. 그래서 민족지학자들은 (질문들 속에 이미 상정되어 있는) 답변 모델을 남성 대담자로 충당하거나, 인터뷰 원칙을 변형, 윤색, 왜곡함으로써 답변이 의도대로 나오도록 유도한다. 이처럼 젠더에 눈 가린 언어로 질문이 제시되므로, 당연히 답변에서도 젠더는 찾아볼 수 없다.

그런가 하면, 여성 연구자들은 최근 들어 또 다른 성차별적 해설을 '보완적'이라는 이름으로 제시하고 있다. 이 여성 우월적 반사경을 통해 그들이 보려는 것은 일종의 거울상이다. 즉 엄연한 젠더적 현실을 '과학'의 이름으로 폄하해온 남성 판타지를 거울처럼 되비춘다. 그들이 주로 관심을 가지는 문제는 여성이 어떻게 권력의 상징들과 차원들에 개입해왔는가 하는 것이다. 하지만 이 최신의 연구들은 대개 비서구 사회에서의 지배와 종속 관계를 탐구하기 때문에, 양쪽 젠더 사이의 상보적 영역과 불분명한 영역을 놓칠 수밖에 없다. 결국 그들이 연구하는 지배와 종속 문제는 누구에게 권력이 있느냐의 문제, 즉 젠더 없는 가치와 지위를 두고 벌이는 경쟁의 문제가 돼버린다. 게다가 이런 가치가 희소한 것이고 남녀 구별 없이 모두가 추구하는 가치라고 보게 되면, 그것을 둘러싼 경쟁 역시 성 중심적 시각으로 볼 수밖에 없다.

에드윈 아드너는, 비대칭적이면서 불분명하게만 상보성을 보여주는 개념 세계를, 남성 지배의 중요성을 부정하지 않으면서도 그 연구와 구별해서 분석하고자 한 몇 안 되는 인류학자에 속한다. 그는 카메룬에 사는 바퀘리족 여인들을 연구하면서, 이 여인들이 여성으로서 살아가는 그 방식으로 자신들의 세계를 정의하고 있다는 사실을 발견했다. 그 세계는 남자들에게는 '야생'으로 남아있는 곳이며, 인류학자에게는 더 이상 뚫고 들어갈 수 없는 미로처럼 보이는 곳이다. "여인들은 사회를 자연으로부터 떨어져 있는 것으로 보지 못한다. 남자와 여자를 모두 포함하는 단위로서의 사회 모델은 이들에게는 생각하기 어려운 것이다. 이들이 생각할 수 있는 모델은 '남자와 사회' 바깥에 '여자와 자연'이 존재하는 모델뿐이다."[89] 상징적 세계의 비대칭성

하지만 아쉽게도 아드너는 '사회' '야생' '자연'과 같은 용어가 단지 은유에 불과하다는 점을 특별히 강조하지 않은 채로 이 용어들을 썼다. 그래서 그를 비판하는 사람들은[90] 자연/문화 이 용어들이 계몽주의 시대에 루소가 썼던 식으로 무거운 이데올로기적 의도를 가진 것임을 보여주려고 꽤나 많은 노력을 들였다. 그들은 아드너가 말한 핵심을 이해할 수 없었다. 즉 젠더 특유의 지각 방식이 보여주는 비대칭성은 은유적 표현 말고는 적절히 표현할 수 없다는 점을 그는 보여주려 했던 것이다.

결국 대부분의 인류학적 연구가 성차별적 편견에 빠진 이유는 남성 인터뷰어 때문이 아니고 페미니스트 연구자들의 초점이 잘못되어서도 아니다. 젠더에 대한 편견이 생겨난 더 근본적인 이유는 인류학 자체 안에, 즉 인류학을 과학처럼 만들려고 했

기 때문이다. 과학의 논리로 인해 인류학은 남자와 여자를 동일한 '인간'(anthropoi)으로 놓고 분석하는 도구가 되었고, 젠더를 성으로 전락시키고 말았다. 그리하여 인류학은 그 문화의 시인만이 묘사할 수 있는 은유적 상보성을 두 개의 동질적 대립물로 바꾸는 도구가 되어버렸다. 이 문제는 더 기본적인 질문을 불러일으킨다. 인류학이 젠더를 주제로 삼지 않는다면, 토박이 영역에서 과연 무엇을 연구할 수 있겠는가?[91] 인류학

젠더와 말

젠더에 따라 다른 현실 이해방식은 언어 표현에서도 드러난다.[92]
언어의 성적 차이 남자아이와 여자아이는 다섯 살만 되어도 말하는 게다르다. 그렇다고 해서 발성기관에 해부학적 차이가 있는 것도아니다. 아이들은 옹알이를 하다가 말하는 단계로 들어서면, 자기들끼리 놀 때도 각 젠더에 맞는 형식과 스타일로 말한다.[93] 언어의 성적 차이

　'여성 노동'이 그랬던 것처럼 여성 언어도 세 번의 단계를 순차적으로 거치며 학계의 관심을 끌었다.[94] 언어의 상보성 그 관심이 처음 일어난 것은 19세기 말이다. 이 시대에는 여성이 본질적으로타자라는 것을 입증하는 증거라면 무엇이든 높이 평가되었다.당시에 여성 언어라 함은, 인간의 새롭고 참된 현실과 실존을 해

부학적, 심리학적, 행동과학적인 견지에서 선험적으로 정의하려는 의료적 기획에 의해 발견된 것이었다. 그 정의에 따라 여성은 이제 단일한 기준으로 표준화된 중성들의 사회에 '제2의 성'으로 편입되었다. 여성이 인간의 변종임을 보여주는 증거는 무엇이든 전문가들의 사업에 좋은 재료가 되었다. 산부인과의사, 성직자, 가정경제학자, 교사, 사회사업가들이 그 일로 수입을 올렸으며, 사람들의 '필요'를 진단하고 표준적 치료법을 제공할 수 있는 자신들만이 그 필요를 정의하는 데 필요한 사람이라고 주장했다.

그러나 19세기에 불었던 여성 언어에 대한 관심은 그리 오래 가지 못했다.[95] **여성의 언어** 유능한 언어학자들이 등장해 연령, 지위, 교육, 지능에 따른 온갖 종류의 언어적 변이를 연구하면서, 여성과 남성 사이의 언어학적 차이에 대해서는 상대적으로 관심을 소홀히 했기 때문이다. 그러다 1960년대 말에 가서 다시 관심이 일어났다. 이 2단계 연구 붐에서는 여성의 언어 행동에 나타나는 특이성을 여성에게만 있는 '방언'인 것처럼 설명했다. 여성 언어를 '진짜' 언어라 할 수 있는 상위 언어에 종속된 하위 언어처럼 설명한 것이다. 이후 여성 언어에 대한 연구는 1970년대를 거치면서 지금의 단계로 들어섰다. 모든 언어연구 분야와 차원에서 남성 우월성을 보여주는 증거를 기대하고 찾기 시작한 것이다.[96]
언어에서의 여성 종속

통계 측정결과를 보면 프랑스어, 독일어, 영어를 불문하고 남자가 여자보다 더 큰 목소리로 더 자주 말한다는 것을 알 수 있다. 남의 말을 가로막거나, 자기 의견을 강요하거나, 대화 주제를 가로채거나, 타인을 윽박지르는 경향이 여자보다 심하다. 반면에 여자는 자상하게 미소를 띠고, 공손하게 말하고, 머뭇거리는 경향을 보인다. 하지만 궁지에 몰렸을 때는 남자들을 모방하고 남자들보다 더 강하게 나오기도 한다. 그럴 경우 여자는 남자의 어휘와 구문, 남자의 전술과 기교를 활용한다. 그러나 남녀가 쓰는 단어와 주제가 같으면 같을수록, 여자는 목소리를 높이건 다소곳이 침묵하건 제2의 언어적 성이라는 점이 더욱 분명하게 드러난다. 남녀공학 교실이든, 노조 사무실이든, 토론회 석상이든, 칵테일파티 자리든, 여성의 언어는 노동시장에서 여성 노동이 차별받는 것과 똑같은 대접을 받는다.[97 말과 언어에서의 남녀 역할]

하지만 오늘날에도 여전히 세계의 많은 곳에서는 남녀가 서로 다른 방식으로 말한다. 언어 자체가 그것을 요구하기 때문이다. 가령 일본 여성은 유럽 여성에 비해 사무실, 공장, 정치무대가 아닌 곳에서 남성 특유의 화제들을 입에 올리는 경우가 훨씬 드물다. 그런 화제를 꺼낼 때도 말하는 방식이 다르다. 이 차이가 너무 크다 보니, 남자와 여자의 언어에서 같은 말에 해당하는 구절을 찾는 것도 별로 의미가 없다. 왜냐하면 거의 모든 상황마다 형식적인 표현 못지않게 말의 내용도 다르기 때문이다. 여자들이 텃밭이나 집안대소사에 대해 어쩔 수 없이 5분을 들어 말하는데, 같은 주제에 대해 남자들이 세 마디 이상 툴툴거리며 답한다면 웃음거리가 되고 말 것이다.[98] 젠더적인 말과 성적인 언어

화제(topic)를 중심으로 젠더별 언어를 연구하게 되면, 다차원적인 젠더 영역의 일부만 보기 쉽다. 최근 이러한 접근방식으로 어느 스페인 마을을 조사한 결과, 남자들은 주로 들일, 가축, 가게, 장사 등에 대해 이야기하는 반면, 여자들은 주로 사람들의 면면이나 생각, 사는 모습, 해야 할 집안일 등에 대해 이야기한다는 것이 뚜렷이 드러났다. 하지만 화제는 언어적 도구만큼 그들이 세계를 어떻게 이해하는지에 대해 충분히 알려주지 못한다. 남녀의 언어는 화제 말고도 음운, 억양, 구문, 어휘, 대명사와 명사 지시대상 등에서 뚜렷한 차이를 보인다.[99] 젠더적인 말과 성적인 언어
이 차이를 지엽적 사항이 아닌 언어의 본질적 구성요소로 이해할 때 비로소 우리는 양쪽 언어의 상징적 상보성에 대해 생각해 볼 수 있다. 마다가스카르 섬의 어느 토박이말에서는 남자 언어가 우회적이고 상대방과의 대립을 피하려 한다는 이유로 더 귀하게 대접받는다.[100] 젠더적인 말과 성적인 언어 이 문화에서 말주변이 좋은 남자로 인정받으려면 에둘러 말하거나 격식을 차려 말해야 한다. 백인 뉴요커에게는 우유부단하고 줏대도 없는 알쏭달쏭한 말로 들릴지 모르지만, 마다가스카르의 메리나족에게는 기품 있는 남자의 말로 들린다. 메리나족 사회에서는 여자가 시장 거래

를 한다. 여자들은 사납게 흥정하고, 아이에게 고함지르고, 점잖지 못한 짓을 하는 사람이 있으면 동네방네 소문내어 꼼짝 못하게 한다. 이곳에서 여자가 존중받으려면 앞뒤 재지 말고 단호하고 거침없이 할 말을 해야 한다. 여성 언어와 남성 언어를 연구해 보면, 양쪽 젠더가 서로를 지배하는 방식이 얼마나 복잡하게 얽혀있는지를 잘 알 수 있다.[101 젠더적인 말과 성적인 언어]

언어가 가진 여성적이거나 남성적인 특징들은 언어의 가장 여리고 다치기 쉬운 측면이기도 하다. 여전히 활발하게 사용되는 언어라 할지라도 그러하다. 역사를 돌아보면, 언어의 이런 특징이 사라진 때는 언어가 제국의 도구가 되거나 교역 언어가 되었을 때, 다시 말해 전혀 다른 젠더 구분을 가진 지역들을 한 가지 언어로 관리하려 했을 때이다. 언어의 여성적이고 남성적인 특징은 언어가 표준화될 때 가장 먼저 위협을 받는다. 이 특징들이 사라지고 나면 남는 것은 문법상의 성뿐인데, 그런 언어는 주로 성차별적 발언을 할 때 유용하다. 이렇게 토박이말이 학습한 모어에 의해 흡수 소멸되면, 언어의 이원성은 겉으로만 다른 사용방식, 억양, 화제의 차이로 전락하며, 문법상의 젠더에서도 남성 단어가 우위를 점하게 된다. 이런 현상은 연구가 행해진 곳 어디서나 볼 수 있는 일이다. 토박이 젠더가 금전거래 관계로 인해 소멸되고 토박이말이 문자와 학교교육 및 TV로 인해 사라진 곳이라면 어디서나 벌어지는 일이다.

예전에 루이지애나주 남서부 지방어였던 코아사티어는 남자 언어와 여자 언어 사이에 섬세하면서도 분명한 차이가 있었다.[102 젠더적인 말과 성적인 언어] 하지만 2차 세계대전 이후로는 나이든 사람들만이 여자 말씨가 쉽고 느리고 부드러워 더 매력적이었다면서 둘을 구분한다. 요즘에는 여자들도 남자들이 쓰는 형식을 흉내 내어 말한다. 여자의 형식이 여전히 남아있는 경우는 과거 여성들이 하던 말을 그대로 인용할 때뿐이며, 이마저 별스러운 말로 취급하곤 한다. 아무리 여러 개의 문법적인 젠더가 언어에 남아있다 해도, 남성 지배로의 이행—곧 산업적 생활양식에 완벽하게 들어맞는, 남녀 구별 없는 새로운 '의사소통 수단'으로의 이행—은 이제 어디서나 볼 수 있는 일이 되었다.

제6장

젠더의 역사

Gender through Time

문화는 언어가 진화하는 방식으로 진화한다. 즉 **자체적**인 진화과정을 밟는다는 뜻이다. '문화'라는 말이 모든 인류학자에게 같은 의미를 갖는다면 바로 이런 의미에서이다.[103 교차연결] 인간 행동 유형 중에는 유전자 프로그램으로부터 벗어나 있고 본능에 의해서도 전적으로 결정되지 않는 것들이 있다. 특히 문화는 생물학의 용어로는 옮길 수 없는 삶의 어떤 차원을 보여준다. 유전적 특질과 문화적 전승은 정반대 법칙에 따라 진화한다. 자연선택은 일정한 방향성이 없는 변이를 통해 유전적 분화로 나아가지만, 문화는 현 세대에서 형성된 특질을 다음 세대에 물려주는 방식으로 진화한다. 생물학적 진화로 새 가지가 한번 돋아나서 그대로 굳어지면, 이 가지들은 결코 다시 합쳐지지 않는다. 그러나 문화는 전혀 다른 길을 따라 진화한다. 마치 하나의 강이 작은 물줄기들로 나뉘어 구불구불 흐르다가 다시 합쳐지듯이, 문화는 서로 교차 합류하며 나아간다. 생물학적 진화는 흔적으로만 남지만, 문화는 지나간 것에 대한 기억을 신화나 역사나 관습의 형태로 보존한다.

멕시코 국립박물관에 가면 그런 강물의 질서를 보여주는 아름다운 도표를 볼 수 있다. 말라카테들로 이루어진 강이다. '말라카테'(malacate)는 점토로 빚어 만든 둥근 방추차(紡錘車)를 말하는데, 가운데에 물렛가락을 끼우도록 구멍이 나 있다. 멕시코에서 해마다 수천 개씩 출토되는 이 유물들은 연대가 다 다르다. 박물관의 고고학자들이 이 방추차들을 마치 강물들이 만든 순환 시스템처럼 배열했다. 멀리 강들이 시작되는 부분의 오래된 말라카테는 모양이 제각각이지만, 아래로 내려올수록 다른 말라카테의 특징을 닮으면서 점점 장식이 붙고 세분화된다. 어떤 지역에서는 몇 세기가 지나도록 모양이 바뀌지 않다가, 갑자기 멀리 떨어진 계곡의 말라카테의 특징과 섞여서 메스티조 같은 혼혈의 모양을 얻는다. 나는 도표 앞에 서서 이 말라카테에 새로운 모양을 부여한 이가 남자였을까 여자였을까 상상해본다.[104] 교차연결

경우에 따라서는 우연한 발명으로 변화가 일어났을 수도 있다. 방추차에 홈이 새로 난 것은 누군가 우연히 홈을 새겼다가 보기가 좋아 계속 사용한 결과일 수 있다. 하지만 저지대에서 온 이방인이 지나다가 자신의 말라카테를 놓고 갔을 가능성이 더 크다. 아니면 잡혀온 노예가 색다른 말라카테를 가지고 있었거

나. 그렇게 낯선 모델에 있는 홈을 접하고는 몇 번 시험을 해보고 채택했을 것이다. 방추차는 그런 식으로 변화했다. 방추차가 바뀌면 물렛가락을 잡고 돌리던 손의 움직임도 바뀌고, 거기에 맞춰 실을 꼬는 손도 바뀐다. 한쪽 손의 동작이 바뀌면 다른 쪽 손도 거기에 맞춰 동작을 바꿔야 하는 것이다. 이런 문화에서 쓰는 도구들이 한쪽 젠더의 손에만 맞게 만들어진다는 것을 생각하면, 이른바 '문화 변동'은 언제나 한쪽 영역에서 먼저 일어난 다음 거기에 상응하는 반응이 다른 영역에서도 일어나는 것이라고 할 수 있다. 문화는 이렇게 양쪽이 함께 어울려 춤을 추는 것처럼 진화한다. 언제나 한쪽이 먼저 이끌고 다른 쪽이 따라간다. 어떤 때는 순순히 따르고, 어떤 때는 변화를 주기도 한다.

천 년 전 멕시코를 가로지르는 시에라마드레 산맥 남쪽 기슭에서 처음 보는 옥수수가 자라기 시작했다. 분명히 첫 낱알은 아주 먼 곳에서 날아왔을 것이다. 이 푸른색의 낯선 작물은 지금까지 길렀던 종보다 수확량이 훨씬 많았지만, 땅을 더 깊이 파고 심어야 했다. 그러다 보니 삽을 잡는 손이 여자에게서 남자에게로 넘어갔다. 이 낱알을 위해 수호신도 새로 모시고, 여인들이 잘 빻을 수 있도록 더 큰 화산암으로 메타테(metate, 맷돌)도 새로 만들었다. 문화인류학이 이런 젠더별 적응과정을 고려했다면, 이미 수집한 자료에 기초해서도 기술과 문화의 진화과정에 대해 훨씬 많은 것을 말할 수 있었을 것이다.

젠더 경계 넘기—금기와 '파네'

오랜 기간을 거치는 동안 두 젠더를 나누는 선은 모양이 바뀔 수도 있고, 상황에 따라서는 선을 넘거나 넘어야만 하는 일이 생기기도 한다. 이 사실로 미루어볼 때 우리는 젠더 경계를 침범하는 것과 동물이 암수로 결정된 행동에서 일탈하는 것은 명백히 다르다는 것을 알 수 있다. 하지만 동물의 성과 사회적 젠더 사이의 구별보다 더 중요한 구별이 있다. 젠더 경계를 넘는 것과 그 경계 자체가 없는 것 사이의 구별이다. 젠더 경계의 소멸은 인류학적으로는 산업화된 문화에서만 볼 수 있는 특징으로, 젠더 규칙을 어기는 것과는 신중히 구별해야 한다.

젠더 경계는 눈에 보이지 않게 조금씩 잠식되다가 도구를 다루는 손이 여러 번에 걸쳐 달라지면 그때 비로소 뚜렷하게 가시화된다. 하지만 수많은 요인 가운데 무엇이 젠더 경계선에 변화를 가져오는지는 단지 추측만 할 수 있을 뿐이다. 분명한 점은 그것이 새로운 기술적 발견의 결과일 때가 많다는 것이다. 낯설기는 해도 금기시되지는 않은 어떤 도구와 그 쓰임새가 '젠더' 특성을 가짐으로써 그런 변화가 일어난다는 얘기다. 예를 들어 고대 멕시코인들은 당나귀라는 동물이 있는지도 모르다가 스페인 사람들이 들어오고 나서야 알게 되었다. 당시에는 당나귀를 돌보는 일에 남녀 제약이 없었고 금기도 없었다. 즉 당나귀 만지는 것을 금지하는 어떤 규칙도 없었다. 그러다 갑자기 게레로 산간지방에서는 당나귀를 돌보고 부리는 일이 남자의 몫이 되었다. 그에 따라 당나귀는 원주민들 사이에서 사회적으로 남성 젠더의 특성을 띠게 되었다. 즉 문화적으로 다시 발견된 것이다. 흔히 '기술적 변화'로도 부르는 '문화적 발견'은 산업사회가 아닌 곳에서는 언제나 낯선 것을 젠더와 관련지어 길들이는 과정이었다. 당나귀는 단순히 남자의 장비가 달라졌다는 것 이상의 변화를 일으킨 것이 틀림없다. 당나귀를 부리면서 남자의 지배 영역도 커졌고, 남자와 여자의 영역 사이에 새로운 비대칭성이 생겨났다. 이 경우 여자는 노동 부담을 더는 대신, 사회적 지위는 낮아졌을 거라고 추측할 수 있다.

고대 멕시코인들은 당나귀를 처음 보고 매우 놀랐겠지만 터부시하지는 않았다. 내가 여기서 말하는 '터부'란 남녀 모두에게 그 방식은 다를지언정 절대 하지 못하도록 금지하는 것이다. "절대 안 돼!"라는 말로 두 젠더를 하나의 씨족집단으로 묶는 것을 말한다. "이 동산에 있는 어떤 나무의 열매도 먹고 싶은 대로 먹되, 선악을 알게 하는 나무의 열매만은 먹지 말라. 네가 그것을 먹는 날에는 반드시 죽으리라."(창세기 2:16~17) 금기의 위반은 공동체 전체에 끔찍한 결과를 가져오며, 특별한 희생과 속죄를 요구하기까지 한다. 그러나 젠더 경계를 넘는 것은 원칙적으로 금기가 아니다. 나는 이런 경우를 금기와 구별하기 위해 '파네'

(*pané*)라고 부르려 한다. '파네'는 프랑스어로 빵가루를 뒤집어썼다는 뜻이다. 예를 들어 젠더는 아마존의 과야키족 남자에게 이렇게 일러준다. "이 바구니는 만지지 말지어다. 바구니는 여자의 영역이기 때문이니라." 이처럼 여자에게는 젠더에 맞는 것이 남자에게는 '파네'이다.

터부와 **파네**는 둘 다 금지를 의미하지만, 그것들이 금지하는 영역은 각기 다르다. 터부는 바깥으로부터 두 젠더를 위협해오는 것을 말한다. 터부는 한 씨족의 남녀들을 일인칭 복수로 묶어 '우리'라고 말하게 한다. 그와 달리 파네는 달의 뒷면이나 이 세상의 다른 절반을 가리키는 말이다. 우리 현실을 구성하는 이 말 없는 반쪽은 상대 젠더의 말, 표정, 행동에 비친 모습을 통해서만 알 수 있다.

시대와 장소를 막론하고 남성과 여성은 양쪽 젠더를 나누는 장벽의 형태나 높이는 그대로 둔 채 그 벽을 넘나들곤 했다. 사회적 재난으로 인해 그런 장벽에 틈이 생기는 경우도 자주 있었다. 중세까지만 해도 말에 편자를 박고 마구를 채워 무거운 쟁기를 끄는 일은 남성 젠더의 상징이었다. 여자들은 쟁기나 말 근처에 감히 얼씬거릴 생각도 하지 않았다. 하지만 14세기 후반 프랑스 북부에서 만든 미니어처를 보면 여자가 쟁기를 끈다. 역병으로 열 사람 중 하나가 죽고, 그나마 살아남은 남자도 다 전쟁터로 끌려갔기 때문이다. 아들들이 다 자랄 때까지 여인들이 들일을 맡지 않을 수 없었다.

사회적 재난뿐 아니라 개인에게 불행이 닥쳤을 때도 관습을 무시하고 상대 젠더가 해온 일을 가져오곤 했다. 스웨덴 북부에서는 최근까지도 남자가 외양간 근처에 갈 수 없었다. 외양간은 결혼하지 않은 처자들이 긴 겨울 동안 소들과 함께 잠자며 자기들끼리 따뜻하게 지낼 수 있는 곳이기 때문이다. 하지만 간혹 딸이 없는 홀아비가 슬며시 들어와 소젖을 짜 가는 경우가 있었다. 물론 사람들이 보는 앞에서는 절대 할 수 없는 일이었다. 또 급박한 상황이 닥쳤을 때도 젠더 경계를 넘을 수 있었다. 알프스 티롤 지방의 목초지에서는 갑자기 찬바람이 밀려와 여자들의 건초 거두기가 어려워지면 농부와 소년들이 일을 거들어주었다. 하지만 일을 거들었다고 해서 대가를 요구할 수는 없었다. 그리고 공동체에서 지위가 높을 때는 젠더 관습을 뛰어넘을 자유가 더 허용된 듯하다. 그러나 이런 예외야말로 일반 규칙을 더 확인시켜주는 증거일 뿐이다. 이런 예외가 연대기에 기록된 것은 그만큼 주목할 만한 가치가 있었기 때문이고, 그 덕분에 젠더 연구의 귀중한 자료가 되어 주었다.

역설적이지만 상대 젠더의 옷을 입는 복장전도(transvestism) 역시 역사가들에게 젠더 간의 경계와 기타 정보를 알려주는 증거 역할을 한다. 젠더와 결부된 규율을 집단이 자발적으로 어기는 일은 극히 드물었으며, 그런 일이 일어나면 늘 끔찍한 모습으로 찾아오곤 했다. 농민전쟁 동안 귀족들에게는 성난 여자들이 무기를 들고 몰려오는 것만큼 무서운 일이 없었다. 또 다른 경우로는, 남자들이 치마를 입고 여자로 가장하여 무기 한 번 쓰지 않고 적을 격퇴한 일을 들 수 있겠다.[106 상대영역 침범]

하지만 거의 모든 지역에서 복장 바꾸기는 계절마다 거르지 않고 치르는 행사였다. 시칠리아에서 스칸디나비아에 이르는 모든 축제에서 시대를 불문하고 여자는 남자 역할을, 남자는 여자 역할을 연기했다. 이러한 복장 바꾸기는 종종 억눌린 정치적 분노에 불을 지피는 역할을 했다. 특히 18세기에 이 전통적 행사는 '문명화 과정'(근대적 생활규범의 도입을 가리키는 노르베르트 엘리아스의 용어)에 분개한 군중들에게 조롱의 기회를 제공하기도 했다. 군중은 교사와 성직자에 저항하는 전술로 복장 바꾸기를 활용했다. 이러한 젠더 뒤바꾸기는 풍자시와 희극에도 자유롭게 이용되었다. 소극(笑劇), 축제, 가면극, 소동 등이 지닌 문화적 역할에 대한 최근 연구를 보면, 민중이 자신들의 존재 방식이라 할 수 있는 도덕 경제를 지켜내기 위해 변장을 정치적 용도로 이용했다고 강조한다.[107 젠더 구분을 이용한 정치적 저항] 이러한 젠더 뒤바꾸기는 또한 풍자극에도 활용되었는데, 그렇게 함으로써 한쪽 젠더가 과도하게 강해지는 것을 막아주기도 했다. 예를 들어 때때로 축제에서 여성을 공공연히 앞장세우는 것은 남성 지배를 심각하게 훼손하지 않으면서도 남자들을 조롱하는 방식의 하나였다. 그와 반대로 멕시코의 어느 마을에서는 요즘에도 여전히 마녀에 대한 두려움을 이용하여 여자들을 곯린다. 늙은 마녀할멈 행색을 한 남자들이 춤을 추면서 코요테로 분장한 소년들을 뒤쫓는 것으로 하루 종일 이어지는 그해 웃음의 축제를 여는데, 이렇게 함으로써 그동안 부글부글 끓었던 분노를 적절한 방식으로 풀었다.[108] 풍자로 벌주기

하지만 복장 바꾸기에는 더욱 깊은 기능이 있다. 거의 모든 문화에서 우리는 다음과 같은 사례를 접할 수 있다. 어떤 사제들은 여자 옷을 입고, 어떤 주술 행위는 남색(男色)의 형태를 띠기도 하며, 형틀을 쓴 죄인에게는 다른 성의 옷을 입히고, 문화 영웅이 되려면 '파네'를 감수해야 한다. 이런 사례들은 대중들이 그간 젠더에 대해 가졌던 통념을 뒤집어 보여줌으로써 젠더 경계를 더욱 투명하게 드러내는 기능을 한다. 주술적으로 이런 복장 바꾸기는 마을의 수호신을 놀라게 했다가 결국은 안심을 시켜줌으로써 그 신들을 지켜주는 역할을 했을 것이다. 궁극적으로 복장 바꾸기는 가장 깊은 신비적 체험을 통해서 젠더의 뿌리를 확인하는 일이었다.

동성애의 역사

현대의 성과학(性科學)은 복장전도 전통을 바라보는 역사학자들

의 시각을 흐리는 요인 중의 하나다. 무엇보다 성과학의 범주가 젠더가 아닌 성에 치우쳐 있기 때문이다.[109] **모방의 언어** 특히 남색에 관한 용어들을 보면 이 점이 분명하게 드러난다. **성적으로** 어느 젠더에 끌리느냐로 그 구성원들을 분류하는 사회는 매우 드물다. 그 가운데서도 근대 유럽은 색다른 방식으로 이런 분류를 강조했다는 점에서 꽤나 특이한 사회다. 남자끼리의 사랑 또는 여자끼리의 사랑이 어떤 지역, 어떤 시대에 다소 흔하거나 드물었다고 해서, 그 사실로부터 모든 사회가 '동성애자'를 별스런 존재로 생각했다고 결론지을 수는 없다. 유럽에서도 르네상스 이전까지는 누군가 남성 동성애자라는 사실이 작가라는 사실보다 그다지 이상한 일이 아니었다. 시 짓는 데 능숙할 수 있듯이, 여자보다 소년을 더 좋아할 수도 있는 일이었다. 어떤 사람이 불같은 기질일 수 있듯이, 남색에 빠질 수도 있는 일이었다. '남색자'나 '살인자' 같은 말이 있기는 했지만, 그렇다고 해서 현대 용어처럼 그들을 **진단**하는 힘은 없었다. 남자가 남자를 사랑한다고 해서 본질적으로 '다른' 부류의 인간으로 취급되지는 않았다는 얘기다. 동성애는 용인되는 행위였으며, 문화마다 나름대로 그들을 평가하는 방식이 있었다. 가령 아이들 놀이처럼 여기거나, 의식 때의 역할 바꾸기처럼 생각하거나, 여자의 바구니를 건드린 과야키족 남자가 처벌 받는 것과 비슷하게 보거나, 조롱 받을 만한 행동 아니면 매질로 다스려야 할 비행으로 보았다. 하지만 동성애를 특별한 정체성으로 보는 것은 젠더 규칙을 따르는 사회에서는 상상하기 어려운 일이었다. 따라서 근대 유럽의 동성애자 관념은 이성 사이에만 가능한 혼인관계만큼이나 특이한 것이다.

최근에 동성애의 역사에 관해 주목할 만한 연구를 내놓은 두학자가 있다. 이들은 동성애를 행위가 아니라 사회에 따라 다르게 인식되는 '성향'으로 보고 연구한 사람들이다. D. S. 베일리는 설명하기를, 동성애를 일부 사람들에게만 해당하는 성적 일탈로 보는 관점은 스콜라학파 이전의 그리스도교 전통에서는 그리 두드러지지 않았다고 한다. 법률가, 신학자, 도덕가들만이 동성끼리 벌이는 성교에 관심을 가졌고, 사도 바울의 가르침대로 그런 행동을 대놓고 하는 집단을 혐오했을 뿐이다. 존 보스웰도 엄격하게 골라 모은 자료를 통해 동성애자가 비정상적 본성을 가진 집단으로 굳어지게 된 과정을 추적했다.[110 이성애의 역사] 분명한 점은, 동성애를 새로운 종류의 일탈로 규정하기 위해서는 이성애라는 규범이 동시에 필요했다는 것이다. 즉 혼인으로 맺어진 생산 단위를 기꺼이 받아들이게 할 규범이 필요했다는 얘기다. 그러나 동성애의 역사에 상응하는 '이성애'의 역사는 아직 쓰인 적이 없다. 따라서 '동성애'는 이성애 체제가 서구 사회를 어떻게 정복했는지 보여주는 거울 역할을 한다.

이 장에서 나는 젠더를 성으로 개종시키는 과정에 교회가 얼마나 복잡하게 엮여 있는지 추측만이라도 해보려고 한다. 그 출발점으로 삼을 수 있는 것이 14세기 초 프랑스 몽타유 마을에서 차부제(次副祭)로 일했던 아르노와 종교 심문관의 만남이다. 아르노의 죄목은 남색이었는데, 이 혐의를 둘러싼 논쟁에서 두 입장이 첨예하게 대립하는 것을 볼 수 있다. 아르노는 남색을 젠더의 관점으로 이해했지만, 심문관은 당시 막 싹트고 있던 **비정상적** 성이라는 관점으로 보았다.[111] **남색과 이단** 교회가 남색자를 이단으로 취급하자, 이 말단 성직자는 혼란에 빠진다. 그는 자신의 당혹감을 굳은 신앙심과 함께 표현한다. "제 마음을 솔직히 털어놓자면, 남색이나 미혼끼리의 통정이 죽을죄(대죄)일지도 모릅니다. 하지만 처녀를 범한 죄나 간통, 근친상간만큼 나쁜 죄라고는 생각하지 않습니다." 아르노는 도시 귀족 출신이었다. 현명한 사람이었고, 세상 사람이 보기에도 학식 있는 사람이었다. 책을 소장하는 일이 흔치 않았던 시대에 남들에게 책을 빌려줄 정도였다. 그 가운데는 성경이나 역법뿐 아니라 오비디우스와 같은 그리스로마 시대의 고전도 여럿 있었다. (오비디우스는 정사 때 나누는 유희의 이론과 실제에 관한 고전적 지식을 상세하게 전한 로마의 시인인데, 이것에 대해 교회는 천 년 넘게 맹렬한 비난을 퍼부어왔다.) 또한 아르노는 사제로 서품된 적은 없지만 누구나 인정할 만큼 헌신적으로 부제 의무를 수행해왔다. 그의 혼란스런 반응에는 아직 젠더적인 시각이 엿보인다. 그는 남색을 변태로 보는 심문관의 시각을 이해할 수 없었다. 나중에 교황 베네딕토 12세가 되는 이 심문관에게 남색은 욕정을 푸는 몇몇 방법 중의 하나로만 보였다.

'남색자'를 뜻하는 영어단어 'bugger'의 역사를 보면 이 갈등의 양상이 잘 드러난다. 원래 '버거'는 9세기에 그리스도교도가 된 불가리아인들을 지칭하는 교회학 용어였다. 이들이 속한 콘스탄티노플 동방교회는 당시 로마교황으로부터 막 갈라지려던 참이었다. 이후 '버거'라는 말은 이들 분리파를 뜻하는 말에서 보고밀파를 지칭하는 말로 바뀌었다. 보고밀파(Bogomils)는 트라키아에서 시작해 불가리아와 발칸반도 전역으로 퍼져나간 영지주의 분파다. 지금도 이들의 흔적이 거대하지만 간소한 석관 양식에 남아있다. 로마로부터 행정적으로 분리된 그리스도교도들을 지칭하기 위해 만들어진 이 단어는 이후 교회 바깥의 비그리스도교 집단을 가리키는 말이 되었다. 또한 그로부터 300년 후에는 보고밀파의 사촌이라 할 수 있는 남프랑스 알비 주변의 영지주의 개종자를 뜻하는 말로 바뀌었다. 이들은 그리스도교 세계 한가운데 사는 원주민이었지만, 스페인의 이슬람 세력에 맞서서 유럽의 방벽 역할을 한 피레네 산맥 북쪽 사면으로 이주했고, 그곳에서 한 집 건너 한 집 식으로 영지주의에 감화되었다. 이들이 집집마다 믿었던 신앙과 의례, 관습을 '이단' 또는 '버거리'(buggery, 지금은 '항문성교'라는 뜻)라 부르게 된 것이다.

교회가 하필 이 시기에 와서 영적 경쟁세력의 확산을 염려하게 된 데는 그럴 만한 이유가 있었다. 불과 한두 세기 전에야 비로소 교회가 개별 영혼으로 이뤄진 가정에 **사목적 돌봄**(pastoral care)을 제공할 수 있는 교리, 인력, 조직, 방법을 갖추었기 때문이다. 이때부터 교회는 대중이 모여 신께 예배드리고 가르침을 얻는 장소에서 개별 영혼을 보살피는 기관으로 바뀌었다. 이 변화는 8세기말 샤를마뉴 대제 때 시작되어 이즈음 완료되었다. 이런 사목적 돌봄의 핵심은 남녀로 이뤄진 **부부** 가정을 육성하고 감독하는 데 있었다. 우리가 잊고 있지만, 혼인을 성사의 하나로 보고 교회가 관여하기 시작한 것은 중세 절정기에 이르러서였다. 그리고 이때부터 오래된 토박이 젠더 관습과 교회의 새로운 젠더 모델 사이에 무수한 갈등이 생겨났다. 교회의 사목적 돌봄으로 인해 마을마다 있었던 자율적 젠더 규범이 약화된 한편, 그것을 하나의 **보편**(catholic) 젠더로 표준화하려는 교회의 시도에 저항하는 분위기도 생겨났다. 이 시기는 '이단'이 퍼진 시기로도 유명하다. 사람들에게 '보편' 신앙을 제공하면서도 로마 교회처럼 일일이 젠더 통제를 가하지 않는 이단이 인기를 끌었다.[112] 전문가의 돌봄과 성직자의 돌봄

랑그도크 지방의 이단에 대한 14세기판 십자군운동이 겨냥한 것은 알비 일대의 가정들로 이뤄진 네트워크였다. **지역적** 지배력을 가진 이단 신앙에 이들이 매력을 느꼈기 때문이다. 이들 '카

타리파' 가정이 교회의 몸에 전염성 강한 암을 퍼뜨리고 있다고 여겼다. 심문관들은 집집마다 수색을 해서 그 해악이 이단에 연루된 **도무스**를 넘어 친족 전체로 퍼지지 않았는지 조사했다. 그 전까지는 토박이 젠더로 이루어진 가족이 교회에 나갔지만, 이제는 거꾸로 교회가 집 문턱을 넘어 안으로 들어왔다. 일탈한 개인은 심문관이 진단을 내리고 보살펴야 할 대상이 되었다. 신학자들이 이단 가정에 들어가 코를 벌름거리며 '버거' 즉 이단의 냄새를 풍기는 사람을 찾았다. 이런 과정에서 이중의 새로운 의미가 '버거'에 더해졌다. 버거는 단순히 범죄적인 행동이 아니라 뒤틀어진 본성에서 기인한 것이며, 신이 정한 울타리 밖에서 자연의 욕된 쾌락을 좇는 일이 아니라 악마가 저지르는 죄라는 것이다.

양심을 발명하다

정통 신앙이 중세 들어 '가톨릭적'(Catholic) 행위 곧 보편 행위를 뜻하는 것으로 바뀌면서, 사제도 전례를 이끄는 사람에서 남녀 성으로 표준화된 양떼를 이끄는 목자(pastor) 내지 고해신부로 바뀌었다. 이런 변화에 힘입어 성적 의미만 있었던 남색도 신학적 의미의 이단과 같은 것이 되었다. 이때부터 사제는 교회 첨탑 위에 앉은 수탉처럼 남녀로 이뤄진 양떼를 굽어보는 위치에 서게 되었다. 이들 사제가 보기에 남색자는 결국 화형에 처할 수밖에 없는 구제 불가능한 적이었다.

첨탑 위에서 백성을 보살펴야 할 양떼처럼 내려다보는 플레바누스(*plebanus*, 라틴어로 '주임사제'라는 뜻)는 현대 서비스 전문가의 원형이다. 그는 사람들의 영혼을 책임지고 그들의 양심을 읽어낼 수 있는 언어를 장착한 사람이다. 그의 책임 아래 있는 영혼은 모두가 똑같이 존엄한 존재이며, 그 영혼 속에는 그가 들여다보고 바로잡아야 할 양심이 있다고 그는 배운다.

아비뇽에서 파견되어 아르노를 추궁한 심문관 주교는 당시 교회를 대표한다. 그즈음 새롭게 일어난 교회는 이후 세속화되고 분화되면서 현대 전문가 체제의 모습을 띠게 된다. 이 주교가 속한 교회는 또한 속죄 의식을 연례적인 고백성사로 만들었다. 1215년에 열린 제4차 라테라노 공의회를 기점으로 교회는 모든 신자에게 일 년에 한 번 교구 신부를 찾아가 자신의 죄를 고백하라는 의무를 부과하였다. 이 새로운 교회법은 이전에 없었던 시각, 즉 "남녀 성을 불문한 신자들 모두"(*Omnes utriusque sexus fideles*)라는 말로 표현되는 남녀 동일 시각이 반영된 신앙 규칙을 처음으로 도입하였다. 이제부터 신자라면 누구든, 남자뿐 아니라 여자도, 매년 지정된 사제를 찾아가 자신의 죄를 밝혀야 했다. 그러나 이렇듯 사제가 신자들의 고백을 들을 수 있게 하는 문서가 만들어진 지 한 세기가 지났지만, 아직 아르노가 범한 죄까지 씻어주지는 못했다. 당시 지침서에는 고해신부가 신자에게 물어야 할 여러 유형의 질문들이 담겨 있었다. 이제 새로 만들어진 지침 서에는 젠더 규범을 어기는 일이 **인간 보편**에 있어 어떤 의미가 있는지를, 지역마다 있었던 젠더 규범과 무관하거나 때로는 모순되는 방향으로 규정하는 내용이 점차 들어가게 되었다. 교회 법이 성차별적이라고 하는 이유는 권력과 특권과 서품을 남자에 게만 허용했기 때문이 아니다. 그보다는 그 원천을 그대로 반영 하고 있기 때문이다. 교회법이 성차별의 선구가 된 이유는, 남녀 가 비록 몸은 다르지만 영혼 면에서는 똑같은 죄를 저지를 수 있 는 양심의 소유자라고 보고 다스렸다는 데 있다. 법을 어겼을 경 우 남자건 여자건 죄의 관점에서는 동일하다고 봄으로써 교회법 은 이후 생겨난 성차별적 법률의 기초를 닦았다.

은밀한 고백실에서 의무적으로 치르는 고백성사는 근본적으 로 새로운 것으로서, 이후 성문법과 보편교육을 받아들이게 만 드는 최초이자 가장 효과적인 발걸음이 되었다. 고백성사는 그 때까지 교회 앞에서 흔히 거행되던 진저리나게 긴 공개적 회개 의식과는 정반대되는 것이었다. 중세 초만 해도 아일랜드인과 스코틀랜드인이 개종할 때는 당연히 그런 의식을 거행해야 하는 것으로 알았다. 그리고 이 오래된 회개 규정은 남자에게만 해당 했다. 개종자는 선교사의 새로운 법에 복종한다는 것을 공개적 이고 자발적으로 표명해야 했다. 예를 들면 이러하다. 라눌프(스칸디나비아계 스코틀랜드 남자에게 흔한 이름)는 의붓아버지를 살해한 자를 죽였다. 아들로서 당연히 해야 할 일을 한 것이다. 만일 복수를 하지 않았다면 씨족의 오랜 법에 따라 단죄되었을 것이다. 하지만 그가 개종한 그리스도교의 새 법에서는 살인자를 용서해야 한다. 그래서 라눌프는 17년 동안 교회에 들어가지 못한 채 문밖에서 여름의 찌는 듯한 더위와 겨울의 살을 에는 추위를 견뎌야 했다.

그러다가 새로 생긴 고백 규정으로 인해 속죄 장소가 외부에서 내면의 공간으로 옮겨졌다. 이에 따라 각자의 '영혼'은 내면에 속죄의 공간을 만들어야 했고, 교회법이 정한 건축규정에 맞게 그 공간을 재구성해야 했다. 몇 년에 한 번 일생의 대죄를 지었을 때만 하는 공개적 속죄와 달리, 고백성사는 한 해 동안 보편(catholic) 기관인 어머니 교회[113] 알마 마테르가 제정한 법을 남몰래 얼마나 어겼는지 짚어보는 것을 의미했다. 고백성사는 '내면의 법정'을 만들어냈다. 일 년에 한 번 죄인은 은밀한 영혼의 방을 열어 교회가 지정한 판사에게 공개해야 한다. 판사는 비밀 엄수를 조건으로 이 범법자의 자가진단을 주의 깊게 듣는다. 성스러운 남자이기도 한 이 사제 판사는 해마다 젠더가 없는 이 영혼의 목소리에 귀 기울이면서 그 영혼이 성별 행동을 규정한 성문법을 얼마나 어겼는지 판단한다.

간통의 사례를 보면 당시 어떤 일이 일어났는지 잘 알 수 있다. 이전까지 모든 친족 제도에서 간통을 처리하던 방식은 교회와 달랐다. 여자가 저지르는 간통은 남자가 저지르는 그것과는 늘 다른 종류의 죄였다. 그런데 이제 교회법 위반이라는 관념으로 보면서 두 가지는 같은 죄가 되었다. 남녀가 각 젠더의 일원으로 서로 다른 죄를 저지른 것임에도 죄라는 점에서 평등하게 된 것이다. 성욕도 교회에 의해 젠더와는 무관한 개념으로 처음 정의되었다. 십계명 가운데 일곱 번째 계명인 '간음하지 말라'를 위배한 죄로 규정된 것이다. 그러나 교회의 신조를 내면의 법정에 적용시키는 영혼의 이 새로운 능력을, 예절 및 도리(honnêteté)에 대한 감각과 혼동해서는 안 된다. 그 감각들은 젠더 구분을 변함없이 간직한 것들이기 때문이다. 실정법이 **인간**에게 내면화되어 다듬어진 것이 양심이라면, 도리는 **젠더**로 성장함으로써 얻게 된 것이다. 양심은 교육의 결과이지만, 젠더는 교육과 정반대되는 것으로부터 얻은 결과이다. 양심을 들여다보는 검시경이 나온 것은 13세기 들어서면서부터다. 이 도구로 고해신부는 고해자의 영혼을 검사하고 적절한 질문을 던질 수 있게 되었다. 사람들이 매해 그 질문에 올바른 대답을 찾아내려고 하면서, 토착화되어 있던 도리의 영역도 차츰 양심의 명령에 자리를 내주게 되었다. 천 년 동안 남자가 지배하는 교회에서 말없이 지내던 여자들이 이제는 남자와 동등한 고해자가 되어 숨죽인 목소리로 성차별적 체제의 관리자에게 속을 털어놓게 되었다.

그러나 남녀 차이 없이 적용된 법으로 인해 남녀 사이의 동거는 오히려 성차별적이 되어버렸다. 예컨대 간통이라는 죄에서 남자와 여자는 처음에는 같은 죄인이었지만, 이 죄목에서조차 남자의 자연스런 위치는 여자 위여야 했다. 교회법에 따라 성교[114]죄의 빈도, 상황, 체위를 규정한 문서를 보면, 오비디우스의 『사랑의 기술』(Ars amatoria)에 나오는 전통과는 극명한 대조를 이루는 것을 알 수 있다. 『사랑의 기술』은 아르노가 심문받기 며칠 전 친구에게 빌려준 바로 그 책이기도 하다. 어쨌든 교회는 이제 양떼를 치는 목자로서 신자의 집안과 잠자리와 영혼까지 파고들 권한을 파견 성직자에게 부여했다. 또한 이성간의 혼인 결합을 장려함으로써 젠더를 억압하고, 양심을 교육함으로써 사람들이 지켜온 도리를 억눌렀다.

중부유럽에서 12세기부터 18세기 후반에 이르는 시기는 오랫동안 지켜온 도리가 양심이라는 그림자 아래로 점차 들어간 시기라 해도 좋을 것이다. 짐작하듯이, 이전까지 도리만으로도 충분히 다스릴 수 있었던 사회 속으로 양심이 파고들면서, '남자'와 '여자'의 상도 변했다. 그 당시 일어났던 일들을 일별할 수 있는 한 가지 방법은 문화 유형들을 연구하는 것이다. 음유시인 (troubadour)이 노래를 지어 바쳤던 부인은 확실히 새로운 종류의 존재 곧 '여주인'이었다. 민스트럴(minstrel)이라고도 불린 이들 예능인에게 그녀는 결혼이나 친족관계를 맺을 수 없는 존재였다. 이 여인들에 대해서는 많은 연구가 나와 있지만, 소수만이 꿈꾸었던 여인상을 대표한다는 설명이 고작이다. 하지만 이 소수가 아주 적은 숫자는 아니었다는 증거가 있다. 몽타유의 보통 사람들도 실제 사랑하는 여인과 마음에 품고 흠모하는(*adamari*) 여인을 구분할 줄 알았다. 그러나 이 여인에 대한 숭배가 전적으로 새로운 것임을 보여주는 가장 좋은 증거는 따로 있다. 즉 젠더를 넘어 가장 숭고한 성(性)의 형태를 띤 여인으로 성모 마리아의 이미지가 새로 만들어졌다는 사실이 그것이다.

성의 도상학

마리나 워너는 이 한 명의 여성에 대한 방대한 이미지의 보고를 파헤친 사람이다. 워너는 『여성 가운데 유일한 이』(*Alone of All Her Sex*)에서 동정녀 마리아의 그림과 그 특징들을 연구함으로써 사람들이 '여성'이라는 존재를 어떻게 보았는지 이해하려 했다. 분명한 건 중세 후기에 마리아가 더 이상 성모송의 표현처럼 '여인들 **가운데** 복되신' 이가 아니라 '유일한 여성'이 되었다는 사실이다.

성모 마리아의 회화적 재현 양식 및 특징의 변화를 통해 나는 다음과 같은 사실을 알게 되었다. 중세 때뿐 아니라 지난 2천 년 동안, 그리스 정교회의 반원형 제단에 장식된 테오토코스

(*theotokos*, '신의 어머니'라는 뜻의 성모상)에서부터 가톨릭 가정의 침실에 걸린 조악한 그림까지 모든 작품을 일관해서 볼 수 있게 해주는 한 가지 길잡이가 있다는 사실이다. 즉 어떤 마리아상도 살아있는 육신을 힘주어 강조하지 않는 경우가 없었다. 로마의 프리스킬라 지하묘지 벽화에 그려진 최초의 그림에서부터 현존하는 수천 점의 로마네스크 회화에 이르기까지, 마리아에게는 여태까지 그림이나 조각으로 표현된 모든 여성들과 구별되는 점이 있다. 마리아를 비할 데 없는 운명의 축복을 받은 역사 속 여인으로 재현하려는 예술가들의 바람이 엿보인다는 것이다. 이 여인은 동정의 몸으로 신을 잉태하도록 선택된 단 한 명의 여성이다. 그녀의 자궁에 맺힌 열매는 인간의 새로운 시작을 알리는 근원이므로, 마리아는 새로운 이브였다.

하지만 그런 관념은 고딕 시대의 그림들에서는 더 이상 눈에 띄지 않는다. 마리아는 서서히 젠더에서 분리되기 시작했고, 그 대신 고대 여신들에게서 빌려온 신화적 분위기와 교부(敎父)들의 칭송에서 볼 수 있는 강렬한 신학적 수사가 붙게 되었다. 이제 마리아는 '여성' 자체의 모델로서 남성에 필적하는 유형이 되었고, 젠더 구분 없이 인간 양심을 상징하는 존재가 되었다.[115 양심] 이런 관념은 단테가 『신곡』 '천국편' 마지막 부분인 제33곡에서 성모를 "피조물 중에 가장 겸손하지만 가장 높은 분"(*umile ed alta piu che creatura*)이라고 부른 데서 뚜렷하게 확인할 수 있다.

이야기는 역사가 설명할 수 없는 많은 것을 말해준다. 신을 낳은 어머니가 어떻게 '우리들의 고귀한 여인'(Our Lady)이 되었는지가 바로 그런 이야기다. 마리아가 '여성상'의 원형이 된 시기—여신이 아니고, 더 이상 성상(icon, 聖像)도 아니면서, 아직 바로크 미술의 감상적 주인공도 되지 않았던 시기—는 로마네스크 양식의 대성당을 가득 채운 다른 조상(彫像)들도 각자 자리를 잡기 시작하던 때였다. 성자와 괴물의 모습을 한 조상들 대부분이 그들을 낳은 씨족과 함께 이들이 세례를 받을 때 교회 안으로 들어왔다. 마을 젠더를 지키던 털북숭이 수호신도 교회 성소로 들어와 순교자의 예복으로 갈아입거나 성자의 휘장으로 장식되었다.[116 마돈나] 심지어 원래 있었던 뿔과 비늘을 그대로 붙인 채 돌로 깎은 나뭇잎들 사이에 자리를 잡은 조상도 있었다. 신화에서 용에게 던져졌던 젊은 여인이 성녀 마르가리타의 복장을 하고 용의 고삐를 잡은 모습으로 제단 위에 자리 잡았다. 강의 신, 숲의 정령 사티로스, 땅의 요정 코볼트, 폭풍의 신 모두가 자리를 잡았다. 어떤 것은 기둥머리에, 어떤 것은 동물이 조각된 들보에 자리 잡았고, 이밖에도 수많은 조상이 주춧돌, 문기둥, 의자에 새겨졌다. 북방민족의 털북숭이 괴물이 페르시아 사산 왕조의 사자와 함께 기둥에 새겨졌고, 도서관 책에서 막 빠져나온 듯한 기이한 공작새와 성서 속 온갖 인물들이 함께 기둥에 들어갔다.

자신감에 넘친 교회는 이처럼 천국, 지옥, 이승을 다 품고 날

짐승과 들짐승까지 받아들였다. 이때부터 약 5백 년에 걸쳐 '에클레시아 옴니아 베네디카트'(*Ecclesia omnia benedicat*)라는 말이 대중없이 사용되었다. '사람들이 보고 행하고 만드는 모든 것을 교회가 축복하리라'는 뜻이다. 11세기에는 심지어 악마조차 공포의 대상보다는 농담의 대상에 더 가까웠다. 지역 신화와 관습이 교회 의식을 풍요롭게 했고, 대성당은 오래된 구비설화의 온실이 되었다. 그리고 이렇게 세례를 받은 다수 상징물들의 존재는 교회 메시지가 가진 힘을 보여주는 증거가 되었다. 어떤 종류의 토착적 존재라도 신앙의 방패와 비호 아래 들어갈 가능성을 갖게 된 것이다.[117] 신앙심

가까스로 길들인 마을 정령들, '세례 받은' 외래의 신들, 새로운 의미를 갖게 된 메두사의 머리, 그리고 '정통' 예언자와 사도들이 다 함께 같은 로마네스크 성당에서 친목을 다졌다는 이 사실을 우리는 명확히 꿰뚫어보아야 한다. 그러지 않으면 나중에 이들에게 벌어진 대규모 추방사태가 무엇을 의미하는지 이해할 수 없을 것이다. 우선 주목해야 할 사건은, 엄격하고 굽힘이 없는 수도원 개혁가 클레르보의 성 베르나르가 수도원 회랑의 조각상들을 관대히 보아 넘긴 수도사들에 대해 맹렬한 비난을 퍼부은 일이다. 이 우상들이 단순무지한 영혼들을 신앙의 순수한 빛으로 인도하는 데 필요할 수도 있지만, 사랑의 순수성을 묵상하는 데는 방해만 될 뿐이라는 논지였다. 그 다음 사건은, 한 세

기 후 교회가 심문 기관으로 변하면서 믿음보다 양심에 더 관심을 갖게 된 일이다. 즉 교회가 목자 역할에 힘을 쏟으면서 기존의 손님들이 거하던 환경을 파괴해버린 일이 그것이다. 오래도록 '도리'를 지켜주던 수호신은 고딕 시대의 도덕성으로 지은 엄격한 아치에는 더 이상 어울리지 않게 되었다. 온갖 이단에 대한 색출 작업으로 옛 신들이 부벽(扶壁)과 벽감(壁龕)에서 쫓겨났고, 긴 세월 동안 가톨릭 신앙의 비호 아래 그 지역의 예의범절을 지키던 수호신도 더 이상 버틸 수 없게 되었다.

로마네스크 건축 양식이 고딕 양식으로 바뀌면서 용과 코볼트 상, 바실리스크(basilisk, 수탉 머리에 도마뱀 몸을 한 괴수)와 야만인 상도 실내장식에서 쫓겨났다. 좁고 뾰족하게 꽉 들어찬 고딕 양식의 기둥들에는 그들이 들어갈 공간이 없었기 때문이다. 그리하여 이 조각들은 한 세기도 넘게 박쥐처럼 교회 외벽에 매달려 있어야 했다. 곧 날아오를 기세로 공중에 돌출해 있거나, 지붕 난간의 이무깃돌이 되어 주둥이나 사타구니로 빗물을 흘려보내야 했다. 양심으로 무장한 신학자들은 더 이상 이들을 숭배하지 않았다. 르네상스 시기가 다가오자 지식인들은 이들 어릿광대 무리에 담긴 기억을 표상과 상징 또는 신비한 형상으로 해석했다. 그리고 이무깃돌들은 실제로 날아올라, 다음 3세기 동안 이전에는 본 적 없는 피조물이 되어 시골 주변을 배회했다. 파문당한 성자 같기도 하고, 절뚝거리며 걷는 순교자 같기도 하며,

날개 꺾인 용 같기도 한 모습으로 주변을 어슬렁거렸다. 이들은 마치 야생으로 되돌아간 가축 떼처럼 돌아다녔고, 전쟁이 할퀴고 간 마을을 뒤지고 다니는 도둑고양이처럼 행동했다. 이들 낯선 신령들은 결국 신종 사제들을 전면에 불러내는데, 흔히 '마녀'라고 불린 이들이 바로 그들이다.

젠더 역사의 일부는 유령이나 악마로 화한 이런저런 신령들이 어떻게 교회로부터 추방되었는지에 대한 이야기가 될 것이다.[118 악마] 물론 무단 점유자를 추방한 이야기는 세계 어디에나 있다. 그런데 도상학자들은 그들을 **음란한** 점유자라고 부른다. 그들 중 일부는 남자이지만 대개는 여자의 모습을 하고 있다. 그들은 음부를 한껏 위로 들어 강하게 힘을 드러내는 자세를 취하고 있다. 이런 도상 가운데는 이집트에서 온 '베셋'(*Beset*)이 있다. 베셋은 수단에서 나일 강으로 내려온 여신이다. 가정과 출산의 수호신인 이 여신은 후대 왕조들을 거치면서 지중해 연안을 통틀어 여신들 가운데 가장 유력한 신이 되었다. 플리니우스는 그의 『박물지』에서 월경 중인 여자가 수확기의 들판에 누워 음부를 젖히면 우박이 어김없이 비껴간다고 증언하고 있다. 때로는 음부를 그린 부적만으로도 효과가 있었다. 플리니우스는 또한 여성이 한 달의 아무 날에나 파도가 사나운 바다에 나가면 폭풍에 겁을 주어 쫓을 수 있었다고 보고한다. 베셋 이야기는 수백 가지 사례로 전해 내려온다. 후기 로마네스크 교회에서 베셋은 역시 지중해 쪽에서 온 자매인 꼬리 둘 달린 인어와 합쳐진 모습으로 등장한다.

북방의 섬에서는 또 다른 무단 점유자가 프랑스로 내려온다. 우리의 공통 어머니인 이브의 옷을 입은 여신이다. 그녀 이름은 실라 나 기그(Sheela-na-gig)로, 아일랜드 또는 스코틀랜드 부족이 교회에 들어왔을 때 일찌감치 세례를 받은 여신임에 틀림없다. 그녀 역시 본래는 젠더의 수호신이자 악을 물리치는 강력한 해독제였다. 이 무단 점유자는 그리스도교 세계에 들어오자마자 지상에 사는 모든 것을 보살피는 상징이 되었으며, 이브 곧 모든 생명의 어머니가 되었다. 이브가 된 실라 나 기그는 교회 서쪽에 난 출입문의 중앙기둥 위를 떠받치는 축이 되었다. 오툉 대성당의 '최후의 심판' 벽화에서는 그림을 둘러싼 12궁도 위쪽의 왕좌에 앉아 있다. 그녀는 해가 지는 쪽 곧 밤을 향해 벗은 몸을 돌리고 있는데, 그곳은 모든 해로운 악령과 악마가 하느님의 백성을 위협해 들어오는 방향이다. 실라 나 기그는 혼자서도 교회 안의 모든 신자와 동물형상 무리들을 지킬 만큼 힘이 세다. 하지만 간혹 다른 두 종류의 무단 점유자가 서쪽 출입문을 지키는 경우도 있었다. 그들 중 하나가 바로 발기한 남근상인데, 이 경우에는 항상 인류 최초의 부모가 출입문 상단 아치의 팀파눔 공간에 들어간다. 어쨌든 이브가 된 실라 나 기그는 교회가 전통적 성현(hierophany, 聖顯)에게 세례를 준 전형적인 경우라고 해석할 수 있다. 사실 모든 무단 점유자는 이런 성현자이며, 신성한 힘과 보호를 계시하는 자이다. 그 가운데서 특히 이브로 여겨진 점유자는 가톨릭 대중을 지키는 젠더화된 수호자로까지 승격된 경우라 하겠다.

이브의 옷을 걸친 실라 나 기그가 정점에 오른 무단 점유자의 힘을 상징한다면, 그녀가 교회에서 추방되었다는 사실은 그녀의 성스러운 후광이 박탈되었음을 의미한다. 인문주의 시기의 학자들이 무단 점유자를 표상으로 이해했을 때는 하나의 상징으로 본 것이지 성현자로 본 것이 아니다. 가령 바티칸 박물관의 라파엘로 회랑을 가득 채운 꼬리 둘 달린 세이렌들을 보고 겁을 집어먹을 악마는 없을 것이다. 이처럼 신학자들은 인어를 육욕의 상징으로, 다시 말해서 유혹적인 악을 나타내는 표상으로 바꾸었다. 이제 이 여신은 일곱 가지 대죄의 하나로 양심을 어지럽힌 죄 곧 육욕의 죄로 낙인찍힌 채 지금까지 그녀가 맡았던 젠더 수호의 성스러운 역할을 고통스럽게 빼앗기게 되었다. 하지만 더욱 중요한 것이 있다. 그녀가 이브의 사과를 빼앗기고, 뱀과 아담의 대화에도 끼지 못하고, 성스러운 힘을 계시해왔던 하늘거리는 투명함을 잃은 채 교회에서 추방당했지만, 그럼에도 살아남았다는 사실이다. 손상되긴 했지만 아직 파괴되지 않은 젠더를 가지고 그녀는 마녀의 어떤 한 모습을 표현하게 되었다. 그런 식으로 그녀는 부엌과 마녀 집회 속에 살아남게 된다.[119 마녀]

지난 5백 년 동안 기둥과 출입문과 의자를 순순히 떠받쳐주던 무단 점유자, 숫염소, 용, 거인과 난쟁이들은 성스러운 젠더의 특징을 잃게 되었다. 교회의 무차별적인 축복이 그 특징을 닳아빠지게 만들었다. 새로운 신학자들이 등장하여 성사와 예전에 주던 축복을 구분하기 시작했다. 더도 덜도 아닌 일곱 가지 **성사**(sacrament)를 구원의 필수적이고 보편적인 절차로 만들었고, 예전의 축복에는 **준성사**(sacramental)라는 2등급의 지위를 부여했다. 이들 새로운 신학자들이 볼 때 각 마을의 '도리'를 지켜주던 옛 신령은 기껏해야 상징에 불과하거나, 대개는 야수 아니면 침입자에 지나지 않았다. 이 신령들이 수도원 정원의 덤불에서 쫓겨난 후 첨탑에서마저 떨어져 나와 마을을 어슬렁거리기 시작하자, 이 고대의 도깨비들은 다른 모습으로 탈바꿈하였다. 더 이상 이교의 신이 아니라 그리스도교의 악마로, 아직 보속 받지 못한 수호자가 아니라 배교한 영혼으로, 정체 모호한 성현자가 아니라 유황냄새 풍기는 악령으로 변신하여 주변을 배회하기 시작했다. 이들이 비록 토박이 삶에 깃들어 있는 두려움을 물리칠 힘은 잃었다고 하나, 여전히 시골 마을에 출몰할 수는 있었다. 아비뇽에 둥지를 튼 교회의 추방령으로 인해 이 길들여진 과거의 그림자들은 이제 그리스도교식 이름을 붙인 창백하고 절뚝거리는 악령으로 마을 광장과 개울과 산마루에 돌아와, 교회의 새 질서 아래 일하는 성직자에게 새로운 위협을 안겨주었다.

종교사학자 장 들뤼모는 중세가 저물어가던 무렵의 이 독특한 상황에서 일어난 새로운 두려움을 그의 책에서 상세히 묘사했다. 그리스도교 신앙이 주던 평안과, 사람들이 믿고 따르던 예절의 토착적 상징성을 동시에 잃게 된 사람들이 느낀 혼란, 분노, 공포는 전례 없는 종교적 상황을 몰고 왔다. 지금까지 젠더적 존재에 대해 의식(儀式)을 통한 승인을 베풀었던 사제와 예언자의 대열이 와해되고, 그들 대신 등장한 로마교회 사제들은 젠더적인 삶을 관리하고 규범화할 책임을 진 목자로 바뀌었다. 그틈에 난 공백 때문에 새로운 의식이 필요해졌고, 그 의식을 집전하게 된 사제가 마녀다. 마녀는 젠더가 무너진 시대의 여사제다. 아마도 마녀는 그 시대의 특징인 성적으로 결합한 부부만큼이나 독특하고, 동성애만큼이나 별스럽고, 종교 심문관들이 주장하는 것처럼 기이한 존재였을 것이다.[120] 젠더 붕괴의 시대 어찌됐든 이 마녀에 맞서기 위해 새로운 국가의 세속 권력과 종교 권력이 힘을 합쳤다.

제7장

경제적 중성의 시대

From Broken Gender to Economic Sex

이 글의 목적은 젠더의 역사를 기술하는 데 있지 않다. 그보다는 희소성의 역사 안에서 젠더를 성으로부터 풀어낼 수 있게 해주는 개념을 제시하는 데 목적이 있다. 지금까지나는 중세가 저무는 과정을 되돌아보면서, 새로운 경제 질서가어떻게 '양심'을 통해 인간 영혼 속으로 스며들었는지 보여주고자 했다. 양심은 젠더가 성으로 바뀌기 수백 년 전부터 이미 토박이 젠더를 지키던 수호신들의 힘을 빼앗기 시작했다. 젠더 **붕괴**의 긴 시간을 지나면서 결혼 제도로 묶인 부부는 산업적 양극화를 통해 임금 노동자와 그림자 노동자로 갈라졌다. 젠더가 무너진 시기는 지역에 따라 크게 다르고, 그것을 지칭하는 이름도다양하다. 그것을 **자급자족에 대한 전쟁**이라 부른다면 국민국가의부상을 강조하는 입장이고, **공유지에 대한 인클로저**라 부른다면공동의 젠더 영역이 젠더 없는 생산자원으로 변형되었음을 강조하는 입장이다. 또한 이 과정을 정당화하고 싶은 사람은 이 시기를 **주술의 시대** 곧 성(性)이 태어나기 위해 산고를 겪은 시대라고 말할 것이다. 이 시대는 양심이 처음 생겨나면서 시작되었고, 성차별주의가 일상화되면서 끝을 맺었다.

젠더를 무시하는 역사가들은 이 시기를 '자본주의 생산양식으로의 이행기'라고 설명한다. 그럼으로써 하나의 몰역사적인 신문명(*novum*)이 돌연변이로부터, 즉 필연적으로 성차별적일 수밖에 없는 소비 의존적 생산자들로부터 출현했다는 사실을 은폐한다.

자본주의 이전 사회는 젠더에 기초하고 있었다.[121 가족의 역사] 자급자족(subsistence)은 젠더로 살아감을 뜻하는 중립적 용어다. 인류학적으로 보면, 자본주의로 이행한 시기는 젠더가 붕괴하여 성이 지배하는 체제로 바뀐 시기와 정확히 일치한다. 젠더의 보살핌이 사라진 사회야말로 자본주의 사회이며, 자본주의 사회의 젠더 없는 주체로 등장한 것이 바로 개별 생산자들이다. 그런데 기묘하게도 이 결정적 전환이 자본주의로의 이행을 가능케 한 중대한 인류학적 조건을 제공했다는 점은 아직 지적된 적이 없다. 자본주의 이전 경제가 '자본주의'라고 부르는, 일상의 필요를 점점 더 상품에 의존해서 해결하는 경제로 이행한 것은 바로 이런 조건이 있었기 때문이다.

자본주의는 기묘한 용어다.[122 자본주의] 엥겔스가 1870년 이 말을 처음 사용했을 때만 해도 마르크스는 이 용어를 잘 알지 못했다. 프루동이 간간이 글에 쓰곤 했지만, 이 말을 지금처럼 통용시킨 사람은 베르너 좀바르트이다. 페르낭 브로델[123] 산업혁명은 종교개혁 이후부터 프랑스 혁명 전까지의 경제적 삶을 탁월하게 기술한 책 『물질문명과 자본주의』에서 '자본주의'라는 단어를 쓴 것에 대해 여전히 변명할 필요가 있다고 보았다. 그는 마치 화가 피터르 브뤼헐이 경제학자가 된 것처럼 수세기 동안의 물질, 제도, 정치적 삶을 거대한 캔버스에 그려냈다. 장터, 시장, 작업장으로 화폭을 가득 채우고, 교역로들과 조합들로 팽창해가는 중세 후기의 유럽을 생생하게 되살려냈다. 브로델은 책 전체에 걸쳐 이른바 자본, 자본가, 자본주의가 주요 필수품을 조달, 생산, 교환하는 과정에 아주 서서히 파고들었다는 점을 강조한다. 그는 어떤 변화들로 인해 이런 침투가 일어났는지, 기하급수적으로 증대된 자본 축적이 19세기 이전 사람들의 일상적 삶에 영향을 끼치게 된 이유는 무엇인지 세밀하게 탐구한다. 그는 점점 커진 시장 의존도, 광범위한 자본 축적을 보장해준 법적 환경, 해외로 확장된 경제 공간, 이 세 가지가 합쳐진 조건이 없었다면 자본주의적/산업적 생산양식은 우위를 점하지 못했을 것이라고 설명한다. 하지만 책의 전 3권에 걸쳐 그는, 자본주의 이전 사회에서는 젠더적인 삶이 보편적이었으며 자본주의로 이행하면서 젠더가 사라졌다는 사실을 줄곧 간과하고 있다. 그에게 젠더는 결정적인 역사적 요인이 아니었던 것이다.

다시 쓰는 젠더의 역사

우리 세계가 서있는 토대를 역사로 쓰는 것은 잃어버린 것들에 대한 이야기를 생생하게 들려주는 것과는 결코 같을 수가 없다. 자동차 백미러로 과거를 보는 역사가에게 왜낫과 벌낫은 지역에서 쓰던 농기구일 뿐이다. 예전에 추수할 때 썼지만 근대화가 가져온 새 기술에 의해 밀려난 도구로만 보일 것이다. 그런 역사가가 인간의 심성이나 감정에 주의를 기울이면, 신기술과 함께 급격히 늘어난 소외, 고독, 착취를 우선 주목하기 마련이다. 그로서는 새로운 시장경제와 기계화가 사람들에게 일으킨 고통이나 굶주림을 주로 검토할 것이다. 하지만 전통적 젠더의 상실로 인해 생긴 상처는 근대의 하수관으로 씻겨 내려가 슬픈 이야기의 뒷면으로 숨고 만다. **그녀**가 왜낫과 함께 잃은 것은 무엇인가? **그**가 벌낫을 내려놓으면서 함께 포기한 것은 무엇인가? 이렇게 잡다하게 잃어버린 것들의 이야기를 쓰기 위해서는, 이제는 거의 흔적이 남지 않은 특유의 토박이 감정들을 여기저기서 뒤지고 캐내야 한다. 그 역사가는 수천 년 동안 존재했음에도 동료 역사가들이 무시해온 젠더 현실이 왜 죽음을 맞이했는지 설명해야 한다.

이 과제를 위해 나는 내 이론적 성찰의 밑그림을 목탄으로 거칠게 스케치한 무대 배경처럼 그려보고자 한다. 이 몇 점의 스케치에서 내가 보여주고 싶은 것은, 결혼 제도가 생기기 이전에 사회가 가정을 어떻게 파괴했는가 하는 부분이다. 경제적 성이 탄생할 때 어떤 산고를 겪었는지를 생생하게 기술하기 위해서는 다음의 이야기 하나로 족할 것이다. 독일 뷔르템베르크 지역의 한 루터교 마을에서 처음으로 젠더 없는 작업이 부과되자 남자와 여자가 어떻게 그것에 반응했는지 증언하는 이야기이다.

1800년에서 1850년 사이 뷔르템베르크의 이 마을에서는 이혼 신청이 48건으로 갑자기 증가했다는 기록이 있다. 미국 역사학자 데이비드 사빈은 이런 가족 해체의 이유를 이전 시대와는 전혀 다른 곳에서 찾고자 했다.[124 농촌에서 사라진 젠더] 그는 당시 상황을 이해하기 위해서 그 지역에 일어난 경제적 변화를 조사했다. 철도가 놓이고, 소작 방식이 바뀌었으며, 대부분의 가정이 자급자족 농사에서 과실수 등의 환금 작물을 기르는 생산방식으로 전환했다. 자두와 사과 과수원이 생기고 대규모로 사탕무를 생산하면서 그동안 다양한 작물을 기르던 농장과 텃밭이 없어졌다. 얼마 안 가서 사람들은 이러한 환금 작물들을 심고 수확하는 일이 지금까지 해오던 자급자족 농사보다 훨씬 노동집약적이라는 것을 깨닫게 되었다. 이 변화가 한 세대 안에 벌어졌다. 이전까지 텃밭에서 길렀던 것들을 이제는 돈을 주고 사야 했기에, 그 생활비를 충당하기 위해서는 여자들도 갑자기 남자들 틈에 끼어 남자가 하는 노동을 해야 했다. 그러면서도 부엌에서는 더 많이, 더 빨리 일해야 했다.

이 시기의 이혼 신청을 보면, 이런 급격한 변화 때문에 남자나 여자 모두 얼마나 깊은 동요와 무력감을 느꼈는지 알 수 있다. 또 그들이 겉보기에 합리적으로 내린 결정들이 실제로 어떤 의미를 갖는지 이해하기가 얼마나 어려웠는지도 알 수 있다. 여자들은 남자들이 갑자기 일터에서 자기들에게 지시를 내리는 것에 대해 생전 처음 겪는 일이라며 불평을 터뜨렸다. 젠더에 맞춰 정해진 여자의 일이 남자의 일보다 아무리 못해보일지언정 남자가 여자 일에 지시를 한다는 것은 상상도 못할 일이었기 때문이다. 여자들은 자기 영역을 빼앗긴 데 대해 분개했다. 남자들은 쟁기의 리듬에 맞춰 밭을 갈다가도 일이 끝나면 주막에서 놀 수 있는데, 여자들은 괭이를 놓자마자 서둘러 집에 가서 부엌일을 해야 한다고 불평했다. 이렇게 하여 새로운 종류의 시기심, 즉 상대 젠더의 일과와 리듬에 대한 질시가 생겨났다. 이런 선망 또는 경쟁심은 이후 근대인의 삶에서 중요한 특징이 되었고, 노동에 성구별이 있을 수 없다는 가정 하에서 완벽하게 정당화되었다. 남자들도 아내가 자기 엄마보다 못하다고 불평을 늘어놓았다. 예전 식단은 가짓수도 많고 풍성했는데 이제는 날마다 슈페츨레 (누름국수)나 먹어야 한다면서 말이다. 젠더 파괴와 부부 공동생산의 시대가 열리면서 과거는 막을 내렸다. 이 축소판 풍경을 통해 우리는 산업시대의 새 각본이 어떻게 씌어졌는지 생생하게 볼 수 있다. 이 연극을 살리고 움직이기 위해서는 두 개의 성으로 나뉜 배우들을 무대에 세워야 했다. 하지만 이 배우들은 경제적으로 보면 다 중성화된 노동자들이다.

대부분의 근대화 연극에는 젠더가 성으로부터 분리되는 짧은 막간이 나온다. 즉 젠더 지배가 사라지고 산업경제의 통치가 등장하는 막간이다. 남녀가 서로 대신할 수 없는 일들을 맡아 가정의 생계를 꾸리던 것이, 젠더 없는 노동을 통해 돈으로 교환되는 상품을 생산하는 경제로 바뀐 것이다. 이러한 원(原) 산업시대의 간주곡이 흘러나오는 동안, 남녀 동일 노동이 가정에서 수행해야 할 노동으로 각 가구에 강요되었다.[125 원-산업사회의 막간] 이렇게 하여 가정은 젠더를 남김없이 갈아서 성만 남을 때까지 돌리는 공장으로 변해버렸다. 하지만 젠더가 으깨지면서 남녀 모두가 겪게 된 고통은 거의 알려지지 않은 채 넘어갔다. 이런 역사의 사각지대가 생긴 데는 두 가지 이유가 있다.

그 하나는, 경제적 궁핍이라는 **새로운** 경험이 남자와 여자를 프롤레타리아라는 집단으로 묶는 접착제 역할을 했다는 점이다. 임금 노동이 여자와 남자 모두를 질식시키는 새로운 종류의 고통을 일으켰고, 임금 노동자 모두가 방향상실, 고독감, 종속이라는 전염병을 똑같이 앓게 되었다. 이런 고통으로 말미암아 정치 해설자와 엘리트라는 새로운 계급이 전면에 등장하게 되었고,

세상에 만연한 괴로움은 새로 등장한 이들 전문가에게 좋은 일거리를 제공해 주었다. 교육자, 의사, 사회공학자들이 등장해 각종 정책, 지침, 치료법을 내놓으며 번창했다. 하지만 혁명적 지도자, 사회화 장사꾼 모두가 품은 사욕으로 인해 젠더에 고유한 상실의 고통은 **이해될** 기회조차 갖지 못했다. 또 하나의 이유는, 젠더 소멸로 인해 생겨난 무력감이 지역마다 판이한 양상으로 나타났다는 점이다. 하지만 토박이 환경에 따라 미묘하게 다른 이런 상실의 고통을 적절하게 옮길 수 있는 언어는 누구에게도 없었다.

공장노동을 위한 무대가 가설되고 근대경제의 세트장이 올라가고는 있었지만 새롭고 낯선 성을 연기하기 위한 대본은 아직 나오지 않은 상태에서, 기발한 비판적 이론들이 이 아방가르드 무대에 먼저 등장했다. 이 이론들을 만든 마르크스와 프로이트의 천재성을 알아보려면, 그들이 어떻게 해서 근대화 연극의 초기 단계에서부터 일찌감치 그 원리를 규명할 수 있었는지 알아야 한다. 그들로 말하자면, 산업화된 '인간'이라는 새로운 배역들을 해설하는 **동시에** 이들을 편성하는 데 필요한 결정적 개념을 고안한 사람들이다. 그보다 700년 앞서 교회가 젠더 없는 영혼들에 젠더 없는 죄악의 관념을 심어주었다는 것은 이미 말한 바 있다. 그런데 이제는 젠더 없는 우주에서 젠더 없는 인간이 가진 젠더 없는 힘이 일종의 선험적 범주가 되어 새 형이상학을 만드는 데 이용되었다. 19세기 중반 무렵 십여 명의 자연과학자들이 제각기, 그러나 거의 동시에 '만물이 가진 활력'(*vis viva universi*)을 에너지라는 개념으로 정의하기 시작했다. 에너지는 어떤 때는 뭉쳐있고 어떤 때는 자유롭게 활동한다. 헬름홀츠는 그 법칙을 처음 정식화한 사람인데, 이에 따라 물리 에너지는 차후 공식 경제학을 구성하는 희소성의 가정과도 잘 맞는 개념이 되었다. 같은 시기에 '노동력'도 마르크스에 의해 경제학의 핵심 개념이 되는데, 이 개념 덕분에 인간이 생존하기 위해 벌이는 활동도 희소 자원으로 취급할 수 있게 되었다. 그리고 한 세대 후에 마침내 프로이트가 나왔다. 그는 헬름홀츠의 문장을 그대로 옮겨서, '리비도'라는 형태를 띤 정신적 에너지가 인간에게 있다고 설명했다. 이 에너지도 어떤 때는 묶여있고 어떤 때는 자유롭게 움직인다. 마르크스와 프로이트는 화학과 유체역학에서 이끌어낸 가정에 입각해서, 마치 새로운 교회법 학자라도 된 것처럼 세속의 인간과 그들의 구원에 관한 이론을 직조했다. 이들이 발견했다고 주장하는 젠더 없는 힘은 자본일 때는 사회 도관을 타고 흐르는 것이고, 리비도일 때는 마음의 통로를 따라 흐르는 것이다. 그리하여 우리는 20세기 후반에 이르기까지 에너지, 노동, 성욕 등을 삶의 참된 현실로 알고 살아갈 수밖에 없게 되었다. 그러나 지금처럼 '위기'라는 말이 관용어처럼 퍼져가는 시대야말로 그 현실이 정말로 존재하는지 공개적으로 질문을 던질 때다.

과학으로 지어낸 과거

어느 사회나 과거가 있어야 한다. 현재가 의미를 가지려면 현재를 살아가는 존재들에게 알맞은 과거가 있어야 한다. 창조신화가 없이 처음부터 '우리'라는 일인칭 복수는 있을 수 없다. 어느 시대에나 두 개의 젠더였던 '우리'는 각 사회마다 가지고 있었던 의례, 축제, 금기를 통해 그 존재를 유지해왔다. 산업사회도 마찬가지로 창조신화를 필요로 하며, 그것 없이는 존재할 수 없다. 그래서 산업사회는 '과거'에 대한 새롭고도 일관된 의미를 각 가정에 제공하는 특별한 제도를 만들었다. 과거 만들기를 또 하나의 사업거리로 발견한 것이다.

산업사회가 과거를 줄줄이 배출하는 데 쓴 책략이 바로 역사다. 지난 한 세기 동안 역사학은 젠더가 사라진 현재와 젠더가 있었던 과거 사이에 연속성을 부여함으로써 마치 성이 젠더를 계승한 것처럼 정당화했다. 또한 이 새로운 '과학적' 학문은 갈수록 세련된 방법으로 옛 이야기를 성차별적 범주로 꾸며, 오늘날의 경제 세계에 맞도록 과거를 생산했다. 젠더로 이루어진 과거를 이처럼 경제적으로 재구성하지 않았더라면, 성차별적 경제학으로 구성된 지금의 세계에 아무도 호감을 갖지 않았을 것이다. 특히나 이 세계에서 줄기차게 차별을 받아온 이들이라면 더욱 그럴 것이다.

현대 세계가 광란의 여행을 떠나기 위해 사실상 포기해버린 젠더 영역에 감상주의라는 합성섬유를 갖다 붙인 것이 역사학이다. 우리를 둘러싼 성차별적 환경에서도 편안함을 느끼도록 역사가가 그 태피스트리를 짰다. 하지만 이 옷감은 공장제 섬유로 짠 것이다. 그렇게 엮은 과거가 마치 현재의 씨앗이자 원형인 것처럼 보이도록 대규모 사업들이 추진되었다. 역사가들은 당시의 언어, 관습, 제도가 오늘날 익숙하게 보는 것들의 진짜 조상이자 맹아적 형태라고 가르친다. 도서관 서가를 꽉 채운 책들은 그리스 도시국가에도 계급 구조가 있었고, 궤변을 팔고 다닌 소피스트들은 현대 교육자의 선구자들이었으며, 메소포타미아의 성 생활이 문자 그대로였다고 설명한다. 내가 이 글을 쓰는 것은 역사에 대한 그런 **중립적** 관점을 반박하기 위해서다. 나는 과학적 역사학자라는 이름을 받아들일 수 없다. 왜냐하면 현대의 키워드나 유토피아에서 가져온 개념으로 과거를 재구성할 생각이 없기 때문이다. 그럼에도 죽은 자를 기리는 일에 의미가 있다고 믿기에, 공적이고도 절제된 태도로 사실에 기초한 비판적 연구를 수행하고자 한다.

나는 젠더와 성의 단절에 대해 주목하며, 현재와 과거를 가르는 심연을 드러내는 일에 집중하려 한다. 그리하여 조작된 성의 계보학이 경제사의 기초를 이루고 있음을 폭로하고자 한다. 성의 계보학은 성차별적 사회가 갖지 못한 역사적 정통성을 이 사회에 부여하려고 억지로 만든 허구다. 젠더에서 성의 기원을 찾는 것은 조작이다. 물론 젠더와 성은 모두 사회적 기원을 갖는다. 하지만 둘은 전혀 다른 모체에서 생겨난 것이다. 성의 모체는 '알마 마테르'(*Alma Mater*) 곧 어머니 교회다. 반면 젠더의 모체는 "거대하게 벌어진 주목 줄기 위의 바위틈에 자리한" "잠자는 일곱 은자의 동굴"(로버트 그레이브스의 여신숭배 연구서 『하얀 여신』 1948년 판 13쪽) 같은 신화적 세계에서만 찾을 수 있다.

젠더의 모체 바깥에서 태어났건, 아니면 그 안에서 태어나 성의 모체로 옮겨져 양육되었건, 여자와 남자는 서로 대면을 하지 않을 수 없다. 하지만 두 모체는 여자와 남자에게 각기 다른 상대적 힘을 부여한다. 젠더가 다스리는 곳에서는 남자와 여자가 집단적으로 서로에게 의존하므로 서로 싸우고 빼앗고 물리치더라도 어느 선을 넘을 수 없다. 토박이 문화란 간혹 비정할 때도 있지만 양쪽 젠더 사이의 휴전이다. 남자들이 여자들의 몸을 망가뜨리는 문화에서도 규방에서는 남자의 감정에 극심한 고통을 가해 앙갚음하는 방법을 알고 있었다. 이러한 휴전과 달리 희소성이 지배하는 사회에서는 남녀 간 전쟁이 끊이지 않고, 여자들은 늘 새로운 패배를 당한다. 물론 젠더가 다스리는 곳에서도 여성은 종속적일 수 있다. 그러나 경제가 통치하는 곳이라면 어디든 여성은 **오로지** 제2의 성일 수밖에 없다. 여자들은 젠더 없는 판돈을 건 이 도박에서 이기든 지든 영원히 불리한 위치에 선다.

이 도박판에서 양쪽 젠더는 발가벗은 채 중성을 하고 있지만, 결국 승리하는 자는 남자다.

따라서 오늘날 경제로 인해 젠더가 기괴하게 변모했음을 먼저 알아채는 사람이 여자라는 사실은 놀랄 일이 아니다. 여자들이 전형적으로 호소하는 얘기를 들어보면, '여성'(*she*)이 다른 사람의 눈에 보이지 않음은 물론 여성 자신의 눈에도 보이지 않는다고 한다. 여자는 경제학 지배체제에서 남자와 동등한 파트너로 인정되지 않음은 물론, 자신을 젠더로도 인식할 수 없다. 모든 인간은 평등하다는 등의 가정하에 구성된 정치학의 과장된 시나리오도 여자들에게는 적용되지 않는다. '여자만의 나라' (*Herland*)—샬럿 길먼이 쓴 여성주의 소설의 제목이기도 하다— 라는 성차별적 유토피아 역시 라커룸에서 패자에게 건네는 위로 같은 것도 해주지 못하면서, 과학적인 역사 운운하는 사업을 모방한 것에 불과한 키워드들로 여성의 과거를 새로 쓰려고 한다. 오늘날의 여성학 연구는 이렇게 이중의 결박에 묶인 채 열정적 연구열만 불태움으로써 저 과학적 책략을 뒤엎을 수도 있는 중심축을 오히려 견고하게 붙드는 역할만 하고 있다.

마지막 이야기

이 책에서 나는 왜 이 사회에서 남자는 항상 정상에 서고 여자는 불리한 위치에 서는지, 그 이유를 설명하려고 하지 않았다. 대신 호기심을 억제하고 좀 더 의식적으로 패자들의 보고에 귀를 기울이고자 했다. 그들을 알고 싶어서가 아니라 그들이 패배한 경제학이라는 이름의 전쟁터를 알기 위해서다. 산업사회는 두 가지 신화를 창조했다. 하나는 오늘의 사회가 성차(性差)에 기초해 있다는 신화이고, 다른 하나는 그럼에도 불구하고 점점 평등한 사회로 향하고 있다는 신화이다. 두 신화는 '제2의 성'이라는 중성들의 개인 경험에서 만들어진 허구임이 밝혀졌다.

이제 성차별주의에 맞서는 저항은 **환경 파괴**를 줄이는 운동과 함께해야 한다. 그리고 필요에 대한 상품과 서비스의 **근본적 독점**에 도전하는 운동과도 만나야 한다. 오늘날 이 세 가지 운동이 일치되어야 한다고 말하는 까닭은, 경제 영역의 축소가 이 운동들 모두의 공통된 조건이기 때문이다. 이유는 제각기 다르지만 경제 축소란 더 나은 삶을 위한 소극적 필요에 그치는 것이 아니라 적극적 조건이다. 이 점을 인식할 때 세 운동은 이론적 일치의 수준을 벗어나 합일된 대중적 행동으로 나아갈 수 있을 것이다. 나아가 이 세 가지 운동은 공유(the commons)를 회복하려는 시도의 세 가지 측면을 각각 대표한다. 여기서 공유(재)란 정확히 '경제적 자원'의 반대말이다. 이 과제를 위해 나는 희소성의 역사에 필요한 개념들을 명료하게 하는 이론을 제시하고자 한다.

지금까지 나의 논의는, 젠더에 기초한 자급자족적 사회가 희소한 생산품에 의존하는 사회로 역사적 이행을 했다는 데 기초한 것이었다. 희소성 역시 젠더나 성처럼 역사적인 것이다. 희소성의 시대는 오로지 다음과 같은 가정 위에서만 출현할 수 있다. 인간이란 개별적으로 살아가는, 소유하는 존재이며, 물질적 생존의 측면에서 젠더 없는 존재라는 가정이 그것이다. 즉 인간이란 탐욕스런 경제적 중성(*neutrum oeconomicum*)이라는 가정이다. 이런 가정이 결혼에서 학교에 이르는 제도들로 구현됨으로써 역사의 주체마저 바꿔놓았다. 이제 역사의 주체는 더 이상 혈족(*gens*)이 아니며 라레스(*lares*)도 아니다. 남자와 여자라는 자기 제한적인 쌍들의 모호하고 비대칭적인 결합이 아니라는 것이다. 이제 역사의 주체는 계급이라든지 국가라든지 기업이나 부부처럼, '우리'라는 그럴싸한 틀에 맞춰 만든 이데올로기적 구성물로 바뀌었다. 공유 회복에 요구되는 행동을 이론으로 제시하기 위해서는 이처럼 역사의 주체를 기괴하게 변모시킨 병인(病因)이 무엇인지 탐구하는 것이 중요하다.

하지만 나는 그 전략을 제시할 수 없다. 나는 어떤 치료가 가능한지 고려하는 것조차 거부한다. 왜냐하면 미래의 그림자가 드리워진 개념을 가지고 현재 무슨 일이 벌어지고 있고 과거에 무슨 일이 있었는지 이해하고 싶지 않기 때문이다. 수도사와 시인이 죽음을 관조함으로써 현재의 절절한 살아있음에 감사하듯이, 우리도 젠더 상실의 이 슬픈 현실을 응시해야 한다. 우리가 경제적 중성이라는 이중의 게토—즉 젠더의 보호막이 사라진 상황에서 성차별의 피해까지 보고 있는 상태—에 갇혀 있음을 엄중하고도 냉정한 시선으로 받아들이고 경제적 성이 제공하는 안락함을 거부하는 길로 나아가지 않는 한, 현대적 삶의 기술은 회복될 수 없을 것이다. 그러한 삶의 기술에 다가갈 수 있는 희망은 감상적 태도를 버리고 놀라운 진실들에 마음을 여는 데 있다.

주(註)와 참고문헌

아래의 주 목록은 1982년 가을 캘리포니아 주립대(버클리)에서 내 강의를 듣던 학생들을 위해 준비한 것이다. 또한 본문 내용을 바탕으로 독자적 연구를 하려는 이들을 위한 것이기도 하다. 주마다 본문 내용을 다른 각도로 심화하면서 더 심층적인 연구로 들어가도록 참고문헌을 제시했다. 참고문헌은 주로 학생들과 토론하고 싶은 내용을 중심으로 골랐기 때문에 일반적인 주제를 다루는 책은 그리 많지 않다. 그중에는 풍부한 참고자료가 수록되어 고른 것도 있고, 해당 분야 연구의 역사와 현재 쟁점을 보여주기 때문에 고른 것도 있다. 주를 통해 내 주장을 증명하기보다는, 다른 이론과 비교하여 내 입장을 좀 더 선명하게 제시하려 했다. 그래서 본문과 대비되면서도 본문을 보완하도록 다소 상세한 주석을 붙인 것이다. 요컨대 본문은 학생들에게 미리 보낸 내 강의의 초안이고, 주는 이 본문을 중심으로 여러 저서를 읽고 학생들과 토론하기 위한 것이다. 본문과 주의 관계는 과거 아퀴나스 등의 저술처럼『신학대전』(*Summa theologica*)과『주제토론집』(*Questiones disputatae*)의 관계라고 할 수 있다.

'감사의 글'과 제1장

1. 토박이 가치 VERNACULAR VALUE

나는 『그림자 노동』(*Shadow Work*, Boston and London: Marion Boyars, 1981; 노승영 옮김, 사월의책 2015)[*]이라는 제목으로 다섯 편의 글을 발표했는데, 그 가운데 2장과 3장에서 토박이말과 학습으로 배운 모어(母語)를 비교한 바 있다. 이 글은 파타나야크(D. P. Pattanayak) 교수와의 오랜 대화 끝에 얻은 결과다. 당시 나는 인도에 소재한 인도어중앙연구소(Central Institue of Indian Languages)에서 파타나야크 교수의 지도를 받으며 연구하고 있었다. 언어학적으로 토박이말과 모어를 구분하는 이론적 배경을 보려면 파타나야크 교수의 『응용언어학의 여러 측면』(*Aspects of Applied Linguistics*, New York: Asia Publishing House, 1981)을 참조하라. 더 세부적인 내용은 인도어중앙연구소에서 '전문용어 연구'(In Search of Terminology, Jan. 1982)라는 이름으로 개최한 국제 세미나의 자료집을 참조하라. 지금 쓰는 두 편의 글은 희소성의 역사를 더 깊이 있게 다룬 『토박이 가치』(*Vernacular Values*, New York: Pantheon, 1983 출간예정)라는 책의 일부로 들어갈 예정이다('토박이'라는 단어에 대해서는 주51 참조).

2. 키워드 KEYWORDS

나로 하여금 키워드에 대한 연구를 할 수 있게 해준 책은 레이먼드 윌리엄스의 『키워드』(Raymond Williams, *Key Words: A Vocabulary of Culture and Society*, New York: Oxford Univ. Press, 1976; 김성기, 유리 옮김, 민음사 2010)이

---

[*] 저자가 이후 소개하는 참고문헌은 이해를 돕기 위해 모두 우리말로 옮기고 원제목을 괄호 처리했다. 또 번역서가 있는 경우에는 그 제목을 본문에 쓰고, 번역판 서지사항을 괄호 안에 병기했다. —이하의 각주는 모두 옮긴이 주.

다. 이 책은 내가 아는 한 '언어에 관한' 어떤 책과도 다르다. 자신의 고결함을 지켜왔던 언어가 시대와 함께 변하는 모습을 경이로움으로 바라보는 노학자의 열정이 표제어 하나하나에 담겨 있다. 그의 가르침 덕분에 나는 (1) 이 시대의 키워드가 어떤 형태로 출현하는지, (2) 그 키워드가 일상어에 거미줄처럼 드리워질 수 있는 조건이 무엇인지 밝힐 수 있었다.

키워드를 연구하는 방법론은 피터 버거, 브리기테 버거, 한스프리트 켈너가 쓴 『고향 잃은 마음』(Peter Berger, Brigitte Berger, and Hansfried Kellner, *The Homeless Mind: Modernization and Consciousness*, New York: Vintage Books, 1974)을 읽으면서 세울 수 있었다. 독일어에서 특징적으로 나타나는 역사상의 의미 발전을 살펴보려면 I. V. 브라우제의 「개념사 소고」(Irmline Veit-Brause, "A Note on *Begriffsgeschichte*," *History and Theory* 20, no. 1, 1981: 61-67)를 참조하라. 현대에 출현한 언술들의 특징에 관해서는 미셸 푸코의 『권력과 지식』(Michel Foucault, *Power/Knowledge: Selected Interviews and Other Writings*, 1972-77, New York: Pantheon, 1981; 홍성민 옮김, 나남 1991)과 그의 초기 저작인 『지식의 고고학』(*The Archaeology of Knowledge*, New York: Harper and Row, 1976; orig. Paris: Gallimard, 1969; 이정우 옮김, 민음사 1992)에서 큰 영향을 받았다. 주요 서양언어의 키워드별 의미를 비교한 것을 보려면, 요한 크노블로흐 등이 엮은 『유럽의 키워드』(Johann Knobloch, et. al., eds., *Europäische Schlüsselwörter*, Munich: Max Hüber, 1963-67) 전 3권을 참조하라.

3. 낱말밭 WORD FIELDS

학자들은 논문과 사전에서 어원을 찾고 그 변천과정을 세세하게 기록하는 방식으로 낱말밭*을 연구한다. 낱말밭 연구에 관한 국제학술논문 목록을 보려면 H. 기퍼와 H. 슈바르츠가 함께 쓴 『어휘 연구를 위

---

* '어휘장(場)'이라고도 한다. 어휘들이 개념이나 연상 관계에 의해서 다른 어휘소들과 어울려 하나의 장을 형성한다는 생각 아래서 어휘들의 구조를 연구하는 이론.

한 참고문헌』(H. Gipper and H. Schwarz, *Bibliographisches Handbuch zur Sprachinhaltsforschung*, Cologne: Arbeitsgemeinschaft for Forschung des Landes Nordrhein-Westfalen, 1961)을 참조하라. 이 책은 알파벳순으로 L까지 완성되었지만, 책 전반부에 대한 주제별 색인 두 가지가 이미 나와 있다. 20세기의 키워드는 마치 상식처럼 보이면서 나라별 언어의 경계를 뛰어넘는다. 따라서 대중의 통념을 조사하려면 언어별로 비교 연구를 해야 한다.

영어의 경우에 무엇보다 유용한 연구 수단은 R. W. 버크필드가 편집한 『옥스퍼드 영어사전 보유편』(*A Supplement to the Oxford English Dictionary*, ed. R. W. Burchfield, 3 vols., Oxford: Clarendon Press, 1972)이다. 이 『보유편』에 실린 어휘는 『옥스퍼드 영어사전』이 권별로 계속 나오는 동안 통용된 단어들이다. 즉 사전의 A 항목이 처음 나온 1884년부터 마지막 항목이 나온 1928년까지 쓰인 어휘를 망라하고, 1928년부터 현재까지 영어권에서 사용하는 영어를 추가했다. 윌리엄 리틀, H. W. 파울러, 제시 콜슨이 편찬한 『역사적 원리에 입각한* 옥스퍼드 영어사전 축약판』(William Little, H. W. Fowler, and Jessie Coulson, comp., *The Shorter Oxford English Dictionary on Historical Principles*, 2 vols., Oxford: Clarendon Press, 1973)도 유용하다. 어니언스(C. T. Onions)가 개정한 2판과 프리드릭슨(G. W. S. Friedrichsen)이 어원과 부록 등을 전면 개정한 3판이 있다. 이 책들은 『옥스퍼드 영어사전』의 모든 특징을 아주 세부적으로 보여준다. 오래된 구어체 영어와 지금은 사용하지 않는 고어, 그리고 다양한 방언과 용법까지 들어있다. 언제나 도움이 되는 자료는 H. L. 멩켄의 『미국의 언어』(H. L. Mencken, *The American Language: An Inquiry into the Development of English in the United States*, New York: Knopf, 1980)이다. 4판까지 나와 있고, 맥데이비드 2세(Raven I.

---

* 1857년 시인이자 성공회 주교인 리처드 트렌치가 『옥스퍼드 영어사전』의 편찬 방침을 밝히면서 쓴 표현. 트렌치는 한 어휘가 태어나서 성장하고 사라지는 전 과정을 보여주는 것에 옥스퍼드 사전의 목표가 있다면서, 이것을 '역사적 원리에 입각한(based on historical principles)' 편찬 방침이라고 했다.

McDavid, Jr.)가 마우러(David W. Maurer)의 도움을 받아 만든 주석에 새로 자료를 추가한 두 권짜리 짧은 부록과 한 권으로 축약한 문고판도 있다.

프랑스어는 폴 로베르의 『알파벳 및 유사어별 프랑스어 사전』(Paul Robert, *Dictionnaire alphabétique et analogique de la langue française*, Paris: Nouveau Littré, 1967)이 유용하다. 여섯 권의 대사전을 현대에 맞게 한 권으로 훌륭하게 압축한 사전이다. 프랑스에서도 『옥스퍼드 영어사전』과 『보유편』에 필적할 만한 사전으로 폴 앵브가 주도하는 『프랑스어 보전(寶典) 1789-1960』(Paul Imbs, ed., *Trésor de la Langue Française: Dictionnaire de la langue du XIXe et du XXe siècle*, 1789-1960, Paris: CNRS, 1971-)의 편찬 작업이 진행 중이다. 하지만 이 방대하고 역사적인 사전은 3권이 나오면서 범위가 대폭 축소되었다. 스페인어의 경우 자주 이용한 사전은 호안 코로미나스의 『카스티아어 어원분석 사전』(J. Corominas, *Diccionario crítico etimológico de la lengua castellana*, Madrid: Gredos, 1954-57)이다. 2판으로 나온 이 사전의 네 번째 분책은 '추가, 수정, 색인'을 보강해 실었다. 표제어마다 해당 용어를 연구한 논문을 안내하는 서지목록이 실려 있다.

독일어는 그림 형제의 『독일어 사전』(Jacob & Wilhelm Grimm, *Deutsches Wörterbuch*, orig. 1854-1960, 16 vols.)이 있다. 현재 개정판을 준비 중인데, 일반 독자들이 볼 수는 없다. 대신에 헤르만 파울의 『독일어 사전』(Hermann Paul, *Deutsches Wörterbuch*. 5th ed., Tübingen: Niemeyer, 1966)을 참조하라. 사상사와 개념사에 대한 독일인 특유의 관심 덕분에 다른 언어에서는 따라갈 수 없는 독일어에 관한 두 권의 연구서가 나왔다. 다른 유럽어의 키워드를 연구하는 데도 도움이 되는 책들이다. 첫 번째는 요아힘 리터가 편집한 『철학사 사전』(Joachim Ritter, ed., *Historisches Wörterbuch der Philosophie*, Basel: Schwabe, 1971-)이다. 총 10권을 계획 중인데 지금까지 6권이 나왔다. 두 번째는 오토 브루너와 베르너 콘체, 라인하르트 코젤렉이 엮은 『역사학의 기초개념: 독일 정치, 사회 용어의 역사 사전』(Otto Brunner, Werner Conze, Reinhart Koselleck, eds., *Geschichtliche Grundbegriffe*:

historiches Lexikon zur politisch-sozialen Sprache in Deutschland, Stuttgart: E. Klett, 1972-)이다. 전체 완성이 되면 사회, 정치 용어와 개념에 관한 130편의 논문이 수록된 책이 나올 것이다. 이탈리아어는 살바토레 바탈리아의 『이탈리아어 대사전』(Salvatore Battaglia, *Grande dizionario della lingua italiana*, 8 vols., ed. Giorgio Barberi Squarotti, Torino: Unione Tipografico, 1961-)이 있다. 역사적 원칙에 입각해 구성한 이 사전의 색인을 통해 현대까지 아우르는 수많은 인용구를 볼 수 있다. 토박이의 동질적 말과 천편일률의 소리(uniquack)*만 가진 키워드를 대조하면서 내가 참조한 책은 칼 벅의 『주요 인도유럽어 동의어 사전』(Carl Darling Buck, *A Dictionary of Selected Synonyms in the Principal Indo-European Languages: A Contribution to the History of Ideas*, Chicago: University of Chicago Press, 1949)이다.

4. 인간 THE HUMAN

18세기 전까지 'humane'은 인간 종이 가진 여러 특징을 통칭할 때 일반적으로 쓰는 철자법이었다.** 즉 사람은 모두 'humane'하다. 하지만 **인간들**(humans)이라 할 때는 남자를 가리킬 수도 있었고, 여자 아니면 아이를 가리킬 수도 있었다. 그러다가 18세기 후반에 들어서 오늘날 쓰는 의미가 생겨났다. 즉 친절하고, 점잖고, 예의바르고, 동정적이라는 뜻이 되었다. 한편 'humanity'는 'humane'과는 다른, 그러나 일부 관련성이 있는 발전 과정을 밟는다. 14세기 이래 'humanity'는 예의, 공손함을 뜻하면서 정중한 의미를 가진 이탈리아어 'umanitá'나 프랑스어의 'humanité'와 비슷한 말이었다(완전히 같다고는 할 수 없다). 그러다가 16세기부터는 친절과 관대함으로 의미가 넓어졌다. 'humanity'를 써서 인간의 특징이나 속성

---

* 현대의 키워드가 아무 내용도 없이 하나같이(uni-) 오리의 꽥꽥대는(quack) 소리를 닮았다는 뜻으로 저자가 만든 말.

** Raymond Williams, *Key Words: A Vocabulary of Culture and Society*, p. 121에 따르면, 18세기 전까지 사람을 통칭할 땐 'human', 특징을 말할 땐 'humane'이라고 했다.

을 중성(中性)으로 지칭하는 경우는 흔하지 않았다. 하지만 18세기 전까지는 일반적이지 않았던 'humanity'의 추상적 의미가 지금은 대표적 의미가 되었다.

'human'도 오늘날에는 'humanity'처럼 추상적 의미로 쓴다. 그리고 **용서할 만한 잘못** 즉 인간적인 실수라는 의미가 더해졌다. 예를 들어 "그 사람에게는 인간적인 면이 있어"라고 말하는 경우다. 이 단어의 개념 및 용어를 다룬 참고문헌들은, 미하엘 란트만의 『철학적 인간학』(Michael Landmann, *Philosophical Anthropology*, Philadelphia: Westminster Press, 1974)을 보라.

5. 젠더 없는 개인주의 GENDERLESS INDIVIDUALISM

경제사상사에 초점을 두고 연구하는 역사학자들조차 젠더가 없어지면서 공식적인 경제 주체가 만들어졌다는 사실을 아직도 주목하지 않는다. 마르셀 모스(Marcel Mauss)는 "서구사회에서 인간이 **경제적 동물**이 된 것은 아주 최근의 일"(1909)이라는 사실을 처음 깨달은 학자다. **호모 에코노미쿠스**(*Homo oeconomicus*)란 서구화된 인간을 말한다. 우리는 전통 경제로부터 **뿌리 뽑힌**(disembeded) 상품 생산을 통해 인간 존재의 기본적 필요를 충족시킬 수 있도록 그 제도를 재편한 사회를 '서구적'이라 부른다. 이에 관해서는 칼 폴라니의 『거대한 전환』(Karl Polanyi, *The Great Transformation*, New York: Octagon Books, 1975; 홍기빈 옮김, 길 2009)을 참조하라. 여러 사상 분야에 폴라니가 끼친 영향은 S. C. 험프리스의 논문 「역사, 경제학, 인류학: 칼 폴라니의 과업」(S. C. Humphreys, "History, Economics and Anthropology: The Work of Karl Polanyi," *History and Theory* 9, no. 2, 1968: 165-212)을 보라.

인간을 '뿌리 뽑힌' 경제의 주체이자 고객으로 보는 새로운 정의가 나오기까지는 모종의 역사가 있었다. 이 역사에 관한 개론서로는 루이 뒤몽의 『맨더빌에서 마르크스까지: 경제 이데올로기의 탄생과 승리』(Louis

198

Dumont, *From Mandeville to Marx: Genesis and Triumph of Economic Ideology*, Chicago: University of Chicago Press, 1977)를 강력히 추천한다. '에고'(*ego*)를 인간으로 인식하고, 에고마다 동등하게 가진 인간적 필요를 사회제도로 충족시켜야 한다는 주장은 근대 이전에 있던 모든 사상과 단절된 것이다. 하지만 이 급격한 단절이 정확히 무엇인지는 여전히 논쟁을 일으키는 주제다. 이 논쟁의 양상을 보려면 마셜 살린스의 『문화와 실용논리』(Marshall Sahlins, *Culture and Practical Reason*, Chicago: University of Chicago Press, 1976; 김성례 옮김, 나남 1991)를 보라. 살린스는 과거와 현재 사이의 차이점으로 서구 문명에만 있는 "독특한 형태의 상징적 생산양식"(220쪽)을 들 수 있다고 말한다. 그 점에 있어 나는 살린스와 의견이 같다. 하지만 같은 맥락에서 나는 서구의 개인주의 역시 지금까지 있었던 모든 인간 존재 형태와 어떤 연관성도 가지지 않는다고 주장한다. 이 변화로 인해 근본적인 단절이 일어났다. 이 변화의 본질은 바로 **젠더의 소멸**이다. 그러나 사회적 젠더의 소멸은 개인주의의 역사에서 충분히 다루어지지 않았다.

역사적으로 본 경제적 개인주의에 관해서는 엘리 알레비의 『철학적 급진주의의 성장』(Élie Halévy, *The Growth of Philosophical Radicalism*, orig. 1901-1904, New Jersey: Kelly reprint, 1972)을 우선 읽기를 권한다. 모리스(M. Morris)가 번역한 요약본을 참조하라. 알레비는 벤담의 후예들이 그로부터 받았다는 영향이 얼마나 일관성이 없는지를 도표로 상세하게 설명한다. 그는 벤담과 그의 학파를 '급진적'이라고 불렀다. 왜냐하면 이전의 모든 철학적 전통과 이어진 끈을 그들 스스로 끊었기 때문이다. 사람의 인성 구조에 급격한 변화가 일어난 1790년부터 1830년 사이에 영국의 노동 계급이 생겨났다. 이에 관해서는 E. P. 톰슨의 『영국 노동계급의 형성』(E. P. Thompson, *The Making of the English Working Class*, New York: Random House, 1966; 나종일 외 옮김, 창비 2000)을 보라. 벤담의 공리주의에 따라 법적 개입에 기초한 관료적 가부장주의에 대한 믿음이 생겨났고, 무정부주의적 개인주의와 **자유방임주의**에 대한 신념도 생겼다. 알레비는 이렇게 상반된 두 신념이 어떻게 함께 벤담 학파를 이루고 있는지 설명한다. 레셰크 코와코프스키의 『마르크스주의의 주요 흐름』(Leszek Kołakowski, *Main Currents in Marxism: Its Rise, Growth and Dissolution*, 3 vols., London: Oxford University Press, 1978; 변상출 옮김, 유로서적 2007)도 참조하라. 마르크스주의라는 거울로 비춰보면, 20세기 사회사는 공리주의에서 갈라져 나온 상반된 두 입장을 지지하는 세력 간의 투쟁으로 읽을 수 있다.

뒤몽은 앞서 소개한 『맨더빌에서 마르크스까지』에서 공리주의 사상의 기본적인 공통분모를 탐구한다. 그는 맨더빌, 로크, 애덤 스미스, 그리고 마르크스의 저작들을 논리적으로 자세하게 분석했다. 이 사상가들은 '인간'을 보편적 희소성이라는 가정 아래 기본적 필요를 가진 '개인'으로 개념화했다. '개인'의 의미는 C. B. 맥퍼슨이 더 분명하게 정의했다. 그가 쓴 『소유적 개인주의에 대한 정치이론』(C. B. MacPherson, *The Political Theory of Possessive Individualism: Hobbes to Locke*, London: Oxford University Press, 1962)과 『민주주의 세계의 실상』(*The Real World of Democracy*, London: Oxford University Press, 1966), 그리고 『민주주의 이론: 회복에 대해』(*Democratic Theory: Essays on Retrieval*, London: Oxford University Press, 1972)를 참조하라. 그는 현대의 모든 민주주의 사상의 바탕이 되는 개인에게 **소유적인** 특질이 공통적으로 들어있다는 자신의 통찰을 증명했다. 맥퍼슨에 따르면, 19세기와 20세기의 모든 인본주의는 자유롭고, 자기계발에 힘쓰는, 소유적 개인이라는 궁극의 가치에 기대고 있다. 자유 역시 소유하는 것으로 생각한다. 다시 말해 어떤 것으로부터의 자유이기도 하지만, 타인과 자유롭게 맺는 경제적 관계를 뜻한다는 것이다.

이 글에서 나는 이제 '개인'의 두 번째 특징을 현대 사회에 관한 이론과 실천의 주제로 다루어야 한다고 주장한다. 바로 소유적 개인에는 **젠더가 없다**는 점이다. 인류학적으로 보면 '개인'이란 중성으로 이루어진 존재다. 이후에 입증하겠지만, 논리적으로 보면 소유적이면서도 젠더 없는 개인만이 이 시대 모든 정치 경제의 토대인 희소성의 가정에 들어맞는다. 제도를 통해 만들어진 호모 에코노미쿠스의 '정체성'에는 젠더가 들어갈 곳이 없다. 경제적 인간은 경제적 중성(*neutrum oeconomicum*)이다. 따라서 사회적 젠더의 소멸은 희소성의 역사와 희소성을 구조로 만든 제도의 역사에서 빼놓을 수 없는 요소다.

6. 시기심에 기초한 개인주의 INVIDIOUS INDIVIDUALISM

현대의 경제 주체는 젠더를 갖지 않은 소유적 개인이다. 이들은 매 순간 한계효용을 고려해 결정을 내리며 살아간다. 모든 경제적 결정은 희소성이라는 감각에 뿌리박혀 있다. 판단을 내릴 때마다 과거에는 알지 못했던 시기심이 발휘된다. 현대의 **생산** 제도가 은근히 부추기면서도 숨기고 있는 것이 바로 이런 시기심 어린 개인주의이다. 과거에 이런 시기심은 **자급자족 지향적** 제도를 통해 억누르거나 까발렸던 것이다. 이 논지는 폴 뒤무셸과 장 피에르 뒤피가 『사물들의 지옥: 르네 지라르와 경제학의 논리』(Paul Dumouchel and Jean-Pierre Dupuy, *L'enfer des choses: René Girard et la logique de l'économie*, Paris: Seuil, 1979)에서 펼친 것이다. 두 저자는 시기심을 부추기면서 숨기는 현대의 제도와, 그와는 반대되는 기능을 하다가 없어져 버린 과거의 제도를 유형적으로 비교했다. 이들은 르네 지라르가 『낭만적 거짓과 소설적 진실』(René Girard, *Deceit, Desire and Novel: Self and Other in Literary Structure*, trans. Yvonne Freccero, Baltimore: Johns Hopkins University Press, 1976; 김치수 외 옮김, 한길사 2001)에서 문학비평을 통해 얻은 결론을 경제학에 적용하는 논문을 썼다. 지라르의 『폭력과 성스러움』(*Violence and the Sacred*, Baltimore: Johns Hopkins University Press, 1977; 박무호, 김진식 옮김, 민음사 2000)도 참조하라.

지라르는 19세기 소설을 분석하며 욕망이 역사적으로 변형되어 왔다는 사실을 보여주는 증거를 찾았다. 타인의 열망과 비교하고 질시하면서 '필요'가 진화했다는 것이다. 그는 도스토옙스키의 소설에 나오는 등장인물을 프로이트의 범주로 분석하기보다는, 오히려 카라마조프 형제의 눈으로 프로이트를 바라봄으로써 프로이트의 신화를 벗겨냈다. 이 관점으로 보면, 경제 발전이란 타인을 '모방하는' 욕망의 삼각형*을 제도적으로 퍼 뜨리는 것이라고 볼 수 있다.

경제적 개인주의의 역사는 시기심의 현대화 과정과 일치한다. 현대의 시기심은 과거에는 없던 것이다. 그것은 젠더가 없어진 사회에서만 나타나며, 젠더 없는 남성과 여성의 관계에서 엿보이는 특징이다. 이 점이 이 책에서 토의하려는 주제다. 하지만 이 주제를 분명하게 시기심의 역사에 입각해서 다루는 자료는 아직 보지 못했다. 시기심의 인류학에서 지금도 기본이 되는 글은 조지 포스터가 쓴 「농촌 사회와 한정된 재화의 이미지」 (George M. Foster, "Peasant Society and the Image of Limited Good," *American Anthropologist* 67, no. 2, April 1965: 293-315)다. 그는 또 「시기심의 해부학: 상징적 행동 연구」("The Anatomy of Envy: A Study in Symbolic Behavior," *Current Anthropology* 13, no. 2, April 1972: 165-202)에서 이렇게 말한다. "시기심 때문에 자기 자신과 사회가 위험에 빠질지 모른다는 불안감에 빠져 인간은 늘 두려움에 떤다. 그는 자신의 시기심이 불러일으킬 결과를 두려워한다. 그래서 타인의 시기심이 불러일으킬 결과도 두렵다. 그러다 보니 어느 사회나 사람들은 상징 또는 비상징적인 문화 형태를 사용해서 이 위험을 상쇄하거나 줄이거나, 적어도 통제하려고 한다. 그들이 보기에 이 위험은 시기심에서 나온다. 특히 시기심에 대한 두려움에서 나온다."

고전기 문화에서 시기심을 어떻게 인식했는지는 스벤 라눌프의 『신의 질투와 아테네의 형법: 도덕적 분노의 사회학』(Svend Ranulf, *The Jealousy of the Gods and Criminal Law in Athens: A Contribution to the Sociology of Moral*

---

* 르네 지라르는 '모방적 욕망'(mimetic desire)이라는 개념을 통해 욕망의 삼각형 구조를 설명한 바 있다. 즉 근대에는 사물에 대한 소유욕이 소유를 실현한 사람을 모방 (시기)함으로써 욕망을 달성하려는 삼각형 구조를 띤다는 것이다.

Indignation, 2 vols., London: Williams & Norgate; Copenhagen: Levin & Munksgaard, 1933-34)을 보라. 신의 징벌을 부르는 인간의 오만(*hubris*)에 관해서는 데이비드 그린의 『그리스의 정치이론: 투키디데스와 플라톤에게서 보는 인간의 이미지』(David Grene, *Greek Political Theory: The Image of Man in Thucydides and Plato*, Chicago: University of Chicago Press, Phoenix Books, 1965)를 보라. 원제는 『오만한 인간』(*Man in His Pride*)이다. 또한 E. R. 도즈가 쓴 『그리스인과 비이성적인 것』(E. R. Dodds, *The Greeks and the Irrational*, Berkeley: University of California Press, 1968)의 특히 2장을 참조하라. 시기심에 대한 후기 고전기의 상반된 시각을 연구한 것으로, R. A. 고티에의 『너그러움: 이교 철학과 그리스도교 신학에서 위대함의 이상』(R. A. Gauthier, *Magnanimité: L'idéal de la grandeur dans la philosophie païenne et dans la théologie chrétienne*, Paris: Vrin, 1951)도 도움이 된다. 그리스도인이 시기심을 악으로 여긴 점에 대해서는 에두아르 라녜즈가 쓴 「시기심」(Edouard Ranwez, "Envie," *Dictionnaire de Spiritualiti*, 1932-)을 참조하라. 또 레스터 리틀의 「자만 다음에 오는 탐욕: 사회 변화와 그리스도인의 악」(Lester K. Little, "Pride Goes Before Avarice: Social Change and the Vices in Latin Christendom," *The American Historical Review* 76, February 1971: 16-49)을 참조하라. 중세의 시기심에 관한 도상학은 미레유 뱅상 카시의 「중세의 시기심」(Mireille Vincent-Cassy, "L'envie au Moyen Age," *Annales, ESC* 35, no. 2, March-April 1980: 253-71)을 참조하라. 그가 쓴 「14세기 프랑스의 시기심과 질투에 대한 고찰」(Quelques réflexions sur l'envie et la jalousie en France au XIVe siècle)도 도움이 된다. 이 글은 미셸 몰라가 편집한 『빈곤사 연구』(Michel Mollat, *Etudes sur l'histoire de la pauvreté: Moyen Age-XVIe siècle*, 8, Série Etudes, Paris: Publications de la Sorbonne, 1974: 487-503)에 실려 있다.

시기심의 역사는 심리학자나 사회학자가 흔히 실수하듯이, 현대에 '시기심'이라 부르는 것을 다른 시대에 적용하는 식으로 연구해서는 안 된다. 그런 역사적 접근법의 문제는 정신분석학자 멜라니 클라인의 『시기심과 감사』(Melanie Klein, *Envy and Gratitude*, New York: Delacorte Press, 1975)를 보면 고스란히 드러난다. 이 책은 여성이 영어에서 이른바 '연장'(tool)*이라 부르는 것을 늘 갈망했다는 프로이트의 가정으로부터 시작한다. 마찬가지로 헬무트 쉐크의 『시기심: 사회행동 이론』(Helmut Schoeck, *Envy: A Theory of Social Behavior*, New York: Harcourt, Brace and World, 1970)도 시기심이라는 감정과 지각이 역사성을 띠고 있다는 점을 완전히 놓치고 있다. 남자와 여자가 서로 앙심을 품고 경멸하는 태도는 사회적으로 처음 나타난 현상은 아니다. 하지만 젠더가 사라진 개인끼리 평생 동안 서로를 비교하며 질시하는 일이 제도화된 것은 역사적으로 유례가 없다.

7. 성과 성차별주의 SEX AND SEXISM

'sex'는 라틴어 '*sexus*'에서 나온 말이다. 분절(seg-ment)을 뜻하는 어근인 *seco, sec-*와 관련이 있다. 문법적으로는 항상 *virile*(male)이나 *muliebre*(female)과 함께 썼다. 계몽주의 시대에 이르러 '인간'(the human)이라는 관념적 용어가 등장했지만, 프랑스어에서 'sexe'는 여성을 따로 지칭할 때만 쓰는 말이었고, 여기에서 남성과 여성을 통칭하는 영어의 sex가 나왔다. 18세기에 출간된 디드로의 『백과전서』에는 'Le sexe'를 열 줄로 설명한다. "절대적으로 말하는 섹스, 아니 차라리 아름다운 섹스라 할까… 이것은 사람들이 흔히 여자들에게 붙이는 형용사다… 평화로운 시민의 가장 소중한 환락… 그 행복한 다산성은 사랑과 은총을 영원케 한다…."

19세기 후반에 와서야 'sex'는 남자와 여자 모두의 공통적 특성을 뜻하는 말이 되었다. 그렇다 해도 여전히 'sex'의 무게나 형태, 의미는 양쪽 성에 다르게 썼다. 하지만 양쪽 모두에게 'sex'는 젠더 없는 힘(force)이 지나다니는 일종의 도관을 의미했다. 19세기가 끝날 무렵이 되자 프로이트는 이것을 '리비도'(libido)라 불렀다. 이렇게 젠더가 없는 '성'의 근대적 의미

---

* 남성의 연장 곧 성기를 말함.

는 '성욕'(sexuality)과 같은 말에서 분명하게 드러난다. '성'이 키워드의 역할을 하면서 역설적으로 젠더가 소멸되었다. 인간이 젠더와 무관하게 갖고 있다는 성욕은 **호모 에코노미쿠스**가 출현하기 위한 필수 조건이다. 이런 이유에서 나는 토박이 젠더에 반대되는 의미로 '경제적 성'(economic sex)이라는 말을 쓴다. 토박이 젠더는 상호보완적 이원성을 가리킨다. 반면, 경제적 성은 인간의 똑같은 특성을 단지 두 가지로 나눠놓은 것이다.

젠더와 성은 해부학적 연관성이 거의 없는 사회적 실재다. 개인화된 경제적 성은 사회적 젠더가 사라지고 남은 찌꺼기다. 그것은 근대 들어 **성으로 구분된 모든 인간**의 자의식 속에 남아 있는 가짜 젠더다. 젠더는 경제로 이루어진 환경에서는 살아남을 수 없다. 젠더가 성으로 변형된 배경에는 토박이 젠더에 적합한 사회적 환경이 파괴되는 과정이 있었다. 하지만 학자들은 오랫동안 이 사실을 무시해왔다. 분명히 밝히자면, 나는 **젠더와 성**을 막스 베버가 『사회과학 방법론』(Max Weber, *The Methodology of the Social Sciences*, trans. and ed. E. A. Shils, Glencoe, IL: Free Press, 1949, 93ff.; 전성우 옮김, 나남 2011)에서 설명한 이념형(ideal type)의 의미로 쓴다. 이념형은 개념적 구성물(ein Gedankenbild)이다. 역사적 실재가 아니며, 심지어 '현실적' 실재도 아니다. 이념형은 현실 상황이나 행동을 하나로 포괄하는 도식으로 쓰기에는 적당하지 않다. 이념형은 순수하게 이상적 의미가 있다. **한정적** 개념으로 현실 상황과 행동을 **비교하여**, 그 중에서 의미 있는 구성 요소를 설명하는 것이다.

그러므로 나는 **젠더와 성**을 이념형이자 양극성을 지칭하기 위한 한정적 개념으로 쓴다. '젠더 구분' 체제에서 '성 구분' 체제로 사회가 산업적으로 변형된 것을 가리키기 위해 쓰는 것이다. 젠더에 관해서든 성에 관해서든 해부학적 사실은 단지 원재료만 제공해줄 뿐이다. 중요한 사실은 젠더와 성이 사람의 생식기를 사회적 실재로 바꿔놓는다는 점이다. 젠더는 음경(penis)을 갖가지 남근상(phallus)으로 바꿔놓지만, 성은 오로지 한 가지 음경만을 **생산**한다. 국경을 넘어서는, 위협적이면서도 모두가 선망하는 그 '음경'이다. (자궁과 질을 동일시하는 시각에 대해서는 주87과 90 참조.)

게일 루빈(주22과 76 참조)은 **인간** 집단에서는 어디에나 젠더 제도가 있었다는 사실을 강조한다. 물론 이 제도의 모습은 지역에 따라 다양하게 나타난다. 하지만 장소에 따라 그 내용이 다르다 해도, 어디에서나 젠더는 고정 불변하는 범주로 여겨졌다고 한다. 나는 그의 주장에 동의하면서도 한 가지를 더 말하고 싶다. 성에 기초한 사회 이데올로기는 젠더를 다시 회복할 수 없는 유물로 본다는 것이다. (이와 관련된 가부장제와 성차별주의의 관계는 여기서 다루지 않고 주21에서 다룬다.) 다양한 모습의 젠더 상징물에 관해서는 주116과 117을 참조하라. 또한 크리스 레텐벡의 『'조개': 단어, 제스처, 부적』(Lenz Kriss-Rettenbeck, *"Feige": Wort, Gebärde, Amulett*, München, 1955)과 M. L. 바그너의 「남근상, 뿔과 물고기: 지중해 연안에 있는 현재 및 과거의 관념과 상징들」(M. L. Wagner, "Phallus, Horn und Fisch. Lebendige und verschüttete Vorstellungen und Symbole, vornehmlich im Bereich des Mittelmeerbeckens," *Domum Natalicium*, Zurich: Caroljaberg, 1973: 77-13), 그리고 주118을 참조하라.

8. 환경 파괴 ENVIRONMENTAL DEGRADATION

여기서 나는 정치경제학의 기본 가정을 바꾸고 있는 '성장의 한계' 문제를 다루고자 한다. 이와 관련해서 생태학은 학문으로든 신념체계로든 짧은 역사에도 불구하고 이미 성숙 단계에 들어섰다. 어떤 학문이 성숙했다는 표시는 연구자들이 그 학문의 역사를 자주 언급하는 데서 드러난다. **생태학**(*Oekologie*)은 1866년에 에른스트 헤켈(E. Haecker)이 동물형태학을 찰스 다윈의 진화론과 관련지어 처음 만든 말이다. 로버트 매킨토시는 『생태학의 배경: 개념과 이론』(Robert P. McIntosh, "The Background and Some Current Problems of Theoretical Ecology," *Synthese* 43, 1980: 195-255; 김지홍 옮김, 아르케 1999)에서 생물학으로부터 생태학이 발전해온 역사를 비판적이고 분석적으로 기록했다. 정치학에서 생태학의 역사는 훨씬 짧다. 생태학의 최근 쟁점은 윌리엄 오펄스의 『생태학과 희소성의 정치학』
(William Ophuls, *Ecology and the Politics of Scarcity: Prologue to a Political Theory of Steady State*, New York: W. H. Freeman, 1977)을 보라. 내 생각으로는, 정치
생태학이 학문으로서의 체계를 갖추려면 지금까지 소홀히 다룬 두 영역
을 구분해야 한다. 첫째, **공유**(commons)와 **생산자원**(productive resources)을
구별해야 한다(주10). 둘째, 상보적인 젠더 영역과 젠더 부재의 공간을 구
분해야 한다(본문 '젠더 구분하기' 110쪽 이하, 주78, 79, 84-87 참조).

9. 역생산성 COUNTERPRODUCTIVITY

역생산성이란 재화나 서비스의 강제적 소비로 인해 생겨난 집단 및 계급
의 좌절을 가리키는 개념이다. 예를 들어, 자동차 속도가 빨라질수록 시
간이 부족해지고, 병원에서 병을 고치기보다 병을 얻고, 학교에 다니거
나 뉴스를 볼수록 바보가 되고, 정치 및 사회 지도자를 따를수록 의존성이
늘어나는 것이 그런 경우다. 이 모든 것이 역생산성의 사례다. 운송제도의
목적 중 하나가 빠른 이동인 것처럼, 제도마다 애초에 계획하고 공적 자금
을 투입하여 제공하려는 기능이 있다. 역생산성이라는 현상은 이처럼 근
대의 제도를 만들면서 대다수 고객에게 보장한 혜택을, 순전히 **기술적인
이유**로 원래 목적대로 제공하지 못하는 **정도**를 나타낸다고도 볼 수 있다.

역생산성은 상품이 포화되어 생긴 것이 아니다. 즉 자동차든 교육과정이
든 의약품이든, 같은 종류의 상품이 넘쳐나서 벌어진 결과가 아니다. 역
생산성은 **토박이 가치에 대한 상품의 근본적 독점** 때문에 생겨난다. 나는 『공
생공락을 위한 도구』(*Tools for Conviviality*, 1971)를 쓸 때만 해도 토박이 가
치를 '사용가치'라고 불렀다. 이 점에 대해서는 그 책 제3장 2절과 『행
복은 자전거를 타고 온다』(*Energy and Equity*, 1974; 신수열 옮김, 사월의책
2018)에서 이미 다루었다. 궁극적으로 근본적 독점이 생기는 이유는 예
를 들어 관습법으로 보행자에게 보장해주었던 도로 통행권 같은 공유재
가 상품을 생산하고 유통하는 공공시설로 바뀌었기 때문이다. 내가 『병

원이 병을 만든다』(*Limits to Medicine*, orig. Medical Nemesis, 1975)를 쓴 이
유도 역생산성이 기술과 사회 구조, 문화적 상징의 수준에서 구체적으
로 어떻게 작용하는지 보여주기 위해서였다. 장 피에르 뒤피는『사회
적 가치와 시간 정체: 계량경제학 세미나』(Jean-Pierre Dupuy, *Valeur sociale
et encombrement du temps: Monographie du séminaire d'économétrie*, Paris: CNRS,
1975)에서, 또 장 로베르와 함께 쓴『풍요의 배신』(J.-P. Dupuy and Jean
Robert, *La trahison de l'opulence*, Paris: PUF, 1976)에서, 역생산성이란 정치나
기술적 방법으로 극복할 수 있는 개인적 어려움이 아니라, 본질적으로 기
술의 특성을 나타내는 사회 지표라고 분명하게 설명한다. 이 문제에 관
한 공적인 토론을 탁월하면서도 생생하게 요약한 자료는 볼프강 작스의
「에너지 집약적인 삶의 이상은 사라지고 있는가? 운송 분야에서 본 자동
차의 문화적 의미」(Wolfgang Sachs, "Are Energy-Intensive Life Images Fading?
The Cultural Meaning of the Automobile in Transition", Berlin: [ms.] Technische
Universität, 10/1981)이다. 주60과 112를 참조하라.

10. 공유의 회복 THE RECOVERY OF THE COMMONS

'공유'(commons)는 오래된 단어로, 독일어로는 '알멘데'(*Almende*)와 '게
마인하이트'(*Gemeinheit*)에 해당한다. 졸저『공유의 권리에 대하여』(Ivan
Illich, *Vom Recht auf Gemeinheit*, Hamburg: Rowohlt, 1982) 머리말을 참조하
라. 이탈리아어로는 '글리 우시 치비치'(*gli usi civici*, 시민 공유물)에 해당한
다. '공유' 또는 '공유재'란 나의 문지방 너머 있는 것으로 개인이 소유할
수 없는 환경들을 가리킨다. 하지만 상품을 생산하기 위해서가 아니라 가
족이 자급자족 용도로 사용할 때만 그 사용권을 인정해주는 그런 환경물
이다. 따라서 황무지는 공유재가 아니며, 개인집도 공유재가 아니다. 공
유재란 공동체가 다함께 존중해야 한다고 관습법으로 정한 환경이다. 공
유재가 생산자원으로 탈바꿈하여 변질한 과정은 주1에서 언급한『토박
이 가치』에서 다룰 예정이다.
최근에 생태계를 지키려고 싸우는 사람들, 그리고 상품이 인간 행위를 독

점하면서 만들어낸 삶의 방식에 반대하는 사람들이 조금씩 희소성의 시장 체제 밖에서 살아갈 능력을 회복하려고 한다. 지금 이런 사람들이 새로운 연대의 방식으로 뭉치기 시작했다. 이 연대로 나아가는 모든 흐름들에 공통적으로 들어있는 가치는 어떤 식으로든 **공유**를 회복하고 확대하자는 것이다. 이렇듯 최근에 하나로 모이고 있는 이 사회 움직임을 앙드레 고르(André Gorz)는 "공생공락의 다도해"(archipelago of conviviality)라고 부른 바 있다. 이 신세계의 지도를 보는 데 꼭 필요한 도구가 발렌티나 보레만스가 편찬하고 있는 『공생공락의 도구에 대한 참고자료 안내』(Valentina Borremans, *Reference Guide to Convivial Tools*, Special Report no. 13, New York: *Library Journal* 1980)다. 이 책은 수천 편의 참고문헌, 카탈로그, 잡지를 소개하는 비평적 안내서다. 새로운 공유의 방식을 찾으려는 노력을 다룬 정기간행물과 참고문헌은 '적정 대안기술을 위한 범국가 네트워크'가 펴내는 『트라넷』(*TRANET: Trans-National Network for Appropriate Alternative Technology*, P.O. Box 567, Rangeley, ME 04980)과 『계간 공진화』(*CoEvolution Quarterly*, Steward Brand, ed., P.O. Box 428, Sausalito, CA 94965)에서 찾아볼 수 있다.

다소 범위가 좁지만 생생한 자료를 보려면 조지 맥로비의 『작은 것이 가능하다』(George McRobie, *Small Is Possible*, London: Intermediate Technology Publications, 1981)를 보라. 좀 더 정치적인 내용은 해리 보이트의 『뒷마당 혁명』(Harry Boyte, *The Backyard Revolution*, Philadelphia: Temple University Press, 1980)을 참조하라. 공유에 대한 새로운 주장을 수립하는 데 있어 이론적 장애물은 철학자, 법학자, 사회이론가들 사이에서 전통사회의 **공유**와 산업시대의 **공공시설**을 혼동하는 경향이 있다는 것이다. 산업화 이전에 관습법으로 보호되던 공유는 분명 **젠더로 이루어진 영역**이다.

11. 희소성 SCARCITY

이 글에서 나는 '희소성'을 좁은 의미로만, 즉 1874년 레옹 발라(M. E.

Léon Walras)가 처음 정확한 정의를 내린 후 경제학자들이 채용해온 그 의미로 쓰고자 한다. 이런 의미의 희소성과 관련지어 경제학 법칙의 구성 요소들을 다시 꼽아본다면 다음과 같이 말할 수 있겠다. (1) 경제주체: 소유에 바탕을 둔, 시기심 많은 젠더 없는 개인. 이 주체는 사람일 수도 있고 기업일 수도 있다. (2) 제도: 사람들에게 상징적 차원의 모방(mimesis)을 부추기는 체계. (3) 상품. (4) 환경: 이 환경 안에서 공유재는 사유재산이나 공공자원으로 바뀐다. 이 '희소성'은 다음의 의미로 쓸 때와 잘 구분해야 한다. (i) 조류학자가 관심 갖는 **희귀** 조류. (ii) 낙타몰이꾼이 수세기 동안 사막횡단 때 먹었던 **빈약** 식단. (iii) 사회복지사가 가정방문 때 진단하는 항목인 영양 **결핍**. (iv) 11세기 프랑스 농촌에서 전형적으로 준비해둔 **마지막 비축물**: 이 경우에는 관습이나 위력을 통해 양은 적어도 모든 사람이 조금씩 나누어 갖도록 강제했다. 희소성의 역사를 직접 다루고 있지는 않으나 유용한 참고자료와 문헌으로는 발린트 발라의『희소성의 사회학: 개인적, 사회적 결핍의 이해』(Bálint Balla, *Soziologie der Knappheit: Zum Verständnis individueller und gesellschaftlicher Mängelzustände*, Stuttgart: Enke, 1978)가 있다. 니클라스 루만은 「희소성, 화폐, 시민사회」(Niklas Luhman, "Knappheit, Geld und die bürgerliche Gesellschaft," *Jahrbuch for Sozialwissenschaft* 23, 1972: 186-210)에서 희소성의 체제에 무조건 의존하는 현대의 경향과 관련하여 '사회적 우연성'(social contigency)의 다섯 가지 특징을 꼽았다.

역사적으로 보면, 희소성의 체제는 화폐가 희소한 교환 수단으로 퍼지면서 생겨났다. 칼 폴라니는『원시, 고대, 현대의 경제학: 칼 폴라니 논문집』(Karl Polanyi, *Primitive, Archaic and Modern Economics: Essays of Karl Polanyi*, ed. G. Dalton, Boston: Beacon Press, 1971: 175-203)에서 돈의 쓰임새를, 가치를 보존하고 측정하는 것과 교환수단으로 쓰이는 것 두 가지로 구분했다. 정신분석학 이론으로 희소성의 기원을 설명하려고 한 책으로는 에르네스트 보르네만이 엮은『돈의 정신분석학』(Ernest Borneman ed., *Psychoanalyse des Geldes*, Frankfurt: Suhrkamp, 1975)이 있다. 24명의 연구자가 쓴 논문을 묶은 책이다. 앞으로 희소한 생산자원과 모두가 함께 사용하는 공유재를 철학과 법률로 구분하지 못하면, 미래의 **안정 사회**(steady state society)는 생태학자가 통치하는 비민주적이고 권위적인 전문가 독재체제가 될 것이다. 이는 윌리엄 오펄스가 『생태학과 희소성의 정치학』에서 설득력 있게 주장한 내용이다. 젠더가 소멸하고, 희소성은 점점 심해지고 종류도 다양해지는 추세는 똑같은 서구화 과정의 양면이다(주105). 그러므로 젠더에 관한 현재의 연구는 희소성의 역사를 쓰기 위한 예비 작업이기도 하다.

12. 이원성 DUALITY

사회학적 분석에서는 흔히 여러 종류의 이분법 내지 이원적 분류법을 사용한다. 하지만 여기서 제시하는 이원성은 우리가 여태껏 알고 있는 어떤 이원성과도 관련이 없다. 나는 젠더와 성을 이원적인 것으로 제시한다. 젠더에서 남자와 여자는 이질적이면서 비대칭적 상보성(asymmetric complementarity)을 이룬다. 반면, 사회적 성으로서의 남성과 여성은 동질성을 띤 양극성(homogeneous polarity)을 이룬다. 수학자들에게 이것을 설명하라면 젠더와 성은 준동형(準同形) 관계라고 설명할 것이다. 남녀 쌍으로 된 형태는 비슷하지만, 양자는 전혀 다른 영역에서 나온 것이기 때문이다.

이 문제의 복잡성을 살펴보려면 린다 글레논의 『여성과 이원론: 지식분석 사회학』(Lynda M. Glennon, *Women and Dualism: A Sociology of Knowledge Analysis*, New York: Longman, 1979)을 참조하라. 글레논은 페미니즘 문학 비평을 토대로 최근에 페미니스트들이 어떻게 이원성 논리에 의문을 던지는지 보여준다. 결론만 말하면, 그들은 다양한 종류의 이원성을 모두 젠더와 결부시키곤 했던 사회학 법칙에 의문을 던진다. 글레논은 주로 페르디난트 퇴니에스 이후에 생긴 이분법을 유형별로 분류한다(그 이전에 관해서는 거의 언급하지 않는다). 퇴니에스가 『공동사회와 이익사회』(Ferdinand Tönnies, *Gemeimschaft und Gesellschaft*, 1887)를 통해 물을 대준 땅에서 근대의 수많은 이원성이 자라났기 때문이다. 가령 메인(Henry

J. S. Maine)의 신분사회 대 계약사회, 스펜서(H. Spencer)의 군대형태 대 산업형태, 라첸호퍼(Gustav Ratzenhofer)의 정복국가 대 문화국가, 분트 (Wilhelm Wundt)의 자연 대 문화, 뒤르켐의 기계적 결속 대 유기적 결속, 쿨리(Charles Cooley)의 일차 집단 대 이차 집단(비가시적 집단), 매키버(Robert MacIver)의 공동체 대 연합체, 짐머만(Carle Zimmerman)의 지역공동체 대 세계공동체, 오덤(Howard Odum)의 민족 대 국가, 레드필드 (Robert Redfield)의 민속-도시 연속체, 소로킨(Pitirim Sorokin)의 가족관계 대 계약관계, 베커(Howard Becker)의 신성사회 대 세속사회 등이 그것이다. 그뿐 아니라 퇴니에스는 특별히 이름을 붙일 수 없는 다른 이원적 분류에도 영향을 미쳤다. 가령 원시/문명, 문자/문맹, 시골/도시, 발전/저발전, 혹은 공공/개인, 모계사회/부계사회(주21 참조) 등이 있다.

이 글에서 나는 젠더와 성을 대비한다. 두 이원성을 맞세워 사회를 분석하는 도구로 쓰기 위해서다. 젠더가 한쪽을 대변하고, 성이 다른 쪽을 대변한다. 젠더와 성은 둘 다 이원성을 암시하고, 어느 정도 남녀 간 생식기관의 차이를 지칭한다. 이 점을 빼면 젠더와 성이라는 두 사회적 이원성 사이에는 아무런 공통점이 없다.

제2장

13. 노동과 성 WORK AND SEX

'노동'과 '직업'은 현대의 키워드다. 크노블로흐의 책(주2) 제2권 258~354쪽과 오토 브루너의 책(주3) 제1권 154~243쪽을 참조하라. 노동이라는 개념과 관련된 어휘는 대부분이 전문용어이거나 신조어다. 아서 베스터의 「사회주의 어휘의 발전」(Arthur E. Bestor, Jr., "The Evolution of the Socialist Vocabulary," *Journal of the History of Ideas* 9, no. 3 June 1948: 259-302)을 참조하라. 대부분의 비유럽어권에서는 '노동'(work)이란 말을 번역할 때 큰 어려움을 겪는다. 이에 관한 참고문헌은 졸고 「창조적 비고용의 권리」(Ivan Illich, "El derecho al desempleo creador," *Tecno-Politica*, Doc. 78/11, Cuernavaca, Mexico)에서 소개했다.

중세까지만 해도 돈을 벌기 위해 일을 한다는 생각은 거의 없었다. 헬무트 슈탈레더의 『중세 사회의 노동』(Helmut Stahleder, *Arbeit in der mittelalterlichen Gesellschaft*, Munich: Neue Schriftenreihe des Stadtarchivs München, 1972)을 참조하라. 하지만 노동을 보는 태도는 기계화가 진행되면서 서서히 바뀌었다. 린 화이트의 「중세의 공학과 지식사회학」(Lynn White, Jr., "Medieval Engineering and the Sociology of Knowledge," *Pacific Historical Review* 44, 1975: 1-21)을 참조하라. '노동'에 근대적인 의미를 처음 불어넣은 사람은 마르틴 루터다. 힐트부르크 가이스트의 「노동: 루터가 확정한 의미」(Hildburg Geist, "Arbeit: die Entscheidung eines Wortwertes durch Luther," *Luther Jahrbuch* 1931: 83-113)를 참조하라. 루터는 노동이 그 자체로 칭송할 만하다고 생각했다. "루터야말로 노동에 존엄하고 숭배할 가치가 들어 있다는 근대적 신념을 명실상부하게 창시한 사람이다. 나무 그늘에서 쉬는 사람보다 대낮에 뙤약볕에서 고생하는 사람을 하느님이 더 만족스러워한다는 믿음을 만들었다"(주3 멩켄의 책).

노동의 성차별적 역사는 임금 노동의 역사와 궤를 같이한다. 임금 노동 역시 시간이 지나면서 품위 있고, 감사할 만하고, 의미 있고, 그래서 모든 사람에게 기회가 돌아가야 하는 노동의 원형으로 자리 잡았다. 18세기까지만 해도 임금 노동만으로 사는 사람의 비율은 매우 낮았고, 이들조차 고용주의 집안일을 해주는 등의 대가로 생계를 유지했다. 브로니스와프 게레멕의 『13~15세기 파리 직공들의 임금』(Bronisław Geremek, *Le salariat dans l'artisanat parisien aux XIII-XVe siècles*, Paris: Mouton, 1968)을 참조하라. 임금을 받음으로써만 생계를 유지할 수 있는 상황은 단순히 가난하다는 표시가 아니라 불행의 표시였다. 그 점이 미셸 몰라가 중요하게 다룬 주제다(주6). 중세 시대까지 법이 보장해주던 권리는 전부 가난에 관한 것이었지 노동과는 관련이 없었다. G. 쿠브뢰의 『빈자에게 권리가 있는가?: 1140년 그라티아누스 교령집에서 1231년 오세르의 기욤 때까지 극단적 필요 상황에서의 절도 연구』(G. Couvreur, *Les pauvres ont-ils des droits? Recherches sur le vol en cas d'extrême nécessité depuis la Concordia de Gratien 1140 jusqu'à Guillaume d'Auxerre, mort en 1231*, Rome/Paris: Univ. Gregoriana, 1961)를 보라. B. 티어니의 『중세의 빈민법: 교회법 이론과 그 영국적 적용』(B. Tierney, *Medieval Poor Law: A Sketch of Canonical Theory and Its Applications in England*, Berkeley: University of California Press, 1959)에도 관련된 내용이 나온다.

피렌체의 메디치가에서 임금 노동을 본 관점은 주디스 브라운과 조던 굿맨의 「피렌체의 여성과 산업」(Judith C. Brown & Jordan Goodman, "Women and Industry in Florence," *Journal of Economic History* 40, no. 1, March 1980: 73-80)을 보라. 이 연구는 1561년과 1642년에 있었던 피렌체 공방들에 대한 현황 조사에 기초한 것이다. 16세기 후반부터 수공업 부문이 성장하면서 남자들이 직물 생산에서 사치품 거래로 옮겨간 반면, 여자들은 거의 양모나 비단 등의 직물 공방에 들어가게 되었다. 당시 직물 산업은 변하는 수요에 맞춰 고급 옷 대신에 생산을 쉽게 기계화할 수 있는 단순한 옷을 만드는 쪽으로 바뀌었다. 그런 식으로 성적 분업의 초기 형태가 나타났다.

시장과 관계된 행위, 시장과 관계없는 행위에 따라 성별로 노동이 나뉘었다. 남자는 숙련된 노동을 하고, 여성은 단순히 실을 잣고 옷감을 짜거나 꿰매는 허드렛일을 했다. 이때부터 계속 임금 노동이 확산되어 보통의 노동이 되었다. 동시에 노동하는 여성에 대한 경제적 차별도 커졌다. 여자는 남자보다 적은 임금을 받으면서 자신의 경제적 가치가 그들보다 낮다는 사실을 매일 실감하기 시작했다. 미국을 예로 들면, 여자가 다양한 분야로 진출할 수 있는 기회는 19세기보다 오히려 식민지 시대에 더 많았다. 엘리자베스 앤서니 덱스터의 『미국의 직업여성 1776~1840』(Elisabeth Anthony Dexter, *Career Women in America, 1776-1840*, Clifton, NJ: Augustus Kelley, 1972)을 보라. 임금과 노동시간을 비교한 연구는 에디트 애보트의 『산업 여성: 미국 경제사 연구』(Edith Abbott, *Women in Industry: A Study in American Economic History*, New York: Appleton, 1916)가 아직도 비교를 불허하는 입문서다. 최근의 여성 노동에 관한 도표, 통계, 참고문헌을 보려면 발레리 오펜하이머의 『미국의 여성 노동력』(Valerie Kincade Oppenheimer, *The Female Labor Force in the United States: Demographic and Economic Factors Governing Its Growth and Changing Composition*, Population Monograph no. 5, Berkeley: University of California, Institute of International Studies, 1970)과 A. 케슬러 해리스의 「신화와 역사로 보는 여성의 임금 노동」(Alice Kessler-Harris, "Women's Wage Work as Myth and History," *Labor History* 19, 1978: 287-307)을 보라.

14. 벌어지는 임금격차 THE WIDENING WAGE GAP

미국에서 남녀 임금격차는 점점 벌어지기만 했다. 정부에서 차별금지법을 시행하고 여성단체에서 조직적인 압력을 넣어도 소용이 없었다. 지금처럼 스태그플레이션이 계속되면, 여성 임금은 남성의 55퍼센트라는 지금까지의 최고 기록을 넘어설지도 모르겠다. 1963년에 연방임금법을 제정했지만, 미국의 남녀 임금격차는 지난 20년 전보다 더 벌어졌다. 1956년에 정규직 여성의 평균소득은 2,827달러로 남성 평균소득인 4,466달러의 63퍼센트였다. 1973년에 여성의 평균소득은 6,488달러로 증가했지만, 남성 소득은 훨씬 빠르게 증가해 1만 1,468달러가 되었다. 추세로 볼 때 현재 여성 정규직의 연평균 소득과 급여는 약 20년 전 케네디정부와 베트남전쟁 때 남성 소득의 57퍼센트로 떨어졌다.

다른 나라의 표준 임금격차를 비교하면 다음과 같다. 오스트리아 64.4퍼센트(1975년), 캐나다 59퍼센트(1971년), 프랑스 66.6퍼센트(1972년)이다. 이 통계는 로니 슈타인베르크 라트너의 『여성을 위한 고용평등 정책: 미국, 캐나다, 서유럽의 실행전략』(Ronnie Steinberg Ratner, *Equal Employment Policy for Women: Strategies for Implementation in the USA, Canada, and Western Europe*, Philadelphia: Temple University Press, 1978: 20-23)에서 가져왔다. 이 책은 원래 2차 세계대전 후 여성에게 동등한 고용 기회를 보장하는 데 '효과'가 있었던 여러 제도적 장치를 조사한 논문을 엮은 책이다. 하지만 고용평등 법률이 다각적인 효과를 냈다고는 하지만, 평균 임금격차를 해소하는 데는 효력이 없었다(주15). 산업국가 가운데 일본은 예외다. 1960년에 여성 임금이 남자의 43퍼센트였지만, 1974년에 54퍼센트로 올라갔다. 하지만 여성에 대한 사회적 차별은 더 심해졌다. 이 과정에 대한 배경을 이해하려면 쓰루미 가즈코의 『일본의 여성: 근대화의 역설』(Kazuko Tsurumi, *Women in Japan: A Paradox of Modernization*, Tokyo: Sophia University, Institute of International Relations, 1977)을 참조하라. 최근에 나온 참고문헌을 보려면 『직장에서의 여성: ILO 소식지』(*Women at Work: An ILO News Bulletin*, no. 2, Geneva: International Labor Organization Office for Women Workers' Questions, 1979)를 참조하라. 여성의 소득을 교육 수준에 따라 화폐 소득과 건강보험 같은 비화폐 소득으로 낸 통계는 잔 스텔만의 『여성 노동, 여성 건강: 신화와 현실』(Jeanne Mager Stellman, *Women's Work, Women's Health: Myths and Realities*, New York: Pantheon, 1977)에서 볼 수 있다. 다른 참고문헌을 보려면, 메이량 비크너의 『일하는 여성』(Mei Liang Bickner, *Women at Work: An Annotated Bibliography*, 2 vols., Los Angeles: Manpower Research Center, Insitute of Industrial Relations, University of California, 1974 and 1977)을 참조하라.

여성 노동 가운데 특수한 형태가 **유급 가사노동**이다. 이 노동은 현대의 어떤 노동보다 성의 특징이 드러나는 노동이다. 또한 남녀 간 임금격차가 다른 형태의 노동에서는 찾을 수 없을 만큼 극단적으로 벌어져 있는 노동이다. 유급 가사노동도 19세기에 처음 생겨났다. 이 경제 행위의 역사적 변천과정을 최초로 다룬 저서이자 여러 참고문헌을 소개하는 책은 데이비드 캐츠먼의 『주 7일: 미국의 산업화에서 여성과 가사노동』(David Katzman, *Seven Days a Week: Women and Domestic Service in Industrializing America*, New York: Oxford University Press, 1978)이다. 비교해서 읽을 만한 책은 I. 다비도프와 R. 호손의 『빅토리아 시대 하인의 일상생활』(I. Davidoff and R. Hawthorn, *A Day in the Life of a Victorian Domestic Servant*, London: Allen & Unwin, 1976)과, 피에르 귀랄과 기 튈리에의 『19세기 프랑스 하인의 일상생활』(Pierre Guiral and Guy Thuiller, *La vie quotidienne des domestiques en France au XIXe siècle*, Paris: Hachette, 1976)이다. 전 세계에 걸쳐 가사노동으로 착취당하는 여성의 숫자는 전체적으로 19세기보다 훨씬 늘었지만, 대부분이 제3세계에 집중되어 있다. 엘리사베스 헬린의 「라틴아메리카 여성의 이주와 가사노동 종사」(Elisabeth Jelin, "Migration and Labor Force Participation of Latin American Women: The Domestic Servant in the Cities," *Signs* 3, no. 1, 1977: 129-41)를 보라. 여성은 남성보다 더 많이 도시로 이주한다. 여성들에게 이 시장은 말 그대로 무한히 열려있기 때문이다. 여성 가정부는 라틴아메리카 대부분의 지역에서 사회 계층으로 보면 대단히 낮은 위치에 있다. 다른 사례와 비교하려면 19세기 유럽 현황을 볼 필요가 있다.

15. 차별에 대한 통계 STATISTICS ON DISCRIMINATION

미국의 인구조사를 분석하여 임금 차별을 통계로 입증한 저서가 있다. 로버트 쓰치가네와 노턴 도지의 『직장에서 여성에 대한 경제적 차별』

(Robert Tsuchigane and Norton Dodge, *Economic Discrimination Against Women at Work*, Lexington, MA: D. C. Heath, Lexington Books, 1974)을 참조하라. 이 책은 객관적이면서 전문적인 통계를 바탕으로 미국 여성이 겪는 임금 차별을 분석했다. 두 저자는 '차별 합계'라는 개념을 제시하는데, 계량적 통계치를 규범적 개념으로 옮기는 일이 얼마나 복잡한지 알 수 있다. 여성과 남성의 소득 차이를 측정하는 차별 합계는 세 가지 형태의 차별을 합친 것이다. **소득** 차별과 **직종** 차별, **참여** 차별이 그것이다. "…쉽게 말해서, 여성이 남성과 같은 일을 하면서 적은 급여를 받으면, 그만큼 소득 차별을 당하는 것이다. 여성이 고소득 직종보다 저소득 직종에서 일하는 비율이 높으면, 그만큼 직종 차별을 당하는 것이다. 노동 참여율이 남성보다 낮으면, 그만큼 참여 차별을 당하는 것이다"(위의 책 6쪽).

쓰치가네와 도지는 인구 통계치 가운데 특히 1960년과 1970년 통계를 비교해서 차별 합계가 조금 감소했다는 사실을 발견했다. 하지만 조금도 위안을 받을 일은 아니다. 왜냐하면 소수의 여성이 고소득 직종에 진출하다보니 직종 차별이 다소 감소했기 때문이다. 게다가 1970년은 매일 출근하는 여성이 상대적으로 많아진 시기라 참여 차별도 크게 줄었다. 저자는 이 두 변화의 비중을 너무 높이 잡았다. 그래서 "같은 기간에 벌어진 엄청난 소득 격차"를 상쇄시켜 '차별 합계'가 감소한 것으로 계산했다(위의 책 16쪽). 이 결과를 쉬운 말로 풀이하면, 경제가 성장하면서 많은 여성이 노동 인구로 들어갔고, 여권운동의 확대로 고소득을 올리는 소수 여성과 대다수 여성 사이의 격차가 남자들에 대한 차이만큼 벌어졌으며, 여성들이 대부분의 직종에서 지금까지 하던 일을 하면서도 남자들보다 훨씬 적은 급여를 받게 된 것이라 하겠다.

모셰 세묘노프는 61개 나라에서 조사한 풍부한 자료와 통계를 활용하여 여성 차별의 심화가 세계적인 추세임을 입증했다. 「여성 노동 참여의 사회적 맥락」(Moshe Semyonov, "The Social Context of Women's Labor-Force Participation: A Comparative Analysis," *American Journal of Sociology* 86, no. 3,

1980: 534-50)을 참조하라. 많은 여성이 노동인구에 통합될수록 직종 차별은 더 심해졌다. 노동인구에서 여성이 차지하는 비율이 늘수록 고용된 여성이 승진하거나 보수를 더 받는 일을 할 가능성은 전 세계 어디서나 줄었다.

소련의 경우에도 구하기 어려운 전문자료나 출판물을 면밀히 살펴보면 상황은 비슷하다. 앨리스테어 매컬리의 『소련의 여성 노동과 임금』(Alastair McAuley, *Women's Work and Wages in the Soviet Union*, London: Allen & Unwin, 1979)을 보라. 소련 여성이 겪는 이중고(집안일과 직장일)는 더 심각하다. 다만 소련에서는 몇 가지 긍정적인 점이 눈에 띄지만 소득과는 관련이 없다. 여성 가운데 교사나 교수가 되는 비율이 높다. 하지만 소련에서 이 직업은 급여가 매우 낮다. 국회의원 가운데 3분의 1 가량이 여자다. 하지만 소련의 국회의원은 아무 힘도 없고 발언을 하는 경우도 거의 없다.

16. 차별을 가리는 평등 의례 EGALITARIAN RITUALS

현대의 제도는 역생산적이다(주9). 제도에 속한 개인이 아무리 좋은 의도를 가지고 있어도 의사나 여성운동가, 혹은 학교교사가 할 수 있는 최선은 이 역생산성의 칼날을 금빛으로 빛나게 하는 일뿐이다. 역생산성을 예로 들면, 현대의 의료제도는 건강을 크게 위협한다. 존 브래드쇼는 『의사를 고발한다』(John Bradshaw, *Doctors on Trial*, London: Wildwood House, 1979)에서 내 주장을 훨씬 쉬운 말로 설명했다. 하지만 의학은 수많은 사례 가운데 하나다. 서비스제도는 공급자와 고객 모두의 눈을 가리는 의례다. 제도가 추구하는 신화와 실제 제도를 통해 사회구조로 형성된 물질적 현실 사이에 점점 벌어지는 격차를 보지 못하게 하는 의례다. 졸저 『학교 없는 사회』 제2장 "진보를 의례로 만들기"("The Ritualization of Progress," chapter 2 in *Deschooling Society*, London: Calder and Boyars, 1971)를 참조하라.

여성의 경제적 평등을 조직적으로 추구하는 오늘날의 '페미니즘 사업'은 바로 이러한 의례 행위다. 1960년부터 1975년 사이에 이 비공식 사업의 규모가 어느 정도에 달했는지는 마리하 휴스의 『성의 장벽: 법률, 의학, 경제, 사회적 측면에서 본 성차별』(Marija Matich Hughes, *The Sexual Barrier: Legal, Medical, Economic, and Social Aspects of Sex Discrmination*, Washington, D.C.: Hughes Press, 1977)을 참조하라. 지금까지 차별시정 계획을 통해 경제적 평등을 이루려 했지만, 대다수 남성과 여성의 임금 격차를 줄이는 데는 아무 효과가 없었고, 단지 여성권을 옹호하는 일이 직업이 되었을 뿐이다. 게다가 사회적 지위와 고용 기회, 소득이 크게 나아진 여성들은 대개가 전문직에서 일하는 상류층 여성이다. 예를 들면, 의료 분야에서 일하는 여성이 세계적으로 대거 증가한 경우가 그것이다. 이 현황은 샌드라 채프가 『의료계의 여성: 여의사에 관한 참고문헌』(Sandra L. Chaff, *Women in Medicine: A Bibliography of the Literature on Women Physicians*, Metuchen, NJ: Scarecrow Press, 1977)에서 잘 보고했다.

미국이 해외 기술원조를 통해 빈곤 국가에 미친 결과와 마찬가지로, 여성에 대한 기술원조도 똑같이 역생산성 효과를 불러왔다. 곧 기술지원을 받을수록 대다수 여성은 상대적 박탈감을 느낀다. 페미니스트들은 자신을 돌아봐야 한다. 자신들이 추구하는 근본 목표가 실현 가능한지, 아니면 그저 희소성의 체제 안에서 의례 행위를 하는 것에 불과한지 심각하게 질문해야 한다. 의료계나 노조, 군대, 공산당은 이러한 자기비판을 할 능력이 없다는 것이 판명되었다.

의료제도나 교육제도는 산업시대의 모든 제도가 **확대되면서** 이룬 발전이란 것이 무엇인지 잘 보여주는 사례다. 병원과 학교에서는 역생산 효과를 은폐하는 상징을 기하급수적으로 생산해야 한다. 이렇게 역생산적일 수밖에 없는 제도를 사회 및 정치가 후원해주는 이 역설적인 상황은 장피에르 뒤피의 『경제 인식론과 체제 분석』(Jean-Pierre Dupuy, *Epistémologie économique et analyse de systèmes*, Paris: Cerebe, 1979)에 잘 나타나 있다. 하지만 역생산성을 숨기는 데 필요한 상징들의 기하급수적 생산은 교육이나 의료, 교통 분야에서만 있는 것이 아니다. 금세기 내내 여성 시민의 경제적 평등은 수많은 단체들의 의제였다. 앨버트 크리히마르의 『미국의 여권 운동 1848~1970』(Albert Krichmar, *The Women's Rights Movement in the United States, 1848-1970: A Bibliography and Sourcebook*, Metuchen, NJ: Scarecrow Press, 1972)을 보라. 수만 명의 여성이 그 목표를 이루기 위한 저항을 직업으로 삼고서, 꾸준히 성과를 내왔다고 보고했다. 평등이라는 대의를 위해 더 많은 시간과 노력, 열정을 쏟아 부었다. 근대의 주요 법체계는 로마법이건 영국법이건 이슬람법이건, 모두 **경제적** 평등의 실현을 선언하며 제정되었다. 캐슬린 뉴랜드의 『남성의 자매애: 세계적으로 사회, 경제적 삶에서 여성의 역할 변화가 가져온 결과』(Kathleen Newland, *The Sisterhood of Man: The Impact of Women's Changing Roles on Social and Economic Life Around the World*, New York: Norton, 1979)를 참조하라. 경제적 차별에 맞서는 법적 투쟁은 줄곧 '승리'했다는 소식을 전하며 지금까지 이어져왔다. 『여성 권리법 보고서』(*Women's Rights Law Reporter*, Newark, NJ: Rutgers Law School, quarterly)를 참조하라. 어떤 승리를 했는지 모르지만, 정말 중요한 분야에서는 눈에 띌 만한 결과를 가져오지 못했다. 그리고 수많은 미사여구와 상징으로 그 사실을 숨겨왔다. 지금까지 누적되어 온 남자와 여자의 실질소득 격차는 전혀 변화시키지 못했다는 것이다. 이 격차는 여성의 열등한 경제적 가치를 보여주는 지표다.

17. 여성과 법 WOMEN AND LAW

과거의 모든 불문법이나 관습법은 젠더의 특성을 반영하고 있었다(주81-84). 하지만 유럽의 성문법은 분명히 가부장적이며(주21), 현대 국민국가의 법은 예외 없이 성차별적이다. 가부장제가 성차별주의로 바뀌면서 여성의 법적 지위에 미친 영향은 아직 충분히 주목받지 못했다. 이 주제를 다룬 흥미로운 연구서로는 다이애나 바커와 셰일라 앨런이 엮은 『성분업과 사회』(Diana Leonard Barker and Sheila Allen, eds., *Sexual Division and*

Society: Process and Change, London: Tavistock Publications, 1976)가 있다. 특히 이 책에 수록된 이브 데잘레의 「노동계급의 이혼 문제에 관한 프랑스의 사법 이념」(Yves Dézalay, "French Judicial Ideology in Working-Class Divorce") 에는 다음과 같은 내용이 나온다. "현대의 법조문을 보면, 남성은 직업으로 통제하고 여성은 결혼으로 통제한다. 모호한 말로 두 가지를 섞으면서 남녀 상호간의 의무는 평등하다고 규정한다. 실제로 대다수 남자는 그들이 '죽도록' 일하는 이유가 부인 때문이며, 따라서 부인이 결혼해서 치르는 희생은 충분히 보상했다고 생각한다." 법률을 역사적으로 연구해야 하는 이유는 다음 세 가지를 구별하기 위해서다. (1) 젠더적인 법: 남자와 여자 사이에 모호하게 균형을 잡아주는 상보성을 높인다. (2) 가부장제 법: 여성을 멸시한다. (3) 현대의 성차별적 법: 제도적으로 젠더를 없애고 비현실적인 성 평등을 내세운다.

18. 사회주의 국가의 여성 WOMEN IN SOCIALIST COUNTRIES

여성의 경제적 가치를 남성보다 낮게 보는 차별적 평가는 근본적으로는 산업사회에서 확립된 정치 이념으로부터 영향을 받은 것 같지 않다. 최근에 나온 두 개의 논문이 주목할 만하다. 하나는 M. P. 색스의 「변하지 않는 시간: 1923~66년 사이 소련 남성노동자와 여성노동자의 일상생활 비교」(M. P. Sacks, "Unchanging Times: A Comparison of the Everyday Life of Soviet Working Men and Women Between 1923 and 1966," in D. Atkinson, A. Dallin and G. W. Lapidus, eds., *Women in Russia*, Sussex: Harvester Press, 1978)이고, 또 하나는 A. 하이틀링거의 『여성과 국가사회주의: 소련과 체코슬로바키아에서 성 불평등』(A Heitlinger, *Women and State Socialism: Sex Inequality in the Soviet Union and Czechoslovakia*, London: Macmillan & Co., 1979)이다. 계획경제와 시장경제는 체제는 서로 다르지만, 여성의 가치를 상대적으로 낮게 평가하는 점에서는 정확히 일치한다. 앨리스테어 매컬리를 참조하라(주15).

19. 여성과 불황 WOMEN AND RECESSION

1970년대는 전 세계적으로 경제 활동이 위축되고 경기 회복이 둔화된 시기이다. 그와 동시에 여성들이 임금 노동에 대거 참여하던 시대도 끝이 났다. 하지만 그동안 증가한 여성 노동인구로 인해 미국과 서유럽 모든 나라에서 여성 실업률이 높아졌다. 영국만 예외인데, 실업 여성의 공식 수치를 실제보다 50퍼센트 가량 낮게 잡은 것으로 보인다. 지금은 노동인구 전체가 눈에 띄게 감소하는 상황이다. 여성은 남성에 비해 몇몇 산업 분야와 제한된 직종에 몰려 있고, 대부분 서비스업에 종사한다. 처음에는 여성이 경기 불황에 큰 타격을 받지 않는 듯했다. 경기 불황 초기에는 상대적으로 여성이 드문 생산 공장과 육체노동에만 불황이 영향을 미쳤기 때문이다. 하지만 경기 침체가 확산되자 여자는 남자보다 더 쉽게 일자리를 잃었고, 새 일자리를 얻기는 더 어려워졌다. 특히 전통적으로 남성의 일로 간주되어 남자들이 치열하게 경쟁하는 분야에서는 일자리 얻기가 훨씬 어려워졌다. 다이앤 웨어네키의「경기 후퇴에 따른 여성의 취업기회」(Diane Werneke, "The Economic Slowdown and Women's Employment Opportunities," *International Labor Review* 117, no. 1 January-February 1978: 37-52)를 참조하라. 여러 나라의 취업과 소득을 비교하려면 마저리 갤런슨의『여성과 노동: 국가별 비교』(Marjorie Galenson, *Women and Work: An International Comparison*, Ithaca, NY: Cornell University, 1973)를 보라. 여성은 실업률 통계에서 늘 수치가 낮게 나온다. 왜냐하면 일자리를 얻을 기회가 남자보다 적은 직종에서 여성들은 적극적인 구직 노력을 남자보다 더 빨리 단념하기 때문이다. UN이 펴낸『유럽경제공동체 지역에서의 여성의 경제적 역할』(*The Economic Role of Women in the ECE Region*, New York: UN Publications, 1980)을 참조하라.

20. 성차별적 강간 SEXIST RAPE

지금까지 강간의 사회사를 쓴 사람은 아무도 없다. 그 이유의 하나는 사회에 일반화된 희소성의 조건이라는 가정 위에서 나타나는 현대의 성차별적 강간과 여성의 생식기에 물리적 폭력을 가하던 구시대의 강간을 명확히 구분하지 못했기 때문이다. 주11에서 말한 희소성의 관점에서 보면, 미국 여성이 가장 두려워하는 강간이란 결국 현대의 성차별주의가 극단적인 물리적 형태로 표출된 것에 다름 아니다. 성차별주의야말로 언제나 이런 현대적 강간으로 느낄 수밖에 없는 경험이라는 것이다. 나는 젠더 말살로 인해 이런 현대적 강간이 암암리에 더 촉진되었다고 본다. 수전 브라운밀러의『우리 의지에 반하여』(Susan Brownmiller, *Against Our Will*, New York: Bantam, 1976)에서는 이 두 가지를 구별하려는 노력을 보기 힘든 반면, 패멀라 포어(Pamela Foa)와 수전 로 피터슨(Susan Roe Petersen)은 암묵적으로나마 두 가지 강간을 구별하려고 한다. 그들은 강간이 사회제도이며, 남녀의 성교를 보는 사회적 태도가 거기서 드러난다고 주장한다(주110 참조). 포아와 피터슨의 글은 메리 페터를린 브라긴 등이 공저한『페미니즘과 철학』(Mary Vetterlin-Braggin et al., *Feminism and Philosophy*, Totowa, NJ: Littlefield, 1971)에 실려 있다.

강간의 역사를 써야 하는 이유는 E. 쇼터의「강간의 역사 쓰기」(E. Shorter, "On Writing the History of Rape," *Signs* 3, no. 2, 1977: 471-82)에서 볼 수 있다. 이 논문은 같은 저널 안에서도 큰 논쟁을 일으켰다. 경제 성장과 여성에 대한 폭력의 증가가 비례한다는 내 주장을 통계로 증명하기가 어려운 이유는 앨런 존슨의「미국의 강간 확산」(Allan G. Johnson, "On the Prevalence of Rape in the United States," *Signs* 6. no. 1, 1980: 136-46)을 보면 알 수 있다. 저자는 "미국의 평범한 여성이 살면서 강간을 당할 가능성, 다시 말해 실제로 강간을 겪거나 그럴 위협을 느낄 가능성은 아직까지는 희박하다"는 쇼터의 주장을 반박한다. 존슨은 12세 이하의 도시거주 여성이 앞으로 살면서 적어도 한 번, 남편이나 아버지 외에 낯선 남자에게 강간을 당할 확률이 1/3~1/2이라는 통계를 보여주었다. 강간에 대해 신빙성 있는 주장을 하기 어렵다는 사실은 통계에 기초해 강간의 역사를 서술하는 것이 얼마나 어려운지를 보여준다. 하지만 바로 그 이유 때문에 강간의 두려움을 둘러싼 사회 현실이 어떻게 변하는지 살펴야 한다. 오늘날 강간은 과거보다 훨씬 두려운 일이 되었다. 현대의 성차별적 모욕이 육체에 가하는 폭행과 결합하여 과거의 강간과는 전혀 다른 양상을 보여주고 있기 때문이다.

희소성의 가정 아래 이뤄지는 매춘은 희소성의 가정 아래 벌어지는 강간과 양상이 비슷하다. 즉 과거처럼 몸이 훼손되는 것을 넘어, 성적 모욕까지 더해졌다. 매춘이 특수 직종에서 전문 직업으로 진화된 과정을 이해하려면 자크 로시오의 두 논문 「15세기 프랑스 남동부 도시의 매춘, 젊음, 사회」(Jacques Rossiaud, "Prostitution, jeunesse et société dans les villes du sud-est au XVème siècle" *Annales, ESC*, 31, no. 2, March-April 1976: 289-325)와 「중세 말 프랑스 남동부 도시의 청소년 사교와 문화 수준」("Fraternités de jeunesse et niveaux de culture dans les villes du sud-est à la fin du moyen âge," *Cahiers d'histoire* 21, 1967)을 비교하라(영역본은 Elborg Forster, "Prostitution, Youth and Society in the Towns of Southeastern France in the Fifteenth Century" in Robert Forster and Orest Ranum, eds., *Deviants and the Abandoned in French Society*, Baltimore and London: Johns Hopkins University Press, 1978: 1-46 참조). 보통의 가정주부가 자급자족적 노동자에서 그림자 노동자로의 변형을 거쳐 경제로 통합되면서 매춘을 둘러싼 사회적 현실도 급격히 바뀌었다. 과거에 매춘부란 뿌리 뽑힌 시장 활동에 종사하는 소수 여성을 가리켰다. 매춘부의 서비스는 가정의 자급자족 활동에 뿌리박은 하인이나 주부가 하는 활동과 경제적으로 구별되었다. 하지만 19세기에 여성 대부분이 그림자 노동자가 되어 공식경제 안으로 들어가자, 평범한 여성과 매춘부는 갑자기 낯선 경제상황, 즉 서로가 격렬하게 경쟁하는 상황에 내몰렸다. 그리고 처음으로 매춘을 폭력을 동원해 제도적으로 몰아내고 관리하게 되었다. 이 과정에 관한 방대한 문헌을 보려면, 알랭 코르뱅의 『결혼한 소녀들: 성적 고통과 매춘』(Alain Corbin, *Les filles de noce: Misère sexuelle et prostitution, 19e et 20e siècles*, Paris: Aubier Montaigne, 1978)을 참조하라.

21. 가부장제와 성차별주의 PATRIARCHY AND SEXISM

경제적 성차별주의를 설명하는 가장 흔한 용어가 가부장제다. 두 용어를 같은 말로 쓰는 저자도 많다. 하지만 나는 두 가지를 신중하게 구별해서 쓰고자 한다(주7). 내가 정의하는 가부장제는 젠더가 가호(*aegis*, 그리스어로 '방패')하는 사회에 존재하는 남성 지배를 뜻한다. 구체적으로 들어가면, 가부장제는 유럽의 역사적 맥락에서 볼 때 두 젠더가 비대칭적 상보성을 이루는 조건 하에서 생겨난 양자 사이의 권력 불균형이다. 가부장제의 사회적 형태는 초기 지중해 사회에서 형성되었다. 줄리언 피트리버스는 『세겜*의 운명 혹은 성의 정치학: 지중해의 인류학』(Julian Pitt-Rivers, *The Fate of Shechem, or the Politics of Sex: Essays in the Anthropology of the Mediterranean*, New York and London: Cambridge University Press, 1977, 특히 7장)에서 학자들 대부분이 서구사회에서 '자연스럽게' 여기는 성 정치학으로 호메로스 이전의 국가 형성과정을 이해하려 한다고 주장한다. 당시에 사회 기본제도인 결혼은 여성을 다른 여성과 교환하는 제도에서 여성을 정치적 지위와 교환하는 새로운 제도로 바뀌었다.

제인 슈나이더는 「감시와 처녀: 명예와 수치, 지중해 사회의 자원에 대한 접근」(Jane Schneider, "Of Vigilance and Virgins: Honor, Shame, and Access to Resources in Mediterranean Societies," *Ethnology* 10, 1971: 1-24)에서 지중해의 목가적 사회를 작은 경제 단위로 나누어 놓은 생태학적 힘이 무엇이었는지 밝혀낸다. 이런 분할로 인해 지중해에서는 아시아처럼 거대 규모의 사회나 복잡한 계급이 생겨날 수 없었으며, 폭력을 조직하는 능력을 제한할 수 있었다. 슈나이더는 이 상황에서 남자들은 여성을 자원처럼, 즉 물이나 목초지처럼 쟁탈하기 위해 경쟁했다고 말한다. 여기에는 더 중요한 점도 있다. 아버지와 아들 사이에 심각한 갈등이 벌어지면, 그들이 통제하

---

* Shechem, 고대 북이스라엘 왕국의 최초 수도.

는 여성의 '명예'에 대한 공동의 관심에 맞춰 중재가 가능했다.

셰리 오트너는 「처녀와 국가」(Sherry B. Ortner, "The Virgin and the State," *Michigan Discussions in Anthropology* 2, Fall 1976: 1-16)에서 이 점을 좀 더 상세하게 설명한다. 지중해 사회가 처한 상황으로 인해 남자가 여자의 순결을 지켜줌으로써 여자를 개인적으로 지배하는 형태가 생겨났다는 것이다. 이렇게 **여자의 영역에 대한 남자의 지배**를 단순히 공적 영역과 반대되는 가내 영역이라고 할 수는 없다. 슈나이더는 이렇게 남성 영역이 여성 '순결'이라는 영역을 개인적으로 침범하는 경우는 지중해 연안에만 나타나는 젠더 지배 형태라고 설명한다. 다른 사회에서는 이와 유사한 형태를 볼 수 없다는 것이다. 지중해에 국가가 생기고 이후 민주주의가 생긴 과정은 종종 이러한 분리를 제도화한 과정과 혼동된다. 따라서 나는 가부장제에 여러 형태가 있을 가능성을 배제하지 않는다. 아마도 '젠더가 붕괴된'(주77, 120, 121) 조건에서 나타난 가부장제가 그런 경우일 것이다. 하지만 내가 여기서 말하는 가부장제는 젠더가 존재하는 조건 하에서의 권력 불균형이다(주84). 성차별주의는 분명히 가부장제의 권력관계가 현대 사회로 그대로 이어진 것이 아니다. 그와 달리 지금까지 생각도 할 수 없는 방식으로 인간의 반쪽을 사회생물학적 근거로 한 명 한 명씩 파괴하는 것이다(주58과 60). 따라서 지중해 사회에서든 다른 형태의 사회에서든, 여성에게 남자보다 못한 명예를 부여하는 가부장제와 여성을 남자와 경쟁으로 내몰아 개별적으로 파괴하는 성차별적 체제는 구별해야 한다.

임금 노동으로 성차별주의를 설명하는 이론에 관해서는 나탈리 소콜로프의 「1970년대 여성과 노동에 관한 문헌들」(Natalie J. Sokoloff, "Bibliography of Women and Work: The 1970s," *Resources for Feminist Research / Documentation sur la recherche féministe* 10, Toronto, 1981: 57-61)을 참조하라. 저자는 노동시장에서 여성의 불리한 위치를 설명하는 이론을 흥미로운 범주들로 분류한다. 대부분 젠더 없는 개념으로 정의를 내리고 있지만 유용한 자료다. 이 논문은 1970년 이후에 사회학자들이 말하는 노동 즉 임금 노동만 다루고 있으며, 자료들을 다음과 같이 분류하고 있다. 기본 통계, 페미니즘 비평, 지위확보 이론, 이중 노동시장 이론, 성 위계 이론, 급진적 사회학(마르크스주의), 현대 독점자본 이론의 남성 모델, 여성에게 적용하는 테제, 초기 마르크스 페미니즘, 그리고 후기 마르크스 페미니즘이 활용하는 여성 지향적 급진 페미니스트 지도자 등으로 분류했다. 이 개념들은 사회적 성과 사회적 젠더를 구별하지 않기 때문에, 사회학자들 대부분은 마치 지금의 남녀 갈등이 옛날처럼 두 계급으로 나뉜 개인들 사이의 갈등인 것처럼 생각한다. 그 두 계급은 남자와 여자다. 이처럼 젠더와 성의 차이에 무지하다 보니 한 뛰어난 신화학자도 정반대 방향으로 나아가고 말았다. 메리 달리의 『여성/생태학*: 급진적 페미니즘의 메타윤리학』(Mary Daly, *Gyn/Ecology: The Metaethics of Radical Feminism*, Boston: Beacon Press 1978)을 보라. 지금까지 나온 어떤 글보다 명확하게 내가 성차별주의라 부르는 것을 "지구 전체를 뒤엎고 있는 종교"라고 부른다. 하지만 역사적 관점을 지니지 못한 탓에 그것을 가부장제와 비교하지는 못했다.

22. 재생산 REPRODUCTION

'재생산'은 마치 아담과 이브가 짝을 맺듯이 '생산'과 짝을 이루는 단어다. 마르크스는 『경제철학 초고』를 집필하면서 두 용어 가운데 그 어떤 것도 쓰지 않았다. 지금은 재생산과 생산을 아무렇게나 쓰다 보니 아무것도 지칭하지 않는 말이 되었다. 아그네스 헬러는 「생산의 패러다임: 노동 패러다임」(Agnes Heller, "Paradigm of Production: Paradigm of Work," *Dialectical Anthropology* 6, 1981: 71-79)에서 "마르크스의 해석자들은 생산이라는 개념을 인간이 상호작용하는 모든 영역에 적용한다. 비유가 아니라, '예술 작품을 생산하다'라거나 '아이디어를 생산하다' 식으로 상동의 의미로 말한다. 그들은 생산과 재생산이라는 두 개의 전혀 다른 패러다임을

---

* Gyn/Ecology. 부인과의학을 뜻하는 'gynecology' 단어를 분리하여 '여성 중심의 생태학'이라는 뜻으로 만든 단어.

하나로 통합한다. 그러면서도 두 개념을 쉽사리 바꿔 쓰고 있다는 자각도 없다"고 말했다.

재생산 개념을 여성 지위와 역할 분석에 비판적으로 적용하고자 한 시도를 보려면 게일 루빈의 「여성 논란: 성의 정치경제학에 관한 소고」(Gayle Rubin, "The Traffic in Women: Note on the Political Economy of Sex," in Rayna Reiter, ed., *Toward an Anthropology of Women*, New York: Monthly Review Press, 1975: 157-210)를 보라. 주76에서 비판을 했지만, 나는 이 책을 읽으면서 큰 도움을 얻었다. 펠리시티 에드홀름, 올리비아 해리스, 케이트 영이 쓴 「여성의 개념화」(Felicity Edholm, Olivia Harris, and Kate Young, "Conceptualizing Women," *Critique of Anthropology* 9/10, no. 10, 1977)도 참조하라. 불행히도 소위 미국 여성운동사의 상당 부분이 1980년대의 자유로운 공기에서는 살아남지 못할 신화를 키우는 온상이 되었다. 지금까지 페미니즘 연구는 인간의 행위를 생산과 재생산으로 양분하는 모든 경제에 들어있는 성차별적 관점을 밝히는 데 실패했다. 여성학계는 사회역사학자들이 입다 버린 낡은 유사 마르크스 이론을 걸쳐 입고 자신들의 정통성을 찾으려고 한다. 미국의 페미니스트는 '재생산 양식'의 역사를 만든다. '재생산' 이론이 물리적, 사회적, 경제적, 이념적인 전 분야에 걸쳐, 젠더와 성을 구별해야 할 모든 담론에서 잡초처럼 자라났다. 이 경향을 대표하면서 높은 수준에 도달한 글이 하이디 하르트만의 「젠더, 계급 및 정치투쟁의 거점으로서의 가족」(Heidi I. Hartmann, "The Family as the Locus of Gender, Class, and Political Struggle: The Example of Housework," *Signs* 6, no. 3, Spring 1981: 366-94)이다. 나는 재생산이라는 말을 사진이나 세포분열, 예술 작품을 석고로 본뜨는 경우를 일컬을 때만 쓴다. '사회적 재생산'이라는 말도 학교제도를 복사기에 비유할 때 말고는 쓰지 않는다.

23. 보고되지 않는 경제 THE UNREPORTED ECONOMY

이렇게 수많은 이름으로 불린 대상도 거의 없을 것이다. 공식적인 경제

보고를 혼란스럽게 하고, 왜곡하고, 혹은 무효로 만드는 이 일련의 경제 활동을 어떻게 부르고 묘사해야 할지 학자들 간에 아직 일치된 합의는 없다. 다음은 이 전문용어에 대한 연구 자료다. 스콧 번스의 『가정경제』(Scott Burns, *The Household Economy: Its Shape, Origins and Future*, Boston: Beacon Press, 1975), 피터 구트만의 「지하 경제」(Peter M. Gutmann, "The Subterranean Economy," *Financial Analysts Journal*, Nov.-Dec. 1977: 26-28), 요나 프리드먼의 「경제의 D 부문」(Yona Friedman, "Le 'secteur D' de l'économie," *Futuribles* 15, May-June 1978: 331-38), 장 마리 들라투르의 「수동적 저항 방식: 음성적 노동」(Jean-Marie Delatour, "Une forme de dissidence passive: le travail noir," *Cadres CFDT* 289, June/July/August 1979: 26-29), 로진 클라츠만의 「음성적 노동」(Rosine Klatzman, "Le travail noir," *Futuribles* 26, September 1979: 26-29), 그리고 알레산드라 나네이의 「지하경제의 부활」(Alessandra Nannei, "La resurrección de la economía subterránea," *Le Monde Diplomatique en Español* 2, no. 19, July 1980: 4-5). 이 가운데 나네이의 글은 조르조 푸아(Giorgio Fua, *Occupazione e Capacita Produttive: La realta Italiana*, Bologna: Il Mulino, 1976)에 대한 주석서다. 푸아는 이탈리아 경제가 성공한 원인이 거대한 지하경제라고 진단한다. 그는 여러 근거를 들어 지하경제의 노동자가 다른 노동자보다 더 착취당하는 이유를 설명한다. 이와 관련해서는 디터 필의 『암시장: 불법 노동자와 불법 임대회사, 수십억 규모로 국가 추적 중』(Dieter Piel, *Das dunkle Gewerbe. Schwarzarbeiter und illegale Verleihfirmen prellen den Staat um Milliarden*, Hamburg: *Die Zeit* Dossier Nr. 38, 1981, 9-11)과 「음성적 노동: 놀라운 일이 벌어지고 있다」("Schwarzarbeit: Unglaublich was da läuft," *Der Spiegel* 46, 1981, 62-81)를 참조하라.

이렇게 이질적인 것들이 하나로 섞여 이름도 갖지 못한 이 집합을 나는 '보고되지 않는'(unreported) 경제라고 부른다. 더 좋은 말이 없으므로 역설적으로 이렇게 이름 붙였다. '역설적'이라고 하는 이유는 앞으로는 더 많은 보고가 나올 것이기 때문이다. 비공식경제에 대한 연구자료 가운데 특히 제3세계에 관해서 보려면, 스튜어트 싱클레어의 『'비공식' 부문에 관한 참고자료』(Stuart Sinclair, *Bibliography on the "Informal" Sectors*, Montreal: McGill University, Center for Developing Area Studies, 1978)를 보라. 점점 더 많은 경제학자들이 '비공식 부문'이라는 용어를 써서 그들이 공식화하려는 여러 경제활동을 지칭하려 한다. 그들이 공식화하려는 경제 활동에는 장터, 노점상, 가족이 차린 좌판, 그리고 뇌물까지 들어간다. 나는 다른 책에서 20세기 후반에는 비공식 영역을 경제적으로 공식화하고, 전문기관들로 하여금 자기 돌봄(self-care)을 확산시켜 관료적 감독을 수행케 함으로써, 결국 과거의 식민주의와 비슷한 역할을 하는 상황으로 돌아갈 것이라고 주장한 바 있다.

24/25. 국세청의 혼란 THE IRS CONFUSED

잘 알려져 있듯이, 1978년 이래 조세 당국은 시민이 버는 소득 가운데 명백히 '불로' 소득이거나 신고하지 않을 게 뻔한 소득의 비율을 파악하는 일에 관심을 두기 시작했다. 리처드 포터의 『지하경제 측정에 관한 소고』(Richard Porter, *Some Notes on Estimating the Underground Economy*, August 10. 1979, Board of Governors of the Federal Reserve System)와 M. 히긴스의 「숨겨진 경제 측정하기」(M. Higgins, "Measuring the Hidden Economy," *Second Report from OCPU*, Bath: Center for Fiscal Studies, University of Bath, July 1980)를 참조하라. 에드거 페이지는 지하경제를 측정하기 위해 거시경제학적 도구를 만들려고 했다. 「거시경제학적 현상에 관한 새로운 관점, 그리고 미국 경제의 관찰되지 않는 부문에 관한 이론과 측정」(Edgar L. Feige, "A New Perspective on Macro-economic Phenomena, the Theory and Measurement of the Unobserved Sector of the United States Economy: Causes, Consequences, and Implications," August 1980)을 참조하라. 63쪽 분량의 이 원고에서 그는 "관찰되지 않는 영역은 관찰된 영역에 필적할 만큼 규모가 크고, 관찰된 소득과 관련한 변수도 많다. 따라서 현재 미국의 병적인 경제상황을 이해하는 데 중요한 열쇠가 될 것이다"라고 말한다.

26. 경제적 계산법 대 정치적 계산법 UNDER-REPORTING: ECONOMIC VS. POLITICAL

국민소득(GNP)의 한 부분으로 계산되지 않는 경제의 절대적 규모와 상대적 규모를 측정하려면, 먼저 무엇을 계산에 넣을지 정해야 한다. 두 가지 극단적인 측정방식이 있다. 첫 번째는 게리 베커의 『가족론』(Gary S. Becker, *A Treatise on the Family*, Cambridge, MA: Harvard University Press, 1981) 과 프랑스의 H. 르파주가 쓴 『자기관리와 자본주의』(H. Lepage, *Autogestion et capitalisme*, Paris: Masson, 1978)가 있다. 이들은 이상적인 방식으로 보고되는 경제에서 사용하는 측정 단위를 가져와 보고되지 않는 경제의 구성요소를 평가한다. 예를 들어 이런 식이다. "학생들이 하는 학교 노동을 가치로 환산하면, 1929년 GNP의 5퍼센트 미만이었다가 1973년에 11퍼센트를 넘어 꾸준히 증가했다. 자원봉사 노동의 가치는 더 빠르게 성장해서 1929년 GNP의 0.6퍼센트에서 1973년에 2퍼센트로 올랐다. 하지만 기업 운영비에서 차지하는 인건비 비중은 거의 절반 정도가 줄었다. 1929년에 GNP의 2.5퍼센트였다가 1973년에 1.3퍼센트로 떨어졌다. 조세법이 엄격해졌기 때문이다." 존 켄드릭도 「국민소득계정의 귀속가치 증가」(John W. Kendrick, "Expanding Imputed Values in the National Income and Product Accounts," *The Review of Income and Wealth* 25, no. 4, December 1979: 349-63)에서 비슷한 주장을 한다.

이상의 방식들과 정반대의 계산 방식도 있는데, 이 방식은 기술적이라기보다는 정치적인 접근법이라고 할 수 있다. 1970년대 초반 '영국 여성 권리'라는 단체가 처음 제시한 것이다. 이 입장과 관련된 고전적 글로는 팸플릿으로 함께 출간된 마리아로사 달라 코스타의 『여성과 공동체의 전복』과 셀마 제임스의 『여성의 위치』(Mariarosa Dalla Costa, *Women and the Subversion of the Community* and Selma James, *A Woman's Place*, Bristol: Falling Wall Press, 1972)가 있다. 이 저자들은 보고된 경제를 그 자체로서 평가하지 말고, 고용되지 못한 사람이 감수해야 하는 시간과 노역 그리고 공해 등을 고려하여 평가하자는 근본적 방식을 제안한다. 당연히 실업자는 대부분 여성이다. 이 입장을 보완하는 내용은 주49를 참조하라. 게리 베커가 쓰는 언어와 셀마 제임스가 쓰는 언어가 극명한 대조를 이루다 보니, 언뜻 보면 양쪽을 비교하는 것이 터무니없게 보이기까지 한다. 하지만 두 사례를 통해서 우리는 그들이 모두 이질적인 두 분야를 각각의 언어로 측정하지 못한다는 점을 알 수 있다. 하나는 상품 생산과 관련된 노동이고, 또 하나는 그 상품을 사용해서 기본적 필요를 충족시키기 위해 기울이는 노동이다(주30 '그림자 노동').

27. 신가정경제학 NEW HOME ECONOMICS

스콧 번스의 책(주23)은 '신가정경제학'에 대한 쉬운 입문서다. 이 주제에 관해서는 리처드 버크의 「신가정경제학: 사회학적 연구를 위한 제안」(Richard Berk, "The New Home Economics: An Agenda for Sociological Research," in Sarah Fenstermaker Berk, ed., *Women and Household Labor*, Beverly Hills: Sage Publications, 1980)을 참조하라. 리처드 버크의 글에는 두 가지 장점이 있다. 첫째는 신가정경제학의 기원을 보여준다. 둘째는 이 신학문이 제기하는 의제를 현대 여성의 가사노동이라는 구체적 맥락으로 좁힌다. 이 맥락에 따라 가사 활동을 저개발국 GNP에 경제적으로 기여하는 정도를 가지고 측정하는 연구도 유행했다. '신가정경제학'과 경제인류학의 경계에 관해서는 모니 나그, 벤저민 화이트, 크레이턴 피트가 쓴 「자바와 네팔에서 아동의 경제적 가치에 대한 인류학적 접근」(Moni Nag, Benjamin White, and Creighton Peet, "An Anthropological Approach to the Study of the Economic Value of Children in Java and Nepal," *Current Anthropology* 19, no. 2, 1978: 293-306)을 보라.

젠더 연구의 맥락에서 보면, '신가정경제학'에는 근본적인 문제가 있다. 사람에게 경제적 가치를 부여하는 **방법**을 남성과 여성에게 정반대로 쓴다는 점이다. 신가정경제학에서는 어떤 식으로든 여성을 경제적 가치로 평가한다. 그리고 남자보다 여자에게 가치를 귀속시키는 경우가 훨씬 많다. 하비 로젠의 「주부의 화폐가치: 대체비용 접근법」(Harvey S. Rosen, "The Monetary Value of a Housewife: A Replacement Cost Approach," *The American Journal of Economics and Sociology* 33, no. 1, January 1974: 65-73)은 신가정경제학의 계산법을 간결하게 보여주는 고전적인 입문서다.

첫 번째 계산법은 가정주부가 화폐 소득을 올린다고 가정하고, **현재 임금률**을 적용한 다음 합산하는 방식이다. 두 번째는 (주부 활동을) 이미 행해지고 있는, 측정 가능한 소득 흐름으로 보고 계산하는 방법이다. 즉 가정의 생산 활동마다 가치를 부여하는 것이다. 로젠은 이 귀속 가치는 양이 적긴 하지만, 화폐 거래가 없는 가사 활동에서 가치를 아예 빼는 것보다 낫다고 주장한다. 그는 "여기서 쓰는 방법은… 가정주부가 일하는 시간을 몇 개의 직업 항목으로 나누고, **현재 임금률**을 적용한 다음 합산한다"고 소개한다. 이 두 번째 접근법은 대체비용을 계산에 넣는다. 즉 가정주부가 하는 일을 대체할 사람을 노동시장에서 고용할 때 드는 비용을 계산한다. 세 번째 접근법은 가정주부의 가치를, 가정주부가 노동시장에서 얻을 수 있는 **기회비용**과 동일하게 계산하는 방식이다. 나는 다른 책에서 **네 번째** 방법을 제안했다. 나도 이들처럼 화폐가치를 끼워 넣는 놀이를 해봤다. 가정을 '공장'이라고 보고, 가정에 투여된 자본의 양을 계산하여 다른 산업에 투자했을 때 24시간 동안 지불해야 하는 급여를 계산하는 것이다.

이 네 가지 방법은 모두 다른 분야에서 쓰는 방식을 도입해 가정주부의 '가치'를 측정한다. 여기서 제2의 경제적 성으로서 가정주부의 지위를 측정하고 유지하고 확인하는 잣대는 임금 노동과 자본이다. 가정주부에 대해 그녀가 하는 그림자 노동을 통해서 화폐가치를 매기기 시작한 것은 1970년대부터다. 이 시기는 바로 임금 노동이 '시간 때우기 노동', 즉 실체 없는 시장가치를 생산하는 가짜 노동이 된 시기다.

28. 비합법적 실업 ILLEGITIMATE UNEMPLOYMENT

1982년에는 합법적 실업상태에 있는 것만으로 상대적 특권을 누릴 수 있었다. 반면 지난 10여 년간 비합법적 실업을 강요당한 사람들은 주로 흑인, 여성, 학교중퇴자였다. 지금은 이 숫자가 합법적 실업자를 주로 차지하는 WASPM(white, anglo-saxon, protestant and 'man')을 넘어섰다. 하지만 갈수록 많은 사람이 비합법적 직업에서조차 밀려나고 있다. 지금까지 세금도 안 내고 범죄로 취급받는 일을 하여 푼푼이 벌던 소득을 잃고 있다. 보고되지 않고 기록되지 않는 일로 벌어들이던 소득을 잃고 있는 것이다. 아예 돈벌이가 될 일을 찾는 노력을 그만두기도 한다. 그들이 하던 일은 법원이나 노동조합, 전문가들이 보기에는 처음부터 하지 말았어야 할 직업일 것이다. 합법적 실업과 비합법적 실업 사이의 상관관계는 이제 중요한 정책 사항이 되지 않을 수 없다. 완전 고용을 목표로 하는 사회에서는 임금이 지불되지 않는 노동을 하는 사람은 '실업자'로 치지도 않는다. 그러나 실업자 명단에는 보고되지 않는 분야에서 일하고 있는 사람도 있고, 이들도 실업 혜택을 받는다.

영국 빅토리아 시대만 해도 '실업'이란 용어는 없었다. 레이먼드 윌리엄스는 『키워드』(주2)에서 "G. M. 영이 『빅토리아 시대의 영국』에서 말한 대로 '실업'이란 용어가 없었기 때문에 초기 빅토리아 시대 개혁가들이 실업이란 개념을 상상할 수 없었는지, 아니면 E. P. 톰슨이 『영국 노동계급의 형성』에서 말한 대로 (빅토리아 시대 사람들이 '실업'이란 말을 쓰지 않아서) 개혁가들이 (대중의 정서를) 제대로 이해하지 못했는지"는 쉽게 판단하기 어렵다고 말한다. 정확한 이유가 무엇이든 간에 **고용자와 실업자**, 아니면 **둘 다 아닌 사람**으로 시민을 구분하는 것은 20세기 중반에나 볼 수 있는 특징이다. '일을 갖지 못한 사람'이라는 기이한 범주가 사회에서 통용되기까지는 짧지만, 역사가 있다. 하지만 이 사실은 지금까지 줄곧 무시되어 왔다.

존 개러티는 『역사 속의 실업: 경제사상과 공공정책』(John A Garraty, *Unemployment in History: Economic Thought and Public Policy*, New York: Harper and Row, 1978) 서문에서 "…지금까지 아무도 실업의 포괄적인 역사를 쓴 사람이 없다. … 나는 이 책 제목을 '실업의 역사'가 아니라 '역사 속의 실업'이라고 붙였다. 이 책의 주제는 실업이 왜 생기는지가 아니라, 일을 갖지 못한 상태를 사회마다 어떻게 인식하고 다루었는가에 있다. 이 내용을 그런 기록이 있는 시점부터 설명하려고 한다."라고 말했다. 개러티는 '노동'이 역사와 함께 시작되었다고 분명하게 가정한다. 그의 주장은 유용하지만 논리가 허술하다. 왜냐하면 인간 행위를 분류하는 범주인 '노동'과 인간의 특별한 지위를 지칭하는 '노동자'가 모두 최근에 생긴 말이라는 점을 놓치고 있기 때문이다(주13). 두 개념은 한 세기 가량 눈에 띄다가 지금은 사라지고 있다. 정교한 첨단기술로 인해 생산에 투입되는 노동력의 위상이 낮아지고 있기 때문이다. 지금은 **실업을 비정상으로 보는 관점**이 바뀌고 있는 상황이다.

갈수록 많은 사람이 보고되지 않는 경제 영역에서 소득을 올린다. 따라서 **보고되는 실업**을 중심으로 정책을 세우면 **보고되지 않는 소득에 의존한 생계**가 타격을 입을 것이다. 이제는 보고되지 않는 직업의 추세와 보고 가능한 직업의 규모 사이의 상관관계가 주요 정책사항이 되어야 한다. 가령 에너지를 절약하기 위해 기존 에너지를 재생 가능한 에너지로 전환하면, 통상적으로 측정하던 실업뿐만 아니라 고용의 수준과 성격에도 예측 가능한 영향을 미친다. 논쟁의 여지는 있지만, 에너지를 전환하면 일자리도 많아질 것이다. 하지만 이보다 더 중요한 문제가 있다. 에너지를 바꾸면 보고되지 않는 실업의 규모와 성격에는 어떤 영향이 있을 것인가? 이런 분야에서 수행하는 '무른 노동'(soft labor)도 조직되지 않은 노동이라 해야 할 것이다. 이에 대한 안내서는 스킵 라이트너의 '재생가능자원연구소'(Skip Laitner, Center for Renewable Resources, Suite 510, 1001 Connecticut Avenue NW, Washington, D. C. 20036)에서 얻을 수 있다. 보고되지 않는 영역에서의 생계 박탈(이것을 '비합법적 실업'으로 불러야 할까?)은 아마도 보고되는 실업보다 더 큰 위협이 될 것이다. 이 두 가지 기본적 실업 형태 사이의 상관관계는 아직 통계를 구하기가 어렵다.

경제전문지 『소득과 부』(Review of Income and Wealth)에 기고하는 저자들은 한결같이 경제 행위와 비경제 행위를 구분하기 위해 단순한 방식을 쓴다. 그들에게는 시장 밖에서 벌어지는 서비스도 구매만 가능하면 경제 행위이다. 그렇게 협소한 범주를 사용했음에도 이들은 미국에서 관찰되지 않는 부문의 규모가 전체 민간 부문(1976년 1조 2천억 달러를 상회)에 필적한다는 결론을 도출했다. 관찰되지 않는 부문이 관찰되는 부문에 비해 지난 20년 간 급격한 증가세를 보인 것이다. 저자들은 관찰되지 않는 경제 부문을 화폐거래 부문과 비화폐거래 부문으로 나눈다. 그들은 화폐 부문이 비화폐 부문에 비해 더 불안정하다는 사실을 '발견'했다. 나는 그들의 말을 이렇게 해석한다. 비합법적 노동시장으로부터의 배제(즉 비합법적 실업)는 경기 사이클 상에서는 다르게 나타난다 해도, 보고된 실업과 마찬가지로 매우 불안정하다고 말이다. 그러나 이 저자들의 주장이 만족스럽지 못한 근본적 이유는 내가 '그림자 노동'이라고 부르는 것의 일부를 계산에 집어넣어 보고되지 않는 **시장** 부문을 과대평가했기 때문이다. 또한 그림자 노동의 본질을 이해하지 못하고 그 규모를 은연중에 낮게 평가한 것도 문제다. 그들에게 그림자 노동은 경제 활동도 아니고 노동도 아닌, 단지 만족스럽고 바람직한 소비 행위이기 때문이다. 피에르 켄데도 비슷한 개념을 사용하지만 프랑스 경제, 그중에서도 가정 경제를 다른 접근방식으로 분석했다. 켄데의 「실질 가계소비의 측정에 관하여」(Pierre Kendé, "Vers une évaluation de la consommation réelle des ménages," *Consommation* 2, 1975: 7-44)를 참조하라. 비합법적 실업을 성에 입각해 분석하는 자료는 아직 보지 못했다. 보고되지 않는 화폐 경제에서 벌어지는 여성 차별을 측정하고 조명하려는 진지한 시도는 아직 없다. 여성학이 채워야 할 빈틈이다.

29. 직접 거래 DISINTERMEDIATION

'직접 거래'는 투자자의 행동 성향을 설명하기 위해 쓰기 시작한 전문 용어다. 예금주가 높은 수익을 올리기 위해 자신이 직접 투자하기로 마음먹고, 은행이나 저축기관에서 자금을 옮기는 행위를 말한다. 폴 호켄의 「직접 거래: 많은 이익을 점잖게 설명하는 경제 용어」(Paul Hawken, "Disintermediation: An Economics Buzzword That Neatly Explains a Lot of the Good That Is Going On," *CoEvolution Quarterly* 29, Spring 1981: 6-13)를 참조하라. 그는 사람들이 갈수록 자신의 돈으로 원하는 것을 더 많이 얻기 위해 관계 기관을 거치지 않는다면서, 그들의 다양한 활동으로 벌어진 경제적 결과를 지칭하는 데 이 용어를 쓰자고 제안한다. 사람들은 요즘 전문가나 노동조합, 세무서, 정부의 간섭을 받지 않고 자신들이 직접 필요한 일을 수행하려고 한다. 관련 기관을 무시하거나, 우회하거나, 피하려 한다. 예를 들어 병원에서 내리는 진단이나 처방도 웬만하면 피하려 한다. 암에 걸려도 직접 계획을 세우고 자기 집에서 죽음을 맞겠다고 한다. 무엇보다 이들은 다양한 서비스를 실행하고 조율하는 전문가를 피한다.

이 책에서 구분하는 보고되는 경제와 보고되지 않는 경제를 현실에서 보면, 전문가가 고도로 개입하는 영역과 전문가를 고도로 배제하는 영역이 일치한다. 두 영역은 공식 경제의 양극단이다. 그런데 여성이 하는 가사노동의 핵심은 공식 경제의 두 극단 중 어디에도 속하지 않는다는 점이다. 아이가 아프면 병원에 가서 의사가 '개입'하도록 해야 한다. 하지만 요리나 육아는 그러기가 불가능하다. 바로 이 점이 그림자 노동의 패러다임이다. 그림자 노동은 이념형으로서, 경제 활동을 구성하는 하나의 범주인 임금 노동과 다르다. 그림자 노동은 보고되건 보고되지 않건, 현금으로 지급하건 현물로 지급하건, 어떤 임금 노동과도 다르다. 그림자 노동은 문화적 이유로 피하거나 배제할 수 있는 것이 아니기 때문이다.

30. 그림자 노동 SHADOW WORK

나는 '그림자 노동'이라는 용어를 클라우디아 폰 베를호프(Claudia von Werlhof, 주49)와 토론하는 중에 생각해냈다. 이 용어가 그의 마음에 들지 모르겠지만 우리의 대화를 반영한 용어다. '그림자 노동'은 소비자가 상품에 가치를 더하기 위해 무보수로 하는 노동을 지칭한다. 상품은 추가로 가치를 집어넣어야만 비로소 소비 대상이 된다. 나는 이 행위가 소비자가 시간을 들여 힘들게 수행하는 일임을 강조하기 위해 그것에 '노동'이라는 말을 붙였다. 그리고 이 노역이 소비와 밀접한 관련이 있고 소비의 준비 과정임을 드러내기 위해 '그림자'라는 말을 붙였다. 또한 그림자 노동으로 돌아가는 산업경제 부문을 지칭하기 위해 '그림자 경제' 혹은 '심층 경제'(nether economy)라는 용어를 만들었다. 그림자 노동이나 심층 경제 같은 신조어를 만들겠다고 생각한 이유는 소비와 관련된 이 무보수 노동을 다른 두 가지 노동과 구별하기 위해서다. 하나는 그림자 노동과 마찬가지로 모든 산업경제에서 발견되는 노동이다. 두 번째 노동은 문화와 젠더에 박혀 있기 때문에 엄밀한 의미로는 비경제 부문에 속한다고 할 수 있는 노동이다. 이 세 가지는 모두 '보고되지 않는' 경제에 속하지만, 분명한 차이가 있다.

나는 젠더 없는 용어인 '노동'을 '그림자' 이미지와 연결하면서 빙산을 떠올렸다. 빙산은 물 위에 떠 있는 정상만 볼 수 있다. 그리고 한쪽 측면만 볼 수 있다. 반대쪽 보이지 않는 측면은 경제에 비유하자면, **관찰되지 않는** 부문이다. 하지만 빙산은 대부분 수면 아래 잠겨 있어서, 형태를 관찰할 수는 없고 단지 규모만 추론할 수 있다. 여기서 빙산 전체를 경제라고 할 수 있다. 빙산이 물 위에 떠 있을 수 있는 이유는 수면 아래에 잠긴 빙산의 큰 부분 때문이다. 경제로 치면 심층 경제에서 수행하는 노동 때문이다. 수면 위의 빙산과 아래의 빙산은 모두 물 위에 투명하게 비친다. 경제로 보자면, 공식 경제와 비공식 경제가 젠더의 자급자족적 경제 위에 비치는 것이다. 이와 같은 경제의 세 요소는 극히 일부를 제외하고 산업사회 이전에는 발견할 수 없었다. 빙산은 희소성의 가정 아래 살아가는 인간 존재를 나타낸다. 더 심층적인 설명을 보려면, 클라우디아 폰 베를호프의 「그림자 노동인가 가사노동인가? 현재의 노동과 미래의 노동: 이반 일리치에 대한 페미니즘의 비판」(Claudia von Werlhof, "Schattenarbeit oder Hausarbeit? Zur Gegenwart und Zukunft der Arbeit: Eine feministische Kritik an Ivan Illich," in Th. Olk and H. U. Olk, eds., *Soziale Dienste im Wandel 2cProfessionelle Dienstleistung und Selbsthilfebewegung*, Bielefeld: Fakultät for Soziologie, November 1981) 참조.

31. 가사노동 HOUSEWORK

내가 현대 여성의 '가사노동'을 넣을 적당한 범주가 없다고 깨달은 건, 기젤라 복과 바르바라 두덴이 독일에서 1976년에 처음 출간한 「사랑의 노동―사랑은 노동이다: 자본주의에서 가사노동의 기원」(Gisela Bock and Barbara Duden, "Labor of Love – Love is Labor: On the Genesis of Housework in Capitalism," in Edith Hoshino Altbach, ed., *From Feminism to Liberation*, Cambridge, MA: Schenkman, 1980: 153-92)을 읽고 나서였다. 두 역사학자를 통해 전통 사회의 여성이 하던 가사 활동과 현대 사회의 여성이 임금 노동자를 위해 무보수로 살림을 하는 활동이 경제적으로 어떻게 다른지 분명히 알 수 있었다. 전통적인 여성의 노동은 그 사회에서 문화적으로 정의하는 구체적 일을 젠더에 맞게 배분한 것이다. 반면, 현대의 노동은 무보수 노동력을 남성과 여성으로 양극화한 것이다. 다른 말로 하면, 경제 행위의 성적 분업이다. 나는 19세기부터 여성에게 불평등하게 부과된 이 무보수 경제 행위를 지칭하는 경제 용어, 따라서 젠더가 없는 용어를 찾기 위해 가사노동을 그림자 노동의 범주에 넣었다. 그럼으로써 가사노동을 그림자 노동의 하나로 분석하려고 한다. 더 나아가, 그림자 노동이라는 굴레를 씌운 성차별이 바로 이 새로운 경제 행위의 본질임을 밝히려고 한다.

구체적인 일을 젠더에 맞게 나누어 하던 방식은 19세기에 들어 추상적 노동력을 남성과 여성으로 양분하는 방식으로 바뀌었다. 이 사실은 산업사회의 여성들에 대한 연구뿐 아니라 최근에 나온 여성사 연구에서도 드러난다. 영미권에서 이 분야에 대한 최근의 연구 현황은 새라 버크의 『여성과 가사노동』(주27)과 노나 글레이저 맬빈이 쓴 「가사노동」(Nona Glazer-Malbin, "Housework," *Signs* 1, no. 4, 1976: 905-22)을 참조하라. 이들은 1950년부터 1975년 사이에 발표된 문헌 중 가사노동을 노동 분업으로 다룬 내용을 조사했다. 1970년 이후에 나온 자료에서는 가사노동의 가치를 측정하는 문제를 조사했다. 루이스 틸리와 조앤 스콧이 엮은 『여성, 노동, 가족』(Louise A. Tilly and Joan W. Scott, eds., *Women, Work, and Family*, New York: Holt, Reinhart, and Winston, 1978)과 샌드라 버먼의 『여성에게 맞는 일』(Sandra M. Burman, *Fit Work for Women*, London: Croom Helm, 1979)도 참조하라. 현대화와 가사노동에 관해서는 C. E. 클라크의 「사회역사의 지표로서의 주택 건축: 미국에서 가정의 낭만적 부활과 숭배, 1840~1870」(C. E. Clark, "Domestic Architecture as an Index to Social History: The Romantic Revival and the Cult of Domesticity in America, 1840-1870," *Journal of Interdisciplinary History* 7, 1976)과 수전 클라인버그의 「기술과 여성 노동: 피츠버그 여성 노동계급의 삶, 1870~1900」(Susan J. Kleinberg, "Technology and Women's Work: The Lives of Working-Class Women in Pittsburgh, 1870-1900," *Labor History* 1 7, 1976: 58-72)을 참조하라. 주36, 37, 86도 참조하라.

이 주를 쓰면서, 수전 스트래서가 쓴 『끝나지 않은 일: 미국 가사노동의 역사』(Susan Strasser, *Never Done: A History of American Housework*, New York: Pantheon, 1982) 초고를 받았다. 이 책은 미국의 가사노동을 처음으로 다룬 책이다. 저자는 가사노동이 사회적 실재로 처음 생겨난 이후부터 지금까지의 역사적 과정을 다룬다. 따라서 여성이 수행하는 사회적 **기능**이나 그들의 노동이 무엇을 **의미**하는지가 아니라, 실제로 미국의 여성이 집에서 무엇을 **했는지**, 무엇을 **해야 했는지**를 다룬다. 단락마다 정확한 정보로 가득하고, 생생한 글을 따라가다 보면 빼어나게 정립된 이론을 만난다.

32. 가정주부 THE HOUSEWIFE

'아내'와 '집'이 합쳐진 '집사람'(housewife)이란 전문용어는 영어에서도 특이한 조합이다. 애초에 '여성'을 '집'이나 '아파트'와 붙일 때부터 사람들 귀에 거슬린 용어였다. 1936년에 미국 롱아일랜드 여성 연맹은 '집사람'을 '집주인'(homemaker)으로 불러야 한다고 선언했다. 1946년에 캔자스시티의 한 개혁자는 주부를 '가정경영자'(household executive)로 부르는 운동을 시작했다. 1939년이 되자 영국에서는 '집사람'이 거의 죽은 말이 되어, 독일인이 쓰는 '하우스프라우'(*Hausfrau*)를 비웃을 정도가 되었다. 그러다가 이 용어가 다시 사람들 입에 오르내리자, 이론가들은 딱히 어떤 범주에 넣기 어려운 여성들에게 아첨하는 용도로 이 용어를 썼다. 멩켄이 주장하는 요지가 이것이다(주3의 책, 246쪽). 요즘에는 '아내'를 뜻하는 '나의 반쪽'이란 말처럼, 누군가를 '집사람'이라고 하면 비꼬는 말로 들린다. '집사람' 혹은 '가정주부'라는 말은 여성 그림자 노동자를 지칭하는 전문용어로 쓰면 좋을 듯하다. 앤 오클리의 『여성 노동: 가정주부, 과거와 현재』(Ann Oakley, *Woman's Work: The Housewife, Past and Present*, New York: Vintage, 1974), 특히 7장은 흥미로우면서도 탁월하게 여성 노동의 신비화를 정리한 글이다.

33. 경제인류학 ECONOMIC ANTHROPOLOGY

1957년에 폴라니, 아렌스버그, 피어슨이 함께 엮은 『초기제국에 있어서의 교역과 시장』(K. Polanyi, C. Arensberg, and Pearson, eds., *Trade and Market in the Early Empires*, South Bend, IN: Regnery-Gateway, 1971; 이종욱 옮김, 민음사, 1994)이 출간되었다. 이후 수많은 학자들이 "인간이 시장제도 밖에서 해온 행동을 설명하기에 가장 적합한 개념은 무엇인가?"라는 질문에 답을 해왔다. 이 주제에 관한 가장 훌륭한 입문서는 아직도 조지 달턴이 쓴

「경제인류학의 이론적 쟁점」(George Dalton, "Theoretical Issues in Economic Anthropology," *Current Anthropology* 10, no. 1, February 1969: 63-102)이다. 이제 경제학자들이 쓰는 경제 체제의 경제적 결정이라는 개념으로는 인류학자나 역사학자가 묘사하는 원시인이나 농민, 옛날 도시거주자의 행동을 설명할 수 없다는 점이 확실해졌다. 경제 개념은 상품집약적 사회 밖에서 살던 인간의 행동에는 **들어맞지 않는다**. 그 근본적 이유는 경제 개념이 공식적 희소성(주11), 그리고 젠더 없는 경제 주체 사이의 교환(주4와 5)을 가정하기 때문이다.

34. 그림자 노동의 신비화 MYSTIFICATION OF SHADOW WORK

자급자족 위주의 활동도 아니고 경험으로 보상받는 활동도 아닌 그림자 노동을 인정하는 일은 지금까지 금기였다. 그림자 노동에 대한 분석을 피하기 위해, 학자들은 분야별로 다음 네 가지 가면을 만들어 심층 경제를 보이지 않게 가렸다. (1) 인류학자는 가사노동을 전통적인 자급자족 활동의 유물로 취급한다. (2) 경제학자는 비공식 경제에 집어넣는다(주26). 그래서 가사노동이 일이 주는 기쁨으로 보상받는 사랑의 노동이라고 한다. 아니면 돈이 아닌 다른 것으로 보상받는 비공식 부문에 해당하는 활동으로 본다. (3) 마르크스주의자는 재생산이란 개념을 광범위하게 사용하여 그림자 노동을 가린다(주22). (4) 마르크스주의에 페미니즘 색안경을 쓴 여성학자들은 그림자 노동이 여성의 노동이라고 필사적으로 주장한다. 이들은 모두 그림자 노동이 (a) 오로지 근대 이후에 나타나는 특징이며, (b) 구조적으로는 임금 노동과 다르면서도 임금 노동보다 훨씬 근본적인 인간 행위라는 사실을 숨긴다.

35. 발륨 경제 THE VALIUM ECONOMY

의료사회학을 통해 우리는 남성과 여성의 '의료 소비'에 어떤 특징이 있는지 볼 수 있다. 노동 연령기의 성인을 비교하면, 여성은 남성보다 비싼 의료서비스를 받고 시간도 더 들인다. 병원에서는 사람을 통제하는 기술로 의학을 이용할 때 남자보다는 여자에게 더 노골적이다. 남자들은 휴가를 얻어 임금 노동에서 벗어나려는 용도로 병원을 잘 활용한다. 여자들은 그림자 노동을 피하려고 병원을 이용하지만 실패하는 경우가 많다. 콘스탄스 너샌슨의 「질병과 여성의 역할: 이론적 조사」(Constance Nathanson, "Illness and the Feminine Role: A Theoretical Survey," in *Social Science and Medicine* 9, 1975: 57-62), 그리고 M. 바렛과 H. 로버츠가 쓴 「의사와 환자: 일반 진료에서 여성에 대한 사회적 통제」(M. Barrett and H. Roberts, "Doctors and Their Patients: The Social Control of Women in General Practice," in C. and B. Smart, eds., *Women, Sexuality and Social Control*, London: Routledge & Kegan Paul, 1978)를 참조하라. 주80과 87도 참조하라.

36. 가사용 장비 HOUSEHOLD MACHINERY

슈워츠 코원의 「기술과 사회변동에 관한 사례 연구: 세탁기 그리고 노동하는 주부」(Ruth Schwartz Cowan, "A Case Study of Technological and Social Change: The Washing Machine and the Working Wife," in Mary S. Hartman and Lois Banner, eds., *Clio's Consciousness Raised*, New York: Harper Colophon, 1974: 245-53)를 참조하라. 미국 여성이 2세대를 지나는 동안 가사용 장비를 활용해 어떻게 "만족스러운 집"을 만들 수 있었는지, 그리고 3세대 만에 어떻게 그 만족이 사기라고 의심하게 되었는지 설명한다. 가사 장비가 중산층 여성에게 보급되면서 여러 가지 효과가 나타났다. 처음에는 집안 살림의 기준을 높여 놓았다. 그 다음에는 지금까지 집 바깥에서 하거나, 돈을 주고 사람을 고용해서 하던 기능이 가정주부가 하는 일로 전환되었다. 가정주부가 하루 쓰는 시간의 우선순위에도 변화가 생겼다. 시간이 많아지면 다른 일을 할 수 있을 거라고 기대했다. 예컨대, 밥하는 시간이 줄어들면 아이한테 시간을 더 쏟을 줄 알았다. 하지만 그런 가정은 큰 실망만 맛볼 것이다. 왜냐하면 우리는 국내외의 문제에 대한 계획을 세울 때 잘못된 가정을 바탕으로 생각하기 때문이다. 예를 들어 인도에서 가난을 줄이려면 근대적 농업기술을 보급하고 산아제한 정책을 펼쳐야 한다고 생각한다. 하지만 각 가정에 남성용 피임기구와 성능 좋은 대형 진공청소기를 보급한다고 해서 부부관계가 금방 좋아지는 것이 아니다. 나는 우리가 매일매일 타는 교통수단을 기계화했을 때 나타나는 결과에 관해서도 비슷한 결론을 내렸다. 『행복은 자전거를 타고 온다』(*Energy and Equity*, 신수열 옮김, 사월의책 2018)를 참조하라.

슈워츠 코원이 여성의 가사노동에 관해 내린 결론은 전반적으로 그림자 노동에도 들어맞는다. 가사노동과 관련된 기계 장비는 (세탁기는 물론 자동차도) 자본 투자를 불러일으킨다. 그리고 가정을 마치 자본집약적 그림자 노동을 수행하는 공장으로 만든다. 가사 장비가 많아질수록 그림자 노동에도 시간을 더 들여야 한다. 가사노동에서 남녀 구분이 없어질수록, 집안에서 성차별이 생겨날 물적 토대는 더 탄탄해진다.

37-42. 무급 노동 UNPAID WORK

37. 여성의 가사노동은 경제적 지위와 전반적인 노동, 부부 역할, 가정 불화와 폭력, 그리고 직장에서 받는 대우에 영향을 미친다. 수전 스트래서의 「인간 존재의 확장? 19세기 미국의 기술과 가사노동」(Susan M. Strasser, "An Enlarged Human Existence? Technology and Household Work in Nineteenth-Century America," in Sarah Fenstermaker Berk, ed., *Women and Household Labor*: 25-51 및 주27 참조), 특히 뒤에 잘 정리된 참고문헌을 참조하라. 가사노동에 들이는 시간에 관해서는 캐스린 워커와 마가렛 우즈의 『시간 사용: 가정에서 재화와 용역을 생산하는 가사노동의 측정』(Kathryn E. Walker and Margaret E. Woods, *Time Use: A Measure of Household Production of Family Goods and Services*, Washington D. C.: Center for the Family of the American Home Economics Association, 1976)을 보라. 갖가지 가사노동을 마치는 데 들어가는 시간이 이 연구의 초점이다. 두 저자는 시간 사용에 따라 산출한 가사노동을 측정했다. 조사 대상은 뉴욕주 북부 도시

들의 교외에 사는 부부들이었다. 자녀가 있는 경우도 있고 없는 경우도 있다. 이 책은 그림자 노동을 측정하는 데는 별로 도움이 안 되지만, 그 걸 측정하기가 얼마나 어려운지는 잘 보여준다. 프랑스 가정주부의 시간 사용을 측정한 자료는 B. 리앙데의 「프랑스에서 가정주부의 시간 사용」 (B. Riandey, "L'emploi du temps des mères de famille en France," in A Michel, *Les femmes dans la société marchande*, Paris: PUF, 1978)을 참조하라.

38. 자크 아탈리는 『탈위기 이론을 위하여』(Jacques Attali, *Pour une théorie de l'après-crise*, Paris: Fayard, 1981) 에서 그가 오랫동안 연구한 후기 산업사회의 이와 같은 자위 행위적인 측면을 정교하게 발전시켰다. 그는 뛰어난 통찰로, 이 **생산** 노동이 돈으로 보상되건 다른 것으로 보상되건, 심층 경제와 보고되지 않는 경제 부문으로 구분해야 한다고 주장한다. 이 책에서 내가 구분한 방식과 비슷하다. 하지만 저자 스스로 끝까지 이 구분을 일관되게 주장하지는 않는다. 나와 아탈리의 입장은 루이 퓌쇠가 「탈위기론의 시각」(Louis Puiseux, "Les visionnaires de l'après-crisecrise," *Politique Hebdo*, April 12, 1981: 8ff.)에서 비교했다.

39. 이 인용문은 앨린 레이보비츠의 「가정의 아동 투자」(A. Leibowitz, "Home Investment in Children," in T. W. Schultz, ed., *Economics of the Family: Marriage, Children & Human Capital*, Chicago: University of Chicago Press, 1974: 432-51)에서 가져왔다. 같은 책에서 프랭크 스태퍼드(Frank Stafford)는 이렇게 말한다(453-456쪽). "공공정책으로 소득 분배를 조정하는 데는 한계가 있다. 왜냐하면 소득은 주로 집안 배경이 좌우하기 때문이다. 따라서 저소득 가정에서 태어난 아이가 좀 더 나은 교육 기회를 얻는다고 해서 고소득을 올리게 되는 일은 별로 없다. 그렇다면 가난한 집에 갖가지 생활보조금을 지급하여 엄마가 집에서 지내는 시간이 늘어난다고 아이에게 자본을 더 많이 투자하겠는가?"(주26, 27의 문헌 참조.)

복지국가 다음으로 대안이 될 모델은 분명히 국가의 지원으로 돌아가는

돌봄 사회가 될 것이다. 돌봄 사회는 생활 조건을 사회공학적으로 재편하여 **무상 돌봄**이 필요하도록 만든 사회다. 일찌감치 복지국가의 모델이 된 스웨덴은 사회를 그런 식으로 바꾸겠다고 공개적으로 밝힌 첫 번째 나라다. 1977년 가을부터 스웨덴의 미래연구소는 주요 정책보고서인『사회의 돌봄』(*Care in Society*)에서 이런 지향점을 분명하게 밝혔다. 즉 2006년까지 모든 시민을 5세에서 무덤에 들어갈 때까지 돌봄 노동자로 징집하는 나라로 만들겠다는 것이다.

40. 1980년대 사회윤리의 주요 쟁점은 **전체주의적 상호 돌봄**(totalitarian mutual care)을 꾀하는 정책과 **개인들 간의 공생공락**(personal conviviality)을 꾀하는 정책 사이의 구별이 될 것이다. S. H. 커틀리프 등이 쓴『미국 문명의 기술과 가치: 참고문헌 안내』(S. H. Cutliff, et. al., *Technology and Values in American Civilization: A Guide to Information Sources*, Detroit: Gale Research, 1980)에서는 미국 문명의 목적과 수단에 관해 훌륭한 주석과 풍부하면서 폭넓은 참고문헌을 볼 수 있다. '토털 케어'의 여러 형태를 현상학적으로 보려면, 발렌티나 보레만스의「관리되는 건강 뒤집기」("The Inverse of Managed Health," *Social Development Issues* 1, no. 2, Uppsala, Sweden, Fall 1977: 88-103)를 참조하라. 이 글은「의료적 돌봄의 이면」("L'envers de la santé médicalisée," *Zeitschrift der Schweizerischen Gesellschaft für Sozial und Preventivmedizin* 2/3, 1979)이라는 증보판 글로 다시 나왔다.

41. 이에 관해 정리된 주장은 장 로베르의『도둑맞은 시간: 시간 소비 사회에 맞서서』(Jean Robert, *Le temps qu'on nous vole: Contre la société chronophage*, Paris: Seuil, 1980)를 보라. 나는 지난 10년 동안 로베르와 많은 대화를 하면서 그림자 노동에 대한 생각을 더 정밀하게 다듬을 수 있었다.

42. 현대 경제의 군사 부문에서는 보고되지 않는 거래보다 보고되는 거래가 더 많다. 전 세계의 무기 거래는 비밀리에 진행되지만, 정부에 보고는 해야 하기 때문이다. 이탈리아 같은 나라만 주요 무기 공장에서 암시

장에 하청을 준다고 한다. 현재 후기 산업경제가 군사화로 치닫는 경향은 '보고되는' 경제를 '보고되지 않는' 경제로부터 지키는 시도로 볼 수 있다.

43. 셀프서비스 경제 THE SELF-SERVICE ECONOMY

지금 추세대로 경제가 셀프서비스 경제로 이행하면, 여성의 경제적 지위에 많은 변화가 생길 것이다. 하지만 여성 노동을 연구하는 학자들은 이것을 중요한 주제로 다루지 않는다. 여성은 보고되지 않는 경제에서도 소득, 지위, 사회적 권리를 보장하는 일자리를 얻기 위해 남성과 경쟁해야 한다. 보고되는 경제에서보다 더 불리한 처지다. 게다가 이제는 실업 상태의 남자들도 심층 경제에 참여하여, 힘을 덜 들이면서도 자존심을 세울수 있는 소위 자조(self-help) 형태의 일자리를 따내기 위해 여성과 경쟁한다. 자크 아탈리(주38)는 "산업 시스템의 마지막 단계는 소비자가 자신에게 제공하는 서비스를 산업화하는 단계"라고 말한다. 이러한 무보수 생산을 조직하는 일이 임금 노동에서 점점 큰 비중을 차지하고 있다. 임금 노동의 목표는 이제 스스로 생산한 서비스에 대한 수요를 늘리면서 직접서비스 비용은 줄이는 것이다.

나는 이러한 흐름을 새로운 가족 형태에서 발견했다. 가정은 이제 경제적 '중개업자'가 되었다고 새로 정의할 수 있다. 가정은 셀프서비스 경제를 구성하는 단위이다. 산업화 이전에 가정은 대체로 자급자족의 장소였지만, 산업화 이후로는 여성의 그림자 노동을 통해 임금 노동 과정을 향상시키는 장소가 되었다. 지금은 집으로 들어오는 산업 생산물을 가족이 그림자 노동을 가하여 상품으로 전환시키는 장소가 되고 있다. 그렇게 전환된 상품을 다시 구매하여 온 식구가 필요를 충족하고, 모두가 바빠지고, 서로에게 의존하며 살도록 훈련된다. 이러한 새로운 가족 모델은 아직 남아있는 전통적 가족뿐 아니라 새로운 형태의 결혼이나 공동체까지 흡수할 수 있다. 이 모델은 생태주의나 자유주의, 지방 분권주의와도 결합할 수 있다. 후기 산업사회의 이 새로운 가족은 더 이상 한 사람 혹은 여러 명의 가족이 벌어오는 임금 노동이 중심이 아니다. 이제는 성차별적인 그림자 노동을 하면서 젠더 없이 함께 묶여서 가족을 이룬다.

44. 자조 영역에서의 성차별 DISCRIMINATION IN SELF-HELP

G. 위컬리는 「여성이라는 이름의 주택」(Gerda R. Wekerle, "Women House Themselves," *Heresies* 11, vol. 3, no. 3, 1981: 14-16)에서 자조 주택 공급과 정부 감독으로 시행한 도시정주 촉진사업을 평가하고, 자조 영역에서도 평등 보장법을 확대하라고 주장한다. 저자는 다양한 자조 사업을 추진하기 위해 세운 단체들이 여성을 지속적으로 차별했다는 사실을 발견했다. '수집연구그룹'이 펴낸 『가사노동 수집사례』(Werkgroep Kollektivering, *Kollektivering van Huishoudelijke Arbeid*, Amsterdam, 1981)를 보면, 3세대가 지나는 동안 가사노동을 공영화한 곳이면 어디서나 여성이 나쁜 대우를 받았다고 말한다.

45. 여성학 WOMEN'S STUDIES

여성 연구의 현황을 세밀하게 요약하면서도 대단히 쉬운 저서가 앤 오클리의 『여성이라는 주제: 오늘 여성이 서있는 곳』(Ann Oakley, *Subject Women: Where Women Stand Today – Politically, Economically, Socially, Emotionally*, New York: Pantheon, 1981)이다. 이 책은 여성과 그들이 경험하는 세계에 초점을 맞춰 쓴 20세기 후기 산업사회에 대한 역사학이자 사회학이다. 오클리는 또한 여성 연구와 여성해방 운동의 여러 경향을 체계적으로 분류했다(317-341쪽). 레이나 랩은 「인류학 비평」(Rayna Rapp, "Review Essay: Anthropology," *Signs* 4, no. 3, Spring 1979: 497-513)에서 "영미권의 여성 인류학을 나이로 치면 아직 성숙한 어른이 되었다고 볼 수는 없다. 하지만 적어도 청소년기의 급속한 성장기는 막 지났다"고 말한다. 이 글은 오클리 책의 보충으로 읽을 수 있다. 여성학에서 비판적 관점이 막 생기던 단계는 마그리트 에이클러의『이중 잣대: 페미니즘 사회과학의 페미니스트적 비판』(Margrit Eichler, *The Double Standard: A Feminist Critique of Feminist Social Science*, New York: St. Martin's Press, 1980)에 잘 기록되어 있다.

내 주장과 연관된 여성학의 내용을 체계적으로 보려면, 다음의 책을 참조하라. 제인 윌리엄슨의『새로운 여성학: 참고문헌 안내』(Jane Williamson, *New Feminist Scholarship: A Guide to Bibliographies*, Old Westbury, CT: Feminist Press, 1979)는 간결하면서도 학술적인 비판을 담았고, 메리 앤 워런의『여성의 본성: 전문 사전과 참고문헌』(Mary Anne Warren, *The Nature of Woman: An Encyclopedia and Guide to the Literature*, New York: Edgepress, 1980)은 자세한 설명으로 생동감이 넘친다. 그리고 신시아 해리슨의『미국 역사 속의 여성』(Cynthia E. Harrison, *Women in American History: A Bibliography*, Santa Barbara, CA: Clio American Bibliographic Center, 1979)에는 550개 잡지에서 뽑은 3,400개 발췌문이 들어있다. 구체적인 주제별로 여성학의 참고문헌을 보려면 이 책의 해당 각주를 참조하라.

46. 입체경식 연구 STEREOSCOPIC SCIENCE

라틴 아메리카 여성 연구의 경향에 관해서는 준 내시와 헬렌 사파가 엮은『라틴아메리카의 성과 계급: 제3세계의 정치, 경제, 가족에 대한 여성 관점』(June Nash and Helen I. Safa, eds., *Sex and Class in Latin America: Women's Perspective on Politics, Economics, and the Family in the Third World*, New York: Bergin, 1980)을 참조하라. 서문에서 내시는 "우리는 지금 사회과학의 한계 상황에 처해 있다. 이 전문적 학문의 조사 대상이면서도 한 번도 비중 있게 다뤄진 적이 없는 사람들이 우리 이론이 전제하는 범주가 과연 가치가 있는지 의문을 던지기 때문이다. 그들은 산업사회의 여성들이며 그동안 조사했던 문화권의 원주민들이다"(15쪽)라고 말했다. 이 선집에 들어있는 열여섯 편의 논문에는 여성을 보는 새로운 시각을 기존 학계의 중도적 관점과 결합할 때 나타나는 세 가지 전형적인 시도가 보인다. 내시는 이 논문들의 관점을 통틀어 **입체경식 연구**라 부르는데, 나는 세 가지로 분류해야 한다고 생각한다.

첫째는 기존 연구를 **보완**하는 방식이다. 기존의 개념과 방법을 지금까지 빠뜨렸던 주제에 적용한다. 예를 들어, 고등학교를 졸업한 메스티소 여성의 노동 문제 등이다. 둘째는 기존 연구를 **수정**하는 방식이다. 기성 이론에서 남성, 백인, 자본가, 북반구 중심의 편향을 발견하고 수정한다. 이 연구의 특징은 생산, 생산성, 착취같이 기존 역사학과 사회과학에서 물려받은 표준적 범주를 가져온다. 다만 '아래로부터' 보는 관점으로 사용한다. 셋째는 기존 연구와 **대조하는** 방식이다. 새롭고 강렬한 색채를 덧칠한 분석 개념으로 기성 이론을 세탁한다. 즉 '여성'이나 '라틴계' 혹은 '아름다운 흑인'을 강조한다. 그래서 기성 이론을 충분하게 보완하거나 그와 **대조되는** 결과를 얻는다. 예를 들어, 무임금 노동은 여성의 경우에만 착취당하는 노동으로 인정한다.

이 세 가지 형태를 보면, 입체경식 연구도 평면경 연구처럼 사회과학의 특징인 중도적 관점을 취한다는 사실을 알 수 있다. 젠더는 입체경으로도 평면경으로도 파악할 수 없다. 입체경식 연구는 기존 연구를 보완하고 수정하고 대항하지만, 성차별적 인식론이다(주54). 나는 『그림자 노동』(주1)에 수록한 「민중에 의한 연구」에서 학계의 중도적 관점에 있는 편향을 피하려는 연구자는 자신의 정체성을 분명히 밝혀야 한다고 주장했다. 자신이 엄밀하고, 비판적이며, 근거에 충실하고, 공개적으로 연구하지만, 비과학적 연구를 하고 있다는 점을 특별히 밝혀야 한다. 유비와 은유, 시(詩)를 사용하는 비과학적 연구는 젠더로 이루어진 현실에 접근할 수 있는 유일한 방법이다.

47. 빈곤의 현대화 MODERNIZATION OF POVERTY

'노동'과 마찬가지로(주13, 특히 미셸 몰라) '가난'도 과거의 의미와는 단

절된 채 현대의 키워드가 되어버렸다. 현대화된 가난은 과거의 가난과
는 전혀 다른 사회적 현상이다. 현대의 가난에는 전에 없던 희소성이라
는 조건이 들어있다. 만일 백만장자의 병든 아내를 '불쌍한'(poor) 여인
이라고 말한다면, 사람들은 이것을 은유로 보지 적당한 용법으로 보지
는 않을 것이다. 오늘날 '가난'의 반대는 '풍요'다. 하지만 중세에는 확실
히 그렇지 않았다. 가난한 사람의 반대는 권력을 가진 사람이었다. 칼 보
슬의 「권력과 가난: 중세 초기의 사회 분화와 중세 전성기의 가난에 대한
개념사 연구」(Karl Bosl, "Potens und Pauper: Begriffsgeschichtliche Studien zur
gesellschaftlichen Differenzierung im frühen Mittelalter und zum Pauperismus des
Hochmittelalters," *Festschrift O. Brunner*, Gottingen, 1963: 601-87)를 참조하라.
빈곤은 인도뿐 아니라 유럽에서도 인간의 이상이며 명예의 상징이고 미
덕을 뜻하는 시대가 있었다. G. 라드너는 「호모 비아토르: 소외와 질서에
대한 중세적 사고」(G. Ladner, "*Homo Viator*: Medieval Ideas on Alienation and
Order," *Speculum* 42, no. 2, April 1967: 235-59)에서는 순례자를 '질서'(ordo)
와 '소외'(abalienatio) 사이를 오가는 '나그네 인간'으로 묘사한다. 중세영
성연구센터 콘퍼런스에서 펴낸 『11세기와 12세기 영성에 나타난 빈곤과
부』('Convegni del Centro di Studi Sulla Spiritualita Medievale', *Povertá e richezza
nella spiritualitá del secolo XI° e XII°*, vol. 3, Todi: Italia, 1969)에는 가난함에 깃
들어 있는 영성에 관한 여러 편의 글이 실려 있다.

가난을 보는 중세의 태도를 이해할 수 없는 사람은 현대 사회가 뽐내는
능력이 수많은 사람을 가난하게 만드는 능력임을 망각한 사람들이다. 지
금 사회는 대다수 시민을 스스로 서비스를 만들지 못하는 사람으로 정의
함으로써 구호품을 타가야 하는 빈민으로 전락시킨다. 이러한 현대 사회
의 작동 방식은 로버트 스콧이 『장님 만들기: 성인 사회화에 관한 연구』
(Robert A. Scott, *The Making of Blind Men: A Study of Adult Socialization*, New
York: Russel Sage Foundation, 1969)에서 설명했다. 스콧은 "지금 미국 사회
에서는 실제로 눈에 이상이 없어도 시각 장애인으로 인정받고 시각 장애
인처럼 살 수 있다. 왜냐하면 장애인이라는 사회적 지위는 **장애인**을 담당

하는 기관과 고객 관계를 잘 맺으면 얻을 수 있는 것이기 때문이다"라고
말한다.

48. 여성과 경제개발 WOMEN AND ECONOMIC DEVELOPMENT

에스더 보즈럽이 쓴 『경제 발전에서 여성의 역할』(Esther Boserup, *Women's
Role in Economic Development*, New York: St. Martin's Press, 1974)에 나오는 「여
성 영농 시스템과 남성 영농 시스템」("Male and Female Farming Systems,"
15-35쪽)을 참조하라. 이 글에서 보즈럽은 전통적인 농촌 문화가 근대
화된 도시 경제로 이행하면서 여성에게 어떤 일이 벌어졌는지 설명한
다. 화폐 경제가 성장하면서 여성은 생산 공정에 통합되기는커녕, 오히
려 물질문화를 창조하는 일에 남성과 동등하게 참여할 수 없었다. 이 책
은 여성의 경제적 지위가 어떻게 하락했는지를 아메리카, 아시아, 아프리
카를 비교해 효과적으로 설명한다. 로럴 보센의 「근대화상 사회의 여
성」(Laulel Bossen, "Women in Modernizing Societies," *American Ethnologist* 2,
no. 4, November 1975: 587-91)도 참조하라. 아프리카만 다룬 글로는 드니
즈 폼의 『열대 아프리카의 여성』(Denise Paulme, *Women in Tropical Africa*,
Berkeley: University of California, 1971)이 있다. 식민주의는 남녀 역할이 상
호보완적으로 나뉘어 있는 문화를 지속적으로 파괴했다. 이런 현상은 저
자가 조사한 네 군데 지역 모두에서 나타났다. 현금 경제로 이행하자 남
성과 여성 사이에 지금까지 볼 수 없던 지위 격차가 생겨났다.

제인 가이어의 「음식과 코코아, 서부 아프리카의 두 지역에 나타난 성에
따른 노동분업」(Jane I. Guyer, "Food, Cocoa, and the Division of Labor by Sex
in Two West African Societies," *Comparative Studies in Society and History* 22, no. 3,
1980: 355-73)은 책의 처음에 나오는 각주에서 1970년대 생산 노동에서
벌어진 남성과 여성의 분업에 관한 학계의 토론을 요약하여 보여준다. 주
로 아프리카에 관한 문헌을 인용하지만, 이론의 쟁점은 분명히 알 수 있
다. 조사 대상인 아프리카 두 지역 모두에서 여성을 화폐라는 끈으로 통

합하자, 그동안 문화적으로만 제한되어 있던 차별이 소득에서도 굳어지고 더 악화되었다. 이 주제에 관련해서 조금 오래된 프랑스 문헌을 찾는데 유용한 글은 가브리엘 고슬랭의 「아프리카 농촌 노동에 대한 인류학적 연구」(Gabriel Gosselin, "Pour une anthopologie du travail rural en Afrique noire," *Cahiers d'Etudes africaines* 3, no. 12, 1963: 512-49)다.

근대화가 진행되면 여성은 남성과 반대로 직업 선택의 폭이 좁아진다. 사회주의 국가에서는 직장 일과 가사노동을 함께 해야 하는 이중의 부담이 커지고, 자본주의 국가에서는 파출부 같은 유급 가사노동을 얻기 위해 여성끼리 경쟁해야 한다. 페루 리마의 상황은 엘사 채니의 『경제개발을 위한 가사 용역과 그 의미』(Elsa M. Chaney, *Domestic Service and Its Implications for Development*, Washington, D. C.: Agency of International Development, 1977)를 보라. 게다가 이 여성들은 점점 자신처럼 가난한 여성들을 위해 일한다. 왜냐하면 조사 대상에 들어간 78개 개발도상국 모두에서 성인 여성이 벌어오는 임금에 의존하는 가정이 증가 추세에 있기 때문이다. 이에 관해서는 메리 뷰비닉과 나디아 유세프의 『여성이 이끄는 가정: 경제개발계획에서 무시된 요소』(Mary Buvinic and Nadia Youssef, *Women-Headed Households: The Ignored Factor in Development Planning*, Washington, D. C.: International Center for Research on Women, 1978)를 보라. 관련 자료는 뷰비닉의 『여성과 세계 발전』(*Women and World Development: An Annotated Bibliography*, Washington, D. C.: Washington Overseas Development Council, 1976)을 보라.

모나 에티엔과 엘리너 리어콕이 편집한 『여성과 식민화: 인류학적 관점』(Mona Etienne and Eleanor Leacock, eds., *Women and Colonization: Anthropological Perspectives*, New York: Praeger, 1980)에서는 인류학자들이 자본주의 제도가 출현하기 전 십여 사회에서 여성의 위치를 역사적 관점으로 재구성했다. 발렌티나 보레만스는 「기술과 여성 노동」(Valentina Borremans, "Technique and Women's Toil," in *Bulletin of Science Technology and*

Society, University Park: Penn State University, 11/82)에서 **여성을 위한 연구**는 여성에게 신기술을 제공하겠다는 목표를 내걸었지만 경제개발정책의 일부이며 여성의 노동 총량만 증가시켰다고 말한다. 여성이 직접 신기술과 도구를 사용하는 **여성에 의한 연구**를 수행해야 여성의 고된 노동을 줄이고, 화폐 관계에 덜 의존할 수 있다. 또 그럴 때만이 성차별도 줄어든다.

49. 가사노동의 전 세계적 확대 DEVELOPMENT OF INTERNATIONAL HOUSEWORK

클라우디아 폰 베를호프의 『여성과 환경』(Claudia von Werlhof, *Las mujeres y la periferia*, Bielefeld: University of Bielefeld, 1981)을 참조하라. 베를호프의 시각으로 보면, 제3세계의 경제발전이란 여성과 가난한 노동자를 부유한 국가의 전형적인 가사노동에 속박시킨 결과이다. 베를호프는 상품을 생산하는 사람과 그 상품을 사용하는 사람으로 노동이 분리되는 경향에 주목한다(21쪽). 그렇게 노동을 나누게 되면, 후자만이 아니라 전자까지 동시에 상업화되고 화폐화되는 경향이 생긴다(17쪽).

지금 세계 경제는 고비용 에너지와 첨단기기, 그리고 갈수록 사람을 통제하는 사회에 적합하게 바뀌고 있다. 이런 재편 과정은 지금까지 여성의 고유하고 자연스러운 특징이라고 여긴 노동 능력을 남성 전체에게 주입하고 강요하는 시도로 보인다. 앞으로 경제 발전으로 생겨날 거대한 영역에서는 경제적으로 주변부 삶을 사는 사람들은 생존을 위해서 폐기물을 능숙하게 재활용할 줄 알아야 한다. 여기서 폐기물이란 기준에 미달해 내다버린 상품으로서 산업 부문에서 쓰레기로 판정한 물건을 말한다.

앞으로 가난한 나라의 대다수는 '가정주부'가 '임금을 벌어다 주는 남편'에게 해주는 일을 부유한 국가를 위해 해야 한다. 따라서 지금 산업 사회의 주변부 국가에서 벌어지는 현상은 전 세계를 **가정주부로 만들기** (*Verhausfraulichung*)라고 부를 수 있다. 이러한 세계적인 가사노동에 관해 앙드레 고르는 성차별 문제는 언급하지 않지만, 이와 유사한 주장을 뛰어나게 제시한다. 『프롤레타리아여 안녕: 사회주의를 넘어』(André Gorz, *Adieux au prolétariat: Au delà du socialisme*, Paris: Editions Galilée, 1980, 127-146; 이현웅 옮김, 생각의나무, 2011)를 참조하라.

제3장

50. 피폐한 독신자 WRECKED SINGLES

미슐랭 볼랑의 「흩어진 가족: 17세기 인구통계학의 한 측면」(Micheline Baulant, "La famille en miettes: Sur un aspect de la démographie du XVIIe siècle," *Annales, ESC* 27, nos. 4-5, July-October 1972: 959-68)을 참조하라(translated into English by Patricia M. Ranum, "The Scattered Family: Another Aspect of Seventeenth-Century Demography," in *Family and Society*, eds. Robert Forster and Orest Ranum, Baltimore and London: Johns Hopkins University Press, 1976: 104-16).

51. 토박이 VERNACULAR

이 단어의 원어인 '버나큘러'(*vernacular*)는 로마법에서 유래한 전문용어다. 최초의 기록을 찾으려면 동로마황제 테오도시우스 2세가 편찬한 법전(438년)까지 거슬러 올라가야 한다. 원래는 상품과 반대되는 것을 지칭했다. 즉 "가정에서 생산한 모든 물건, 예를 들어 가내경작 과실 등을 말한다. 철저히 가내산으로 외부에서 구입한 것이 아닌 것"이다(뒤 캉주, 『중세라틴어사전*Glossarium Mediae et Infimae Latinitatis*』 8: 283). 즉 '버나큘러'는 가정에서 만들고, 가정에서 짜고, 가정에서 기른 것이다. 시장에 팔 목적이 아니라 오로지 집에서 쓰려고 만든 물건이다.

이 용어가 영어에 와서는 주로 '토박이말'을 지칭하는 단어가 되었다. 내가 의미하는 '토박이'는 남자와 여자라는 두 젠더로 이루어진 모든 조합이다. 예를 들어, 남자의 말과 여자의 말로 이루어진 상보적 언어로서의 **토박이말**(주101), 한 사회의 남자와 여자가 상호보완적으로 이해하는 사회적 현실은 **토박이 세계**(주89), 남자와 여자로 명확히 구분되는 집단의

주와 참고문헌 257

도구는 **토박이 도구**(주70)이다. 이 의미에 적합한 용어를 현대 용어에서는 찾기 어렵기 때문에, 나는 '버나큘러'라는 오래된 말에 새 생명을 불어넣으려 했다. 이 말의 역사는 조만간 출간될 『토박이 가치』에서 다룰 계획이다.

52. 상보성과 사회과학 COMPLEMENTARITY AND SOCIAL SCIENCE

현대의 물리학자는 양립하는 두 관점이 상보성(相補性)을 가질 수 있다는 점에 대해 잘 안다. 빛은 파동 현상이나 입자 현상 하나로만 환원할 수 없다. 하나의 이론만을 택하면 설명할 수 없는 것이 너무 많아진다. 그렇다고 해서 두 가지 모두라고 말한다면 또 모순이 벌어진다. 상보성은 그 이론에 들어있는 수학적 방법론을 활용할 때 비로소 의미를 얻을 수 있다. 인식론으로서 상보성의 기본 개념은 오래전부터 있었다. 유클리드는 눈에서 나온 빛이 사물에 도달함으로써 사람이 대상을 식별하는 것이라고 생각했다. 이후 프톨레마이오스와 위대한 스콜라 학자들은 빛을 **룩스**(*lux*)와 **루멘**(*lumen*)으로 구별했다. 룩스는 주관적으로 지각될 때의 빛이고, 루멘은 눈에서 흘러나와 대상물을 비추는 빛이다. 이 세상의 토박이 현실은 거대한 오색 조각보로 이해할 수 있다. 이어붙인 조각마다 고유한 무지갯빛 **룩스**가 들어있다. 하지만 젠더를 **루멘**으로 비추어 보면, 각 문화는 두 가지 도구(주70), 두 형태의 시/공간(주78, 79), 두 영역(주86, 87)을 이어주는 은유와 은유적 상보성으로 이루어져 있음이 드러난다. 이 두 가지들은 서로 다르면서도 서로 연결된 양식을 보여준다. 그 양식으로 우리는 세계를 이해하고 파악하며(주89), 말을 한다(주94-101).

이와 달리 과학은 평면경의 방식이든 입체경의 방식(주46)이든, 젠더에 따라 달라지는 빛의 모호한 성질을 관찰자의 눈에서 걸러내는 필터 역할을 한다. 그러나 이 필터는 젠더 없는 루멘에 대해서는 그 방향이 어느 쪽이든 모두 통과시킨다. 즉 관찰자가 대상에 빛을 투사하는 방향이나, 그 또는 그녀가 그 빛을 통해 다시 대상을 감지하는 방향, 양쪽으로 모두 통과시킨다. 따라서 제각기 다른 토박이 사회 현실을 구성하는 상징적 비대칭성은 이런 문화인류학의 과학적 시각으로는 잡히지 않는다. 모든 토박이 현실이 가진 고유가치(*Eigen-value*)는 **성 역할**(주62와 63), **교환**(주33), **구조**(주76과 77) 같은 단색의 젠더 없는 루멘으로는 붙잡을 수 없다는 얘기다. 결국 과학적 관찰자가 진단용 검안경을 통해 보는 것은 젠더로 이뤄진 자급자족 사회에서 정말로 살아가는 남녀가 아니라, 젠더 없는 추상적 문화 규범으로부터 생겨난 성적 변종들뿐이다. 조작과 측정이 가능하고, 서열을 매길 수 있고, 위계질서로 조직할 수 있는 대상들만 본다는 것이다. 젠더 없는 개념으로 작동하는 문화인류학은 불가피하게 성차별적일 수밖에 없다(주7의 루빈에 대한 언급 참조). 이 성차별주의는 과거의 자민족중심주의가 가졌던 오만보다도 훨씬 맹목적이다.

53. 오른손과 왼손 RIGHT AND LEFT

요즘에 **오른손과 왼손**이라고 하면, 생물학자나 신경학자의 과학 연구, 아니면 대중들의 근거 없는 믿음이 떠오른다. 이에 관해서는 M. S. 허바드의 책(주58)을 참조하라. 다음에 소개하는 책들은 생물학적 이원주의가 아니라 **상징적 이원주의**를 지칭하기 위해 '오른손'과 '왼손'이라는 용어를 사용한다. 상징적 이원주의와 관련된 민족지적 증거를 역사적으로 밝혀낸 저서로는 로드니 니덤이 엮은 『우와 좌: 상징 분류론』(Rodney Needham, ed., *Right and Left: Essays on Symbolic Classification*, Chicago: University of Chicago Press, 1973)이 있다. 동서양의 좌/우 상징에 관해 1909년부터 1971년까지 나온 17개의 논문을 비중 있게 소개하는 책이다. 좌/우 상징주의에 관한 수많은 해석 가운데서 특히 상보성이라는 특별한 관점으로 서구의 지적 전통을 꿰뚫어본 글로는 오토 누스바움의 「로마 전례에서의 좌/우에 대한 가치부여」(Otto Nussbaum, "Die Bewertung von Rechts und Links in der Römischen Liturgie," *Jahrbuch for Antike und Christentum* 5, 1962: 158-71)와 우르술라 다이트마링의 「1200년 무렵까지 신학 및 문학 문헌에 나타난 좌/우의 의미」(Ursula Deitmaring, "Die Bedeutung von Rechts und Links in theologischen und literarischen Texten bis um 1200," *Zeitschrift für deutsches Altertum und deutsche Literatur* 98, November 1969: 265-92) 등을 참조하라.

54. 도덕적 성차별주의와 인식론적 성차별주의

SEXISM: MORAL AND EPISTEMOLOGICAL

과학은 이중으로 성차별적이다. 과학은 남자가 지배하는 사업인 데다가 이른바 '객관적'이라는, 젠더 없는 범주와 과정으로 이루어져 있기 때문이다(주52). 젠더를 연구 주제로 많이 다루는 분야는 대개 인문학이다. 가령 미르치아 엘리아데의 『신화와 현실』(Mircea Eliade, *Myth and Reality*, New York: Harper and Row, 1963; 이은봉 옮김, 한길사 2011)을 따르는 종교학이나 캐롤린 하일브런의 『양성구유(兩性具有)의 인식에 대하여』(Carolyn G. Heilbrun, *Toward a Recognition of Androgyny*, New York: Knopf, 1973) 같은 문학 비평이 그런 것들이다.

성차별주의는 두 가지로 나눌 수 있다. 첫째는 **도덕적 성차별주의**인데, 어쨌거나 나는 개인이든 집단이든 현장 전문가들을 도덕적이라 부르는 데는 문제가 있다는 생각이다. 최근 페미니스트들이 낸 책을 보면, 이 **도덕적 성차별주의자들**이 무엇을 하고 무엇을 배제했는지 밝혀냄으로써 강력한 비판을 가하고 있다. 이들의 설명에 따르면, 과학자들 중에는 남자가 압도적으로 많고, 남자들이 무엇을 과학으로 다루어야 할지 결정하며, 여성 과학자는 대부분 이 남자들의 조수이고, 따라서 남성적 편견이 과학의 모든 범주에 들어있다고 한다. 이러한 비판으로 말미암아 이제는 여성중심적 성차별주의(female sexism)가 인기 있는 관점이 되었고, 남성 학자들도 점점 이 관점을 받아들이고 있다.

두 번째 성차별주의는 좀 더 근본적인 것으로, 나는 이것을 **인식론적 성차별주의**라 부른다. 이 성차별주의는 기존 과학(주46, 52)의 개념과 범주에서 남자와 여자의 젠더를 걸러낸다. 인식론적 성차별주의는 젠더와 성을 혼동하는 과학 담론뿐 아니라, 키워드(주2)의 그물망에 갇힌 일상 대화 곳곳에도 숨어 있다.

앞서 말한 대로, 도덕적 성차별주의에 대해서는 1970년대 내내 페미니스트들이 이의를 잘 제기했다. 하지만 과학의 도덕적 성차별주의에 도전할수록 비판자들 자신에게 있는 인식론적 성차별주의는 더 강화되었다. 도덕적 성차별주의가 노골적으로 등장한 근본적 이유는 생물학과 관련된 성적 차이(예컨대 좌/우)를 타고난 것으로 해석했기 때문이다. 이런 경향이 대세가 되어 70년대 후반에는 모두가 이 차이를 위험하리만치 당연하게 생각했다. 남성 과학자는 오른쪽/남성이 지배하고 왼쪽/여성은 복종하는 체계를 만들겠다는 소망을 과학의 언어로 표현하기에 이르렀다. 이런 해석에 도전한 사람들이 페미니스트들이다(주58).

하지만 도덕적 성차별주의를 비판하는 이들도 인식론적으로는 모두 성차별주의자다. 그들은 다음 두 부류로 나눌 수 있다. 첫 번째는 일반적인 유형으로, 도덕적 수준에서 노골적으로 여성 편을 드는 성차별주의자다. 이 비평가들은 주53과 같은 제목도 '오른손과 왼손'이 아니라 '왼손과 오른손'으로 써야 한다고 지적한다. 두 번째는 좀 더 심각한 유형이다. 이 비평가들은 좌/우가 이원성을 나타내는 것은 맞지만 단지 덧붙여진 이원성에 불과하다면서, 남/녀를 수많은 이원성 가운데 하나라고 본다. 그리고 구조주의에 입각해서 젠더 부재야말로 이원성의 원래 특징이라고 주장한다(구조주의는 주76 참조). 여성학의 최근 흐름 가운데 과학에 들어있는 인식론적 성차별주의를 지적한 연구로는 글레논의 글(주12)을 참조하라. 한편, 페미니스트들은 사회과학의 분석 도구로 흔히 쓰이는 이원성 개념 자체에 성차별주의가 숨어 있다고 비판하기도 했다. 이 책에서는 종종 중복되기도 하지만, 그런 여성학자들의 유형을 네 가지로 구분하여 보여준다.

55. 음양 YIN AND YANG

중국의 '이원성'을 이해하려면 로드니 니덤의 책(주53)에 수록된 마르셀 그라네의 「중국의 우와 좌」(Marcel Granet, "Right and Left in China," trans. Rodney Needham)를 참조하라. 중국에서는 오른손과 왼손 사이의 절대적 대립을 찾아보기 어렵다. 즉 왼손잡이라고 무조건 불길하게 보지 않고 오른손잡이도 마찬가지다. 다양한 규칙을 정해 왼손과 오른손을 번갈아 쓰도록 가르쳤다. 시간과 장소에 따라 어떻게 왼손을 쓸지 오른손을 쓸지를 섬세하게 정했다. 하지만 이렇게 상황에 맞게 선택하는 바탕에는 매우 일관된 상징체계가 있다. 하지만 양손을 같이 쓰는 걸 중요하게 여겼더라도, 오른손을 더 많이 쓴 건 사실이다. 아마도 그래서 왼손을 더 강조했는지 모른다. 이 점은 예의범절의 여러 중요한 규칙에서 잘 나타난다.

이 같은 좌우, 음양의 모호성을 아프리카의 사례를 통해 세밀하게 설명한 책은 마르셀 그리올의 『오고템멜리와의 대화』(Marcel Griaule, *Conversations with Ogotemmeli*, London: Oxford University Press, 1965)이다. 이 모호성을 인도의 상황에서 연구하고 여러 저서를 집필한 학자는 R. 파닉카르이다. 서양인이 '그리스도를 찾는' 것처럼 브라만은 서로 융합하지만 절대 섞이지 않는 양극단을 찾아 나선다고 한다. 그리스도교와 힌두교의 이런 경향은 형태상 일치한다. 즉 완전히 같지는 않지만 비슷한 기능을 한다. 그의 『익명의 힌두교 그리스도』(R. Panikkar, *The Unknown Christ of Hinduism*, New York: Orbis, 1981)를 참조하라. 최근의 문학 비평에서 모호성을 다룰 때 쓰는 키워드는 '양성구유'이다. N. T. 바진의 「양성구유의 개념」(N.T. Bazin, "The Concept of Androgyny: A Working Bibliography," *Women's Studies* 2, 1974: 217-35)을 참조하라.

56. 타자에 대한 은유 METAPHORS FOR THE OTHER

은유로 말을 하는 순간 나는 기이한 담론에 빠진 사람이 된다. 그래서 나는 혹시라도 내가 특수하고 이상야릇하고 경악스런 방식으로 단어를 조합해 쓰는 건 아닌지 신경이 쓰인다. 내가 일부러 글자 그대로의 뜻으로 쓰지 않는 단어에 대해 듣는 이가 집중하지 않으면, 무슨 말인지 모를 수 있기 때문이다. 모든 토박이말은 형태가 다른 두 가지 언어에서 나온 것이다. 이 두 언어는 두 젠더 영역과 일치한다. 각각의 영역에서 남자와 여자는 젠더에 고유한 방식으로 세계를 이해한다(주101). 한쪽 젠더가 말을 하면 다른 쪽 젠더는 침묵을 지킨다. 상대방의 영역 **속으로** 들어가기 위해서가 아니라 그 영역에 **관해** 말하기 위해 공동의 토박이말을 쓸 경우, 토박이들은 직관적으로 은유적 표현을 쓴다. 은유에 관해서는 워런 쉬블스의 『은유: 참고문헌과 역사』(Warren A. Shibles, *Metaphor: An Annotated Bibliography and History*, Whitewater, WI: Language Press, 1971: 10-17)를 참조하라.

21세기 언어로는 젠더나 젠더의 남은 형태에 관해 말하는 것이 불가능하다는 점을 가장 인상 깊게 보여준 현대의 학자는 뤼스 이리가레다. 그의 책 『타자인 여성에 대한 검시경』에 수록된 「대칭성이라는 오래된 꿈의 맹점」(Luce Irigaray, "La tache aveugle d'un vieux rêve de symétrie," *Speculum de l'autre femme*, Paris: Editions de Minuit, 1974: 9-161)을 참조하라. 그리고 앞의 책 『검시경』에 대해 인터뷰한 글인 「여성의 망명」("Women's Exile," *Ideology and Consciousness* 1, 1977: 71-75)도 참조하라. 엘렌 마르크와 이사벨 드 쿠르티브롱의 「하나가 아닌 성」과 「상품들이 하나가 될 때」(Elaine Marks and Isabelle de Courtivron, eds., "This Sex Which Is Not One" and "When the Goods Get Together," *New French Feminism*, Amherst, MA: University of Massachusetts Press, 1980: 99-106 and 107-10)도 참조하라.

은유에 관한 훌륭한 글로는 윌리엄 엠프슨의 『모호성의 일곱 가지 유형』(William Empson, *Seven Types of Ambiguity*, New York: New Directions, 1947)이 있다. 은유적 관계 자체도 은유로 표현할 수 있다. 종교적 상징이 자주 사용하는 방식이다. 루트비히 비트겐슈타인은 「프레이저의 '황금가지'에 대한 노트」("Bemerkungen über Frazer's *The Golden Bough*," *Synthese* 17, 1967: 233-53)에서 "…이 경우에 마술을 괄호에 집어넣는 것은 마술이다. 형이상학은 마술의 일종이 된다"고 말한다. 이러한 종류의 은유로는 고르곤(Gorgon)이 있다. 고르곤은 그 텅 빈 눈동자로 당신의 눈빛을 집어삼키듯 얼굴 형체도 없이 접근해서, 당신을 마치 얼굴 위에 쓴 가면처럼 쳐다본다. 장 피에르 베르낭이 쓴 「인간의 타자: 고르곤의 얼굴」(Jean-Pierre Vernant, "L'autre de l'homme: La face de Gorgo," *Le Racisme: Pour Léon Poliakov, sous la direction de Maurice Olender*, Brussels: Editions Complexe SPRL, 1981: 141-56)과 「이중성의 비가시적 형상과 심리학적 범주: 거인상」("Figuration de l'invisible et catégorie psychologique du double: le Colossos," *Mythe et pensée chez les Grecs*, Paris: Maspero Petite Collection, 1971-74: 251-64)을 참조하라. 쌍둥이도 두렵기는 마찬가지다. 가령 에이던 수트홀의 「쌍둥이와 상징 구조」(Aidan Southall, "Twinship and Symbolic Structure" in J. S. La Fontaine, ed., *The Interpretation of Ritual*, London: Tavistock, 1972: 73-114)를 참조하라.

'나는 젠더'라는 말을 세 가지 차원의 의미로 사용한다. (1) 대화 형태, 도구, 공간, 상징 같은 토박이가 현실을 구성하는 두 개의 강력한 짝의 하나를 가리킬 때 쓴다. 어떤 식으로든 남자나 여자의 생식기 특징과 관련이 있다. (2) 앞에서 얘기한 두 요소가 상보성으로 어우러져 하나의 전체로 구성된 '토박이'를 지칭할 때 쓴다. 그리고 (3) 인식론의 차원, 곧 (2)의 양의적이고 상징적인 상보성에 대한 은유로 쓴다. 이 상보성을 구성하는 두 젠더, 즉 (1)에서 말한 각각의 젠더는 서로에 대한 은유이다. 이상과 같은 나의 생각은 '자립적 관계'(*relatio subsistens*)라는 스콜라 철학의 개념을 통해 키운 것이다.

57. 모호한 상보성 AMBIGUOUS COMPLEMENTARITY

두 젠더 사이의 상보성은 비대칭적이면서 모호성을 띤다. 비대칭성은 양쪽의 크기나 가치, 힘이나 무게 상의 불균형을 의미하지만, 모호성은 그렇지 않다. 비대칭성은 양자의 상대적 위상을 가리키지만, 모호성은 양쪽이 완전히 일치하지 않음을 나타낸다. 젠더의 비대칭성에 관해서는 가부장제(주21)와 비대칭적 지배(주84)에 관한 주에서 직접 다루었고, 이 책 전체에 걸쳐 나온다. 여기에서는 모호성에 대해 주로 설명하려 한다.

젠더의 특징인 모호성은 독특한 것으로, 두 가지 측면을 갖는다. 즉 남자와 여자는 이 상호관계를 서로 다른 방식으로 상징화한다(주56). 로베르 에르츠는 「오른손의 우월성: 종교적 양극성 연구」(Robert Hertz, "The Pre-Eminence of the Right Hand: A Study in Religious Polarity," in Rodney Needham, 주53의 책: 3-31)에서 상보성 개념을 사회과학에 도입하고자 했다. 당시 자연과학에서 이 개념이 막 성과를 거두고 있었기 때문이다. 그는 사회과학에서의 근본적 양극성이 비대칭성과 모호성을 모두 포함한다는 사실을 천재적으로 안 사람이다. 하지만 1차 세계대전 중에 참호에서 죽은 뒤 에르츠의 사상은 줄곧 잘못 해석되었다. 첫째로 에르츠의 편집자인 마르셀 모스가 낯설고 기이한 이원성이 모든 '교환'의 토대를 이룬다고 잘못 정의하는 바람에 에르츠의 상보성 사상에 담긴 혼란스러운 비대칭성과 모호성은 얌전하게 길들여지고 말았다. 모스의 『증여론』(M. Mauss, *The Gift: Forms and Functions of Exchange in Archaic Societies*, New York: Norton, 1967; original French version in 1925; 이상률 옮김, 한길사 2011)을 참조하라. 이후 레비 스트로스는 모스야말로 모든 사회적 현실을 개인과 집단 사이에서 이뤄지는 교환의 상징적 체계로 본 최초의 학자라고 선언하고, 에르츠를 모스의 선구라고 보았다. 흐릿하고 부분적으로 부조화를 이루는 상보성은 오로지 은유를 통해서만 이해될 수 있는데, 에르츠는 바로 이 상보성이 문화의 근간을 이룬다고 본 최초의 학자다. 그러나 사회과학에서는 성 역할, 계급, 교환, 그리고 결국에는 '시스템' 같은 기능적 개념을 택함으로써 상보성의 개념을 억누르고 말았다(주76).

나는 여기서 두 젠더 사이의 상보적 관계를, 사회적으로 구축된 남녀 간 교환관계와 비교해보고자 한다. 상보성은 이념적으로 '자급자족적 관계',

즉 은유적이긴 하지만 대립각을 이루지는 않는 그런 관계를 지향한다. 반면에 교환은 사회적 배역들 간의 관계를 의미하며, 실제로 벌어지는 교류와는 상관없는 일반적 결합을 뜻한다. 교환은 교환 당사자들을 점점 더 확고한, 즉 모호성을 남겨두지 않는 동질적 결합으로 몰아가며, 따라서 그들 사이의 비대칭성은 위계와 종속으로 기울게 된다. 교환으로 관계가 구성되면, 양자 사이의 공통분모에 입각해 그들의 관계도 규정된다. 하지만 두 실체가 모호성의 관계를 이루면, 남녀 간에 끊임없이 생겨나는 부분적 부조화로 인해 위계와 종속으로 기우는 경향은 뒤집힌다.

58. 사회생물학이라는 신화 SOCIO-BIOLOGICAL MYTHOLOGY

과학은 어떻게 보면, 한때 돌풍을 일으키며 유행하다가 사라지는 지식 사업이라 볼 수 있다. 연구 주제도 주로 감정적으로나 정치적으로 과학자들 자신을 괴롭히는 문제인 경우가 많다. 특히 인간의 신체적 차이를 행동과 결부시키는 과학자를 보면 분명한 것 같다. 스티븐 J. 굴드의 『인간에 대한 오해』(Stephen Jay Gould, *The Mismeasure of Man*, New York: Norton, 1981; 김동광 옮김, 사회평론 2003)를 보면, 지성을 뇌에 위치한 하나의 양적 실체로 추상화하여 인간을 서열화하려 했던 과학의 역사가 나온다. 이 책은 또한 두개골 측정법에서부터 인류학자 피터 윌슨(Peter J. Wilson)에 이르기까지 생물학적 결정론의 부침을 보여주는 입문서 역할도 해준다. 1944년에 이미 군나르 뮈르달(Gunnar Myrdal)은 "생물학적 인과론은 의심 없이 받아들이면서, 사회적 설명은 어쩔 수 없을 때만 수용하는 경향"을 하나의 이데올로기라고 말했다. 집단 안에서 주어진 현재 지위를 정상적 개인이 **당연히** 있어야 할 위치로 받아들이게 하는 이데올로기라는 것이다. 굴드가 주목한 생물학적 결정론이라는 이데올로기는 정치가 위축되는 시대에 늘 그랬듯이 지금도 유행처럼 번지고 있다.

1970년대 중반부터 수많은 사람이 그들에 대한 사회적 편견이나 열등한 자질이 정말로 과학적 사실인지 의문을 갖기 시작했다. 인종적 분류에

266

맞춘 서열을 자신에게 매기는 것이 정치적으로 옳은 것인지 따지기 시작한 것이다. 과학자 중에는 사회과학과 인문학을 사회생물학의 하위 학문으로 떨어뜨리고, 인간 행위에 미치는 유전적 원인의 영향력을 과장하는 이들이 있다. 그들을 비판하는 문헌을 보려면, 윌리엄 더거의 「사회과학도를 위한 사회생물학: 에드워드 윌슨의 진화패러다임 비판」(William M. Dugger, "Sociobiology for Social Scientists: A Critical Introduction to E. O. Wilson's Evolutionary Paradigm," *Social Science Quarterly* 62, no. 2, June 1981: 221-46)과, 클리포드 기어츠(Clifford Geertz)가 『뉴욕 리뷰 오브 북스』 (*The New York Review of Books*, January 24, 1980)에 쓴 도널드 시먼스의 『섹슈얼리티의 진화』(D. Symons, *The Evolution of Human Sexuality*, New York: Oxford University Press, 1980; 김성한 옮김, 한길사 2007)에 대한 비판적 리뷰를 보라. 이 문제에 관해 더 상세한 문헌으로는 헬렌 램버트의 「생물학과 평등: 성적 차이에 관한 시각」(Helen H. Lambert, "Biology and Equality: A Perspective on Sex Differences," *Signs* 4, no. 1, Autumn 1978: 97-117)이 있다. 인간 생물학의 성차별적 시각을 세밀하면서도 다각도로 분석한 중요한 저서는 메리 수 허바드와 바바라 프렌드가 엮은 『여성을 보는 생물학을 여성의 눈으로 보기』(M. S. H. Hubbard and Barbara Friend, eds., *Women Look at Biology Looking at Women*, Cambridge, MA: Schenkman, 1979)이다. 하지만 페미니스트 중에서도 남자와 여자가 마치 인간 종의 아종(亞種)처럼 서로 별개의 인간이며, 그래서 문화와 상관없이 양쪽의 행동양식이 태생적으로 다르다고 확고하게 주장하는 이들이 있다. 앨리스 로시의 「양육에 관한 생물사회적 시각」(Alice Rossi, "A Biosocial Perspective on Parenting," *Daedalus* 106, no. 2, Spring 1977: 1-31)을 참조하라. 페미니스트의 평등주의는 의도는 좋지만, 사회생물학적 결정론에 숨은 인종주의의 송곳니를 가리는 역할을 할 수 있다. 의도가 좋다고 해서 그 송곳니를 부러뜨릴 수 있는 것은 아니다.

59. 동물사회학 ANIMAL SOCIOLOGY

과학소설을 뒤집으면 동물사회학이다. 과학소설은 사람이 의미 있고 목적의식적인 행동을 하는 원인을 환상의 세계에서 찾는다. 반면, 동물사회학은 인간 아래 동물의 세계에서 사회성을 찾는다. 과학소설(SF)과 동물사회학(AS)은 모두 젠더 없는 개념으로 사고한다는 점에서 사회과학(SS)과 공통점이 있다. 간혹 과학소설에는 미래를 예언하는 가치가 있고, 동물사회학에서는 인간 행동 이론을 입증하는 실험을 했다는 말이 들린다. 하지만 그런 점은 오히려 사회과학의 범주로는 인간의 고유한 특징인 젠더의 문화를 볼 수 없다는 점을 증명할 뿐이다. 관련 문헌에 대한 비판적 접근을 보려면, 도나 해러웨이가 쓴 「동물사회학과 신체 정치의 자연경제」(Donna Haraway, "Animal Sociology and a Natural Economy of the Body Politic," *Signs* 4, no. 1, 1978: 21-60) 등의 논문을 참조하라.

60. 인종주의자와 전문가 THE RACIST AND THE PROFESSIONAL

인종주의자와 서비스 전문가를 의도적으로 비교했다. 이 책의 독자 중에는 자신이 전문가라고는 생각해도 인종주의자로 생각하는 사람은 거의 없을 것이다. 그 점을 알면서도 양쪽을 비교하지 않을 수 없었다. 그이유에 관심이 있다면 『누가 나를 쓸모없게 만드는가』(Ivan Illich, *The Right to Useful Unemployment*, London: Marion Boyars, 1978; 허택 옮김, 느린걸음 2014), 특히 2장을 읽어보기 바란다. 19세기를 다룬 많은 논문을 보면, 서비스 전문가들은 자신들의 치료법에 대한 수요를 만들기 위해 필요라는 진단을 발명했고, 이어서 그것을 독점했다는 것을 알 수 있다. 버턴 블레드슈타인이 『전문가주의 문화』(Burton S. Bledstein, *The Culture of Professionalism*, New York: Norton, 1976)에서 이 점을 잘 기록했다. 재화의 생산과 유통을 민간이 맡아서 하는 곳에서도 서비스 생산은 국가가 독점하는 경향이 있다. 이 구조 안에서 전문가는 "혼란이나 질병에 대한 대중의 두려움을 이용하고, 뜻 모를 전문용어를 교묘하게 채택하고, 대중에게 전해 내려오는 자조의 전통을 낡고 비과학적이라고 폄하한다. 이것이 바로 전문가가 자신의 서비스에 대한 수요를 만들고 키워온 방식이다" (Christopher Lasch, *The New York Review of Books*, November 24, 1977: 15-18). 이 맥락에서 전문가 집단은 다음과 같은 과정마다 자신에게 필요한 능력을 길러왔다. 과학적 견해를 근거로 '결핍'을 정의하고, 그 과학적 견해를 증명할 연구를 수행하며, 이 결핍을 구체적 개인에게 집어넣기 위해 '진단'을 내리고, 인구 전체를 의무적으로 검사받게 하며, 그리하여 교정이나 치료, 개선이 필요하다고 진단한 사람에게 치료를 강요한다. 이 과정의 논리는 존 맥나이트가『사랑의 가면: 서비스 경제에서 전문가의 돌봄』 (John L. McKnight, *The Mask of Love: Professional Care in the Service Economy*, New York, London: Marion Boyars, 1983)에서 누구도 따를 수 없을 만큼 예리하게 묘사했다. 전문가의 사고와 인종주의자의 사고는 일치한다. 세부 항목은 다르지만 같은 전제에 바탕을 두고 있다. 생명 전문가는 생물학적 진단을 통해 사회적 등급을 매길 권리가 있다고 생각한다. 전문가적 사고와 생물학적 차별이 합쳐지는 모습은 산부인과의 역사를 보면 가장 뚜렷하게 알 수 있다. 모리스 올렝데가 엮은『인종주의: 레온 폴리아코프를 위하여』(Maurice Olender, ed., *Le Racisme: Pour Léon Poliakov*, 주56 참조)에는 계몽주의 전통 속에서 반페미니즘을 반유대교의 선입관과 연결한 여러 편의 논문이 실려 있다.

61. 역할 ROLE

'역할'은 랠프 린턴이『인간 연구』(Ralph Linton, *The Study of Man: An Introduction*, New York: Appleton-Century Crofts, 1936)를 낸 뒤부터 사회 조직과 그 사회를 구성하는 개인의 특징적 행동을 연결지어주는 사회학 개념이 되었다. 역할이란 사람을 복수형의 일부로 만들어 젠더 없는 개념으로 분석하는 장치다. 게다가 역할을 사회과학적 범주로 사용하면 젠더를 주제로 삼을 가능성은 아예 없어진다. 젠더는 각자의 역할을 수행하는 개인들보다 훨씬 깊은 차원에서 멀리 떨어진 **타인들**을 이어준다. 사회학의 역할 개념은 연극에서 빌려 왔다. 역할이란 용어가 처음 전문용어로 대두될 즈음 유럽의 배우들은 이전보다 훨씬 높아진 무대 배경 위에서 등장 – 공연 – 퇴장으로 이어지는 장면을 연출하기 시작했다. 개념으로서의 역할은 마치 20세기 사회학에서 낯선 개념인 것처럼 16세기에도 낯설었다. 리처드 서던의 『극장의 일곱 시대』 중 「네 번째 단계: 조직된 무대」 (Richard Southern, "Fourth Phase: The Organized Stage," *The Seven Ages of the Theater*, New York: Hill and Wang, 1963: 155-215)를 참조하라. 역할 개념이 방법론에 미친 영향에 관해서는 윌리엄 허버트 드레이의 「전체론 그리고 역사와 사회과학의 개인주의」(W. H. Dray, "Holism and Individualism in History and Social Science," *Encyclopedia of Philosophy* 4, ed. Paul Edwards, New York: Macmillan, 1967: 53-58)를 참조하라.

62. 사회형태학 SOCIAL MORPHOLOGY

모든 토박이 환경에 있어 젠더는 그 사회가 제 모습을 유지하기 위해 지켜야 하는 제한된 한도의 밑바탕을 제공해준다고 나는 생각한다. 생물학에서 한 생물의 특징적 형태는 좁은 한도의 크기를 지킬 때만 유지될 수 있다. 생쥐류 동물은 작게는 2.5센티미터에서 크게는 시궁쥐만 한 것까지 있다. 코끼리만 한 크기의 생쥐는 있을 수 없다. 홀데인의 「적당한 크기라는 것」(J. B. S. Haldane, "On Being the Right Size," in James R. Newman, *The World of Mathematics: A Small Library of the Literature of Mathematics from A'h-mose the Scribe to Albert Einstein* 2, New York: Simon and Schuster, 1956: 952-57)은 이에 관한 아름다운 글이다. 다시 톰슨의 『성장과 형태에 대하여』(D'Arcy Wentworth Thompson, *On Growth and Form*, edited by J. T. Bonner, Cambridge: Cambridge University Press, 1971)는 해부학적 형태와 크기 사이의 형태학적 관계에 초점을 맞춘 책이다. 레오폴드 코어는 『국가의 분열』(Leopold Kohr, *The Breakdown of Nations*, London: 1941)에서 사회 형태와 크기를 상호연관지어 사회형태학 분야를 개척했다. 코어의 제자인 E. F. 슈마허는 스승도 흡족할 정도로 이 명제를 『작은 것이 아름답다』(E. F. Schumacher,

Small ls Beautiful: Economics as if People Mattered, New York: Harper and Row, Torch books, 1973)라는 한 줄로 요약했다. 나는 **사회적 아름다움**은 그 문화를 이루는 물질적 요소가 구체적이고 젠더로 이루어진 상보성에 적합한 크기일 때 나타난다고 생각한다. 이러한 '환경'을 형태(form, 그리스어로 *morphé*)에 상응하는 크기로 유지하는 일은, 남자의 영역과 여자의 영역이 젠더로 된 관계를 만들고 보존하기 위해서도 필요하다.

63/64. 성 역할 SEX ROLE

63. '성'(sex)에 대해서는 주7, '역할'(role)에 관해서는 주61을 먼저 참조하라. '성 역할'이란 말을 일상 대화에서 쓰기 시작한 것은 2차 세계대전 이후부터다. 성 차이(sex differences)라는 말이 연구자들을 사로잡은 것은 빅토리아 시대 때이며(주67), 그 이후인 1920년대까지도 과학자들은 특히 남자와 여자의 지능을 측정하여 비교하는 일에 매달렸다(주58의 스티븐 굴드 참조). 20년대 후반에는 지성 외적인 특징에서 나타나는 여성성과 남성성을 비교하는 일이 그럴듯한 사업이 되었다. 참고문헌으로는 줄리아 앤 셔먼의 『여성 심리학에 대해』(Julia Ann Sherman, *On the Psychology of Women: A Survey of Empirical Studies*, Springfield, MA: C. Thomas, 1971)와 이 책에 셔먼의 저서에 비판적인 주석을 달고 비전문가의 연구목록을 추가한 조이스 월스테트의 『여성의 심리』(Joyce J. Walstedt, *The Psychology of Women: A Partially Annotated Bibliography*, Pittsburgh: KNOW, 1972)가 있다. 30년대에는 정신분석학의 영향을 받아 정서적 욕구에 대한 남녀 차이를 과학적으로 밝히고, 연구 결과를 심리치료사, 사회사업가, 교육자들이 활용했다. 50년대 연구자들에게는 특히 동성애에 대한 남자와 여자의 성향 차이가 중요해 보였다. 성 차이에 대한 연구의 역사적 변천 과정은 엘리너 매코비와 캐럴 재클린의 『성 차이의 심리학』(Eleanor E. Maccoby and Carol N. Jacklin, *The Psychology of Sex Differences*, Palo Alto, CA: Stanford University Press, 1974)을 참조하라. 사회과학에서 성 역할이 차지하는 중요성을 어떻게 볼 것인가는 H. A. D. 애스틴의 『성 역할: 연구 목록』(H. A.

D. Astin, *Sex Roles: A Research Bibliography, Rockville*, MD: National Institute of Mental Health, 1975)을 참조하라.

64. 이 구절은 빌 허스코비츠의 『경제인류학』(Melville Jean Herskovits, *Economic Anthropology*, New York: Norton, 1965)에서 인용한 것으로, 원래 제목은 『원시인의 경제생활』(*Economic Life of Primitive Peoples*)이다. 지난 30년 동안 영어를 비롯해 여러 언어로 쓰인 사회학 논문에서 노동의 성 분업에 관한 인용문 대부분은 바로 이 책의 7장에 나오는 것을 갖다 쓴 것에 불과하다.

65. 빅토리아 시대의 페미니즘 VICTORIAN FEMINISM

빅토리아 시대의 페미니스트는 원시시대의 남자와 여자의 관계를 매력적인 토론 주제로 만드는 데 성공했다. 하지만 그들이 원시인의 행위에서 발견한 다양한 흔적은 진화론을 입증하려는 당시 인류학자들의 증거로 활용되어 '부르주아 가정'이라는 보편적 기준이 만들어졌다. 엘리자베스 피의 「빅토리아 시대 사회인류학의 성차별 정치학」(Elizabeth Fee, "The Sexual Politics of Victorian Social Anthropology," *Feminist Studies* 1, 1973: 23ff.)을 참조하라. 빅토리아 시대의 성차별주의에 관한 최근의 연구를 보려면 질 로의 「근대화와 성차별주의: 빅토리아 시대 여성에 관한 최근 연구」(Jill Roe, "Modernization and Sexism: Recent Writings on Victorian Women," *Victorian Studies* 20, Winter 1977: 179-92)와 마를렌 르게이츠의 「18세기 사고에서의 여성성 숭배」(Marlene Le Gates, "The Cult of Womanhood in Eighteenth-Century Thought," *Eighteenth-Century Studies* 10, no. 1, 1976: 21-39), B. 디디에의 「이색취미 그리고 18세기말 소설에 나타나는 가족제도와 도덕에 대한 질문: 벡퍼드, 사드, 포토키」(B. Didier, "L'Exotisme et la mise en question du système familial et moral dans le roman à la fin du XVIIIe siècle: Beckford, Sade, Potocki," *Studies on Voltaire* 152, 1976: 571-86)를 보라.

272

성적 특성에 따라 인간을 둘로 나눌 수 있다는 인식은 그때까지와는 전혀 다른 사회적 분류법을 대표한다. 계몽주의 전에는 생각할 수도 없던 이 분류법은 사회적 지위가 아니라 성적 특징이 분류 기준이다. 이런 생각을 하는 데 도움을 준 글은 카린 하우젠의 「가족과 역할 구분: 19세기 성적 유형의 양극화―노동과 가족의 분리라는 측면」(Karin Hausen, "Family and Role Division: The Polarisation of Sexual Stereotypes in the Nineteenth Century – An Aspect of the Dissociation of Work and Family Life," in Richard Evans and W. R. Lee, eds., *The German Family: Essays on the Social History of the Family in Nineteenth- and Twentieth-Century Germany*, London: Croom, Helm; Totowa, New Jersey; Barnes and Noble Books, 1981: 51-83)이다. 또한 바바라 웰터가 쓴 「참된 여성성의 숭배, 1820~1860」(Barbara Welter, "The Cult of True Womanhood, 1820-1860" in *American Quarterly* 18, 1966: 151-74)에서도 많은 도움을 받았다. 성적 특성으로 사람을 양분할 수 있다는 인식으로 여성의 신체를 보는 새로운 사회적 감각(주80, 87)과 가정이 여성 시민에게 유일하게 적합한 영역이라는 새로운 인식이 생겨났다. 미국에서는 당시 독립적인 힘을 갖고 '비제도권'에 머물던 여성운동가와 성직자들이 합세하여 단계적으로 그러한 가정의 이념을 사회 곳곳에 퍼뜨렸다. 그리고 사회를 **보완해주는** 가정이 산업사회에 절대적으로 필요하다는 인식이 생겨났다. 이에 관해서는 미국 사회를 여러 차원에서 뛰어나게 해석한 앤 더글러스의 『미국 문화의 여성화』(Ann Douglas, *The Feminization of American Culture*, New York: Discus Books/Avon, 1977)를 참조하라. 빅토리아 페미니즘에 관한 학계의 최근 논의를 보려면 질 로의 「근대화와 성차별주의: 빅토리아 시대 여성에 관한 최근 연구」(Jill Roe, "Modernization and Sexism: Recent Writings on Victorian Women" in *Victorian Studies* 20, 1976/77: 179-92)를 참조하라. 여성과 일에 대한 빅토리아 시대의 가정에서 벗어나 성공의 정의를 표현한, 여성을 **위해** 여성이 **쓴** 당시 문헌에 관해서는, 일레인 오그니비니의 「여성에 대한 여성: 여성 성공에 대한 수사법, 1860~1920」(Elaine Rose Ognibene, "Women to Women: The Rhetoric of Success for Women, 1860-1920," New York: Rensselaer Polytechnic

Institute Dissertation, 1979)을 보라.

66. 성과 기질 SEX AND TEMPERAMENT

마거릿 미드가 쓴 『세 부족사회에서의 성과 기질』(Margaret Mead, *Sex & Temperament in Three Primitive Societies*, New York: Morrow, 1963; 조혜정 옮김, 이화여대출판부 1998)과, 에리히 프롬 및 마이클 매코비가 공저한 『멕시코 마을의 사회적 성격』(Erich Fromm and Michael Macoby, *Social Character in a Mexican Village*, Englewood Cliffs, NJ: Prentice Hall, 1970)을 참조하라. 이 책 들은 정신분석이라는 젠더 없는 범주(프롬의 경우에는 마르크스의 범주)를 사용해서 어떻게 **기질** 또는 **사회적 성격**이 다양한 사회적 조건 속에서 남 녀 간의 관계를 형성하는지를 처음이자 아마도 마지막으로 분석하려고 한 저서들이다.

67. 역할의 상보성 ROLE COMPLEMENTARITY

빅토리아 시대 인류학자는 자연이 운명적으로 갈라놓은 남성과 여성의 상반된 영역에 집중했다(주65). 반면, 대공황기의 미국 학자들은 생산 노 동의 성적 분업에 관심이 많았다. 그들은 형식에 맞춰 수백 개의 사회에서 수집한 수천 개의 사회적 특성을 골라 도표를 만들고, 상호연관성을 찾는 실험을 했다. 그들은 통계적으로는 모든 데이터가 의미가 있는데도, 타당 성 없는 가설로 이끄는 유의미성 검사들에 기초하여 그저 추측에 지나지 않는 논리를 세웠다. A. D. 쿨트와 R. 하버슈타인이 쓴 『머독의 민족지 표 본 교차비교표』(A. D. Coult and R. Haberstein, *Cross-Tabulations of Murdock's Ethnographic Sample*, Columbia, MO: University of Missouri Press, 1965)를 참 조하라. 머독이 어떤 자료를 수집했는지는 「성에 따른 노동 분업에 관한 비교자료」(George P. Murdock, "Comparative Data on the Division of Labor by Sex," *Social Forces* 15, 1937: 551-53)를 참조하라. 그의 연구 내용을 요약해서 보려면, 「간추린 민족지 지도」("Ethnographic Atlas: A Summary," *Ethnology*

6, no. 2, 1967: 109-236)를 참조하라. 빈약하고 단편적이지만 어떤 사람들이 어디에서 무슨 노동을 하는지에 관한 유용한 정보는 머독의 후계자인 조엘 아로노프와 윌리엄 크레이노의 「가족 안에서 임무 분장과 성 역할 차이를 결정하는 범문화적 원리에 대한 검토」(Joel Aronoff and William D. Crano, "A Re-examination of the Cross-Cultural Principles of Task Segregation and Sex-Role Differentiation in the Family," *American Sociological Review* 40, February 1975: 12-20), 알랭 로맥스와 콘래드 아렌스버그의 「자급자족 제도에 따른 전 세계의 진화론적 문화 분류」(Alain Lomax and Conrad M. Arensberg, "A Worldwide Evolutionary Classification of Cultures by Subsistence Systems," *Current Anthropology* 18, no. 4, December 1977: 659-708), 조엘 아로노프와 윌리엄 크레이노의 「가족 안에서 표현적 역할과 도구적 역할의 상보성에 관한 범문화적 연구」("A Cross-Cultural Study of Expressive and Instrumental Role Complementarity in the Family," *American Sociological Review* 43, no. 4, August 1978: 463-71)에서 볼 수 있다.

이들은 특정한 유형의 노동을 남성이나 여성과 결부지어 여러 문화권에서 공통점을 찾으려고 시도했다. 하지만 번번이 타당성이 없거나 빈약한 결과만 나왔다. 이들 인류학자는 통계를 바탕으로, 여성의 노동은 "반복적이며 쉽게 끊기고, 위험하지 않으며, 단순한 기술에 기반"하거나 "위험 부담이 적으면서 집 근처에서 하는 일"이고 "사회적 가치가 낮으며" 대체로 "여성 노동의 상대적 가치는 그들이 노동할 때 쓰는 도구의 가치보다 더 활용하기 어려운" 것으로 보았다. 결과적으로 통계적 연관성을 찾는 조사는 예외를 '발견'하는 격이 되고 말았다. 머독은 남녀가 "세계적으로 노동을 균등하게 상호 교환하는 비율"을 16퍼센트로 보았다. 하지만 필리핀 루손 섬의 서부 본톡(Bontoc)에 사는 이고로트족(Igorot)의 두 하위 집단에서는 81퍼센트로 나왔다. 앨버트 백데이언의 「서부 본톡의 기계적 협력과 성 평등」(Albert S. Bacdayan, "Mechanistic Cooperation and Sexual Equality Among the Western Bontoc," in Alice Schlegel, ed., *Sexual Stratification*, New York: Columbia University Press, 1977: 270-91)을 참조하라. 지금까지 말한 여성의 노동에 대한 가설을 생산하는 신화를 생생하게 비판한 글 가운데 가장 흥미로운 저서는 앤 오클리의 『여성 노동: 가정주부, 과거와 현재』(Ann Oakley, *Woman's Work: the Housewife, Past and Present*, 주32)다.

68. 여성의 종속 FEMININE SUBORDINATION

1970년대 전반기, 비 산업사회에서 남녀 간의 차이를 연구한 많은 학자는 공적으로 인정된 권력과 권위가 여성에게 부족한 점이 여성이 남성에게 종속된 표시라고 주장했다. 관련된 문헌을 보려면, 수전 캐럴 로저스의 「여성의 위치: 인류학 이론에 대한 비판적 고찰」(Susan Carol Rogers, "Woman's Place: A Critical Review of Anthropological Theory," *Comparative Studies in Society and History* 20 no. 1, 1978: 123-62)을 참조하라. 이 책은 남녀의 상대적 지위, 그리고 성과 관련한 차이를 영국과 미국 인류학에서 어떻게 다루는지 볼 수 있는 유용한 자료다. 나오미 퀸의 「여성의 지위에 대한 인류학적 연구」(Naomi Quinn, "Anthropological Studies on Women's Status," *Annual Review of Anthropology* 6, 1977: 181-225)도 참조하라. 에벌린 제이콥슨 마이클슨과 월터 골드슈미트의 「농부들 사이에서의 여성 역할과 남성 지배」(Evalyn Jacobson Michaelson and Walter Goldschmidt, "Female Roles and Male Dominance Among Peasants," *Southwestern Journal of Anthropology* 27, 1971: 330-52)에는 1940~1965년 사이에 출간된 56개의 논문 색인이 들어있다. 모두 과거의 농민 사회를 분석하여 성에 따른 역할과 지위를 설명하는 전공 논문들이라 많은 도움이 된다. 루비 로어리히 레비트가 엮은 『비교문화적으로 본 여성: 기회와 도전』(Ruby Rohrlich-Leavitt, ed., *Women, Cross-Culturally: Chance and Challenge*, The Hague: Mouton, 1975)과 '비교문화적 관점에서 본 성 역할'이라는 제목의 『아메리칸 에스놀로지스트』("Sex Roles in Cross-Cultural Perspective," *American Ethnologist* 2, no. 4, November 1975)는 여성학에서 비교문화적 연구가 어떤 방식으로 이루어지는지 보여주는 대표적인 사례가 들어있다.

마르크스주의 페미니즘의 관점에 관해서는 『인류학 비평』의 여성 특집 (the Women's Issue, *Critique of Anthropology* 3, no. 9/10, 1977)을 보라. 이 관점의 학자들은 분석적 범주를 너무 남발한 나머지 젠더와 성, 가부장제와 성차별주의(주21), 비대칭적 영향과 위계적 권력 분배(주84)를 구별할 수 없게 만드는 경향이 있다. 나아가 그런 방식으로 공적인 영역을 맨 위에 올려놓고, 남성 문화가 왜 중요한지를 남성의 시각에서 풀어 놓는다. 따라서 그들 책을 보는 독자들은 젠더적 존재들의 특징인 권력의 비대칭성을 이해하기가 힘들다. 루이스 틸리는 「사회과학과 여성 연구」 (Louise A Tilly, "The Social Sciences and the Study of Woman: A Review Article," *Comparative Studies in Society and History* 20, no. 1, 1978: 163-73)에서 미셸 로잘도와 루이스 램피어가 엮은 『여성, 문화, 사회』(Michelle Zimbalist Rosaldo and Louise Lamphere, eds., *Woman, Culture and Society*, Palo Alto, CA: Stanford University Press, 1974)를 논하면서 이 점을 분명하게 보여준다.

그러나 의미심장하게도 여성에 대한 사회학적, 인류학적 관심이 쇠퇴하던 시기(1945년부터 1970년까지)에 원시 여성에 관한 중요한 저서 두 권이 나왔다. P. M. 카버리의 『들판의 여인』(P. M. Karberry, *Women of the Grassfields*, London: HMSO, 1952; Gregg International, 1970)과 오드리 리처즈의 『치순구: 북부 로디지아 뱀바족 여자아이의 성년식』(Audrey Richards, *Chisungu: A Girl's Initiation Ceremony Among the Bemba of Northern Rhodesia*, London: Faber & Faber, 1951)은 원시사회 남자와 여자 사이에 권력의 비대칭성에 주목하고 있다. 그러다가 10여 년이 지나서 어네스틴 프리들은 「여성의 위치: 겉모습과 실재」(Ernestine Friedl, "The Position of Women: Appearance and Reality," *Anthropological Quaterly* 40, 1967: 97-105)에서 권력 불균형에 대해 유쾌한 방식으로 다시 물음을 던진다. 그녀의 책을 보면, 가정을 중심으로 유지되는 생활양식에서는 집안에서 행사하는 권력이 더 중요한 권력인 듯하다. 지금까지 제시한대로 젠더와 성을 구별하고 다양한 사회마다 있는 상대적 권력을 받아들인다면, '여성의 종속' 문제를 토론할 때 일어나는 혼란을 없앨 수 있을 것이다. 이에 관해서는 주21과 84를 보라.

제4장

69. 젠더 분리 THE GENDER DIVIDE

본문에 소개한 사례는 피에르 클라스트르의 『국가에 대항하는 사회』 (Pierre Clastres, *Society Against the State*. trans. Robert Hurley, New York: Urizen Books, 1977; 홍성흡 옮김, 이학사 2005)에 나온다. 이보다 더 심하게 사회적 존재가 되기를 주저하는 사람들이 사는 문화도 있다. 남아메리카 시리오노족의 남자와 여자는 오직 달을 통해서만 서로에게 이어진다고 믿었다. 존 잉햄의 「시리오노족은 날것인가, 요리되었는가?」(John Ingham, "Are the Siriono Raw or Cooked?" *American Anthropologist* 73, 1971: 1092-99)를 참조하라.

70. 도구와 젠더 TOOLS AND GENDER

젠더와 단순 도구 사이의 연관성을 조사하면 젠더를 연구할 때 특별한 이점을 누릴 수 있다. 이 연관은 눈으로 직접 볼 수 있기 때문이다. 하지만 모든 경우가 그런 것은 아니다. 예를 들어 젠더와 노동의 연관성은 눈으로 직접 확인하기가 어렵다. 어떤 문화에서 사람들에게 '부여된' 일의 목록 혹은 분류 체계는 어느 정도는 관찰자의 창조물이다. 그러나 도구는 구체적인 대상이므로, 관찰자는 그 도구를 남자가 다루는지 여자가 다루는지 보이는 대로 기록할 수 있다. 그런데도 도구와 젠더의 직접적 연관성에 초점을 맞추는 연구가 부족하다. 정말로 놀라운 학문의 공백이다. 이 연관성을 관찰하는 사람들은 제각기 다양한 초점에 맞추어 연구하고 기록했다.

이 주제에 관해 영어로 읽을 수 있는 훌륭한 입문서는 마이클 로버츠의 「벌낫과 왜낫: 수확기의 남성과 여성의 노동」(Michael Roberts, "Sickles and Scythes: Women's Work and Men's Work at Harvest Time," *History Workshop* 7, 1979: 3-28)이다. 훌륭한 참고문헌을 수록하여 풍부하고 자세하게 쓴 문헌은 귄터 비겔만의 「중부유럽의 농업분업 문제에 대하여」(Günter Wiegelmann, "Zum Problem der bäuerlichen Arbeitsteilung in Mitteleuropa," *Geschichte und Landeskunde, Franz Steinbach zum 65. Geburtstag*, Bonn: 1960: 637-71)이다. 그가 쓴 또 다른 글 「과거 농업노동에 대한 ADV 설문 1차 보고서」("Erste Ergebnisse der ADV-Umfragen zur alten bäuerlichen Arbeit," *Rheinische Vierteljahresblätter* 33, 1969: 208-62)도 참조하라. 이 책을 보완하는 유용한 저서는 마리아 빌트링마이어의 『뷔르템베르크의 두 마을에서 본 농촌여성』(Maria Bidlingmaier, *Die Bäuerin in zwei Gemeinden Württembergs*, Stuttgart: Kohlhammer, 1918)이다. 이 책은 1차 세계대전 이전의 전통 농촌과 근대화된 농촌을 비교하여 여자들의 일상 노동을 설명했다. 당시로서는 탁월한 연구서다. 잉게보르크 만의 『19세기 농촌 노동에서의 수확: 1865년 독일 만하르트 설문조사에 근거하여』(Ingeborg Man, *Erntegebrauch in der ländlichen Arbeitswelt des 19. Jahrhunderts. Auf Grund der Mannhardbefragung in Deutchland von 1865*, Marburg: 1965)도 참조하라.

헝가리 농촌에 관해서는 에디트 펠과 타마스 호퍼가 쓴 『진정한 농부들: 헝가리 마을의 전통적인 삶』(Edit Fél and Tamás Hofer, *Proper Peasants: Traditional Life in a Hungarian Village*, Viking Fund Publications in Anthropology, 46, Chicago: Aldine, 1969: 101-37)과 『경제와 가정에 있어서 농부적 사고: 헝가리 마을 아타니 슈바르츠에 대한 민족지 연구』(*Bäerliche Denkweise in Wirtschaft und Haushalt: Eine ethnographische Untersuchung über das ungarische Dorf Atány Schwartz*, Gottingen: 1972)가 도움이 된다. 이 책에는 젠더 경계를 넘지 못하도록 억누르는 기능을 했던 속담, 농담, 풍자가 실려 있다. 규칙이 엄격한 곳에서는 예외도 명확하게 규정했다. 남자가 여자의 일을 해주는 경우다. 이 책에서는 2차 세계대전 후에도 죽은 남편이 하던 일을 할 수밖에 없는 과부에게는 남자들이 직접 도움을 주었다고 한다. 예를 들어 대장장이는 과부의 칼을 돈을 받지 않고 갈아주었다. 이 주제에 관한 글 중에서 도구를 직접 다루고 있지는 않지만 아름답고 풍부한 연구로는 O. 뢰프그렌의 「스웨덴의 노동 분업과 성 역할」(O. Löfgren, "Arbeitsteilung und Geschlechtsrollen in Schweden," *Ethnologia Scandinavia*, 1975: 49-72)이 있다. B. 후퍼츠는 『독일 농촌 문화형태의 공간과 층위』(B. Huppertz, *Räume und Schichten bäuerlicher Kulturformen in Deutschland*, Bonn: 1939, 특히 191쪽 이하와 281쪽 이하)에서 독일의 어떤 마을에서는 도구와 젠더의 연관성, 특히 동물 또는 식물과 젠더의 연관성이 신석기 시대 이후 지금까지 변하지 않고 그대로 남았다고 주장한다. 벌낫과 왜낫을 젠더에 따라 정확히 쓰고 있는지 감시하는 역할을 맡은 가톨릭 성인에 관해서는, 레오폴트 슈미트의 『농촌 노동 신화에서 보는 거룩함』(Leopold Schmidt, *Gestaltheiligkeit im bäuerlichen Arbeitsmythos: Studien zu den Ernteschnittgeräten und ihre Stellung im europäischen Volksglauben und Volksbrauch*, Wien: Verlag des Osterreichischen Museums for Volkskunde, 1952, 특히 108-77 쪽)을 참조하라.

71. 노동 분업 DIVISION OF LABOR

영어에서 키워드는 복합어인 경우가 많다. 그중 하나가 **노동 분업**이다. 얼핏 보면 이 말을 일상 대화에서 쓸 때는 별 문제가 없어 보인다. 하지만 사전이나 논문에서 설명하는 방식을 들여다보면 대번에 문제가 나타난다. 서로 다른 분류체계에 넣어야 할 인간의 세 가지 활동을 혼동하고 '노동 분업'이라는 말로 뭉뚱그리기 때문이다. 그것은 (1) 생산 노동의 기능적 분업이다. 예를 들어 도시와 농촌, 제화공과 목수, 그리고 바늘을 만드는 17개의 공정 등이 그런 것이다. (2) 전통 사회에서 젠더별로 맡았던 일이다. (3) 임금 노동자의 역할과 임금 노동자(그/그녀)의 부양가족이 맡은 역할이다. 두 역할은 다를 뿐 아니라 상반된다. 역사학이나 인류학에서 이 세 의미를 혼동하지 않고 쓰는 경우는 거의 없다. 바르바라 두덴과 카린 하우젠의 「사회적 노동—성별로 나뉜 노동 분업」(Barbara Duden and Karin Hausen, "Gesellschaftliche Arbeit – Geschlechtsspezifischce Arbeitsteilung," in Annetted Kuhn and Gerhard Schneider, eds., *Frauen in der Geschichte*, Dusseldorf: Padagogischer Verlag Schwann, 1979: 11-13)을 참조하라. 이 점이 바로 내가 '노동 분업'에 관해 말하기를 꺼리는 이유다.

72. 엘리트와 젠더 THE ELITE AND GENDER

생산 즉 타인을 위해 잉여를 만들어내는 일은 19세기까지 젠더와 관련된 문제였다. 또한 생산된 잉여를 소비하는 것 역시 대부분 젠더의 문제였다. 중세에 지대를 생산하여 생계를 꾸리는 일은 현대 소비자의 특징인 젠더 없는 필요를 만족시키며 경제적 존재로 살아가는 것을 의미하지 않았다. 지위가 높다고 해서 젠더 간 경계선이 모호하지도 않았다. 조금이라도 지위가 있으면 오히려 젠더 구분을 분명히 드러내고, 의식적으로 지키려고 했다. 영주나 숙녀에게는 자신의 젠더를 '과시할' 여가가 있었기 때문이다. 간혹 젠더 경계를 넘는 것도 허용되었다(주106). O. 뢰프그렌은 남자만 말을 탈 수 있던 사회에서도 귀부인들은 승마를 했다는 사실을 짚어준다(주70).

73. 지대와 젠더 RENT AND GENDER

중세 초기에 지대를 낼 때 한 가정에서도 남자와 여자가 서로 다른 농산물로 지대를 냈다는 증거는 루돌프 쿠헨부흐의 「9세기 농민 사회와 수도원 지배」(Ludolf Kuchenbuch, "Bäuerliche Gesellschaft und Klosterherrschaft im 9. Jh. Studien zur Sozialstruktur der Familie der Abtei Prüm," *Vierteljahresschrift for Sozial- und Wirtschaftsgeschichte*, 2 vols. Beiheft 66, Wiesbaden: 1978)에 나온다. 또한 9세기 중에는 가정에서 지대를 내면 그 대가로 남성이든 여성이든 성에 상관없이 토지를 빌릴 수 있었다는 사실도 분명하다. 중세에 젠더별로 냈던 지대의 역사와 소멸 과정에 관한 연구는 아직 나오지 않았다. 주일에 교회가 금지한 부역에 관한 역사는 오토 노이라트의 「세비야 오페라 역사에 관한 연구」(Otto Neurath, "Beiträge zur Geschichte der Opera

Servilia," *Archiv for Sozialwissenschaften und Sozialpolitik* 41, no. 2, 1915: 438-65)
를 보라. 노동 금지와 주일에 관해서는 피에르 브론의 「'주일'의 금기사항
들」(Pierre Braun, "Les tabous des 'Feriae,'" *L'Annie sociologique* 3rd series, 1959:
49-125)을 보라. 과거의 성별 노동 분업을 연구하는 데 이념적으로 어떤
어려움이 있는지 이해하려면 크리스토퍼 미들턴의 「봉건시대 영국의 성
별 노동분업」(Christopher Middleton, "The Sexual Division of Labor in Feudal
England," *New Left Review* 113/114, January-April 1979: 147-68)을 참조하라.
중세 마을에서 대다수 여인들이 영위했던 삶에 관해서는, 로드니 힐튼의
『중세 후기의 영국 농촌』(Rodney H. Hilton, *The English Peasantry in the Later
Middle Ages*, Oxford: Clarendon Press, 1975: 95-110)을 보라.

74. 교역과 젠더 TRADE AND GENDER

교역과 젠더에 관해서는 시드니 민츠의 「남자, 여자, 그리고 교역」(Sidney
W. Mintz, "Men, Women and Trade," *Comparative Studies in Society and History*
13, 1971: 247-69)을 참조하라. 남편은 아내가 하는 교역에 절대로 관여할
수 없었다. 다만, 아내가 집에 가져오는 돈에 관해서는 권리를 주장할 수
있었다. 민츠는 여자 상인에 관한 사회과학 문헌을 논평하면서 동료학자
들이 균형 잡힌 시각으로 여자 상인을 서술하지 않는다는 사실을 발견했
다. 여자 상인은 아이를 소홀히 했다거나 매춘과 관련된 일을 했다는 식
으로 설명했다. 글로리아 마셜의 「여자가 일하는 곳: 시장과 가정에서의
아프리카 요루바족 여인에 대한 연구」(Gloria Marshall, 필명 N. Sudarksa,
"Where Women Work: A Study of Yoruba Women in the Marketplace and the
Home," *Anthropological Papers, Museum of Anthropology*, no. 53, Ann Arbor, MI:
University of Michigan, 1973)를 참조하라. 이 책에서 세부적으로 묘사하는
사회는 주객이 바뀐 세계다. 남편은 부인이 벌어온 수입으로 먹고살면서
집안에서는 부인을 마음대로 하려고 한다. B. 차이나스는 『이스머스 사
포텍족』(B. Chinas, *The Isthmus Zapotecs: Case Studies in Cultural Anthropology*,
New York: Holt, Rinehart & Winston, 1973)에서 멕시코 산후안 에반헬리스

타(San Juan Evangelista)에 사는 여자 상인을 생생하게 묘사한다. 이 부족에서 노동은 젠더별로 엄격하게 분리되어 있지만, 수준 높은 상보성이 있었다.

75. 수공업과 젠더 CRAFT AND GENDER

미하엘 미터라우어가 쓴 「전통 수공업에서의 가족사업 구조」(Michael Mitterauer, "Zur familienbetrieblichen Struktur im zünftischen Handwerk" in H. Knittler, ed., *Wirtschafts- und Sozialhistorische Beiträge. Festschrift für Alfred Hoffman zum 75. Geburtstag*, Munich 1979: 190-219)와 「전 산업시대의 성별 분업」("Geschlechts-spezifische Arbeitsteilung in vorindustrieller Zeit," *Beiträge zur historischen Sozialkunde* 3, 1981: 77-78)을 참조하라. 산업사회 이전 유럽의 길드와 작업장에서 일한 여성들의 법적 지위에 관한 연구 결과는 최근에 나왔다. 하지만 장인의 도구를 젠더에 따라 분류한 자료는 찾기가 어렵다. 다만 에디트 에넨이 「중세 중부유럽 도시사회의 여성」(Edith Ennen, "Die Frau in der mittelalterlichen Stadtgesellschaft Mitteleuropas," ms. 1980)에서 언급한 문헌에서 몇 가지 정보를 얻을 수 있다. 또한 루이제 헤스의 『중세 독일의 여성 직업』(Luise Hess, *Die deutschen Frauenberufe des Mittelalters*, Munich: Neuer Filser Verlag, 1940)를 참조하라. 당시에 거의 금기시하다시피 한 직업을 보려면 베르너 당케르트의 『부정직한 사람들: 배척된 직업』(Werner Danckert, *Unehrliche Leute: die verfemten Berufe*, Bern and Munich: Francke Verlag, 1963)을 참조하라.

76. 구조주의 STRUCTURALISM

지금 젠더 연구의 중요한 대상은 한편으로는 두 종류의 장소나 도구, 몸짓이나 상징 사이의 대응 관계이고, 또 한편으로는 어떤 사회에서 남자로 불리는 것과 여자로 불리는 것 사이에 대응 관계다. 구조주의는 이 특이한 대응 관계와 상보성에 대한 연구를 피하거나 폄하하려는 특별한 시도라고 볼 수 있다. 왜냐하면 구조주의는 젠더의 이원성을, 시스템 안의 내적 관계를 지배하는 규칙의 근저에 놓인 일련의 이원성들—예를 들면 더위와 추위, 오른쪽과 왼쪽, 성과 속—과 같은 선상에 섞어버리기 때문이다. 구조주의 이론에 의하면, 문화를 구성하는 기호와 상징체계는 권력이나 자급자족과 같은 사회제도적 틀과는 동일시될 수 없는 어떤 핵심부에 의해 생겨난다고 한다. 구조주의 인류학자들은 신화와 의례의 분석을 통해서 사회제도적 틀에 대한 사회학적 분석으로는 알 수 없는 이 핵심부를 탐구하고자 한다. 구조주의 역사에 관해서는 로저 바스티드가 엮은 선집 『인문과학과 사회과학에서 '구조'라는 용어의 의미와 용법』(Roger Bastide, *Sens et usages du terme "structure" dans les sciences humaines et sociales*, The Hague and Paris: Mouton 1962)을 보라. 좀 더 간결한 글로는 어네스트 겔너의 「구조주의란 무엇인가?」(Ernest Gellner, "What is Structuralism?" *The Times Literary Supplement*, July 31, 1981: 881-83)가 있다. 구조주의 분석은 미묘하지만 일관된 방식으로 '역할'(주61)이나 '교환'(주57) 같이 젠더 없는 범주를 강조한다. 레비 스트로스는 "여자란 언어처럼 교환을 의미한다"고 말했을 정도다.

구조주의가 젠더를 친족과 연결하지 못하는 또 하나의 이유는 에드먼드 리치(Edmund Leach)의 비평에 나온다. 그는 구조주의 이론의 중심인 친족 제도는 그들이 이론을 만들며 고안한 문화에도 들어맞지 않고, 사회의 제도적 틀에도 맞지 않는다고 지적한다. 내 생각에 구조주의에 이론적 약점이 생긴 이유는 남성/여성이라는 양극성을 단지 수많은 이원성의 하나로 취급하면서 은유적 상보성과 교환을 계속해서 혼동하기 때문이다. 구조주의를 마르크스주의자와 페미니스트 시각에서 비판하는 게 얼마나 어려운지는 게일 루빈의 유명한 논문 「여성 논란: 성의 정치경제학에 관한 메모」(주22), 그리고 펠리시티 에드홀름, 올리비아 해리스, 케이트 영이 쓴 책(주22)을 보면 알 수 있다.

77. 경제적 결혼 ECONOMIC WEDLOCK

오늘날 결혼이라 부르는 짝짓기 패러다임이 형성된 과정은 세 단계로 나눌 수 있을 것이다. 첫 번째는 중세에 가정 단위로 지대를 내는 제도가 생겨난 시기, 두 번째는 르네상스와 중상주의 초기에 이 과세 단위로서의 가정 안에서 부부의 위치가 높아진 시기, 세 번째는 19세기를 거치며 성의 경제적 양극화가 정착된 시기이다. 20세기에 들어선 후 양성 간의 협력관계를 지향하는 경향은 이 세 단계를 전제로 해서 가능해졌다. 그리고 이 단계들은 각 지역의 서구화 정도에 따라 지역별로 각기 다른 계급에 의해 서로 다른 시기에 실현되었다. 이런 결론을 얻기까지 나는 베를린에서 바르바라 두덴과 루돌프 쿠헨부흐와 여러 차례 토론을 벌였고, 나중에는 우베 푀르크젠(Uwe Pörksen)도 토론에 합류했다. 우리는 쿠헨부흐가 봉건주의 대한 최근 이론을 비평한 글부터 보기 시작했다. 쿠헨부흐의 「농민 경제와 봉건적 생산양식」(Ludolf Kuchenbuch, "Bäuerliche Ökonomie und feudale Produktionsweise: Ein Beitrag zur Weltsystem Debatte aus mediaevistischer Sicht," in *Perspektiven des Weltsystems: Materialien zu E. Wallerstein "Das moderne Weltsystem,"* ed. J. Blaschke, Berliner Institut fur vergleichende Sozialforschung, Frankfurt: 1982)을 참조하라.

중세에 친족 관계가 사라지고 경제적 결혼이라는 새로운 사회적 실재가 생겨났다는 생각이 떠오른 것은 잭 구디, 조앤 서스크, E. P. 톰슨이 엮은 『가족과 유산, 서유럽의 농촌사회 1200~1900』(Jack Goody, J. Thirsk, and E.P. Thomson, eds., *Family and Inheritance, Rural Society in Western Europe, 1200-1900*, Cambridge: Cambridge University Press, 1976)을 읽고 나서다. 한스 메딕과 데이비드 사빈이 제시한 세미나 자료 「논문 요청: 가족과 친족―물질적 이해관계와 감정」("Call for Papers: Family and Kinship: Material Interest and Emotion," *Peasant Studies* 8, no. 2, Spring 1979)에서도 많은 영감을 얻었다. 어원학도 이 문제를 살펴보는 출발점이 될 수 있다. 에밀 방브니스트의 『인도유럽어와 사회』(Emile Benveniste, *Indo-European Language and Society,* trans. Elizabeth Palmer, Miami Linguistics Series 12, Miami: University of Miami Press, 1973)를 참조하라. 이 책 1권 14장을 보면, 초기 단계의 인도유럽어 에는 결혼하면서 새로 생긴 남자의 친척과 여자의 친척을 공통으로 지칭 하는 말이 없다고 한다. 그들 상호간의 관계를 지칭하는 친족 용어는 다른 어원에서 나왔다. 아리스토텔레스는 『정치학』(1권 2장 3-1253b)에서 분명히 "남자와 여자의 결합을 지칭하는 말은 없다"고 말했다. 남성을 지칭하는 용어는 대개 동사다. 여성을 지칭하는 말은 명사다. 'marriage'라 는 말의 어원인 라틴어 'maritare'는 동사로서 '결합한다'의 뜻 말고는 다른 의미가 없다. '혼인'이라는 뜻의 파생어 'matri-monium'도 'maritare'와 는 관련이 없다. 이 말은 어머니를 뜻하는 'mater'와 접미사 'monium'이 합쳐진 단어다. 'monium'에는 사법적 지위라는 뜻이 들어있으며, 이 경우 에는 모성의 법적 지위를 말한다. 부부로 구성된 사회 단위 혹은 경제 단위를 표현하는 말은 시대를 거치며 이렇게 진화했다. 네로 황제가 단행한 법 개혁의 영향을 받아 교부들은 사람들의 관계를 "잡종의 양성애로부터 재생산을 위한 이성애로"(d'une bisexualité de sabrage à une héterosexualité de reproduction) 옮기기 위한 정교한 교리를 작성했다. 폴 벤느의 「로마 제국 에서의 가족과 사랑」(Paul Veyne, "La famille et l'amour sous le Haut Empire romain," *Annales, ESC* 33, no. 1 January-February 1978: 35-63)을 참조하라.

중세의 결혼 제도가 생기는 과정에 교회가 어떤 역할을 했는지는 조르 주 뒤비의 『중세의 결혼』(Georges Duby, *Medieval Marriage: Two Models from Twelfth-Century France*, Baltimore: Johns Hopkins University Press, 1978; 최애 리 옮김, 새물결 1999)을 참조하라. 이 책은 『기사, 여성, 성직자: 봉건시 대 프랑스의 결혼』(Le Chevalier, *la femme et le prêtre: le mariage dans la France féodale*, Paris: Hachette, 1981)의 초고 격으로 쓴 것이다. 결혼이라는 새로운 사회 형식이 생기면서 사람들이 느낀 충격과 당혹, 혼란을 기록한 책이 마리 오딜 메트라의 『결혼: 서구의 망설임』(Marie-Odile Métra, *Le mariage: les hesitation de l'occident*, Paris: Aubier, 1977)이다. 필립 아리에스(P. Ariès) 가 서문을 썼다. 젠더가 서서히 경제적으로 부부의 생산 활동에 통합되

는 과정에 처음 흥미를 갖게 한 책이 데이비드 헐리하이의 「701~1200년 사이 유럽 대륙에서의 토지, 가족, 여성」(David Herlihy, "Land, Family and Women in Continental Europe, 701-1200," *Traditio: Studies in Ancient and Medieval History* 18, New York: Fordham University Press, 1962: 89-113)이다. 결혼이라는 이 새로운 재생산 단위에 맞춰 언어가 만들어진 과정은 조반 바티스타 펠레그리니의 「결혼 용어」(Giovan-Battista Pellegrini, "Terminologia matromoniale," *Settimane di Studio del Centro Italiano di Studi sull Alto Medioevo. Il matrimonio nella societá alto medievale*, Spoleto: 1977, 43-102)를 참조하라. 결혼식의 변천은 장 밥티스트 몰랭과 프로테 뮈탕브의 『12~14세기 프랑스의 결혼 예식』(Jean-Baptiste Molin and Protais Mutembe, *Le rituel du mariage en France du XIIe au XVIe siècle*, Paris: Beauchesne, 1974)을 보라. 부부의 삶을 기록한 새로운 방식에 관해서는 다이앤 오원 휴스의 「역사 민족지에 관하여: 중세시대 공증기록과 가족의 역사」(Diane Owen Hughes, "Toward Historical Ethnography: Notarial Records and Family History in the Middle Ages," *Historical Methods Newsletter* 7, 1973-74: 61-71)를 보라. 로마시대 이후 서양에서 결혼의 역사를 다룬 최근의 문헌들을 소개한 책으로는 장 고드망이 15개 논문을 모은 『사회와 결혼』(Jean Gaudement, *Sociétés et mariage*, Strasbourg: CERDIC-Publication, 1980)이 있다. 최근에 데렉 베이커가 엮은 『중세의 여성』(Derek Baker, ed., *Medieval Women*, published for the Ecclesiastical History Society, Oxford: Blackwell, 1978)은 이 분야 참고문헌에 관한 좋은 안내서다. 이 책의 주110~113과 주120을 참조하라.

제5장

78. 환경과 영역 MILIEU AND DOMAIN

앙드레 르루아 구르앙은 『행위와 말』(André Leroi-Gourhan, *Le geste et la parole: Technique et langage*, Paris Albin Michel, 1964, 241쪽; 강형식 옮김, 연세대학교출판문화원 2016)에서 "텃세 영역과 달리, 인간 젠더와 같은 것은 영장류의 세계에는 없다"고 주장한다. 이 주장을 이해하려면 좀 더 설명이 필요하다. 어떤 사회든 남자가 차지하는 공간과 여자가 차지하는 공간은 같지 않다. 피에르 부르디외는 『실천 이론 개요』(Pierre Bourdieu, *Outline of a Theory of Practice*, trans. Richard Nice, Cambridge and New York: Cambridge University Press, 1977: 67)에서, 베르베르족은 오두막 깊숙한 곳의 신성한 장소인 하람(*haram*)에서만 부부가 같은 공간을 쓸 수 있다고 말한다. 나머지 다른 공간은 젠더별로 엄격히 구분된다는 것이다. 남자가 점하는 공간은 여자가 점하는 공간과는 다른 종류의 공간으로 인식된다. 각 공간은 그 공간에 상응하는 움직임과 시간적 리듬을 요구한다. 공간과 시간 역시 도구나 작업처럼 젠더적이라는 것이다. 이렇게 서로 분리된 두 개의 젠더 공간으로 짜인 환경을 동물의 활동 영역과 혼동하는 것은 중대한 실수다. 문화가 다르면 풍경을 나누는 방식도 달라진다. 그리고 토박이 환경은 침투되기 쉬워서 여러 문화가 동일한 풍경을 공유할 수도 있다. 이런 환경의 한가운데 있는 것이 집이며, 집의 공간적 이원성을 통해 문화가 전승되는 것이다. 클라크 커닝햄의 「아토니족 집안의 질서」(Clark E. Cunningham, "Order in the Antoni House," in Rodney Needham, 주53, 204-38)를 참조하라. 따라서 사람의 고유한 영역은 동물의 활동 영역과 다르며, 획일적인 경제 공간과도 다르다. 경제 공간을 정의하는 이론이 어떻게 발전했는지는 피에르 도케의 『16~18세기 경제사상 속의 공간』(Pierre Dockes, *L'Espace dans la pensée économique du 16e au 18e siècle*, Paris: Flammarion, 1969)을 참조하라.

토박이 환경이란 젠더적인 공간이며, 두 공간적 젠더 영역 사이의 비대칭
적이면서도 모호한 상보성으로 인해 만들어진 문화적 실재다. 그러나 서
양의 철학자들은 이런 사실을 거의 놓친 듯하다. 공간에 대한 그들의 학
설을 개괄한 기념비적 책인 알렉산더 고스토니의 『공간: 철학과 과학에
서 다뤄온 이 문제의 역사』(Alexander Gosztonyi, *Der Raum: Geschichte seiner
Probleme in Philosophie und Wissenschaft* 2 vols, Freiburg: Alber, 1976)를 보면 분
명히 알 수 있다. 토박이 공간은 각기 젠더화되어 있는 **환경들**의 위계질서
로 이해해야 한다. C. 카르노슈의 「이방인 또는 가짜 이방인: 로렌 지방
에서 타자에 대한 공간적 정의」(C. Karnoch, "L'étranger, ou le faux inconnu:
Essai sur la définition spatiale d'autrui dans un village lorrain," *Ethnologie Française*
1, no. 2, 1972: 107-22)를 보면, 1950년도까지 프랑스 마을 주민은 자신을
둘러싼 공간을 세 개의 동심원으로 이해했다고 한다. 첫째는 집을 둘러싼
마을이고, 둘째는 양 끝을 세 시간 안에 건너갈 수 있는 골짜기이고, 셋째
는 여러 마을이 합쳐진 '지역'(pays)이다. 지역이라고 할 때는 상호간에 결
혼 빈도가 높은 '타지인들'(forains)이 사는 곳을 말한다. 이렇게 세 가지로
구분되는 공간의 근저에 가정이 있고, 그 동심원 밖으로 벗어나면 외부세
계가 있다. 가정은 가족 수의 주기적인 증감에 따라, 각 환경마다 더 크거
나 작은 형태를 띠곤 했다. 알랭 콜롱의 「17~18세기 오트 프로방스의 가
정, 생활양식, 가족」(Alain Collomp, "Maison, manières d'habiter et famille en
Haute Provence aux 17e et 18e siècles," *Ethnologie Française* 8, no. 4, 1978: 321-
28)을 참조하라.

79. 공간/시간 SPACE/TIME

각 젠더 영역에는 저마다의 풍경과 리듬이 있다. 그리고 이 영역은 시
간과 공간(아인슈타인은 'spime'이라는 조어를 만들었다)을 넘어 확장된다.
최근에 여성의 시공간을 묘사한 연구 가운데 아주 인상적인 저서 두 권
을 발견했다. 하나는 이본 베르디에가 쓴 『말하는 방식, 일하는 방식: 빨
래, 바느질, 요리』(Yvonne Verdier, *Façons de dire, Façons de faire: La laveuse, la*

courturière, la cuisiniere, Paris: Gallimard, 1979)다. 이 책은 베르디에가 학생 세 명과 함께 프랑스 중부 디종의 구릉지에 있는 360명의 주민이 사는 마을에 들어가, 7년간의 현장 연구를 한 끝에 얻은 민족지이다. 저자는 마을 여인들의 언어를 해석하고, 지역 문서, 전래 시가, 그림, 오래된 사진 등의 도움을 받아 다른 사람들을 이끈 여성들의 역사를 다시 살려냈다. 이 여인들은 신생아, 빨랫감, 죽은 이들을 씻긴 이들이며, 젊은 처자에게 바느질을 처음 가르쳐준 재봉사이거나, 결혼식 또는 장례식 같은 마을 의례의 리듬을 정하고 주재한 요리사이다. 이런 현장 연구 가운데서 나는 시드니 민츠의 『사탕수수밭의 일꾼들』(Sidney Mintz, *Worker in the Cane*, New York: Greenwood, 1974)을 접한 이후로, 이렇게 통찰력 있는 섬세함으로 깊은 인상을 받은 책이 없었다. 아마도 예외가 있다면 오드리 리차드의 책(주88)일 것이다.

마르틴 스갈랑의 『농촌사회의 남편과 아내』(Martine Segalen, *Mari et femme dans la société paysanne*, Paris: Flammarion, 1980)를 읽으면 베르디에의 책에 보완이 될 것이다. 스갈랑도 베르디에처럼 프랑스 중부 지역의 농촌 가정을 연구했다. 하지만 남자와 여자의 상보적 리듬을 더 강조한다. 시간에서 젠더가 사라지고 기계가 생산하는 희소한 '시계 시간'이 생기면, 젠더의 리듬도 사라지게 마련이다. 마리아 빌트링마이어(주70)가 1915년 독일 뷔르템베르크 지역의 라우펜 마을에서 관찰한 대로, 남녀 동일한 리듬이 생활을 지배하면 여자는 남자보다 훨씬 더 큰 **압박**을 느낀다. 이런 리듬이 가져온 더 큰 충격에 대해서는 에바타 제뤼바벨의 「프랑스 공화국의 달력: 시간의 사회학 사례연구」(Evatar Zerubavel, "The French Republican Calendar: A Case Study in the Sociology of Time," *American Sociological Review* 42, 1977: 868-77)를 참조하라. 농촌 지역에 밀려든 시계 시간에 관해서는 기 튈리에의 「19세기 니베르네 지방의 시간 이야기」(Guy Thuillier, "Pour une histoire du temps en Nivernais au XIXe siècle," *Ethnologie Française* 6, no. 2, 1976: 149-62)를 보라. 달력과 시계로 인해 시간이 젠더 없는 균질성을 갖게 되었듯이, D. 사빈은 빌트링마이어를 해석하면서(주124) 시간의 압력 또는 조급증(*Eile*)이 남자보다 여자들에게 훨씬 충격을 준다는 증거를 제시했다. 문화와 시간의 관계에 대한 철학적 견해는 폴 리쾨르가 엮은『문화와 시간』(Paul Ricoeur, ed., *Les cultures et le temps*, Paris: Payot, 1975)을 보라. 사회학, 인류학, 민족지학에서 시간을 다룬 문헌을 광범위하게 살펴본 결과, 나는 젠더와 시간 또는 젠더와 리듬에 대한 연구에 많은 학자가 무관심했다는 결론을 내렸다.

뤼시엔 루뱅은「프로방스 마을의 남자와 여자의 공간」(Lucienne A. Roubin, "Male Space and Female Space Within the Provençale Community," trans. Patricia M. Ranum, in *Rural Society in France*, ed., Robert Forster and Orest Ranum, Baltimore and London: Johns Hopkins University Press, 1977: 152-80)에서 프랑스 남부 농촌지역에 사는 남자의 공간을 세부적으로 묘사했다. 책 한 권에서 발췌된 이 내용을 이후에 모리스 아귈롱이「바스 프로방스의 주막들: 역사와 민족지」(Maurice Agulhon, Les chambrées en Basse Provence: histoire et ethnologie, *Revue Historique*, April-June 1971: 337-68)에서 폭넓게 재검토했다. 모리스 아귈롱은 이 지역의 남자들이 다니던 술집을 다룬다. 남자의 공간과 여자의 공간 사이의 건널 수 없는 간극을 이 지역 술집에서 목격할 수 있다. 여러 공간 가운데 주막, 마을 축제를 준비하는 원형 광장, 교회 마당의 볕이 드는 벤치 등은 분명 남자들 영역이다. 다음날 추수하기로 한 들판으로 가는 길은 집안에서 제일 나이 많은 남자만 특별한 벌낫을 가지고 청소한다. 프로방스 지방에서 공동 공간과 남자의 영역은 물리적인 공간으로 보면 분명히 같다고 볼 수 없지만, 현실에서는 일치하는 경향이 있다. 전통적인 환경을 이해하려 할 때 문헌은 단지 참고자료일 뿐이다. 과거의 환경을 재구성함으로써 젠더화된 자연에 대해 보고하려고 한 시도로는 이나 마리아 그레버루스의『영토적 인간: 가정 내 현상에 대한 문헌인류학적 연구』(Ina-Maria Greverus, *Der territorial Mensch: ein literaturanthroplogischer Versuch zum Heimatphänomen*, Frankfurt: Athenäum, 1972)를 참조하라.

80. 성적 신체 THE SEXED BODY

임상의학에서 다루는 신체와, 사회의 토박이 실재를 이루는 남자와 여자의 '살아있는 몸'은 다르다. 독일어와 프랑스어에서는 두 가지를 구별한다. 독일어에서는 각각 '쾨르퍼'(Körper)와 '라이프'(Leib), 프랑스어에서는 '르 코르'(le corps)와 '라 셰르'(la chair)라고 한다. 1972년부터 새로 나오기 시작한 『프랑스 민족지』(*Ethnologie Française*)은 토박이 신체의 역사를 사회적 실재로 다룬 논문을 연재했다. 예컨대 J. P. 드세브의 「벌거벗은 천방지축」(J. P. Desaive, "Le nu hurluberlu" 6, nos. 3 and 4, 1976: 219-26), 프랑수아즈 피포니에와 리샤르 뷔케유의 「야수와 미녀?: 중세 농민사회의 신체적 특징에 관하여」(Françoise Piponnier and Richard Bucaille, "La bête ou la belle? Remarques sur l'apparence corporelle de la paysannerie médiévale" 6, nos. 3-4, 1976: 227-32), 프랑수아즈 루와 필리프 리샤르의 「프랑스 속담 속의 음식과 질병: 콘텐츠 분석 사례」(Françoise Loux and Philippe Richard, "Alimentation et maladie dans les proverbes français: un exemple d'analyse de contenu" 2, nos. 3-4, 1972: 267-86)와 같은 논문이 그것이다. 또한 프랑수아즈 루의 『전통 의료에서 본 어린아이와 몸』(F. Loux, *Le jeune enfant et son corps dans la medicine traditionelle*, Paris: Flammarion, 1978)도 참조하라.

좀 더 상세한 내용을 보려면, 존 블래킹의 『몸의 인류학』(John Blacking, *The Anthropology of the Body*, monograph 15, London: Association of Social Anthropology, 1977; New York: Academic Press, 1978)과 미셸 푸코의 『임상의학의 탄생』(Michel Foucault, *Birth of the Clinic: An Archeology of Medical Perception*, New York: Pantheon, 1973; 홍성민 옮김, 이매진, 2006)을 참조하라. 남자와 여자의 몸은 신체 전문가의 담론으로 인해 복지국가의 새로운 대상이 되었다. 푸코의 『성의 역사』 1권(*A History of Sexuality 1, An Introduction*, New York: Random House, 1978; 이규현 옮김, 나남 2004)은 이 분야에 관련된 역사적 연구를 처음 연 저서다. 법률적으로 남자의 성 기능을 감시하고 통제하는 일이 시작된 다음, 의학적으로 여자의 생식기관을 통제하려

는 시도가 시작되었다. 피에르 다르몽은 『발기부전 법원: 과거 프랑스에서의 정력과 결혼파경』(Pierre Darmon, *Le tribunal de l'impuissance: Virilité et défaillances conjugales dans l'ancienne France*, Paris: Seuil, 1979)에서 남자의 성적 능력을 확인하기 위해 경찰과 특별 사법부가 어떻게 공조했는지 설명한다. 자궁을 의학의 실험재료로 만든 과정은 주87을 참조하라. 조르주 캉길렘이 『정상적인 것과 병리적인 것』(G. Canguilhem, *Le normal et le pathologique*, Paris: PUF, 1972; 여인석 옮김, 그린비 2018)에서 설명한 의학의 표준화 과정은 임상의학에서 성을 표준화하고 연구하는 과정으로 이어졌다. 거기서 나온 것이 바로 성으로 이루어진 신체다.

바커 벤필드의 『절반만 아는 삶의 공포: 19세기 미국에서 여성과 성을 바라보는 남성의 태도』(G. J. Barker-Benfield, *The Horrors of the Half-Known Life: Male Attitudes Toward Women and Sexuality in Nineteenth-Century America*, New York: Harper and Row, 1976)는 인식론적으로 신체 내부를 어떻게 정복했는지를 보여주는 섬뜩한 보고서다. 이 책은 미국 의사 심스 박사(Dr. Sims)에 관한 이야기다. 심스 박사는 사비를 들여 마구간에 연구시설을 갖춰놓고 흑인노예에게 생식기 수술과 실험을 하려 했다. 1845년에는 자신의 환자 가운데 메릴 여사의 팔다리를 벌리고(이때부터 메릴 여사의 이 자세를 '심스 체위'라 부른다), 숟가락 손잡이를 이용해 질을 열어 고정시켰다. 그는 일기에 이렇게 적었다. "구부린 손잡이를 도입함으로써 지금까지 어떤 인간도 보지 못한 모든 것을 보았다. 이 검안경으로 처음부터 몸 안을 완벽하게 또렷이 볼 수 있었다…. 나는 마치 의학계의 탐험가 같았다. 여태껏 누구도 보지 못한 인간의 중요한 구역을 처음으로 보았다." 동료 의사인 볼드윈 박사(Dr. Baldwin)는 "뱃사람이 항해하려면 나침반이 필요하듯 심스 박사의 검안경은 자궁의 질병을 치료하기 위해 꼭 필요하다"라고 말했다. 이렇게 해서 여자의 질은 자연을 탐험하기 위해 미지의 구역으로 들어가는 입구가 되었다. 그로부터 20년이 채 지나지 않아 이본 크니비엘레는 「민법 도입 당시의 의사와 '여성 본성'」(Yvonne Knibiehler, "Les médicins et la 'nature féminine' au temps du Code

Civil," *Annales, ESC* 31, no. 4, July-August 1976: 824-45)에서 "여성이란 한 장소에서뿐만 아니라 고려할 수 있는 모든 측면에서 여성인 것만은 아니라는 위대한 발견"이 이루어졌다고 지적했다. 주60과 87도 참조.

81. 조리돌림 ROUGH MUSIC

지역 관습을 지키려는 민중 나름의 사법적 절차를 더 보려면, 로제 피니옹의 「샤리바리*란 무엇인가? 운영 규정에 관하여」(Roger Pinion, "Qu'estce qu'un charivari? Essai en vue d'une définition opératoire," *Kontakte und Grenzen: Probleme der Volks-, Kultur- und Sozialforschung: Festschrift für G. Heilfurth zum 60. Geburtstag*, Göttingen: Otto Schwartz, 1969: 393-405)를 참조하라. 이 책에서 언급한 방식에는 지붕 벗기기, 나무 베어내기, 우물에 소금 뿌리기, 형틀에 손발 묶기, 추위에 내버려두기, 몸에 타르 바르고 깃털 붙이기 등이 있다. 프랑수아즈 조나벤은 『기나긴 기억: 마을의 시간과 이야기』 (Françoise Zonabend, *La mémoire longue: Temps et histoires au village*, Paris: PUF, 1980)에서 마을 사람들의 '기습적 방문'을 설명한다. 이웃들이 몹시 떠들썩하게 집을 방문해서 주인의 사람됨을 확인하는 의례다. 민요 가운데서 사회적 인정의 정도를 표현하는 노래 목록은 일카 페터의 『오스트리아의 마을 관습과 마을 재판』(Ilka Peter, *Gasselbrauch und Gasselspruch in Österreich*, Salzburg: Alfred Winter, 1981)에 나온다. E. P. 톰슨은 「러프뮤직: 영국식 샤리바리」("'Rough Music': Le Charivari anglais," *Annales, ESC 27*, no. 2, March-April 1972: 285-312)에서 토박이 사회의 의례를 분석, 설명했다. 마을사람들은 이 의례를 통해 법을 어긴 사람보다는 오히려 지역적 '편견'에 기

---

* '샤리바리'란 『샤리바리—성 일탈과 공동체 위기, 그리고 민중의 응징』(윤선자 지음, 열린책들 2014)에 따르면, "비정상적인 결혼을 한 부부나 성 규범을 일탈한 사람들, 즉 재혼이나 불임, 간통 등을 행한 사람들을 대상으로 물리적·언어적 폭력을 행사하는 유럽의 오래된 민속 관행"을 말한다. '러프뮤직'은 '소란스럽다'는 의미로 영국에서 쓰는 말이다.

초한 전통 규칙을 어긴 개인에게 잔인한 반감을 드러냈다. 이 의식은 친족 제도로 체계가 잡혔고, 주로 젠더 경계를 넘어선 사람을 처벌했다. 크리스티아네 클라피시 추버의 「중세 이탈리아의 아침」(Christiane Klapisch-Zuber, "The Medieval Italian Mattinata," trans. James Smith Allen, *Journal of Family History* 5, no. 1, Spring 1980: 2-27)을 참조하라. 전통적으로 젊은 남녀의 만남은 자기들끼리 조절했다. 이후에 경찰이 감시하는 방식으로 바뀌자 갈등이 생겨났다. 한스 메딕의 「시골의 방 돌려쓰기: 근대 초기 농촌사회에서 청소년 성문화와 일과 후 관습」(Hans Medick, "Spinnstuben auf dem Dorf. Jugendliche Sexualkultur und Feierabendbrauch in der ländlichen Gesellschaft der frühen Neuzeit" in J. Reulecke and Wolfhard Weber, *Fabrik, Familie, Feierabend: Beiträge zur Sozialgeschichte im Industriezeitalter*, Wuppertal: Hammer, 1978)을 참조하라.

82. 도리 PROBITY

『옥스퍼드 영어사전』에서 'probity'(프랑스어 *probité*, 라틴어 *probitas*, 어원 *probus*는 'good' 'honest'의 뜻)는 도덕적 탁월함, 고결함, 청렴, 올바름을 뜻하거나 양심, 정직, 성실을 가리킨다. 그러나 내가 이 용어를 사용하는 의도는, 남녀 주체가 젠더 경계를 그 또는 그녀가 마땅히 따라야 할 규범으로 인식했다는 사실을 가리키기 위해서다. 이 용어를 선택하면, 수치심이나 죄의식이나 명예 같은 말이 암시하는 어떤 특별한 동기가 없음에도 자신들에게 주어진 특수한 제한을 받아들이는 남녀의 의식을 잘 설명할 수가 있다. 'probity'의 뜻에 대해서는 C. D. 벅의 『주요 인도유럽어 동의어 사전』(주3)을 참조하라. 유럽에서 '도리'의 일반적인 의미로 **명예**(honor)라는 말이 퍼진 과정에 대해서는, 줄리안 피트 리버스의 「명예의 인류학」과 「안달루시아에서의 명예와 사회적 지위」(Julian Pitt-Rivers, "The Anthropology of Honour" and "Honour and Social Status in Andalusia," *Fate of Shechem or the Politics of Sex*, Cambridge: Cambridge University Press, 1977: 1-47), 그리고 P. 슈나이더의 「시칠리아 마을에서의 명예와 분쟁」(P.

Schneider, "Honor and Conflict in a Sicilian Town," *Anthropological Quaterly* 42, no. 3, July 1969: 130-55)을 참조하라(주21). 피에르 부르디외가 북아프리카에 대해 연구한 「명예의 감각, 도전과 반응의 변증법, 명예의 핵심과 명예, 명예의 기풍」(Pierre Bourdieu, "Le sens de l'honneur. La dialectique du défi et de la riposte. Point d'honneur et honneur. L'éthos de l'honneu," *Esquisse d'une théorie*, 13-44, 주78)도 참조하라.

좀 더 고전적인 주장으로는 막스 베버의 「법질서, 관습, 도덕」(Max Weber, "Rechtsordnung, Konvention und Sitte," *Wirtschaft und Gesellschaft*, 5th ed., Tübingen: 1976)을 참조하라. '도리'나 '명예'가 문명화 과정에서 어떻게 변했는지는 이브 카스탕의 「가족: 남자와 여자」(Yves Castan, "La famille: masculin et féminin," *Honnêteté et relations sociales en Languedoc, 1715-1780*, Paris: Pion, 1975: 162-207)를 보라. 18세기에는 하층민 가정을 법으로 통제하지 않았다. 그때만 해도 법률은 그들을 지배하기보다 보호하기 위해서 존재했다. 국가가 세속적인 방식으로 결혼제도를 강요하고 가정생활을 통제한 것은 그로부터 3세대 내지 5세대가 지나고 나서다(주12). 이때까지 각 젠더에 합당한 신체적 영역이나 적절한 행동을 지키기 위해 사람들은 법률 대신 도리나 명예를 따랐다. 그러던 것이 1780년 즈음부터 자취를 감추기 시작했다. 이브 카스탕의 「고전주의 시대 랑그독 지방의 부자 관계」(Pères et fils en Languedoc à l'époque classique, Le XVIIe siècle, 1974: 31-43)를 참조하라. 또 니콜 카스탕은 「툴루즈 의회 관할권에서의 가족 범죄」(Nicole Castan, "La criminalité familiale dans le ressort du Parlement de Toulouse (1690-1730)," *Cahiers des Annales* 33, Paris: Armand Colin, 1971: 91-107)에서 남자와 달리 여성이 어떻게 명예(도리)를 지켰는지에 초점을 맞춘다. 여자는 집을 지키기 위해 행동한다. 남자라면 절대 용서받지 못할 일도 여자는 아무 비난도 받지 않으면서 행하거나 말할 수 있다. 집안의 명예를 지키기 위해서라면, 여인은 자식이 도둑질을 해도 훔친 물건을 들키지 않게 숨겨야 하고, 세리가 집에 들이닥쳐도 못 들어가게 싸워야 한다. 가족을 누군가 고발하겠다고 하면 반드시 보복하겠다고 위협해야 한다. 집을 매춘의 용도로 이용할 때도 혼자서 집을 망보았다. 그러나 성문법이 생기고 법원의 규제가 심해지면서, 지금까지 젠더로 조절하던 방식은 시민에 대한 직접적 통제로 바뀌었다. 여인은 명예를 잃고 그 대가로 '제2의 성'을 가진 시민이라는 새 지위를 얻었다. 이와 관련해 유용한 자료는 A. 푸아트리노의 「18세기 오베르뉴에 닥친 영주 사법권의 위기」(A. Poitrineau, "Aspects de la crise des justices seigneuriales dans l'Auvergne du 18e siècle," *Revue d'histoire de droit français et étranger*, 1961: 552-70) 이다. 좀 더 일반적인 안내서로는 M. 알리오의 「사법의 변용」(M. Alliot, "L'acculturation juridique," *Ethnologie génerale: Encyclopédie de la Pléiade*, Paris, 1968: 1180-247)이 있다.

83. 소문 GOSSIP

공동체의 도리는 가끔씩 벌어진 떠들썩한 '조리돌림'(주81)이나 주기적으로 벌어진 축제 때의 조롱(주108)에 의해서만 지킨 것이 아니다. 도리는 섬세하고도 지속적인 방식으로, 즉 공동체의 전통 속담, 전승된 수수께끼, 화롯가 이야기, 그리고 무엇보다 소문을 통해 유지되었다. 이 모든 행동들은 제우스의 '방패'(*aegis*)처럼 젠더 도리를 지키는 역할을 했다. 특히 '소문'은 공동체의 명예를 지키는 핵심적 역할을 했다. 존 하빌랜드의 『시나칸탄 지역의 소문, 명예 그리고 지식』(John B. Haviland, *Gossip, Reputation and Knowledge in Zinacantan*, Chicago: University of Chicago Press, 1977)은 멕시코 마을에서 소문이 어떻게 사람들로 하여금 규칙을 준수하며 살도록 했고, 그들의 개인적 목적에 이용되었는지 보여준다.

과거에 관한 소문은 집단 안에서 서로 관계 맺은 구성원들에 관한 역사를 만들어냄으로써 한 집단의 뿌리를 과거에서부터 찾는 방식이라고 할 수 있다. 소문을 쑥덕이면서 친구들은 하나가 된다. 아무리 유력한 구성원이라 해도 집단 내의 스캔들을 알아야 하고, 어디까지 소문을 내도 괜찮은지의 불문율을 알아야 하기 때문에, 소문은 공동체의 일원임을 나타내는 일종의 표지 역할을 했다. 맥스 글루크먼의 「소문과 스캔들」(Max Gluckman, "Gossip and Scandal," *Current Anthropology* 4, no. 3, June 1963: 307-16)을 참조하라. 집단이 배타적일수록 소문은 훨씬 강한 힘을 발휘한다. 소문을 통해 같은 젠더에 속하는 사람끼리는 단합하고, 다른 젠더와는 구별을 짓는다. 소문이 여자들만의 것인 양 취급하는 사회는 젠더가 무너진 곳이다. 알렉산더 라이스먼의 「소문은 어떻게 여성이 되었는가」(Alexander Rysman, "How the 'Gossip' Became a Woman," *Journal of Communication* 27, no. 1, 1977: 176-80)를 참조하라.

소문(gossip)의 옛 단어인 '갓-십'(*God sib*)은 원래 자식의 대부모를 서줄 만큼 가까운 관계에 있는 사람을 가리켰다. 의례로 맺어진 친족을 말하거나 집안 남자 및 여자로 받아들이는 것을 의미했다. 초서(G. Chaucer)는 "여자가 자신의 대부(godsib)와 교제하면 친형제와 교제하는 것 못지않게 큰 죄가 될 수 있다"고 했다. '갓-십'은 집안의 남자 젠더, 가까운 남자들 가운데 한 명에게 붙이는 말이었다. 16세기 엘리자베스 시대에 이르러서야 가십은 가족과 연관된 의미가 사라지고 친구의 뜻으로 바뀌었다. 셰익스피어의 『한여름 밤의 꿈』에서 가십은 술친구다. 가십에는 따뜻한 우애가 담겨 있다. 19세기에 이르러 가십은 한가한 대화를 뜻하는 추상명사가 되었다. 그러던 것이 오늘날에는 여성과 곧바로 연결되어 여성을 나쁘게 말하는 부정적 상투어가 되었다. 농담, 재담, 말장난에 들어있는 남성혐오 경향에 관해서는 E. 모저 라트의 「농담과 익살 속의 남성혐오 경향」(E. Moser-Rath, "Männerfeindliche Tendenzen in Witz und Schwank," *Zeitschrift für Volkskunde* 75, no. 1, 1979: 57-67)을 참조하라. 여자들이 누가 제일 남자를 잘 놀리고 골탕 먹일지 다투는 모습은 스페인 문화에서도 볼 수 있다. 욜란도 피노 소베드라의 「여자들의 내기: 누가 가장 멍청한 남자인가」(Yolando Pino-Saavedra, "Wette der Frauen: wer den Mann am besten narr," *Fabula* 15, 1974: 177-91)를 보라.

84. 남녀의 비대칭적 지배 ASYMMETRIC DOMINANCE

수잔 캐럴 로저스의 「권력의 여성적 형태와 남성 지배라는 신화: 농촌 공동체에서의 남녀 상호교류 모델」(Susan Carol Rogers, "Female Forms of Power and the Myth of Male Dominance: A Model of Female-Male Interaction in Peasant Society," *American Ethnologist* 2, no. 4, November 1975: 727-56)은 남성 지배라는 신화가 산업화를 거치면서 현실로 이뤄진 과정을 간략하게 탐구한다. 로저스는 언제 어디서나 남자가 여자를 지배했다는 주장은 남성 중심적 정의에 기초한 것이며, 따라서 신화에 불과하다고 말한다. 농촌 근대화를 다룬 상당수 연구는 여성 역할에 대한 잘못된 가정에 바탕을 두고 있다. 남자는 **공식** 권력을 행사했고, 여자는 **비공식** 권력을 행사했다는 식이다. 하지만 남성의 역할과 권력 형태를 당연한 것으로 보기를 그만두고, 여성적 특질이 형태는 다르지만 남자와 마찬가지로 타당하고 의미 있는 것이었다고 보아야 한다. 그래야만 남성의 역할과 여성의 역할이 서로 얽혀 인간 사회를 어떻게 움직였는지 이해할 수 있다. 이미 30년 전에 그레고리 베이트슨은 『마음의 생태학』(Gregory Bateson, *Step to an Ecology of Mind*, New York: Ballantine 1975; 박대식 옮김, 책세상 2006)에서 "서로가 비슷한 일을 함께함으로써 상대방에게 다가가는 사회"와 경쟁사회를 비교했다. 하지만 여성 연구의 시계추는 정반대로 가고 있다.

앨리스 슐레겔이 편집한 『성의 위계: 비교문화적 관점』(Alice Schlegel, ed., *Sexual Stratification: A Cross-Cultural View*, New York: Columbia University Press, 1977)은 필리핀에서 현대 이스라엘에 이르기까지 12개 사회에 대한 사례 연구서다. 그는 성적 지위의 평등과 불평등에 관한 토론에서 나온 수많은 갈래를 묶어, 성의 위계를 보상, 명성, 권력이라는 세 영역으로 구분했다. 저자는 자급자족의 조건에서는 **균형**이야말로 남녀의 영역이 서로 분리된 채 상호의존하는 현상을 설명하는 핵심이라고 한다. 적어도 그의 책 245~269쪽에 나오는 호피족(Hopi)의 문화에서만큼은 사실인 듯하다. 전통적인 의미의 남녀평등은 가정과 직장에서 양쪽의 역할이 서로 비숫해지면서 위기에 처하게 된다. 호피족의 경우에도 미국 경제로 통합되면서 이 과정을 그대로 겪었다. 아프리카 이보족(Ibo)에서도 비슷한 현상을 볼 수 있다. J. 해리스의 「나이지리아에서 여성의 위치」(J. Harris, "The Position of Women in a Nigerian Society," *Transactions of the New York Academy of Sciences*, 2d. ser., vol. 2, no. 5, 1940)를 참조하라. 이 글에 따르면, 남편의 명목상 권리와 그에 협력하는 부인의 실질적인 권리 사이에 있었던 **균형**이 경제적 통합으로 위태로워졌다고 한다. 레이나 라이터는 「남프랑스의 남자와 여자: 공적 영역과 사적 영역」(Rayna Reiter, "Men and Women in the South of France: Public and Private Domains," 주22와 76의 책, 252-82)에서 185명이 사는 프랑스 알프스 남쪽 산자락에 있는 촌락을 연구했다. 주로 집안에서 일하며 지내는 이곳 여자들은 자신의 영역이 남자의 공적 영역보다 중요하다고 여긴다(주79). 하지만 가족이 근대 국가로 통합되면서 여성은 가족 내에서 하는 역할에 맞춰 규정되었으며, 그들의 '독립적 영역'은 더 이상 남자와 동등하게 대우받지 못하게 되었다. 어네스틴 프리들의 「여성의 위치: 겉모습과 실제」(Ernestine Friedl, "The Position of Women: Appearance and Reality," *Anthropological Quarterly* 40, 1967: 97-105)를 참조하라. 겉으로 보이는 남자의 권위는 여성 권력의 실상을 가릴 수 있다. 이런 결론은 현대 그리스 촌락의 가정생활을 관찰하여 얻은 것이다. "모든 사회에서 남자가 하는 활동이 여자의 활동보다 권위가 있다고 주장할 수 있다. 하지만 그게 사실이라 해도 남자와 여자의 상대적인 사회적 권력을 확인하기 위해서는 더 세심한 조사를 해야 한다. …가정이 공동체 전체의 사회와 경제 구조의 주요 단위인 곳에서는 가정 내 권력이 사회 전체의 권력을 배분하는 데 큰 영향을 미친다." 남자의 권력을 견제하는 방법 가운데 하나는 여자가 남자 세계의 바로잡힌 관계를 흐트러뜨리는 일이다. 가령 이런 방법이 있다. 여자는 남자를 볼 때마다 자신이 집에서 얼마나 오랫동안 고생하고 얼마나 힘들게 일하는지 표현한다. 그래서 자신이 힘들게 집안일을 하는 덕분에 남자가 밖에 나가 대접을 받는 거라는 사실을 수시로 상기시킨다. 문화적으로 용인된 이런 불만을 계속 들으면 남자는 자신이 여자들에게 얼마나 의존하는지 깨닫게 하는 효과가 있다. 하지만 남자와 여자의 비대칭적 지배는 현금 경제가 들어와 가정이 소비 단위로 바뀌면 붕괴할 수밖에 없다(주122). 젠더와 성을 구별할 때만 우리는 다음과 같은 사실을 이해할 수 있다. 즉 젠더가 지배하는(dominance) 사회에서는 남녀 권력이 비대칭이지만, 성이 군림하는 (regime) 체제에서는 동질적인 권력을 양쪽에게 차별을 두어 분배한다는 것이다. 여기서 말하는 '지배'는 모호성을 가진 말로, 남자보다 여자에게 쓸 때 더 큰 의미가 있다.

권력이란 (젠더가 없는 다른 힘들이 그러하듯이) 동질적 힘을 말하며, 성에 따라 서로 다른 강도와 다른 방식으로 얼마든지 조절될 수 있는 특성을 갖는다. 반면에 두 젠더 사이에 존재하는 모호한 상보성은 비대칭성에서 유래한 것이다(주57). 따라서 상보성은 두 젠더의 존재 자체를 이루며, 그들이 맺고 있는 구체적 관계의 성격도 결정한다. 하지만 권력은 통화(通貨)가 젠더와 상관없이 유통될 수 있는 것처럼 궁극적으로 대칭성을 지향한다. 두 젠더 사이의 비대칭성이 늘 상대에 대한 경외심을 갖게 하는 것과 달리, 이론적으로 평등한 관계에서 위계적으로 배분되는 권력은 시기심만 불러일으킨다(주5, 6). 이런 이유에서 나는 젠더 없는 키워드인 '권력' 개념에 다음과 같은 문제가 있다고 본다. 첫째로는, 젠더 개념에 이미 내포된 젠더 고유의 영역으로부터 왜 상대 젠더를 배제하는 일이 일어나는지 설명할 수 없고(주78, 79), 둘째로는, 여성 영역에 대한 남성 영역의 상대적 우위, 즉 여러 방식으로 정당화되어 온 가부장제 상황을 제대로 설명할 수 없다.

85. 역사의 주체 THE SUBJECT OF HISTORY

본문에서 인용한 사례는 에마뉘엘 르루아 라뒤리의 『몽타이유: 중세 말 남프랑스 어느 마을 사람들의 삶』(Emmanuel Le Roy Ladurie, *Montaillou, Cathars and Catholics in a French Village 1294-1324*, London: Scolar Press, 1978, 146ff.; 유희수 옮김, 길 2006)에서 가져왔다. 하지만 피레네 산맥의 도무

스는 역사의 궁극적 주체들이 보여주는 여러 형태들 가운데 한 가지 모습일 뿐이다. 프랑스 안에서조차 여러 형태가 있다. 장 루이 플랑드랭*은 『이전 시대의 가족들』(Jean-Louis Flandrin, *Families in Former Times*, Cambridge: Cambridge University Press, 1979)에서 프랑스 농촌에서 볼 수 있는 **도무스**의 형태를 세 가지 전형으로 분류했다. 첫 번째는 프랑스 남서부 지방의 도무스다. 봉건 시대에 고결하게 여긴 것은 도무스다. 집의 소유권은 상속자에게 있는데, 상속자는 남자일 수도 있고 여자일 수도 있다. 상속자의 큰 임무는 집을 승계할 다음 상속자를 만드는 일이다. 하지만 토지는 도무스가 소유한다. 도무스를 통해서 그 안에 사는 사람은 그 집의 과거 속으로 들어간다. 두 번째는 첫 번째 도무스와는 정반대 형태로, 프랑스 중부의 농촌 가정이다. 이곳에서는 토지를 함께 경작하는 공동체가 집단으로 토지를 상속받는다. 이러한 플랑드랭의 주장은 마르틴 스갈랑의 주장과도 일치한다(주79). 토지 소유의 역사에서 주체는 부부(*le couple*)가 아니라 가정(*le ménage*)이라는 것이다. 마지막으로 젠더가 서로 엮이어 역사의 주체를 이루는 세 번째 형태는 노르망디에서 볼 수 있다. 아마도 스칸디나비아인 정복자들이 들어오면서 시행한 토지 제도로 보인다. 이곳에서 가정은 혈족으로 맺어진 친족 제도에 기반을 두며, 각 혈족은 자신의 땅에 뿌리를 내린다. 토지에 대한 권리는 혈족에게 있다. 이 지역의 여인은 남편이 죽으면 시집오면서 지참했던 토지를 가지고 집을 떠난다.

이 세 가지 가정의 형태마다 젠더가 다르게 얽혀 사회라는 그물을 짜는

---

* 플랑드랭에 따르면, 16~18세기에는 혈연과 공동거주가 서로 관계없는 별개의 의미를 가졌다고 한다. 즉 가족은 함께 살지 않는 친족 집단을 뜻하기도 하고, 혈연은 없어도 함께 거주하는 사람을 지칭하기도 했다. 17세기의 가족은 아내, 아이들, 하인 등 남성 가장이 통솔하는 모든 식구를 아우르는 개념이었는데, 18세기에는 혈연으로 연결된 가구 구성원만 가리키는 것으로 의미가 바뀌었다. 한 핏줄의 사람들이 한 지붕 아래 사는 것으로 가족이 처음 정의된 것은 1869년에 이르러서였다는 것이다(한국철학사상연구회 편, 『인간을 이해하는 아홉 가지 단어』, 동녘 2010 참조).

모습을 볼 수 있다. 프랑스에서 역사의 궁극적 주체는 오랫동안 하나 혹은 여러 형태의 가정이었다. 이후에 봉건 권력과 국가 권력이 생겨난 것은 경제적 결혼제도가 바탕이 되었기 때문이다(주77, 121). 형태는 다르지만 이런 점은 영국이나 독일에서도 마찬가지였다. 미하엘 미터라우어의 『옛 유럽 사회형태의 기본 유형: 산업사회 이전의 집과 공동체』 (Michael Mitterauer, *Grundtypen alteuropäischer Sozialformen: Haus und Gemeinde in vorindustriellen Gesellschaften*, Stuttgart: Frommann-Holzloog, 1979)를 참조하라. 인도의 복잡한 카스트 제도에 관해서는 루이 뒤몽의 『위계적 인간』(Louis Dumont, *Homo Hierarchicus*, Paris: Gallimard, 1966; English trans., University of Chicago, 1974)을 보라. 인도네시아의 촌락 공동체에 관해서는 클리포드 기어츠의 『자바 섬의 종교』(Clifford Geertz, *The Religion of Java*, Chicago: University of Chicago Press, Phoenix Books, 1976)를 참조하라. 나는 헤겔 전통의 역사 주체와 다르게, 젠더적인 역사의 주체를 지칭할 용어가 있어야 한다고 생각한다. 그런 의도에서 '라레스'(*lares*)를 제안한다. 이 용어는 아직 전문용어로 사용된 적이 없으므로 적당하다. G. 라트케의 『옛 이탈리아의 신들』(G. Radke, *Die Götter Altitaliens*, Münster, 1965)을 참조하라. '라레스'는 좀 더 정확하게 말하면 '라레스 콤피탈레스'(*lares compitales*, 교차로의 신들)라고 해야 한다. 이 신을 모시던 사당에는 마을에 있는 집들 숫자만큼 창문이 달려 있었다.

86. 주택과 거주 HOUSING AND DWELLING

존 터너는 『민중들의 집짓기』(John Turner, *Housing by People*, London: Marion Boyars, 1976)에서 지금은 고전이 된 구분인 상품 공급지로서의 집짓기와 사람의 활동으로서의 집짓기를 처음 나누었다. 나는 이 활동을 **거주** (dwelling)라 부른다. '거주'를 뜻하는 단어들은 '있다'(be), '존재하다'(exist)에서 나오거나 특히 '살다'(live), '살아있다'(to be alive) 같은 개념에서 나왔다. 또한 '남다'(remain), '머무르다'(abide)나 '앉다, 늦추다, 머뭇거리다, 천천히 가다'(sit, delay, linger, go slowly) 같은 개념에서도 나왔다. 이 말

은 '소유하다, 바쁘다, 경작하다'(possess, be busy with, cultivate)와도 관련이
있으며, 어떤 경우에는 '집'(house)이나 '장소'(place)의 파생어일 때도 있
다. 인도유럽어에서 '거주'의 동의어를 보려면, C. D. 벅의 책(주3, 주82) 7
장에서 '거주'(dwell), '집'(house), '가정'(home) 항목을 참조하라. 에밀 방
브니스트의 책(주77) 1권 4장도 도움이 된다. 나는 이 내용을 쓰면서 다
음 세 사람과의 대화에서 많은 도움을 얻었다. 괴팅겐의 지그마르 그뢰네
펠트(Sigmar Groeneveld)에게서는 공간을 형성하는 사람의 범위 안에 있
는 공간과 밖에 있는 공간을 구분하는 데 도움을 받았다. 볼로냐의 프랑
코 라 체클라(Franco La Cecla)에게서는 환경을 둘러싼 경계와는 반대 방
향으로 공간을 나누는 문지방에 관한 영감을 얻었다. 그리고 쿠에르나바
카의 장 로베르(Jean Robert)와는 여러 차례 만나 다양한 문제를 토의했
다. 그는 『도둑 맞은 시간』(*Le temps qu'on nous vole*, Paris: Seuil, 1980)을 집필
하고 있었다. 지금은 세 사람 모두 현대 사회에서 삶의 공간을 만들 수 있
는 조건을 분석하는 책을 쓰고 있다.

젠더의 시공간과 **성**의 시공간을 대비하면 토박이 건축과 전문가 건축
사이의 차이가 분명하게 드러난다. 두 건축의 차이는 길버트 스콧 경
이 『비종교 건축과 주택 건축』(Sir G. Gilbert Scott, *Secular and Domestic
Architectures*, London, 1857)에서 처음으로 분명하게 언급했다. 최근에는
버나드 루도프스키가 『건축가 없는 건축』(Bernard Rudofsky, *Architecture
without Architects: A Short Introduction to Non-Pedigreed Architecture*, New York:
Doubleday, 1969; 김미선 옮김, 시공문화사 2006)과 『경이로운 건축가』(*The
Prodigious Builders*, London: Secker and Warburg, 1977)에서 이 문제에 주목
했다. 젠더에 따라 모든 도구가 구분되는 곳에서는(주70) 집이란 젠더에
맞춰 도구를 사용한 결과이면서, 젠더로 된 이 도구를 사용하는 장소이
기도 하다. 이것을 다룬 책은 모홀리 나기의 『작자미상 건축에서 보는 원
주민의 천재성』(Sibyl Moholy-Nagy, *Native Genius in Anonymous Architecture*,
New York: Schocken, 1976)이다. 저자는 문화란 건축물로 표현되는 인간의
거주 행위가 경제생활 속에서 다양하게 이어져온 것이라고 한다. 문화의

내밀한 역사를 아름답게 묘사한 책이다. 토박이 주거지와 전문가 설계 주택을 대립적 이원성으로 설명한 저자 중에는 폴 올리버가 있다. 그는 『주거, 기호, 상징』(Paul Oliver, *Shelter, Sign, and Symbol*, London: Overlook Press, 1977)의 서문에서 세부 사항들을 적절하게 설명하면서 나의 관심 주제인 이 이원성을 명쾌하게 설명한다. 주거지를 둘로 나누면, 한편에는 젠더 영역으로 구성된 환경에서 살아가는 주거지가 있고, 다른 편에는 젠더 없는 사람들이 살아가는 성(sex)으로 이루어진 주거지가 있다. 올리버는 주거지를 모두 기호로 파악한다. **기호**는 해석을 통하여 **상징**이 된다. 나는 토박이 주거지의 특징이 문화를 모호하게 보여주는 기호라고 생각한다. 이 기호는 젠더로 된 해석을 거치면서 그 기호를 만들어낸 두 개의 영역을 표시한다.

다음의 두 참고문헌을 보면 더 심화된 자료와 함께 그동안 이 분야에서 얼마나 젠더를 소홀히 다루었는지 알 수 있다. 로렌스 워드하우스의 『세계의 토박이 건축』(Lawrence Wodehouse, *Indigenous Architecture, Worldwide*, Detroit: Gale Research, 1979)과 영국의 사례를 연구할 수 있는 로버트 드 주셰 홀의 『토박이 건축에 관한 참고문헌』(Robert de Zouche Hall, *A Bibliography on Vernacular Architecture*, Newton Abbot: David & Charles, 1972)이다. 이탈리아 주택 중에 특히 농촌 가옥에 관한 자료는 티나 데 로키 스토라이의 『이탈리아 농촌가옥 연구 참고문헌』(Tina de Rocchi Storai, *Bibliografia degli studi sulla Casa Rurale Italiana*, Florence: Olschki, 1968)을 참조하라. 이 책은 25권으로 된 지역학 전집이다. 미국에서 토박이 건축을 억압한 정책에 관한 실제 정보를 보려면 데이비드 핸들린의 『미국의 집: 건축과 사회, 1815~1915』(David Handlin, *The American Home: Architecture and Society, 1815-1915*, Boston: Little Brown, 1979)와 하워드 부게이의 『행동을 위한 청사진: 설계를 통해 사회적 행위에 영향을 미치는 건축가의 의도』(Howard Boughey, *Blueprints for Behavior: The Intentions of Architects to Influence Social Action Through Design*, Ann Arbor, MI: University Microfilms, 1968)를 참조하라. 토박이 공간이 국가가 관리하는 공간으로 바뀐 과정에 특별히 초

점을 맞춘 조사보고서가 프랑스에서 나왔다. J. M. 알리옴 등이 공저한 『주거의 정치학』(J. M. Alliaume, et al., *Politique de l'habitat 1800-1950*, Paris: Corda, 1977)이다. 이 책에는 안 탈라미가 「18세기와 19세기 주거 개념에 대한 고찰」(Anne Thalamy, "Reflexions sur la notion d'habitat aux XVIIIe et XIXe siècles")에서 다룬 주제와 밀접한 관련이 있는 논문이 실려 있다. 문화가 다르면 사람이나 공동체가 주거지와 관계하는 방식을 말해주는 낱말밭도 달라진다. 마찬가지로, 집 문지방을 넘자마자 나오는 공간에 관해 말하는 방식도 다르다. 문지방도 주거 활동이 깃든 공간이다. 파울 오스발트는 『낱말밭 이론에 비춰본 프랑스어의 '시골'과 유사 단어들』(Paul Osswald, *Frz. "campagne" und seine Nachbarwörter im Vergleich zur Wortfeldtheorie*, Tübingen: Tübinger Beiträge zur Linguistik, 1970)에서 주거지와 관련된 유럽 언어권의 다양한 낱말밭을 서로 비교하면서, 19세기부터 20세기까지 언어가 어떻게 바뀌었는지 설명한다.

87. 엄마의 출산에서 의사의 출산으로

FROM THE DELIVERY OF THE MOTHER TO THE DELIVERY OF THE CHILD

『병원이 병을 만든다』(*Limits to Medicine: Medical Nemesis*, London: Marion Boyars, 1976)에서 나는 한 장(章) 전체를 할애하여 '죽음의 의료화'에 관해 썼다. '죽음의 의료화'란 전통적인 **죽음의 기술**이 사라지는 것을 의미한다. 이와 관련해 보스턴 여성보건연합의 노마 스웬슨(Norma Swenson)은 이웃의 도움을 받아 수행하던 출산의 기술도 출산의 의료화로 위협을 받게 되었다고 조언해주었다. 바르바라 두덴의 미완성 원고를 읽은 후로 나는, 출산 방식이 전환되면서 (여성에 의해 생성된) 젠더가 새로운 생명통치(biocracy)에 의해 재생산된 성으로 바뀌었으며, 이 통치체제에서는 자궁을 천연자원으로 본다고 확신하게 되었다. **생명**은 이제 과학과 정치 모두를 이끄는 새로운 개념이 되었다. K. 필리오의 「신체기관의 은유: 19세기 초 생명과학에 대한 역사학적 조망」(K. Figlio, "The Metaphor of Organization: A Historiographical Perspective on the Biomedical Sciences of the

Early Nineteenth Century," *History of Science* 14, 1976: 17-53, 특히 25-28)을 참조하라. 계몽주의 과학은 자연을 여성으로 지칭한다. 여성처럼 베일을 벗기고, 옷을 벗기고, 이성의 빛으로 뚫고 들어가야 할 대상이라는 것이다. 이성의 빛으로 뚫린 여성, 이 자연의 전형은 임신하는 순간부터 **생명**을 배출하는 기계장치이다.

근대 국가가 합법성의 기반으로 삼는 다양한 전문가제도는 생겨날 때부터 생명에 대한 의료적 통제와 한 쌍을 이루며 등장했다. 전문가주의가 어떻게 퍼졌는지 미국의 사례를 보려면 버턴 블레드슈타인의 『전문가주의 문화: 미국 중산층과 고등교육의 발전』(주60)을 참조하라. 전통적으로 아이를 낳는 방식에 관한 유용한 자료는 젤리스 라게와 미레유 라게 및 마리 모렐이 공저한 『삶으로의 진입: 프랑스 전통사회에서의 출산과 아동기』(Gelis, Mireille Laget, and Marie Morel, *Entrer dans la vie: Naissance et enfance dans la France traditionelle*, Paris: Gallimard, 1978)와 장 루이 플랑드랭의 「서구 기독교 세계에서의 피임, 출산 및 성관계」(Jean-Louis Flandrin, "Contraception, mariage et relations amoureuses dans l'Occident chrétien," *Annales, ESC* 24, no. 12, November-December 1969; in English, "Contraception, Marriage, and Sexual Relations in the Christian West," trans. Patricia M. Ranum, *Biology of Man in History*, ed. Robert Forster and Orest Ranum, Baltimore and London: Johns Hopkins University Press, 1975)에서 볼 수 있다. 또 알레산드라 알리멘티와 파올라 팔테리가 쓴 「하위계층의 전통 문화에 나타난 여성과 건강: 중부 이탈리아의 민간의학 연구노트」(Alessandra Alimenti and Paola Falteri, "Donna e salute nella cultura tradizionale delle classi subalterne: Appunti di una ricera sulla medicina populare nell'Italia Centrale," *Donna-woman-femme* 5, 1977: 75-104)를 참조하라. 전통적인 피임법에 관해서는 장 마리 구에스의 「17세기와 18세기 바스 노르망디에서: 아이들의 속죄 거부」(Jean-Marie Gouesse, *En Basse Normandie aux 17e et 18e siècles: Le refus de l'enfant au de la penitence*, Annales de démographie historique, 1973)를 참조하라. 이 책은 농부들의 피임 능력을 보고 충격을 받은 고해신부에 관해 쓰고 있

다. 낙태에 관해서는 아그네스 핀 소리악의 「프랑스 남서부에서의 산아 제한」(Agnés Fine-Souriac, "La limitation des naissances dans le Sud-Ouest de la France," *Annales du Midi* 40, 1978: 155-58), 전통적인 유아 살해에 관해서는 레기나 슐테의 「지방에서의 유아 살해」(Regina Schulte, "Kindsmörderinnen auf dem Lande," in H. Medick, D. Sabean, eds., *Materielles Interesse und Emotion*, Göttingen: 1982)와 퍼트리샤 크로퍼드의 「17세기 영국에서 월경을 보는 태도」(Patricia Crawford, "Attitudes to Menstruation in Seventeenth-Century England," *Past and Present* 91, May 1981: 46-73)를 참조하라. 병원 산부인과에서 어떻게 해서 대다수 여성을 통제할 수 있었는지에 대해서는 바버라 에런라이크와 디어드러 잉글리시의 『그녀 자신의 이익을 위해: 여성에 대한 150년 동안의 전문가 충고』(Barbara Ehrenreich and Deirdre English, *For Her Own Good: 150 Years of the Expert's Advice to Women*, New York: Anchor, 1978; 강세영 외 옮김, 『200년 동안의 거짓말: 과학과 전문가는 여성의 삶을 어떻게 조작하는가』, 푸른길 2017)를 참조하라.

남자를 포함한 전문 조산사와 병원 출산이 대두된 원인은 앤 오클리의 「여자 조산사와 남자 의사: 출산 관리의 변화」(Ann Oakley, "Wise-woman and Medicine Man: Changes in the Management of Childbirth" in Juliet Mitchell and Ann Oakley, *The Rights and Wrongs of Women*, London: Penguin, 1976: 17-58), 프란세스 코브린의 「미국의 조산사 논쟁: 전문화의 위기」(Frances E. Kobrin, "The American Midwife Controversy: A Crisis of Professionalization," *Bulletin of the History of Medicine* 40, 1966: 350-63), J. 겔리스의 「조산사와 산부인과 의사: 17~18세기의 일반 산부인과」(J. Gélis, "Sages-femmes et accoucheurs: L'obstétrique populaire aux XVIIe et XVIIIe siècles," *Annales, ESC* 32:5, September/October 1977: 927-57)를 참조하라. 지아나 포마타의 「18~19세기의 불법적 산모들: 병원과 생명 이야기」(Gianna Pomata, "Madri illegittime tra Ottocento e Novecento: storie cliniche e storie di vita," *Quaderni Storici* 44, 1980: 497-552)도 유용하다. 포마타의 글이 실린 학술지 해당호는 주제가 "출산과 모성, 여성 생애의 순간들"(parto e maternitá, momenti della biografia femiminile)이다. 피임이 의료 대상이 되면서 만들어진 예방 산부인과에 관해서는 린다 고든의 『여성의 몸, 여성의 권리: 미국의 산아 제한』(Linda Gordon, *Woman's Body, Woman's Rights: Birth Control in America*, New York: Grossman, 1976: 159-85)을 참조하라. 아이를 병원에서 낳으면서 병원은 성도덕도 독점했다. 그 시대의 유행이 산아제한에 찬성하는 쪽이든 반대하는 쪽이든, 그것이 의미하는 바는 여성이 자신을 위해서 언제 어디서 성관계를 할지 결정하는 과정에 전문가가 개입하게 되었다는 의미다. 새 언어가 여성에게 신체의 새로운 현실을 주입하기 시작하면서, 여성에 대한 담론도 의료화했다. 이에 대한 탁월한 연구는 장 피에르 페터의 「여성과 의사 사이: 18세기 말 의료문헌에 따른 신체와 신체 담론상의 폭력과 특성」(Jean-Pierre Peter, "Entre femmes et médicins: Violence et singularités dans le discours du corps sur et le corps d'après les manuscrits médicaux de la fin du XVIIIe siècle," *Ethnologie Française* 6, nos. 3-4, 1976: 341-48)이다. 미국에서 이와 비슷한 연구는 캐럴 스미스 로젠버그의 「사춘기에서 폐경기로: 19세기 미국의 여성성의 주기」(Carroll Smith-Rosenberg, "Puberty to Menopause: The Cycle of Femininity in Nineteenth-Century America," *Clio's Consciousness Raised*, 주36, 25-37)이다. 모성에 관해서는 주127을 참조하라.

88/89. 상징적 세계의 비대칭성 ASYMMETRY OF THE SYMBOLIC UNIVERSE

88. '뱀바족 사례는 주68에서 말한 오드리 리처즈의 책에 나온다. 매우 자세하면서도 유쾌한 연구서다.

89. 주52의 '상보성과 사회과학'에서 나는 중도적 관점을 주입하는 개념을 버려야만 젠더로 구성된 현실을 이해할 수 있다고 말했다. 주46에서는 학계에서 다양하게 제안하는 '입체경식 연구'와, 젠더를 이해하는 데 필수적인 접근법을 혼동하지 말아야 한다고 경고했다. 따라서 기존 이론을 보완하거나 수정, 대항하는 연구로 사회과학을 하는 사람은 젠더 부재의 가정 위에서 연구하는 것이다. 은유(주56)를 인식론적 방법으로 쓰는

비과학적 연구를 통해서만 젠더를 구성하는 모호하고 비대칭적인 상보성(주57)을 이해할 수 있다. 젠더의 세계에서는 도구(주70)나 시간(주79), 공간(주78)같은 물질문화뿐 아니라, 지배방식 또한 젠더적 성격을 띤다(주84). 반면, 정치경제학에 부합하는 전문용어로 남자와 여자 영역 사이의 불균형을 분석할 때는 한계가 있을 수밖에 없다.

지금까지 나는 젠더의 중요성을 말해왔다. 그럼에도 다시 한 번 젠더의 세계에서는 문화의 물질적 측면뿐 아니라 문화의 지각이나 상징적 의미 또한 젠더적이라는 점을 강조하려고 한다. 세상을 보면서 여자가 이해하는 크기나 감각, 색채, 사물은 남자가 보고 이해하는 것과 다르다. 니콜 클로드 마티외는 「성 범주에 대한 사회학적 정의 고찰」(Nicole-Claude Mathieu, "Notes pour une définition sociologique des catégories de sexe," *Epistémologie sociologique* 11-16, 1971-73: 21-39)에서 에드윈 아드너가 쓴 「믿음과 여성 문제」(Edwin Ardener, "Belief and the Problem of Women," in Shirley Ardener, ed., *Perceiving Women*, New York: Halsted Press, 1975: 1-17)를 비판한 바 있다. 이에 대한 반박으로 아드너는 「'문제'에 대한 재고」("The 'Problem' Revisted," Shirley Ardener가 편집한 앞 책)를 썼다. 이 두 번째 논문에서 아드너는 여자의 영역이 확장되면 어느 순간 남자는 '침묵'한다는 개념 체계를 세웠다. 즉 남자는 여자의 영역을 직접 이해할 수도 없고, 개념적으로 지칭할 수도 없다는 것이다. 또한 남자 영역의 어느 부분에서는 여자도 마찬가지로 침묵한다는 가정을 세웠다. 그러한 비대칭적인 침묵(무력함과 고요)이 젠더의 상징적 보완성을 이룬다는 생각이 나의 주제다. 이 주제와 관련해서는 로드니 니덤의 『인지하기』(Rodney Needham, *Reconnaissances*, Toronto: University of Toronto Press, 1980: 17-40 "Unilateral Figures")를 참조하라. 샬럿 하르트만은 「아동인류학은 가능한가?」(Charlotte Hardmann, "Can there be an Anthropology of Children?" *Journal of the Anthropological Society of Oxford* 4, 1973: 85-99)에서 여성과 마찬가지로 "침묵"하고 "눈에 안 띄고" "비켜있는" 집단이라는 패러다임에 아동을 집어넣는다. 이들은 스스로 자율적으로 살아가지만, 특정한 가치와 그들에

310

게 배타적인 접촉을 하는 사회에서는 완전히 이해할 수 없는 집단이다. 하르트만은 인류학자들이 이렇게 침묵하는 존재들을 배제하기 위해 어떤 전략을 쓰는지 설명하고, 젠더 영역의 상호 침묵을 파악할 수 있는 개념을 제시한다.

90. 자연/문화 NATURE/CULTURE

젠더를 분석의 틀로 정교하게 다듬는 데 있어 가장 중요한 과제는 현재 사회과학의 주류이자 심지어 규범이 된 갖가지 이원론으로부터 젠더를 풀어놓는 일이다. 젠더를 문화와는 대립적인 개념으로 여기다 보니, "우리는 자연 그 자체를 정치적 불평등이라는 범죄의 공범자로 만들고 말았다"(마르키 드 콩도르세). 자연을 이런 식으로 바꿔놓은 것에 대해서는 장 에르아르의 『계몽주의 초기 프랑스에서 자연의 이념』(Jean Erhard, *L'idée de nature en France à l'aube des Lumières*, Paris: Flammarion, 1970)을 보라. 아마도 가장 풀기 어려운 현대의 이원성은 자연/문화와 관련된 젠더의 이원성일 것이다. 그렇게 된 이유는, 계몽주의 이후부터 과학이란 것이 (인류의 성취를 과시할 목적으로) 인간의 경험과 이념을 **자연화**하는 데 바친 활동을 가리키는 것이 되었기 때문이다(이 논지는 주87의 K. 필리오의 책에서 가져왔다). 그러므로 이제 과학은 롤랑 바르트의 신화 분석과 비슷한 것이 되어버렸다. 즉 과학은 여러 주장을 이어 붙인 콜라주이고, 그 주장의 설득력은 표현하려는 내용이 얼마나 자연스럽게 보이느냐에 달렸다. 바르트의 말은 이렇게 바꿀 수 있다. 세계(혹은 경험적 자료의 총합)가 신화(혹은 과학)에 주는 것은 인간이 생산하거나 사용하는 방식으로 정의된 역사적 실재다. 반대로 신화(이 경우에는 과학)가 돌려주는 것은 그러한 실재의 자연스러운 이미지다. 결국 이렇게 연구된 '자연'은 연구에 이용된 젠더 없는 범주와 마찬가지로 가상적인 것에 지나지 않는다. 여기서 젠더는 과학적으로 배제된다. 셰리 오트너는 이 문제가 '여성'에 대한 인류학자들의 연구에서도 다루어져야 한다고 주장했다. 「여자 대 남자의 관계는 자연 대 문화와 같은가?」(Sherry B. Ortner, "Is Female to Male as Nature Is to Culture?" in Rosaldo and Lamphere, 주68의 책, 67-87)를 참조하라. 하지만 오트너는 아드너만큼 개념의 우주에 있는 비대칭성에 관심을 갖지 않았다. 그의 목적은 자신이 생각하기에 거의 우주적 보편으로 보이는 여성의 남성 종속을 설명할 이론을 찾는 것이었다. 그럼에도 오트너는 자연과 여자를 결부시키는 고리는 어떤 것이든 문화의 구성물이라고 말했다. 즉 자연에 있는 사실이 아니라고 강조했다. 오트너의 논문에 관한 학술세미나가 여러 곳에서 열렸다. 그 내용을 담은 책이 캐럴 P. 매코맥과 메릴린 스트래선이 편집한 『자연, 문화, 젠더』(Carol P. MacCormack and Marilyn Strathern, eds., *Nature, Culture and Gender*, Cambridge: Cambridge University Press, 1980)이다. 이 선집에 실린 10여 편의 흥미로운 글을 읽다 보면, 과학에 깊이 숨어 있고, 일상어의 키워드로 대중화된 자연/문화 구도에서 한 발짝 벗어날 수 있다.

문화를 자연과 대립시킬 수 없다는 급진적 관점은 위 논문집 가운데 스트래선이 쓴 「자연이 없으면 문화도 없다: 하겐족 사례」(M. Strathern, "No Nature, No Culture: the Hagen case," 앞의 책 174-222)에서 볼 수 있다. 파푸아뉴기니의 하겐족에게 문화는 인간의 활동이 축적된 것이라는 의미도 없고, 자연 역시 인간이 길들이고 생산적으로 만들어야 할 대상이라는 의미를 갖지 않는다. 상대를 차별화하거나 변증법적인 방식으로 젠더를 이용해서 남자와 여자를 구분하면 '공통된 유사성의 배경'을 의미하는 인간성이라는 개념이 생긴다. 하지만 남자건 여자건 '자연'에 대립된 의미의 '인간성'(humanity)을 대표할 수는 없다. 남자와 여자를 구분하는 것은 인간 행동에 있는 창조적이고 개성 있는 영역을 평가하기 위해서다. 하겐족이 남성과 여성 사이에 지배와 영향력을 표시하는 방식은 인간이 상호작용하는 형태를 정확히 보여준다. 소규모 인간 세계에서나 볼 수 있는 '인간성'을 표현한 것이 아니다.

91. 인류학 ANTHROPOLOGY

인류학(또는 인간학)이라는 말에는 특이한 역사가 있다. 아리스토텔레스가 『니코마코스 윤리학』에서 이 말을 쓸 때는 '가십'(gossip)을 의미했다. 알렉산드리아의 필론에서부터 라이프니츠까지 신학자가 이 말을 쓸 때는 다른 어떤 것, 즉 인간의 감정이나 동기를 신에게 돌리는 것을 의미했다. 특히 매우 겸손한 화자가 이 말을 쓸 경우에 그러했고, 비록 모호하긴 해도 은유적 언어만이 목적에 부합하는 유일한 말이라는 것을 자각하고 사용할 경우에 그랬다. 그러다 17세기가 되자 이 용어는 인간을 대상으로 연구하는 새로운 자연과학을 가리키게 되었다. 인류학은 19세기에 처음으로 사회과학으로 인정받았다. 이 발전 과정을 개괄한 자료로는 요아힘 리터 등이 편찬한 『철학사 사전』(주3) 가운데 O. 마르크바르트가 쓴 「인간학 - 철학적 의미」("Anthropologie - philosophische") 항목을 참조하라. 나는 하버마스의 견해에 동의하는 편이다. 그는 1차 세계대전 때까지는 인간학이 철학의 분과 학문으로 분명하게 나뉘어 있지 않았다고 말한다. 그러나 그 이후 지금까지 인류학자들은 단일 성의 전문용어를 가지고 인간을 연구해왔다. 심지어 남성과 여성의 차이라는 주제를 연구할 때도 그랬다. 인류학은 무엇보다 현대적 인식론으로 젠더를 다시 볼 필요가 있다.

92/93. 언어의 성적 차이 SEX DIFFERENCE IN LANGUAGE

남부 독일에서는 사람들이 말하는 그대로의 언어를 기록하는 연구가 10년 넘게 진행 중이다. 이 연구의 사전보고서가 아르노 루오프의 『구술언어 연구의 기초와 방법: 관용어 계열 입문』(Arno Ruoff, *Grundlagen und Methoden der Untersuchung gesprochener Sprache. Einführung in die Reihe Idiomatica*, Tübingen: Niemeyer, 1973)이다. 조사자들은 사람들이 말할 때마다 젠더가 주요 변수라는 사실에 큰 충격을 받았다. "어떤 항목들을 살펴봐도 동일한 집단 내의 남녀 사이에 커다란 언어적 차이가 있다는 이 명백한 사실은 우리가 전혀 예측하지 못한 발견이었다." 배리 손과 낸시 헨레이가 편집한 『언어와 성: 차이와 지배』(Barrie Thorne and Nancy Henley, eds., *Language and Sex: Difference and Dominance*, Rowley, MA: Newbury House, 1975)는 제목 그대로 차이와 지배에 관한 입문서다. 낸시 컨클린의 「언어 행동에 대한 여성주의적 분석」(Nancy Faires Conklin, "Toward a Feminist Analysis of Linguistic Behavior," *The University of Michigan Papers in Women's Studies* 1, no. 1, 1974: 51-73)에서는 초기 문헌을 볼 수 있고, 최근 문헌은 수전 필립스의 「성 차이와 언어」(Susan Philips, "Sex Differences and Language," *Annual Review of Anthropology* 9, 1980: 523-44)에서 볼 수 있다. J. 오라사누, M. K. 슬레이터, L. L. 애들러가 함께 쓴 「언어, 성, 젠더」(J. Orasanu, M. K. Slater and L. L. Adler, "Language, Sex and Gender," *The Annual of the New York Academy of Sciences* 327, 1979)와 B. L. 뒤부아와 I. 크라우치가 엮은 『미국 여성들의 언어 사회학: 샌안토니오 학술회의 자료』(B. L. Dubois and I. Crouch, eds. *The Sociology of the Language of American Women: Proceedings of a Conference at San Antonio*, San Antonio, TX: Trinity University Press, 1979)에도 유용한 자료가 모여 있다. 이 논점을 처음 접한 것은 젊은 나이에 작고한 나의 동료 래리 그라임스가 쓴 『언어적 금기: 멕시코 민중언어의 성격과 기능』(Larry M. Grimes, *El tabu linguistico: su naturaleza y función en el español popular de Mexico*, CIDOC Cuaderno no. 64, Cuernavaca: CIDOC, 1971)을 읽고 나서였다. 그의 책은 멕시코 스페인어에 있는 젠더별 금기어의 보고이다. 여러 문헌 조사를 통해 그는 사회언어학자 대부분이 남자 언어와 여자 언어의 차이를 조사할 때, 마치 "언어학자가 일반적인 언어 가운데 하나를 대하듯이" 연구한다는 사실을 보여주었다. 나는 이들 언어학자와는 정반대 입장을 가지고 있다. 나는 학습으로 배운 모어와 토박이말을 대비하여 분석할 때, 실제로 여자가 하는 말과 남자가 하는 말은 언어학자가 여러 언어를 조사하면서 발견하는 차이와 다르다는 가정에서 출발했다. 나는 경험을 통해서 토박이말은 두 가지 언어 형태로 이뤄졌다는 결론을 얻었다. 억양에서부터 문법, 어휘까지, 자주 입에 올리는 화제부터 그 화제를 다루는 방식까지, 그리고 침묵의 리듬, 언어의

일종인 잡담, 몸짓과 눈빛과 어순까지, 남자와 여자의 언어는 전혀 다르다. 이렇게 관찰에 입각한 편향성으로 나는 여러 자료 가운데서 이 가정에 들어맞는 내용을 골라냈다.

94. 언어의 상보성 COMPLEMENTARITY IN SPEECH

내가 여기서 '여성 언어'라 불리는 것에 대해 말하는 방식은 앞에서 '여성 노동'이라는 것에 대해 말한 방식과 같다. 우리에게는 젠더화된 말을 가리키는 언어학적 용어가 없다. 그럼에도 현재 활용할 만한 학술용어를 알아보려면 조슈아 피시먼의 「사회언어학의 기본 개념」(Joshua A. Fishman, "Some Basic Sociolinguistic Concepts," *Sociology of Language*, Rowley, MA: Newbury House, 1972: 15-19)을 참조하라. 젠더에 특화된 말들은 언어 '자체'의 변종이 아니라, 언어를 구성하는 두 가지 기본 요소들이다. 젠더에 특화된 말을 변종으로 취급하는 순간, 우리는 이미 탈선이라는 개념과 함께 젠더 없는 단일 성(unisex)의 규범을 언어에 도입하고 있는 것이다. 또 그와 함께 우리는 언어가 방언처럼 홀로 있을 수 있다는 생각, 즉 상대방 언어가 존재하지 않아도 남녀 각각의 언어가 가능하다는 생각을 하고 있는 셈이다. 남자의 말은 그것을 보완해서 말하는 여자가 있기 때문에 이해될 수 있다. 물론 그 이해는 남자의 이해와는 다를 것이다(주89, 97). 그렇다고 해도 그런 **토박이말 자체**라는 것은 들을 수 없다. 그것은 **인간들**(humans)의 행동을 통계적으로 기술하는 언어학자의 구성물이기 때문이다. 언어학자가 비추는 '지성의 빛'(lumen intellectualis)은 과학적 중성의 빛이다(주52). 과학자가 쓰는 개념적 탐조등과 중립적 관점은 남자와 여자의 차이를 묻어버린다. 언어학자는 규칙과 맞춤법을 내세워 시종일관 언어에 남성 형태를 강요함으로써 여성 언어를 변종으로 취급한다. 표준어가 남녀를 평등하게 취급한 결과로 나온 언어 형태라고 하지만, 실제로는 이런 경우에도 여자는 차별을 받는다. 토박이 문화에서는 남자와 여자가 서로 대면해서 말하는 경우가 드물다. 그래서 한쪽이 다른 쪽을 지배하는 경우도 드물다. 표준어를 만든 이유는 남녀가 동질의 **인간**으로서

서로에게 말할 수 있는 언어를 만들기 위해서다. 하지만 현실에서 이렇게 단일 성의 언어로 서로 대화하다 보면 말을 나눌 때마다 남자의 지배가 강화된다. 돈 짐머만과 캔데이스 웨스트의 「성 역할, 대화에서의 방해와 침묵」(Don H. Zimmermann and Candace West, "Sex Roles, Interruption and Silence in Conversation," in M. A. Lowrie and N. F. Conklin, eds., *A Pluralistic Nation: The Language Issue in the United States*, Rowley, MA: Newbury House, 1978)을 참조하라. 웨스트의 「우리 의지에 반하여: 양성 간 대화에서 남성의 여성 말 가로채기」(C. West, "Against our Will: Male interruptions of Females in Cross-Sex Conversation," 주92의 Orasanu의 책, 81-100)와 M. 스웨커의 「교양인과 전문가 회의에서 여성의 언어 행동」(M. Swacker, "Women's Verbal Behavior at Learned and Professional Conferences," 주92/93의 뒤부아의 책, 155-160), B. 이킨스와 G. 이킨스의 「교수들의 대화에서 주고받는 말」(B. Eakins and G. Eakins, "Verbal Turn Taking and Exchanges in Faculty Dialogue," 같은 책 53-62)도 참조하라.

95. 여성의 언어 WOMEN'S LANGUAGE

덴마크 언어학자 오토 예스페르센이 쓴 『언어: 아동, 여성, 세대』(Otto Jespersen, *Sproget: Barnet, Kvinden, Slaegten*, Copenhagen: Gyldendal, 1941)는 당시로서는 기념비적인 저서다. 영어 번역을 보려면 『언어의 본성과 발전, 기원』의 13장 「여자」(Otto Jespersen, "The woman," Chap. 13, in *Language: Its Nature, Development and Origin*, London: Allen & Unwin, 1922: 237-54)를 보라. 19세기 여성 언어에 관한 대표적인 연구로는 바디아 마르가리트의 「아라곤 지방의 여성 언어와 방언 조사법 소고」(A. M. Badia Margarit, "Note sur le langage des femmes et la méthode d'enquête dialectologique, domaine aragonais," *Orbis* 1, 1952: 15-18), 칼 보우다의 「추크족의 여성언어」(Karl Bouda, "Die tschuktschische Frauensprache," *Orbis* 2, 1953: 33-34), 야코부스 판 기네켄의 「남성언어와 여성언어」(Jacobus van Ginneken, "Mannen-en vrouwentaal," *Onze Taaltuin* 3, 1934/35: 289-92)를 보라.

96. 언어에서의 여성 종속 SUBORDINATION IN SPEECH

지배에 관한 연구를 통해서 젠더에 관한 매우 근본적인 사실이 밝혀졌다. 낸시 컨클린의 「다수의 언어: 여성과 미국 영어」(Nancy Conklin, "The Language of the Majority: Women and American English," in *A Pluralistic Nation*, 주94의 책, 222-37)에서는 "어떤 공동체든 남자의 행동과 여자의 행동에는 별개의 규범이 있다. 언어 행동도 예외가 아니다"라는 사실을 밝히고 있다. 최근까지도 언어 공동체를 단일한 화자 집단으로 보는 전통적 견해가 남아 있다. 다양한 언어에 들어있는 젠더의 역할을 보지 않으려 하는 것이다. 어떤 문화든 남자와 여자는 확연하게 다른 언어를 쓴다. 물건을 부르는 이름도 다르고 어순도 다르다.

영어는 얼핏 보면 다른 언어에 비해 성에 따른 차이가 없어 보인다. 하지만 자세히 보면 오히려 더 미묘한 차이가 있다. 역설적이게도 아이들에게는 분명하게 보이는 이 차이야말로 언어학자가 주목해야 하는 연구 분야다. 하지만 현대 영어의 남녀 차이 가운데 어떤 것을 **젠더가 남아 있는 언어 형태**로 분류하고 어떤 것을 **성차별주의가 반영된 언어**로 분류할지(주101)는 아직도 질문되지 않은 채로 있다. 그동안 언어에 단일 성의 형태를 강제하여 남성 언어를 우위에 놓으려 했지만, 그래도 젠더는 **특정한** 영역에서 살아남은 것으로 보인다.

97. 말과 언어에서의 남녀 역할 ROLE IN SPEECH AND ROLE IN LANGUAGE

배리 손(주92, 93)은 **역할**이라는 사고가 언어 연구에 미친 영향을 분석했다. "역할이라는 용어는 오히려 남자와 여자의 권력 차이를 에둘러 호도하는 경향이 있다. 역할이라는 전문용어는 '다르지만 동등하다'는 것을 의미하는 경향을 띠는데, 다른 경우의 권력 차이에 대해서는 쓰지 않는다는 점이 중요하다. 예를 들어 '인종 역할'이나 '계급 역할'이라고는 하지 않는다. 분명히 남성과 여성의 사회적 차이와 문화적 차이를 지칭하려면 좀 더 정확하면서도 유연한 어휘가 나와야 할 것이다." 그가 말한 정확하고 전문적인 어휘가 나온다면 두 가지 상황을 명확하게 구별해야 할 것이다. 바로 토박이말을 사용할 때와 학습으로 배운 모어를 사용할 때다. 토박이말을 사용하는 경우에는 말을 할 때마다 화자의 젠더와 그 말을 듣는 사람의 젠더에 따라 다르게 공명한다. 학습한 모어를 쓰는 경우에는 젠더 없는 언어 '규범'을 사용한다. 이 규범은 마치 상품을 구입할 때처럼 남성이나 여성의 성이 가진 특징에 맞춘 것이다. 따라서 학습한 모어가 오가는 젠더 없는 토론장에서 남자의 언어는 항상 여성 화자의 윗자리를 차지하게 된다.

98-102. 젠더적인 '말'과 성적인 '언어' GENDERED SPEECH VS. SEXIST LANGUAGE

98. J. J. 오텐하이머는 「문화와 접촉과 음악 양식: 코모로 제도의 민족음악학」(J. J. Ottenheimer, "Culture and Contact and Musical Style: Ethnomusicology in the Comore Islands," *Ethnomusicology* 14, 1970: 458-62)에서 여자가 남자와 다른 노래를 부른다는 사실에 주목한다. 칼 하이딩은 「작업 중의 이야기와 이야기 장소로서의 일터」(Karl Haiding, "Das Erzählen bei der Arbeit und die Arbeitsgruppe als Ort des Erzählens," in G. Heilfurth and I. Weber-Kellerman, eds. *Arbeit und Volksleben. Deutscher Volkskundekongress 1965 in Marburg*, Göttingen: Otto Schwartz, 1967: 292-302)에서 전통적으로 남자와 여자는 다른 이야기와 농담을 즐겨 했다는 점에 주목한다. 그들은 이야기하는 화제부터 달랐다. 로이 밀러의 『일본어』(Roy Miller, *Japanese Language*, Chicago: University of Chicago Press, 1967: 289)를 보면, 일본에서는 남자와 여자가 서로 다른 지시어와 호칭을 쓴다는 것을 알 수 있다. 로이 밀러가 「언어의 등급(*keigo*)*과 근대화에 대한 일본어의 반응」("Levels of Speech (keigo) and the Japanese Linguistic Response to Modernization," *Tradition and Modernization in Japanese Culture*, ed. Donald H. Shively, Princeton,

---

* 'keigo'는 경어(敬語)의 일본어.

NJ: Princeton University Press, 1971: 661-67)에서 지적한 내용이다. 일본어에는 남성의 언어와 여성의 언어 사이에 복잡한 경계선이 있다. 예를 들어 문장 끝에 접미사로 여자는 '와'를 붙이고, 남자는 '자'나 '야'를 붙인다. 남자는 존칭을 붙이지 않는 단어 앞에 여자는 존칭으로 '오'를 자주 붙인다. 예를 들어 물[水]을 남자는 '미즈'라고 하지만 여자는 '오-미즈'라고 한다. 어떤 단어들은 똑같은 사물을 가리키지만, 어원학적으로 보면 그 형태는 서로 관련이 없다. 예를 들어 '맛있다'를 여자는 '오이시'라고 하고 남자는 '우마이'라고 한다. J. F 셰르처와 R. 보먼이 편집한 『언어의 민족지 연구』(J. F. Sherzer and R. Bauman, eds., *Exploration in the Ethnography of Speaking*, New York: Cambridge University Press, 1975)도 참조하라.

99. S. 하딩의 「어느 스페인 마을의 여성과 언어」(S. Harding, "Women and Words in a Spanish Village," in R. Reiter, ed., 주22의 책)에는 스페인 마을에서 여성이 남자들끼리의 대화에 끼어들기 위해 쓰는 몇 가지 이색적인 전략을 설명한다.

100. 엘리오노르 키넌의 「규범 제정자와 규범 파괴자: 마다가스카르 마을에서 남성과 여성의 언어 사용」(Elionor Keenan, "Norm Makers, Norm Breakers: Use of Speech by Men and Women in a Malagasy Community," Joel Sherzer and Richard Baumann, 주98의 책, 125-43)을 참조하라.

101. 오토 예스페르센은 『문법의 철학』(Otto Jespersen, *The Philosophy of Grammar*, New York: Norton, 1965: 224-26) 17장에서 문법적으로 명사를 분류하는 젠더는 '여자/남자'(feminine/masculine)라는 용어를 쓰고, 그 명사가 가리키는 사물의 성을 지칭할 때는 '여성/남성'(female/male)을 쓰자고 제안한다. 하지만 그렇게 하기 어려운 이유는 다음 네 가지 개념이 거의 연관성이 적고, 실제로 있는지조차 의심스럽기 때문이다. (1) 문법상의 젠더(예스페르센이 일컫는 그/그녀/그것). (2) 사회적 젠더(이 책의 주제인 모호한 상보성). (3) 사회적 성(희소성을 전제로 인간의 특징을 똑같이 만들고

제도적으로 갈라놓은 것). (4) 생식기나 해부학적 형태 차이.

이 책을 시작하며 말했듯이, 인류학적(사회적) 의미의 젠더는 사회적(경제적) 구성물인 성과 구별하여 따로 이름 붙이고 탐구해야 할 주제이다. 나는 젠더가 보호하던 시대에서 성이 통치하는 시대로 이행한 것이 일상어에도 그대로 반영되었다고 주장한 바 있다. 예스페르센과 달리, 나는 토박이말의 상보적 영역을 '여자/남자의 말'(feminine/masculine *speech*)이라 부르고, 표준화된 언어(규범적이고 문자화되고 광고에 쓰이는 학습된 모어)를 '여성/남성의 언어'(female/male *language*)라 부르자고 제안하고 싶다. 나는 젠더적인 말과 성의 언어를 구별해야 한다고 주장한다. 젠더적인 말은 젠더 이원성(주12, 56, 57)에 끊임없이 숨을 불어넣고 속삭이고 말을 건다. 반면에 성적 언어는 차별을 강요한다. 성적인 언어에서 사용되는 문법상의 젠더(genus)는 젠더적인 말에서는 있을 수 없는 일, 곧 끊임없이 상대를 제압하는 장치로 이용된다.

명사 분류에 관한 문헌들을 안내하는 책으로는 다음 두 권이 있다. 한 권은 헤를라흐 로이언의 『세계 언어의 명사분류 체계』(Gerlach Royen, *Die nominalen Klassifikationssysteme in den Sprachen der Erde: historisch-kritische Studie, mit besonderer Berücksichtigung des Indogermanischen*, Linguistische Anthropos Bibliothek 4, Wien, 1930)이다. 이 책에 관해서는 울렌벡(C. C. Uhlenbeck)이 『미국 언어학 국제저널』(*The International Journal of American Linguistics* 7, nos. 1-2, 1932: 94-96)에서 비판적인 서평을 썼다. 또 한 권은 괴츠 비놀트의 『문법적 성과 의미론』(Götz Wienold, *Genus und Semantik*, Knonberg: Hain, Anton, Meisenheim, 1967)이다. 구문론과 의미론의 경계 위에 있는 문법적 젠더의 복잡한 관계를 분석했다. 이본 베르디에는 남녀 언어의 상보성을 연구하는 데 필요한 접근법을 뛰어나게 제시했다(주79).

102. 메리 하스의 「코아사티어에서 남자의 말과 여자의 말」(Mary R. Haas, "Men's and Women's Speech in Koasati," *Language* 20, no. 3, 1944: 141-49) 참조.

제6장

103/104. 교차연결 ANASTOMOSIS

'라마르크학파'니 '다윈학파'니 '멘델학파'니 하는 딱지는 '프로테스탄트'나 '마르크스주의자'만큼이나 부질없는 것이다. 그래서 문화에 관해 말할 때는 그들을 언급하지 않으려 한다. 토박이 문화에서 변화가 일어나는 것은 젠더를 나누는 경계와 젠더의 상보적 영역이 뻗어가는 시공간의 배열이 바뀐 결과다. 생물학적 변화와 문화적 변화를 관련지을 때의 난점에 관해서는 스티븐 제이 굴드가 쓴 「프로타고라스의 유령: "동물계의 문화 진화"와 "인간, 촉망받는 영장류"에 대한 서평」(Stephen Jay Gould, "The Ghost of Protagoras: A Review of *The Evolution of Culture in Animals*, by John Tyler Bonner, and *Man, the Promising Primate*, by Peter J. Wilson," *New York Review of Books*, January 22, 1981: 42-44)을 보라. 또 '교차연결'*이라는 용어의 역사와 그 타당성에 관해서는 『프랑스어 보전』(*Trésor de la Langue Française*, 주3 참조)에 실린 관련 논문을 참조하라. '라마르크주의'를 역사적으로 서술한 자료는 그레이엄 캐논의 『라마르크와 현대 유전학』(H. Graham Cannon, *Lamarck and Modern Genetics*, Manchester, UK: Greenwood, 1975)에서 찾을 수 있다.

104. 멕시코에서 지역별로 도자기를 보면, 마치 굽이굽이 길이 펼쳐지듯 여러 지역별로 비슷한 특징이 드러나다가 어느 순간 고리처럼 서로 연결되는 것을 볼 수 있다. 그렇게 하여 새로운 특성이 서서히 싹트고 발전한다. 이러한 멕시코의 점토 예술의 유연한 형태에 관해서는 에두아르

---

* 'anastomosis'는 생물학에서는 '문합'(吻合)이라 번역하며, 본래 분리되어 있는 혈관이나 신경, 장기 등이 서로 연결되는 경우를 가리킨다. 어원상으로는 '입술(*stoma*)을 내준다(*ana-*)'는 뜻의 그리스어 '*anastómosis*'에서 나왔다.

도 노게라의 『메소아메리카의 고대 도자기』(Eduardo Noguera, *La ceramica arqueológica de Mesoamerica*, Mexico City: UNAM, Instituto de Investigaciones Anthropologicas, 1975)에서 볼 수 있다.

105. 재난시의 젠더 경시 DISREGARD FOR GENDER IN CALAMITY

남자가 여자 일을 하고 여자가 남자 일을 하는 것은 중세 여러 문헌에 파국적인 재난의 전조로 기록되곤 했다. 살아남은 사람이 고양이, 개, 쥐, 풀뿌리를 먹으며 서로를 마치 늑대처럼 대했다는 기록도 있다. 이처럼 젠더 경계가 무너지고, 먹을 수 없는 것을 먹거리로 삼고, 경제적 개인주의가 출현하는 등의 일이 한꺼번에 일어나면 사회는 붕괴하고 희소성이 통치하는 체제가 들어선다. 레이몬드 퍼스의 『티코피아의 사회변동』(Raymond Firth, *Social Change in Tikopia*, New York: Macmillan 1959)은 그와 같은 붕괴 과정을 잘 관찰한 책이다. 우리 시대에도 유사한 사례가 있다. 태평양 섬에 기근이 닥치자 처음에는 가정끼리 연대하는 사회적 유대가 강해졌다. 차야노프(A. Chayanov)가 원시 문화에서 관찰하고 최근에는 마샬 살린스가 『석기시대 경제학』(Marshall Sahlins, *Stone Age Economics*, Chicago: Aldine, 1972; 박충환 옮김, 한울아카데미 2014)에서 설명한 일반 규칙이 여전히 통용된다는 것이다. 즉 식량의 **부족**은 희소성과는 대조적으로(주11 참조) 사회적 유대를 단단하게 해주며, 식량은 공유하는 것이지 사고파는 것이 아니라는 법칙을 강화한다. 기아가 닥치면 1단계에서는 이웃끼리 서로 평소에 베풀던 것 이상으로 도와주려고 한다. 2단계에 들어서면 위선의 첫 번째 징후가 나타난다. 집집이 식량을 비축하고 자기 것만 챙기기 시작한다. 3단계에 들어가면 더 이상 가족끼리도 나누지 않는다. 이 단계가 되면 가족은 더 이상 토박이 문화의 일부가 되지 못한다. 시기심 많은 **호모 에코노미쿠스**라는 개인이 등장하는 것이다. 그래도 이 3단계까지는 **젠더 포기**가 나타나도 아직 과도기라 할 수 있다. 이 시기를 넘어서면, 성이 젠더를 잠식한다.

106. 상대영역 침범 INTRUSION INTO THE OTHER DOMAIN

관련 사례는 주70의 문헌을 참조하라. 개인이 어쩔 수 없이 젠더 경계를 넘는 경우는 젠더에 따른 의무를 소홀히 하여 '조리돌림'(주80)으로 벌을 받는 경우나, 사회적 신분에 따라 젠더 경계를 '일탈'하던 것과 구분해야 한다. 간혹 지역이나 시대에 따라서는 여자가 남자와 말을 함께 타야 귀부인으로 대접받는 경우도 있었다. 여기서 말하고 싶은 점은, 얼마나 쉽게 젠더의 경계선을 넘을 수 있는가는 사회적 지위에 따라 달랐다는 점이다(주72).

107. 젠더 구분을 이용한 정치적 저항 POLITICAL DEFIANCE OF THE GENDER LINE

저항이란 항상 '정치적' 행위다. '정치적'이란 가령 과야키족이 잘못한 사람에 대한 처벌로 젠더를 박탈하는 것처럼 개인적으로 젠더를 **상실**하는 것과는 다르다(주69 클라스트르 참조). 또한 전쟁, 기아, 전염병 같은 위협적 상황에서 어쩔 수 없이 젠더 규칙을 보류하는 것과도 다르며, 하나의 문화가 소멸할 때 일어나는 젠더 **붕괴**(주105)와도 다르다. 또한 한쪽 젠더가 상대 젠더의 영역을 **침범**(주106)하는 것과도 다르다. 여기서 말하는 '정치적'이란 기존 질서를 상징적으로 공격하려고 젠더 관습을 일부러 어기는 경우를 말한다.

정치적 저항 행위는 세 가지로 분류할 수 있다. 다음은 모두 이념형으로 분류한 것이다. 첫 번째는 한쪽 젠더가 저항하는 경우다. 가령 뱀바족 여인이 남자가 원래의 감각을 되찾도록 아이들을 남자들 손에 맡기고 집단으로 마을을 떠나는 경우다(주68 리처즈 참조). 또는 가부장제에서 흔히 볼 수 있듯이, 여자들이 권력 불균형을 바로잡기 위해 남자들을 흉내 내고, 풍자하고 망신을 주는 경우다. 나탈리 제몬 데이비스의 『근대 초 프랑스의 사회와 문화』(Natalie Zemon Davis, *Society and Culture in Early Modern France*, Palo Alto, CA: Stanford University Press, 1975), 특히 5장의 '우위에 선

여성'에 훌륭한 사례가 나온다.

두 번째는 초기 자본주의 발달 과정에서 지역 문화를 침범한 부르주아 문명에 대해 경멸을 표현하는 경우다. 당시에 산업화를 막 접한 군중은 변장 행위를 정치적으로 활용했다. 남자 여자 할 것 없이 온갖 상징적 저항을 통해 젠더 경제를 지키려 했다. 그들은 상류층 신사와 숙녀 그리고 추종자들을 희화화하고 조롱했다. 그것은 평민이 '도덕 경제'를 수호하려는 행위로 해석할 수 있다.

정치적 저항의 세 번째 형태는 젠더 경계선을 반대하는 것이 아니라 성 분리에 저항하는 것이 목적이다. 사드 후작 이후에 생긴 포르노그래피와, 게이나 페미니스트의 의례적 행위가 이 정치적 변장 행위에 해당한다. 축제 때 하던 남자와 여자의 변장은 최근까지도 민중이 지켜온 도덕 경제와 침략적인 상업 경제 사이의 현격한 차이를 드러내는 기능을 꾸준히 했다. 오늘날의 사례는 제럴드 사이더의 「뉴펀들랜드 외딴 어촌의 크리스마스 가면극과 새해맞이」(Gerald Sider, "Christmas Mumming and the New Year in Outport, Newfoundland," *Past and Present* 71, May 1976: 102-25)에서 볼 수 있다.

108. 풍자로 벌주기 MOCKING SANCTIONS

카니발에서의 남녀 분장에 대한 연구는 사람들이 젠더 경계를 **지키기 위해** 의례와 풍자를 어떻게 활용했는지 관찰할 수 있는 훌륭한 방법이다. 농담이나 속담, 격언이나 수수께끼도 종종 같은 기능을 했다.

109. 모방의 언어 THE LANGUAGE OF TRAVESTY

현대 언어는 젠더와 성을 한데 녹여버린다(주7). 이 언어는 인간을 젠더 없는 리비도를 가진 젠더 없는 존재로 그려낸다. 여기서 리비도란 그들의 삶에서 나타나는 몇 가지 특징적 형태 가운데 하나일 뿐이다. 이 새로운 언어에서는 **성전환자**(transsexual)를 태어날 때부터 몸을 잘못 가지고 나온 사람이라고 말한다. 또 **복장도착자**(transvestite)에 대해서는 반대편 성에 속한 사람처럼 옷을 입거나 행동함으로써 성적 만족을 얻는 사람이라고 설명한다. 이 언어는 우리로 하여금 단일 성적인(unisexual) 행동양식을 지향하는 방식으로 말하게 한다. 그러나 여기서 단일 성이란 남녀를 성으로만 보는 무의식적 환상을 감추는 가면일 뿐이다. 경계 침범의 역사는 주 105~108에서 이미 밝힌 대로 이념형으로 기술되어야 하지만, 일반적으로는 성과학자의 관점으로 기술될 때가 많다. 이런 관점으로 기술하면, 자료의 의미와 사실을 왜곡하여 해석할 수밖에 없다. 그런 혼란을 일으킨 문헌들을 폭넓게 조사한 책으로는 번 벌로 등이 쓴『동성애에 관한 참고문헌』(Vern Bullough, et al., *An Annotated Bibliography of Homosexuality*, 2 vols., New York: Garland, 1976)이 있다. 특히 동성애의 역사를 다룬 1권 37~67쪽과 복장전도 및 성전환을 다룬 2권 351~384쪽을 참조하라. 또 같은 저자의「중세의 복장전도」("Transvestites in the Middle Ages," *The American Journal of Sociology* 79, no. 6, 1974: 1381-94)도 참조하라. 그리스도교 전통 속의 여성 복장도착자에 관해서는 존 앤슨의「초기 수도원 생활에서의 여성 복장도착자」(John Anson, "The Female Transvestite in Early Monasticism: The Origin and Development of a Motive," *Viator* 5, 1974: 1-32)와 마리 델쿠르의「그리스도교 성인전에서 보는 다이애나 콤플렉스」(Marie Delcourt, "Le complexe de Diane dans l'hagiographie chrétienne," *Revue de l'Histoire des Religions* 153, 1958: 1-33) 및 마리나 워너의『잔다르크』(Marina Warner, *Joan of Arc*, New York: Knopf, 1981)를 참조하라.

110. 이성애의 역사 THE HISTORY OF THE HETEROSEXUAL

동성애는『옥스퍼드 영어사전』에 실려 있는데, **이성애**는「부록」에만 나온다. 두 용어는 모두 1890년에 처음 언급되었다. 1957년 영국 의회에 제출한 울펜덴 위원회의 보고서(Wolfenden Report)는 성향으로서의 동성애와 행동으로서의 동성애를 분명히 구분했다.* 두 의미는 서구사회에서 뚜렷한 역사가 있다. 데릭 셔윈 베일리는 『동성애와 서구 그리스도교 전통』(D. S. Bailey, *Homosexuality and the Christian Western Tradition*, London: Longman, 1955)에서 처음으로 동성애를 성향과 행동으로 구분했다. 베일리는 정확하고 명석한 관심을 가지고 동성애 행위를 지칭할 때는 '동성애주의'(homosexualism), 그런 어긋난 체질을 지칭할 때는 '동성애'(homosexuality)라는 말을 붙였다. 최근 존 보스웰은 동성애자를 특별한 종류의 인간으로 간주하게 된 역사적 과정을 검토했다. 그의 『그리스도교, 사회적 관용과 동성애: 초기 그리스도교 시대부터 14세기까지의 남성 동성애자들』(John Boswell, *Christianity, Social Tolerance and Homosexuality: Gay People in Western Europe from the Beginning of the Christian Era to the Fourteenth Century*, Chicago: University of Chicago Press, 1979)을 참조하라. 이에 대한 비판적 반론으로는 J. D. 애덤스(J. D. Adams, *Speculum* 56, no. 2, 1981: 350-55), 피터 라인핸(Peter Linehan, *The Times Literary Supplement*, January 23, 1981: 73), 키스 토머스(Keith Thomas, *The New York Review of Books*, December 4, 1980: 26-29)의 글을 참조하라. 레즈비언 여성에 대한 이해의 역사는 릴리언 페이더먼의 『남자의 사랑을 넘어서: 르네상스부터 현재까지 여성들의 낭만적 우정과 사랑』(Lillian Faderman, *Surpassing the Love of Men: Romantic Friendship and Love Between Women from the Renaissance to the Present*, New York: Morrow, 1981), 특히 417~80쪽의 참고문헌을 참조하라. 캐럴 스미스 로젠버그의 「사랑과 의례의 여성세계: 19세기 미국에서 여성들의 관계」(Carol Smith-Rosenberg, "The Female World of Love and Ritual: Relations Between Women in Nineteenth-Century America," *A Heritage of Her Own*, ed. N. Cott and E. Pleck, New York: Simon and Schuster, 1979: 311-42)는 여성끼리의 육체적 접촉을 빗나간 성행위로 보기 시작한 것은 20세기부터라고 추정한다. 레즈비언의 역사를 특집으로 다룬 『프런티어: 여성학 연구저널』(*Frontiers: A Journal*

---

* 보고서에 따르면, "성인 사이에 합의한 사적인 동성 간 성행위는 더 이상 범죄행위로 취급되어서는 안 된다"고 나온다.

of Women's Studies 4, no. 3, 1979)도 참조하라. 배제의 표식으로서 **일탈**이라는 관념이 생겨나고 굳어져서 운명이 되어버린 역사가 있다면, 이제는 그것과 병행하여 **정상인** 곧 이성애자의 역사도 필요하다. 남성과 여성이라는 사회적 구성물의 개념적 뼈대를 들여다보지 않으면, 결혼관계나 지금의 생산 지향적 사회가 가진 **경제적** 성격을 이해할 수 없을 것이다.

111. 남색과 이단 SODOMY AND HERESY

원래 하느님을 거스르는 **죄**(sin)나 남자들 사이의 **범죄**(crime)로 보던 '남색'이 교회의 몸에서 이탈했다는 뜻의 **이단**(heresy)으로 바뀐 과정에는 일탈자를 보는 새로운 태도가 있었다. 그 이전까지 이단은 교회가 정한 교리를 공공연하게 반대하거나 교회가 규정한 의례 행위를 거부하는 것을 의미했다. 때때로 이 용어는 로마로부터의 행정적 분리를 추구하던 동방 교회와 혼동되었다. 이러한 분리파 교회를 가리키는 경우가 아니면, 이단은 정통 교리 곧 온당한 믿음이나 신앙에 정면으로 반대하는 것이었다. 이후로 이단은 '올바른 실천'(*orthopraxis*)*에 반하는 행동을 하는 것, 교회가 표준으로 세운 행동에서 일탈하는 것으로 의미가 확대되었다. 이때부터 전통적인 토박이 관습을 따르려고 교회가 정한 규범에서 벗어난 행동을 하는 교인은 이단으로 비난받았다. 이단의 의미가 이렇게 변화해온 과정에 대해서는 학술회의 보고서인 『중세 문학과 문화에서 배척자와 배척의 체계』("Sénéfiance 5," *Exclus et systèmes d'exclusion dans la littérature et la civilisation médiévales*, Aix-en-Provence: CUERMA; Paris: Champion, 1978)와 V. 브랑카의 『12세기 이단 연구』(V. Branca, *Studi sulle eresie del secolo XII*, Rome: *Studi Storici* 5, seconda ed accresciuta edizione, 1975: 293-327)를 참조하라. 12세기 이단에 연루된 여성들에 대한 연구 현황을 보려면 리처드 아

---

* 교회는 처음에는 정통 교리(*ortho-doxie*, 'orthodox'의 어원)만을 주로 강조하다가 차츰 정통 실천(*ortho-praxis*)까지 강조하는 식으로 신자들의 일상생활에까지 개입을 확대한다.

벨스와 엘렌 해리슨의 「랑그도크 카타리파에 참여한 여성」(Richard Abels and Ellen Harrison, "The Participation of Women in Languedocian Catharism," *Medieval Studies* 41, 1979: 215-251)을 참조하라.

112. 전문가의 돌봄과 성직자의 돌봄 CARE: PROFESSIONAL AND CLERICAL

돌봄(care)은 서양에만 있는 특이한 현상을 교묘하게 부르는 키워드다. 그래서 존 맥나이트는 돌봄을 "사랑을 가장한 가면"이라 말하기도 했다(주60). 1982년 여름 뉴욕에서 발표한 논문에서 나는, 엄밀하게 신학적인 의미로 '그리스도교적 자선'은 전에는 볼 수 없었던 이상이긴 하지만, 그 이상이 '돌봄'이라는 제도로 타락한 것은 역사적으로 특이한 현상이라고 말했다. 과도한 상품 사회는 무엇보다 과도한 돌봄 사회다. 그런 사회가 '발전'할수록 그 사회를 구성하는 대부분의 개인은 돌봄을 생산함으로써 그들의 존재를 정당화한다. 동료 시민이 필요한 주된 이유도 그들이 돌봄의 대상이 되어주기 때문이다. 이런 사람들이 있기 때문에 돌봄의 공급자들도 근본적 독점을 구축할 수 있다(주9). 그런 사회에서 돌봄에 대한 수요는 인간을 불구화하는 전문가들의 기반이 되며(주60), 파트너 간에 의식적으로 요구하는 도움은 현대 가족을 구축하는 기반이 된다. 돌봄은 성이 지배하는 체제에서는 사랑과 미움의 대용품 구실을 한다. 돌봄은 젠더 없는 '사랑'의 위장용품인 셈이다.

따라서 나는 돌봄의 생산자를 '큐레이트'*라고 부르자고 제안한다. 큐레이트는 중세 절정기에 영혼을 보살피는 사람을 지칭하는 말이었다. 큐레이트는 카롤링거 교회쇄신시대(740~840)에 서방교회에서 처음 등장했다. 마리아 빌트링마이어의 「알퀸, 고대와 중세를 이어준 인물」(Maria

---

* 'curate'는 오늘날 보좌신부나 부목사를 가리키는 뜻이지만, 원래는 'care'를 뜻하는 라틴어 *cura*에서 왔다. 영혼의 치료(cure)를 맡은 사람이라는 의미로 우리말로는 사목자(司牧者)에 가까우나, 저자의 의도를 살리기 위해 그대로 썼다.

Bidlingmaier, "Alkuin zwischen Antike und Mittelalter," *Zeitschrift for Katholische Theologie* 81, 1959: 306-50, 405-53)을 참조하라. 동방교회에서는 사제가 큐레이트의 역할을 한 적이 없었다. 동방교회에서 사제의 주요 임무는 감사기도를 집전하는 것이지 성사를 이끄는 것이 아니었고, 서방교회에서도 중세 초기까지는 주로 기도를 올리는 일을 맡았다. 아돌프 프란츠의 『중세 교회에서의 축복』(A. Franz, *Die Kirchlichen Benediktionen im Mittelalter*, 2 vols., Frciburg; 1909)과 H. 라이펜베르크의 『중세 후기 이래 마인츠 교구의 성사, 성물, 전례』(H. Reifenberg, *Sakramente, Sakramentalien und Ritualien im Bistum Mainz seit dem Spätmittelalter: Unter besonderer Berücksichtigung der Diozösen Würzburg und Bamberg*, Münster: 1971-72)를 참조하라. 서방교회에서는 11세기부터 시작된 성사신학(신학적 테크놀로지)의 발전과 함께 다른 신기술에 대한 긍정적 태도도 커졌지만, 동방교회는 이 두 가지 흐름을 모두 받아들이지 않았다. 예를 들어 서방교회에서는 믿을 수 없을 만큼 복잡한 장치인 파이프오르간과 첨탑의 괘종시계가 성당에 설치되면서 새로 등장한 큐레이트가 운영하는 교회의 상징이 되었지만, 동방교회는 두 가지를 모두 금지했다. 이 점에 관해서는 린 화이트 주니어의 「중세의 문화 풍토와 기술 발전」(Lynn White, Jr., "Cultural Climates and Technological Advances in the Middle Ages," *Viator* 2, 1971: 171-201)을 참조하라. 에른스트 벤츠도 「서구 기술의 그리스도교적 기초」(Ernst Benz, "I fondamenti cristiani della Tecnica Occidentale" in *Tecnica, Escatologia e Casistica*, ed. Enrico Castelli, Rome: 1964)에서 비슷한 주장을 한다. 서구의 돌봄은 기술 지배체제 하에서 교회법에 따라 관리되는 사랑을 지칭했다. 기술에 대한 태도가 12세기의 제2사분기에 어떻게 탈바꿈했는지는 『그림자 노동』에 수록된 「민중에 의한 연구」(한국어판 133쪽 이하, 이 책의 주1)를 참조하라.

113. 알마 마테르 ALMA MATER

돌봄을 독점할 권리가 전문가에게 있다는 주장(주112)은 **어머니 교회**

(Mother Church)를 돌봄 제공기관으로 새로 정의하면서 발전했다. '어머니 교회'는 라틴어로는 'Alma' 곧 품 안에서 젖을 먹이는 'Mater'라는 뜻이다. 구원을 바라는 사람은 누구나 품에 안고 젖을 먹여야 한다는 이 보편 제도의 관념은 초기 그리스도교에 기원이 있다. 이 개념이 처음 등장한 것은 155년 무렵 영지주의자인 마르키온의 저술에서이지만, 영지주의나 이교 신학의 영향을 받아 형성된 것은 아니다. 조지프 플럼프의『어머니 교회: 초기 그리스도교에서 어머니 교회 개념에 관한 연구』(Joseph C. Plumpe, *Mater Ecclesia: An Inquiry into the Concept of the Church as Mother in Early Christianity*, Washington, D.C.: Catholic University of America Press, 1943)를 참조하라. 그렇다고 해서 로마제국의 대모신 숭배와 관련이 있어 보이지도 않는다(위의 책 9-14쪽과 28-32쪽). 원래 로마교회는 어머니 이미지와 동일시되는 것을 꺼려했다. 교회가 아니라 그리스도의 사랑이 어머니이며, 새 생명을 젠더로 키우는 사랑이라고 정의했다.

하지만 3세기 후반부터 4세기에 이르자 교부(敎父)들의 문헌에 자주 교회를 어머니로 언급하는 내용이 나오기 시작한다. 그녀는 '*fecunda, concipit, generat, parturit*', 즉 비옥하고(fertile) 잉태하며(conceive) 생성하고(generate) 출산하는(parturient) 존재다. 난산을 하기도 하고, 품에서 태어난 아이를 양육하면서, 기쁨과 자부심과 눈물과 슬픔과 한숨을 경험한다. 그녀의 가슴으로부터 그리스도교인은 신앙의 젖을 받아 마신다. 5세기에 이르자 주교들은 '에두카티오 프롤리스'(*educatio prolis*, 자녀 양육)의 역할 곧 그리스도교인을 양육하는 역할을 자임하는데, 그들의 역할을 가리키는 '에두카티오'는 고전 라틴어에서 여성 주어를 써야 하는 단어다. 세바스티안 트롬프의「신부, 처녀, 어머니인 교회」(Sebastian Tromp, "Ecclesia sponsa, virgo, mater," in *Gregorianum* 18, 1937: 3-29)를 참조하라. 교회의 어머니 상(像)이 발전한 과정을 더 보려면, 카를 들라이예의『첫 3세기까지 교부들과 함께한 어머니 교회』(Karl Delahaye, *Ecclesia Mater chez les Pères des trois premiers siècles*, Paris: Cerf, 1964)를 참조하라. 이 책 서문에서 이브 콩가르(Yves Congar)는 어머니 상의 활용이 중세 초에 들어오면서 어떻게 달라졌는지 설명한다. 이 용어가 더 이상 그리스도교인들 상호간에 사랑을 불어넣기 위한 말로 쓰이기보다는, 생명의 원천을 통제할 목적으로 제도 교회가 내세우는 권위를 법적으로 정당화하는 데 우선적으로 이용되었다고 한다. 이러한 교회의 가슴을 지키는 수호자가 '큐레이트'다. 교회는 이런 식으로 '여성'으로 묘사되는 사회 기관의 본보기가 되었다. 교회가 신자들에게 베푸는 선의는 성직자가 중재하여 독점한다. 물론 대부분의 문화에서 어머니 여신이 조각상, 동굴, 산, 우물 등으로 상징된 것은 분명하다. 또한 인간을 버려진 아이로 정의하는 것은 그리스 문화의 특징이었다. E. 푈만의 「인간은 결핍된 존재인가?: 아르놀트 겔렌의 고대 인류학이 남긴 후유증」(E. Poehlmann, "Der Mensch—das Mängelwesen? Zum Nachwirken antiker Anthropologie bei Arnold Gehlen," *Archiv für Kulturgeschichte* 52, 1970: 297-312)을 참조하라. 고전기에는 문화를 양자로 두어야 할 만큼 인색한 계모로 자연을 묘사한 게 사실이다. 하지만 돌봄 제공 전문가와 젖을 먹이는 서비스 기관의 결합은 유럽문화의 서구화에 상응하여 일어난 현상이었다(주5).

114. 죄 SIN

해마다 의무적으로 은밀하게 죄를 고백하는 형태로 치러진 고백성사는 **돌봄** 사회로 가고 있다는 명확한 징표 중 하나였다. 잘 알려진 범죄를 저지른 사람이 대중 앞에서 속죄하던 방식이 바뀌어, 누구라도 남몰래 저지른 죄가 있다면 신부에게 고백해야 했고, 그것을 통해 교회는 개인의 사적인 행동을 통제하는 권력을 얻었다. 장 샤를 파엥의 「12~13세기 문화적 맥락에서 본 속죄」(Jean-Charles Payen, La pénitence dans le contexte culturel du XIIe et XIIIe siècles, *Revue des Sciences Philosophiques et Théologiques* 61, 1977: 300ff.)를 참조하라. 이런 방식으로 규제된 행동 가운데는 성생활도 들어갔다. 지금까지는 마을에서 도리(probity)로 이끌거나 전해 내려오는 파네(*pané*)와 금기로 다스리던 것을, 교회가 공식적인 법률을 만들어 성교의 시간, 횟수, 상황을 규정했다. 이로 인해 일어난 도리와 교회법 간의 갈등은 특히 아이슬란드의 그리스도교 개종을 기록한 문서에 잘 나온다. 아이슬란드에는 상대적으로 포교가 늦게, 즉 교회가 이 문제에 관해 법 제정을 마친 다음에 이루어졌기 때문이다. 본문에서 인용한 '남녀 성을 불문한 신자들 모두'(*Omnes utriusque sexus fideles*)라는 라틴어 구절은 교황 인노첸시오 3세가 주최한 제4차 라테라노 공의회(1215년)에서 나온 것이다.

공개적인 속죄 방식이 개인 고백으로 바뀌는 과정을 학술적으로 완벽하게 안내하는 글은 헤르베르트 포어그림러의 「고백과 병자성사」(Herbert Vorgrimmler, "Busse und Krankensalbung," 4, fasc. 3 in *Handbuch der Dogmengeschichte*, Freiburg, 1978: esp. 89-112)이다. 이 시기의 참회록들을 쉽게 안내해주는 책은 J. 바서슐레벤의 『유럽 교회의 속죄의식』(J. Wasserschleben, *Die Bussordnung in der abendländischen Kirche*, Orig. 1851; reprint ed. Graz: Akademische Verlaganstalt, 1958)이다. 미사 때의 기도문은 라틴어로 낭송했지만, 고백을 할 때는 공식적으로 토박이말을 사용하도록 했다. H. 에거스의 「옛 독일의 고백성사」(H. Eggers, Die altdeutschen Beichten, *Beiträge zur Geschichte der deutschen Sprache und Literatur* 77, Halle: Niemeyer, 1955: 89-123, and 81, 1959: 78-122)를 참조하라. 또한 제니 요헨스의 「중세 아이슬란드의 교회와 성」(Jenny M. Jochens, "The Church and Sexuality in Medieval Iceland," *Journal of Medieval History* 6, 1980: 377-92)과 엘리자베스 마코브스키의 「혼인 의무와 중세의 교회법」(Elizabeth M. Makowski, "The Conjugal Debt and Medieval Canon Law," *Journal of Medieval History* 3, 1977: 99-114)을 참조하라. 교회는 신자 한 명 한 명에게 해마다 고백성사를 하도록 가르쳤다. 이것은 개인에게 의무교육을 시킨 최초의 시도라고 해석할 수 있다. 또한 남자와 여자의 영혼을 살리는 데 꼭 필요한 의료적 서비스를 해마다 제공한 것이라고도 할 수 있다. 당대의 문헌을 보면 의학(*medicina*)을 특별히 강조하는 것을 볼 수 있다. 교회가 '의료적' 돌봄의 영역을 개척하자 의사가 쓰는 언어도 바뀌었다. J. 아그리미와 C. 크리스치아니의 『육신의 치료와 영혼의 치료』(J. Agrimi and C. Crisciani, *Medicina del corpoe, medicina dell'anima: Note sul sapere del medico fino all'inizio del secolo XIII*, Milan: Episteme, 1978)를 참조하라.

115. 양심 CONSCIENCE

여기서 양심이란 인간에게 내면화되어 있는 인도자이자 심판관을 뜻한
다. 그것은 하나의 이념형으로, 젠더적인 의미의 토박이 도리(주82)와는
상반된 것이다. 이른바 '문명화 과정'이라는 것 아래에는 '양심화'(consci-
entization)의 과정이 있었다. 이 용어는 브라질에서 주로 성직자들에 의해
조직된, 민중 자율의 정치적 성인교육*을 지칭하기 위해 만든 말이었다.
이 교육은 마르크스주의적 범주를 대중화하여 빈민들이 스스로 '인간'
(humans)임을 발견하도록 돕는 데 목적이 있었다(주4). 양심화는 또한 역
사가들이 12세기 고백성사의 제도화를 통해 결정적으로 만들어진 교회
사업을 설명할 때도 쓰인다. 이 사업은 이후 다른 기술들에 의해 추진되
었다. 하지만 내가 말하는 양심화는 종교적 또는 세속적 이데올로기의 내
면화를 목적으로 전문가들이 기획, 운영하는 모든 의례를 가리킨다. 양심
화는 '가톨릭적인'(즉 만인에게 보편적인) 일련의 제도적 규칙을 통해 토박
이 도리와 명예를 식민화하고 표준화하는 과정으로 이루어진다.

나는 양심화가 중세 초기를 거치면서 본래적인 그리스도교 관념과 회심
을 곡해함으로써 가능했다고 본다. 그리스도교에서 회심(reform, 回心)이
란 교인 자신의 회개를 통해 세상을 새롭게 하려는 노력이었고, 초기 그
리스도교인들은 그것을 세상으로부터 자신을 떼어놓아야 한다는 소명으
로 받아들였다. 이에 대해서는 게르하르트 라드너의 『회심의 이념』(Gerhart

---

* 브라질의 교육사상가 파울루 프레이리(Paulo Freire)가 성인문맹자 교육에서 공동체
의 정치적 관심사와 결부된 단어들로 교육과정을 편성해 성과를 거둔 것을 말한다.
그는 일리치와 같은 문제의식을 가졌지만 여전히 학교교육을 지지한 점에서 일리치
의 비판을 받았다. 이반 일리치, 『깨달음의 혁명』(*Celebration of Awareness*, 허택 옮김,
사월의책 2018) 174, 227쪽 참조.

Ladner, *The Idea ef Reform*, Sante Fe, NM: Gannon, 1970)을 참조하라. 그리스도교인은 **회심**이란 말에 독창적이면서 선례가 없는 의미를 부여했다. 그것은 회심의 원래 의미인 (1) 떠나온 낙원에 대한 동경, (2) 천년왕국이라는 유토피아, (3) 자연이 '새로 태어나며' 주기적으로 깨어나는 현상, 그 어느 것과도 다른 의미였다. 이 세 가지 의미는 고대 때부터 있었던 것으로, 신비로운 의식을 통해 개인적 구원에 도달한다는 생각을 포함하고 있었다. 하지만 이 가운데 어떤 것도 그리스도교의 관념과는 부합하지 않는다. 초기 그리스도교의 회심 관념은 이교도들의 속죄 의식에서 그 구체적으로 표현되었다. 이 의식은 남자들, 특히 개종자나 개종자의 아들을 겨냥한 것인데, 이교적 관습이 요구하는 폭력적 삶에 젖어 있던 이들에게 그런 삶도 세례를 받으면 벗어날 수 있는 '이 세상'의 일부일 뿐이라고 알려주는 의식이었다. 개종자들은 공개적으로 속죄를 받아들임으로써 그들 내면이 달라졌음을 공공연하게 표현했다. 하지만 고백성사가 도입되면서 이런 공공연하고 정확한 태도 표명은 돌봄을 베푸는 목자가 심어주는 참회와 개심을 남몰래 은밀하게 약속하는 방식으로 바뀌었다.

영혼에 '내면의 법정'을 만들려면 이승의 죄를 양적으로 측량하는 장소가 저세상에 필요하다. 이렇게 하여 생겨난 '내세'라는 문화적 변종에 대해서는 질베르 시폴로의『내세의 측량: 중세 말 아비뇽 지역에서의 인간, 죽음, 종교』(Gilbert Chiffoleau, *La comptabilité de l'Au-delá: Les homes, la mort et la religion dans la région d'Avignon à la fin du Moyen Age*, Rome: Ecole Française de Rome; Paris: Boccard, 1980)를 참조하라. 자크 르고프는『연옥의 탄생』(Jacques LeGoff, *La Naissance du Purgatoire*, Paris: Gallimard, 1981; 최애리 옮김, 문학과지성사 2000)에서 이렇게 죄를 헤아리는 용도에 맞는 제3의 지대를 천국과 지옥 사이에서 발견했으며, 1220년경에 저세상을 다녀온 이들이 처음으로 그 사실을 보고했다는 기록을 소개한다. 이렇게 3단계로 이뤄진 세상에 대한 중세 그리스도교의 회화적 표현 양식이 어떻게 바뀌었는지는 J. 발트뤼세티의『중세 미술에서 보는 그리스도교의 우주 도상』(J. Baltrusaitis, *Cosmographie chrétienne dans l'art du Moyen Age*, Paris: Gazette des

Beaux-Arts 1939)을 참조하라.

고백성사의 시행으로 죄와 그에 대한 벌 사이의 구분도 생겨났다. 죄(fault, *culpa*)는 사제가 집전하는 성사를 통해 용서를 받으면 지옥에 가지 않을 수 있는 것이지만, 벌(punishment)은 용서를 받아도 그대로 남는 것이다. 이미 용서한 죄에 대한 벌은 신이 내리는 질병이나 재앙이다. 이 벌은 성전, 순례 등에 참여하거나 나중에는 대속금을 내면 교회가 감형해줄 수 있었다. 만일 이승에서 속죄하지 않으면 새로운 장소인 연옥에서 벌을 받아야 한다는 생각이 12세기 말부터 유포되었다. 이렇게 연옥이 생기면서 교회는 신자에게 영혼을 정화하는 고백의 의무와 함께 아직 탕감 받지 못한 벌에 대한 두려움을 강요할 수 있었다. 이런 발전으로 말미암아 서방교회는 연옥의 창안에 반대한 그리스 정교회와 더욱 멀어지게 되었다. 질베르 다그롱의 「차이에 대한 인식: 연옥 논쟁의 시작」(Gilbert Dagron, "La perception d'une différence: les débuts de la querelle du Purgatoire," *Actes du XVIe congrès international d'études byzantines*, Athens, 1979)을 참조하라.

116. 마돈나 THE MADONNA

어머니 교회가 풍요로운 사랑의 상징에서 젖먹이는 일을 독점한 기관으로 그 상징이 바뀌면서(주113), 마리아에 대한 존경의 강조점도 테오토코스(*theotokos*) 성상에서 '마돈나'라는 우상으로 옮겨가는 식으로 달라졌다. 반원형 제단 모자이크의 금빛 바탕에 그려진 장엄한 여인이 삼차원으로 그려진 숙녀의 모습으로 바뀐 것은 이즈음 막 갈라지기 시작한 유럽교회와 동방교회를 상징한다(주112, 115). 돌봄(주112), 이단(주111), 양심(주115)이 걸어왔던 길처럼, 우리는 이 변화를 통해 유럽의 서구화 과정(주5)을 추적할 수 있을 것이다. 그러나 이 이행을 한 시기로 국한해서 생각하는 것은 잘못일 것이다. 이 변화는 다양한 시대에 걸쳐, 각 환경마다 제각기 다른 시기에 일어났기 때문이다. 우선 이 전환은 가톨릭 지역보다 개신교 지역에서 덜 눈에 띈다. 이런 전환이 과거의 낙원에서 유래한 것이라거

나, 12세기가 에덴동산에서 바로 이어지는 출입구가 되었다거나 하는 말
은 어리석은 이야기가 될 것이다. 내가 12세기에 초점을 맞추는 이유는
그 시대를 잘 알기 때문이다. 마지막으로, '여성다움'에 대한 중세 음유시
인들의 이미지나 이상 속에서 르네상스를 엿본다거나, 빅토리아 시대에
서 마돈나를 노골적으로 그린 세속적 표현을 찾는다거나 하는 것도 최악
의 실수가 될 것이다. 그럼에도 이런 경고를 하는 이유는, 마리아의 표상
을 통해 젠더에 대한 태도가 어떻게 바뀌었는지를 탐색하는 일이 중요하
다는 것을 강조하기 위해서다. 이러한 마리아의 표상들을 보여준 책이 마
리나 워너의 『여성 가운데 유일한 이: 마리아 신화와 숭배』(Marina Warner,
Alone of All Her Sex: The Myth and the Cult of the Virgin Mary, New York: Knopf,
1976)이다. 하지만 워너는 주로 종교기관의 영향 아래서 만들어진 순수
예술 작품들에 초점을 맞춘다. 그것들과 나란히 민중 신앙에 의해 만들어
진 마리아의 이미지에 초점을 맞춘 연구도 있어야 할 것이다(주117).

117. 신앙심 RELIGIOSITY

신앙심(religiosity)과 종교(religion)는 다른 것이다. 민중의 신앙심은 종교
학에서 연구하는 종교와 구분해야 한다. 이 구분은 젠더적인 말과 성적
인 언어를 구분해서 연구하는 것과 비슷하다(주101). 내가 '종교'라는 용
어를 쓸 때는, 어떤 중심적 관점을 가지고 지각할 수 있는 현상, 따라서
과학적 연구의 주제가 될 수 있는 현상의 제 측면을 가리킬 경우이다. 반
면에 '신앙심'이라 할 때는, 기도와 예배 때의 모든 젠더적 행위, 즉 토박
이 감정과 태도를 보여주는 모든 구체적인 젠더 의례, 축복, 찬송을 지칭
하기 위해서다. 신앙심, 특히 유럽의 신앙심을 연구함에 있어 나를 이끌
어준 책은 렌츠 크리스 레텐벡의 『민중의 종교적 믿음에 들어있는 이미
지와 표식』(Lenz Kriss-Rettenbeck, *Bilder und Zeichen Religiösen Volksglaubem*,
Munich: Callwey, 1977)이다. 또 그가 리젤로테 한스만과 함께 쓴 『부적
과 호신부: 그 출현 형식과 역사』(with Liselotte Hansmann, *Amulett und
Talisman: Erscheinungsform und Geschichte*, Munich: Callwey, 1976)도 도움이

되었다. 크리스 레텐벡은 봉헌물, 예배 성물, 몸짓, 부적, 호신부 등의 해석을 통해서 신앙의 양태, 내용, 의미를 연구했다. 그는 **신앙**(piety)을 **주술**(magic) 및 **미신**(superstition)과 세심하게 구별했다. 주술은 종교나 과학의 원시적 형태 또는 그 일부가 아니며, 신앙심을 이루는 핵심 요소도 아니다. 그것은 다만 상징상의 우위를 차지하려는 행위일 뿐이다. 반면, 중세 때 사용된 '미신'이란 말은 "볼품없는 노파의 근거 없고 어리석은 믿음"이 아니라, 신에게 봉사하기를 거부하고 신의 적인 악마와 결탁하는 것을 의미했다. **사회적 실재로서의 미신**은 중세기의 종교적 왜곡을 거쳐 18세기에는 합리적 이성에 의해 왜곡되는 과정을 겪었다. 이러한 미신의 변천에 대해서는 디터 하르메닝의『미신: 중세 교회신학의 미신 문헌에 대한 전통적 및 이론사적 고찰』(Dieter Harmening, *Superstitio: Überlieferungs und theoriegeschichtliche Untersuchungen zur kirchlich-theologichen Aberglaubensliteratur des Mittelalters*, Berlin: Erich Schmidt Verlag, 1979)을 참조하라.

고딕 시대에 벌어진 성당 대청소로 인해 주술과 미신은 특이한 결합을 이루게 된다. 르네상스 신학자와 철학자가 마녀사냥에 빠진 것은 두 가지 이유에서였다. 첫째는, 무엇보다 이 현상 자체가 새로웠기 때문이다. 둘째는, 마녀주술과 새로운 마녀사냥 과학 모두 권력과 함께 신으로부터의 독립을 추구한 점에서는 똑같았기 때문이다. 이런 맥락 안에서 과학의 역사와 마법의 역사를 들여다본다면 성(sex)을 연구하는 데 도움이 될 것이다. 반면 민중의 신앙심을 이해하면 젠더를 연구하는 데 유리한 관점을 얻을 수 있다. 민중의 신앙심에 대한 연구로는 라울 만셀리의「중세 초기의 상징주의와 주술」(Raoul Manselli, "Simbolismo e magia nell' Alto Medioevo," in *Simboli e simbologia nell' Alto Medioevo*, Spoleto: Presso la Sede del Centro, 1976: 293-329)과 같은 저자의 『중세의 민중 종교』(*La religion populaire au Moyen Age: Problèmes de méthode et d'histoire*, Paris: Vrin, 1975) 및 J. 투세르의『중세 말기 플랑드르 지방의 신앙심』(J. Toussaert, *Le sentiment religieux en Flandre à la fin du Moyen Age*, Paris: Pion, 1963)을 참조하라. 특히 고백성사와 회개의식에 대해 도움이 되는 자료는 장 샤를 파옝의『중세 초부터 1230년까지 프랑스 문학에서 본 '회개'라는 주제』(Jean-Charles Payen, *Le Motif du repentir dan la Littérature Française Mediévale des origines à 1230*, Geneva: Droz, 1968)에서 찾을 수 있다. 가톨릭 신앙의 가호 아래 있었던 종교적 믿음을 연구하는 데 특별한 지침을 주는 탁월한 참고문헌은 마르셀 비예의 『교리와 역사로 본 영성, 미학, 신비주의 사전』(Marcel Viller, *Dictionnaire de spiritualité, ascétique et mystique, doctrine et histoire*, Paris: Beauchesne, 1932)이다(지금까지 단행본 10권, 간행물 67권 출간, 현재 M 항목까지 완료. 20세기 내 완간 예정). '큐레이트'와 그를 따르는 신자들의 신앙심 사이의 관계를 가장 잘 보여주는 저서는 에티엔 들라뤼엘의 『중세의 민중 신앙』(Etienne Delaruelle, *La piété populaire au Moyen Age*, Turin: Bottega d'Erasmo, 1975)이다. 새로 나온 연구서로 아직 참조하지 못한 자료는 M. 메나르의 『17~18세기 신앙심의 역사: 르망 교구의 1천 개 제단화』(M. Ménard, *Um histoire des mentalités religieuse aux XVIIe et XVIIIe siècles: Mille retables de l'ancen diocèse du Mans*, Paris: Beauchesne, 1981)와 마리 엘렌 프뢰슐레 쇼파르의 『18세기 동부 프로방스의 민중 종교』(Marie-Hélène Froeschlé-Chopard, *La religion populaire en Provence Orientale au XVIIIe siècle*, Paris: Beauchesne, 1980)이다.

나는 19세기 민중 신앙심을 연구하는 일이 대단히 중요하다고 생각한다. 왜냐하면 이 시기에는 교회의 은총을 새로 등장한 성 중심적 세계관 위에 앉히는 데 종교적 상징이 널리 이용되었기 때문이다. 이 점은 고트프리트 코르프의 「성인 경배와 사회 문제: 민중 신앙의 이념화」(Gottfried Korff, "Heiligenverehrung und soziale Frage: Zur Ideologisierung der populären Frömmigkeit im späten 19. Jh" in G. Wiegelmann, ed., *Kultureller Wandel im 19. Jh.*, Göttingen: Van den Hoeck, 1973: 102-11)와, 같은 저자의 「19~20세기의 정치적 성인 숭배에 대한 고찰」("Bemerkungen zum politischen Heiligenkult im 19. und 20. Jahrhundert," in Gunther Stephenson, ed., *Der Reigionswandel unserer Zert im Spiegel der Religionswissenscheft*, Darmstadt: Wissenschaftliche Buchgesellschaft, 1976: 217-30)에 나온다. 교회가 관리하는 이데올로기가

민중의 신앙심에 침투하는 현상에 대한 관심 때문에 나는 1820년 이후의 라틴아메리카 민중의 신앙심에 관한 문헌 수집을 후원하게 되었다. 이 자료는 현재 발렌티나 보레만스의 관리 하에 멕시코 대학(El Colegio de México, Camino al Ajusco, Mexico 20 DF) 도서관에 소장되어 있다. 소장 자료의 일부는 인터도큐멘테이션 컴퍼니(Inter Documentation Company, Leiden, Holland)에서 마이크로필름으로 열람할 수 있다.

118. 악마 THE DEVIL

로마네스크 시대의 악마, 귀신, 수형신(獸形神)에 대한 도상학적 연구는 그 시대의 여성상을 재현하는 방법 중 하나다. 『중세 시대의 악마』(Le diable all moyen âge: doctrine, problèms, moraux, présentations, Colloque mars 1978, Aix-en-Provence)를 참조하라. 신성하거나 악마적인 동물 연구에 가장 유용한 자료는 W. 폰 블랑켄부르크의 『신성한 동물과 악마적 동물 10』(W. von Blankenburg, Heilige und dämonische Tiere 10, Leipzig: Koehler, 1943)이다. 또 디트리히 슈미트케의 학위논문 「1100~1500년 중세 독일어 문헌에서 동물에 대한 영적 해석」(Dietrich Schmidtke, "Geistliche Tierinterpretationen in der deutschsprachigen Literatur des Mittelalters 1100-1500," Berlin, 1968: 특히 208쪽 이하)을 참조하라. 그 시대의 동물 표현과 환상 작품의 관계에 대해서는 J. 발트뤼세티의 『중세의 환상예술』(J. Baltrusaitis, Le Moyen Age fantastique: Antiquités et exotismes dans l'art gothique, Paris: Flammarion, 1981; 1955년판의 증보판)을 참조하라. 고대의 신들이 악마로 살아남은 것에 관해서는 M. Th. 달베르니의 「살아남은 고대 마법」(M. Th. d'Alverny, "Survivance de la magie antique," Antike und Orient im Mittelalter, Miscellenea Mediaevalia 1, 1962: 155-78)을 참조하라. 이와 관련된 참고문헌은 J. 세즈넥의 『살아남은 이교의 신들』(J. Seznec, La survivance des dieux antiques, London: Warburg Inst., 1940; 영문판은 The Survival of the Pagan Gods, Princeton, NJ: Princeton University Press, 1972)을 보라. A. A. 바브의 「살아남은 마술」(A. A. Barb, "The Survival of Magic Arts," The Conflict

Between Paganism and Christianity in the Fourth Century, ed. A. Momigliano, Oxford: Clarendon Press, 1964: 100-25)도 도움이 된다.

동물의 사회적 위상에 관해서는 J. 바르티에의 『중세부터 현재까지의 동물 소송』(J. Vartier, *Les procès d'animaux du Moyen Age à nos jours*, Paris: Hachette, 1970)을 참조하라. 중세의 여성 이미지에 관한 좋은 안내서는 학술지 인 『중세문명 노트』(*Cahier Civilisation Medievale*)의 제20호 특집(1977)이 다. 그 가운데 장 베르동의 「10~13세기 서구의 여성사 자료」(Jean Verdon, "Les sources de l'histoire de la femme en Occident aux Xe-XIIIe siècles")와 키 아라 프루고니가 결론으로 쓴 「10~12세기의 여성 도상」(Chiara Frugoni, "L'Iconographie de la femme au cours des Xe-XIIe siècles")을 주목하라. 도상학 에서 수형신, 여자 정령, 순교자, 성모 마리아가 아닌 여성들을 어떻게 표 현했는지 찾아보면, "여성의 도상은 여성 부재의 도상"이라는 것을 알 수 있다. 특히 이브에 관해서는 E. 굴단의 『이브와 마리아: 도상 주제상의 대립』(E. Guldan, *Eva und Maria: Eine Antithese als Bildmotiv*, Cologne: Böhlau, 1966)을 참조하라.

119. 마녀 THE WITCH

나는 '마녀'라는 용어를 실존 인물이든 허구의 인물이든 역사상의 인물형 을 지칭하는 좁은 의미로 쓴다. 마녀는 대성당의 첨탑에서 이무깃돌이 사 라지던 시기에 나타났다가 후기 계몽주의 시대에 사라졌다. 나는 젠더 붕 괴의 시기에 나타난 여자 마법사를 지칭할 때도 '마녀'라는 용어를 쓰려 한다(주120). 마녀는 치료사일 수도 있고 낙태 시술자일 수도 있다. 아니 면 마술사이거나 무당이거나 주술사일 것이다. 대개는 불쌍한 노파지만, 간혹 남자인 경우도 있다. 어쨌거나 마녀는 토박이 젠더가 사라지는 것에 저항한 여인의 전형이다. 마녀는 마을 신령을 모시는 여사제도 아니고, 그렇다고 우상을 섬기는 숭배자도 아니다. 오히려 그리스도교의 악마와 연관이 있다. 악마는 그가 대들려 했던 신만큼이나 가톨릭적인 존재다.

마녀는 성수(聖水)가 닿지 않는 마을 신령이 아니라, 귀신을 쫓아내는 수 형신이고 악마였으며, 지금은 사탄과 관련이 있는 존재가 되었다. 문명화 과정으로 인공으로 만든 젠더 경계가 생길 때마다 마녀가 출몰했다. 로 베르 뮈샹블레는 『15~18세기 프랑스의 민중 문화와 엘리트 문화』(Robert Muchembled, *Culture populaire et culture des élites dans la France, XVe-XVIIIe siècle*, Paris: Flammarion, 1978)에서 당시 생겨나기 시작한 국민국가가 지역 의 자급자족을 억압한 것이 마녀사냥과 관계가 있다고 한다. 장 들라모는 『14~18세기 서양에서의 두려움』(Jean Delameau, *La peur en Occident, XIVe-XVIIIe siècles*, Paris: Fayard, 1978)에서 이 시기에 **누가, 무엇을, 언제** 두려워했 는지, 그리고 공동체마다 그 두려움을 어떻게 표현했는지 연구했다. 토박 이 젠더의 상실을 경험하면서 새로운 종류의 두려움이 퍼졌다. 이 두려움 때문에 추상적 상징이 생겼고, 그 가운데서도 여성은 가장 중요한 상징이 었다. 마녀는 지역에 뿌리박은 자급자족적 생계가 사라지는 것에 맞선 젠 더의 반응이다. 이 생각이 처음 떠오른 것은 훌리오 카로 바로하의 『마녀 의 세계』(Julio Caro Baroja, *World of the Witches*, Chicago: University of Chicago Press, 1965)를 읽고 나서였다.

120. 젠더 붕괴의 시대 THE CIVILIZATION OF BROKEN GENDER

나는 17~18세기에 서구가 겪은 젠더 붕괴의 시대를 언급함에 있어 주 로 루돌프 쿠헨부흐의 견해를 따르고자 한다. 서양에서 오늘날의 부부 형 태—성으로 맺어진 짝으로서, 가정 단위로 경제적 기능을 수행하는 부 부—가 나오기까지는 다음 네 단계가 있었는데, 나는 그 중 두 번째 단계 를 '젠더 붕괴의 시대'라는 말로 부르고자 한다.

(1) 중세 초기까지만 해도 결혼이라는 유대 관계는 부부를 만드는 데 목 적이 있지 않았다. 결혼은 흔히 두 친족 집단의 구성원과 그들의 소유재 산 및 지위, 그리고 그들 자손의 유대를 긴밀하게 묶어주는 것이었다. 따 라서 이런 유형의 결혼은 놀랄 만큼 다양한 형태를 띨 수밖에 없었다. 결

혼을 통해 농부들은 자급자족 능력을 키웠고, 왕이나 영주의 요구에 맞서는 능력을 길렀다.

(2) 그러나 11세기에 등장한 새로운 결혼 형태는 지대를 공동 생산할 수 있도록 두 젠더를 결합시키는 데 직접적 목적이 있었다(주77). 지대를 화폐로 지불하기 이전부터 이미 젠더가 사라지고 있었던 것이다(주73). 교회는 상호 합의(con-sensus)만으로 가능했던 결혼을 성사로 만들었고, 그에 따라 부부는 성스러운 제도가 되었다. 이러한 문명화 과정(Norbert Elias, *The Civilizing Process*, New York: Urizen, 1977; 박미애 옮김, 한길사 1999, 특히 2장 참조)은 결혼으로 맺어진 부부생활을 점차로 하층계급에까지 강요했다. 이전까지는 마을의 예절이 젠더 행동의 기준이었지만, 이제는 가톨릭 규범이 그것을 대체했다. 젠더 결합 부부로 인해 유럽 가정은 역사적으로 특이한 경제 단위로 기능하게 되었다. 즉 (a) 젠더 붕괴로 인해 남자와 여자는 새롭게 변화된 기술에 더 잘 적응할 수 있었고, 각 가정은 시장상품의 생산 수준을 더욱 높일 수 있었다. (b) 하지만 여전히 각 가정은 시장의 소비물품에 상대적으로 덜 의존하며 지냈다. 아직까지는 복합적이고 젠더적인 자급자족에 계속 기대어 살 수 있었기 때문이다. (c) 다만 마을과 친족으로부터 이탈한 가정은 잉여물의 착취에 제대로 맞서기 어려웠다.

젠더 붕괴의 시대는 원-산업시대라는 막간(주125)에 끝을 맺는다. 이제 젠더 결합 부부는 다시 탈바꿈하여 (3) 젠더 없는 경제적 협력관계 즉 임금 노동자와 그림자 노동자라는 쌍을 이루게 된다. 나는 이 세 번째 단계를 경제적 성의 시대라고 부르고자 한다. 이 시대는 오늘날 (4) 성에서조차 벗어난, 합성된 젠더 경계선이 출현하는 시대로 바뀌었다. 한쪽에서는 수많은 맹목적 신봉자들이 이 시대를 선전하는가 하면, 다른 쪽에서는 갈피를 잡지 못하는 다양한 대안 집단들이 이 시대에 도전하는 중인데, 나는 감히 이 시대에 대한 이름을 붙이지 못하겠다.

토박이 젠더의 시대에서 젠더 붕괴의 시대로 이행한 과정에 관해서는 주77을, 가족의 역사에 관한 개괄은 주121을 참조하라. 젠더 붕괴 시기의 부부에 관한 법률 제정사는 주77의 장 고드망의 책을 참조하라. 벨마 리치먼드는 「역경 속의 인내심: 초서의 결혼 안내」(Velma Bourgeois Richmond, "Pacience in Adversitee: Chaucer's Presentation of Marriage," *Viator* 10, 1979: 323-54)에서 현대 비평가와 역사가들이 중세 후기의 성, 상호 관계, 사랑을 분석할 때 마주치는 어려움을 다룬 여러 문헌을 소개한다. 존 요스트의 「가족과 결혼에 대한 서구의 전통적 이해」(John K. Yost, "The Traditional Western Concept of Marriage and the Family: Rediscovering its Renaissance-Reformation Roots," *Andover Newton Quarterly* 20, 1980)와 알베르토 테넨티의 「중세 후기의 부르주아 가정과 그 이념」(Alberto Tenenti, "Famille bourgeoise et idéologie au Bas Moyen Age," in G. Duby and J. Le Goff, eds., *Famille et parenté dans l'Occident médiéval*, Actes du Colloque de Paris 1974, Ecole française de Rome edition no. 30, 1977: 431-40)을 참조하라. 두 논문은 모두 피렌체에 있었던 사실을 다룬다. 단테와 보카치오(1375년 사망)의 시대에 결혼은 부부가 평생 짊어지는 의무였다. 결혼은 귀족이나 농부의 운명이었으며 학식 있는 사람은 좀 더 숭고한 것을 추구했다. 레온 알베르티(Leon B. Alberti, 1404년 출생) 시대가 되면, 피렌체에서 존경받는 시민이 되기 위해서는 가정을 꾸려야 했다. 메리 캐루더스는 「배스 부인과 사자 그림」(Mary Carruthers, "The Wife of Bath and the Painting of Lions," *Proceedings of the Modern Language Association* 84, 1979: 212)에서 "결혼으로 맺어진 결합체의 출현은 오늘날 법인체의 출현만큼이나 중요하고 또 동일한 이유를 갖고 있었다"고 말한다.

나바라 왕국의 왕비 마르그리트 당굴렘의 『엡타메롱』(Marguerite d'Angouleme, *Héptameron*, 7일 이야기)은 16세기 중반 부부를 보는 태도를 연구하는 데 값진 보고와 같다. 에드워드 벤슨은 「7일 이야기에서 보는 옛 결혼과 부부 결혼」(Edward Benson, "Marriage ancestral and conjugal in the *Héptameron*," *Journal of Medieval and Renaissance Studies* 1 & 2, 1975)에서 그

점을 분석했다. 16세기 경제생활은 부인이 직접 일을 도와주는 장인이나 상인을 우대하는 쪽으로 변했다. 그러자 역사상 처음으로 결혼할 배우자의 능력과 가치가 경제적으로 중요해졌다. 두 개의 젠더로 되어 있지만 새로운 방식으로 서로 순응하는 농부 부부는 지대를 올리고 싶어 하는 영주에게 무척 중요했다. 그 점에서는 새로운 사업을 하려는 장인에게도 중요했다. 『엡타메롱』은 이로 인해서 양쪽 성 사이에 불거진 고통에 관한 이야기로 가득하다. 왜냐하면 그들 중 아무도 부부가 기업으로 조직되었다는 점을 이해하지 못했기 때문이다.

제7장

121. 가족의 역사 FAMILY HISTORY

나는 젠더와 성 사이의 차이점을 밝히기 위해 새로운 학문인 가족사
에 많이 기댔다. 이 분야에서 세미나 교재로 활용한 책은 필립 아리에스
의 『아동의 탄생』(Philippe Aries, *Centuries of Childhood*, New York: Random
House, 1965; orig. *L'enfant et la vie familiale sous l'ancien régime*, paris: plon,
1960; 문지영 옮김, 새물결 2003)이다. 이 책이 나오고 나서 가족사를 연구
하는 이들은 아리에스가 설정한 개념을 심사숙고해야 했다. 어떤 비평가
들은 분노로, 나 같은 사람은 기쁨으로 그의 책을 받아들였다. 학계에서
아리에스의 이론을 어떻게 수용했는지는 에이드리언 윌슨의 「초창기 아
동기의 역사: 필립 아리에스에 대한 평가」(Adrian Wilson, "The Infancy of
the History of Childhood: An Appraisal of Philippe Aries," *History and Theory* 19,
no. 1, 1980: 137-53)를 참조하라. 아리에스의 인도를 받지 못했다면,『학교
없는 사회』도 그러하고 지금 이 책도 쓰지 못했을 것이다.

하지만 지금까지의 가족사 연구 대부분은 젠더에 눈을 감았다. 이 신학
문의 흐름을 파악할 수 있는 좋은 안내서는 마이클 앤더슨의 『서구가
족사의 세 가지 접근방법』(Michael Anderson, *Approaches to the History of the
Western Family*, 1500-1914, Bristol: Macmillan & Co., Economic History Society,
1980; 김선미 옮김, 한울 1994)이다. 저자는 이 분야의 주요 흐름을 세 개의
장으로 나누어 설명한다. 첫째는 계량 인구학으로, 결혼 적령기나 육아
방식, 피임 방법을 연구한다. 둘째는, 다양한 형태의 육아 외에도 가정, 사
생활, 감정 그리고 가족에 대한 공동체의 통제를 바라보는 관점이 어떻게
변했는지 연구한다. 셋째는, 근대화된 가정의 경제적 역사에 대한 새로운
접근 방식이다.

이 분야의 입문자에게 추천하고 싶은 개론서는 장 루이 플랑드랭의 책이다(주85). 저자는 대단히 탁월하게 인구학, 성격과 행동 연구, 그리고 가족 구조의 유형학을 연결했다. 가족사 연구에 잘 접근할 수 있는 책은 프랑스의 학술지『경제사회문화 연보』(Les Annales: Economie, Société, et Civilisation [Annales, ESC로 약칭])에서 출간하고, 선집으로 묶어 영어로도 번역한『가족과 사회』(R. Forster and O. Ranum, eds., Family and Society, trans. Patricia Ranum, Baltimore: Johns Hopkins University Press, 1976)이다. 인구 변동과 사고방식의 상관관계는 계급에 따라 다르게 나타난다. 이 점은 C. 틸리가 엮은『출산율 변화에 대한 역사적 연구』(C. Tilly, ed., Historical Studies of Changing Fertility, Princeton, NJ: Princeton University Press, 1978)에 수록된 여러 논문에서 읽을 수 있다.

이 주제와 관련된 각 지역에 대한 연구 가운데 대표적인 것으로는, 영국의 경우에는 19세기 가족을 연구한 D. 러바인의『초기 자본주의의 가족 형성』(D. Levine, Family Formation in an Age of Nascent Capitalism, Chatsworth, CA: Academy Press, 1977)이 있고, 미국의 경우에는 P. J. 그레븐의『4세대: 식민지 시대 매사추세츠 앤도버의 인구, 토지, 가족』(P. J. Greven, Four Generation: Population, Land and Family in Colonial Alldover, Massachusetts, Ithaca, NY: Cornell University Press, 1970)을 참조하라. 한 지역에서 동시에 나올 수 있는 가족 형태의 다양성에 관해서는 그레븐이『프로테스탄트의 기질: 초기 미국의 육아, 종교경험 그리고 자아』(P. J. Greven, The Protestant Temperament: Patterns of Childbearing, Religious Experience and the Self in Early America, New York: Knopf, 1977)에서 집중적으로 연구했다.

원-산업시대에 공장과 경찰이 합세하여 젠더로 된 부부 관계를 파괴하고, 성에 따라 기능을 양극화하는 방식으로 바꾼 과정에 대해서는 자크 동즐로가『가족에 대한 감시』(Jacques Donzelot, The Policing of Families, with a foreword by Gilles Deleuze, trans. Robert Hurley, New York: Pantheon, 1979)에서 설명했다. 여성 노동(임금 노동과 그림자 노동)에 미친 영향에 관해서는 주31을 참조하라. 결혼의 사회사와 문화사에 관한 훌륭한 참고문헌은 나탈리 제몬 데이비스의 「이행기의 여성 역사」(Natalie Zemon Davis, "La storia delle donne in trasizione: il caso europeo," *Donnawomanfemme* 3, 1977: 7-33)에서 볼 수 있다. 제임스 월리스 밀든의 『과거의 가족: 문헌 안내』(James Wallace Milden, *The Family in Past Time: A Guide to the Literature*, New York: Garland, 1977)와 제러드 솔리데이가 엮은 『가족과 친족의 역사』(Gerard Soliday, ed., *History of the Family and Kinship: A Select International Bibliography*, New York: Kraus, 1980)는 이 주제를 다룬 논문집이다.

122. 자본주의 CAPITALISM

나는 '전(前) 자본주의'라는 용어를 '자본주의'보다 더 자신감 있게 사용하지만, 어쩔 수 없을 때는 두 용어를 모두 쓴다. 이 용어들의 용법에 관해서는 무엇보다 에드빈 드셰퍼의 학위논문 「'자본'과 그 파생어의 역사」(Edwin Deschepper, "L'histoire du mot 'capital' et dérivés," Brussels: Dissertation at the Université Libre de Bruxelles, 1964)를 먼저 참조하라. 그 외에도 에드거 살린의 「고대에서 중농주의 시대까지 자본의 개념과 그 이론」(Edgar Salin, "Kapitalbegriff und Kapitallehre von der Antike bis zu den Physiokraten," *Vierteljahrschrift für Sozial- und Wirtschaftsgeschichte* 23, 1930), 장 뒤부아의 「1869년부터 1872년까지 프랑스 문예작품, 잡지, 신문에 나타난 정치 및 사회관련 어휘」(Jean Dubois, "Le vocabulaire politique et social en France de 1869 à 1872 à travers les oeuvres des écrivains, les revues et les journaux," Paris: Larousse, 1963)와 베르트 호젤리츠가 명쾌하게 설명한 「자본주의의 개념사」(Bert Hoselitz, "Zur Begriffsgeschichte des Kapitalismus," *Saeculum* 18, 1967: 146-63)를 참조하라.

내게는 시대를 전-자본주의 사회와 자본주의 사회로 구분하는 것이 더 중요한 의미를 지닌다. 왜냐하면, 젠더가 다스리던 시대에서 성이 지배하는 시대로 이행하면서 동시에 일어난 사회적 변화를 설명할 수 있는 가장 보편적인 방법이기 때문이다. 게다가 젠더의 시대 안에서도 토박이 생활양식으로 살던 시대와 젠더 붕괴의 시대를 구별하여 유럽의 전-자본주의 시대를 다음과 같이 이어지는 두 단계로 구별할 수 있기 때문이다. 첫째로 자급자족 단계는 토박이 젠더 사이의 상보성을 바탕으로 한다. 이 단계에서 상품은 부차적인 역할만 한다. 둘째로는 젠더가 무너지는 단계다. 경제적으로 결합한 부부가 생산성을 향상해 단순 상품 생산의 비중이 높아진다. 여기서 '단순 상품 생산'이란 주로 결혼으로 결합한 남자와 여자에게서 뽑아내는 잉여가치를 말한다(주77).

이 두 단계와는 대조적으로, 다음 단계의 자본주의 상품은 지금까지와는 전혀 다른 가족에 기반을 둔 사회의 생산물이다. 상품은 경제적 노동, 달리 말해 젠더가 사라진 노동의 생산물이다. 이 노동이 생겨난 이유는 산업주의의 첫 단계 동안 각 가정이 자본주의 상품을 구매하기 위해서 주로 임금 노동을 했고, 20세기 후반에 와서는 거의 모두가 그림자 노동을 했기 때문이다(주30).

젠더를 분석하다 보니 칼 폴라니가 『초기제국에 있어서의 교역과 시장』 (주33)과 「화폐 사용의 의미」("The Semantics of Money Use," *Essays by Polanyi*, 175-203, 주11)에서 나눈 두 개의 범주에 하나를 더 추가할 수 있었다. 폴라니는 무역상이 거래하는 교역물과 상인이 파는 상품을 구별한다. 폴라니가 나눈 범주에 대한 반응은 험프리스의 책(주5)을 참조하라. 나는 대체로 폴라니가 나눈 범주를 받아들이지만, 이 글에서 젠더와 연관시키지는 않았다. 하지만 아리스토텔레스가 '발견'한 이 단순 상품을 자본주의적 상품 곧 산업 생산품이나 서비스와는 비교했다. 왜냐하면 단순 상품은 젠더에 기원을 두지만, 자본주의적 상품은 그렇지 않기 때문이다.

123. 산업혁명 THE INDUSTRIAL REVOLUTION

페르낭 브로델의 『물질문명과 자본주의』(Fernand Braudel, *Civilisation*

matérielle, économie et capitalisme, XIe-XVIIIe siécles, Paris: Colin, 1979; 주경철 옮김, 전 6권, 까치 1995-2014)는 전 3권이며, 조만간 영어로 번역될 예정이다. 영어로 번역된 그의 저서로는『자본주의와 물질생활, 1400~1800』(*Capitalism and Material Life, 1400-1800*, New York: Harper and Row, 1974)이 있다. 이 책은 위의 책 가운데 1권의 초고다. 또『'물질문명과 자본주의' 이후의 생각』(*Afterthoughts on Material Civilization and Capitalism*, Baltimore: Johns Hopkins University Press, 1977)도 있다. R. M. 하트웰이 엮은『영국 산업혁명의 원인』(R. M. Hartwell, ed., *Causes of the Industrial Revolution in England*, orig. London, 1967; now a Barnes and Nobles paperback)은 산업화의 시작에 대한 역사학자들의 주요 설명과 각각에 대한 반론을 간결하게 요약했다. 이 연구를 보면 이 역사학자들이 인류학적으로 결정적인 변화, 즉 토박이 젠더의 상실에 대해 눈 감고 있다는 사실을 확인할 수 있다.

124. 농촌에서 사라진 젠더 THE LOSS OF RURAL GENDER

데이비드 사빈의「노동 강화와 농촌의 일상 경험: 뷔르템베르크의 사례」(David Sabean, "Intensivierung der Arbeit und Alltagserfahrung auf dem Lande—ein Beispiel aus Württemberg," *Sozialwissenschaftliche Informationen* 6, 1977: 148-152)를 참조하라. 18세기와 비교하려면, 독일이 아닌 프랑스 사례이긴 하지만 알랭 로탱의「부부의 삶과 죽음: 17~18세기 북프랑스에서 결혼과 이혼의 어려움」(Alain Lottin, "Vie et mort du couple: difficultés conjugales et divorces dans le Nord de la France aux 17e et 18e siècles," *Le XVIIe Siécle*, 1974: 59-78)을 참조하라.

125. 원-산업사회의 막간 THE PROTO-INDUSTRIAL INTERSTICE

사회역사가들은 '원-산업'이라는 용어를 19세기 유럽에서 단순 상품 생산이 자본주의적 산업 생산으로 이행하면서 민중 문화에서 생겨난 독특한 양식을 강조할 때 쓴다. P. 크리테, H. 메딕, J. 슐룸봄이 공저한『산업화 이전의 산업화』(P. Kriedte, H. Medick, J. Schlumbohm, *Industrialisierung vor der Industrialisierung*, Göttingen: Vandenhoeck und Ruprecht, 1978), 특히 메딕이 쓴 90~154쪽을 참조하라.

"하느님이 그들을 남자와 여자로 창조하셨다"

(창세기 1:27)

박경미*

인간은 어떻게 인간으로 존재하는가

인간은 어떻게 인간으로 존재하는가. 수많은 오해와 비난의 대상이 되었던 이 책의 근저에 깔린 일리치의 질문은 바로 이 질문이었다고 생각한다. 거두절미 말하면 이 질문에 대해 일리치는 인간은 (암컷과 수컷이 아니라) 남자와 여자로 존재한다고 답하고 있다. 젠더가 인간의 가장 근원적인 존재양식이라는 것이다. 그리고 어떻게 우리가 젠더를 상실하면서 인간이 되는 길을 잃어버렸는지, 문화적으로 대단히 풍요롭고 품위 있는 세계로부터 멀어져서 화폐의 단일성이 지배하는 세계로, '문화의 사막'으

---

* 이화여대 기독교학과 교수. 주요 저서로 『마몬의 시대 생명의 논리』『예수 없이, 예수와 함께』『신약성서, 새로운 삶의 희망을 전하다』『행복하여라! 하느님나라의 사람들』 등이 있다. 이 글은 『녹색평론』 제133호(2013년 11/12월)에 실린 『젠더』에 대한 리뷰 에세이로, 일부를 수정하여 다시 수록하였다.

로 들어오게 되었는지 성찰하고 있다.

일리치에 따르면 젠더의 상실은 화폐의 단일성이 지배하기 위한 전제조건이다. 왜냐하면 남녀 간의 젠더 차이란 모든 것을 균질적인 것으로 환원시켜서 돈으로 교환 가능한 것으로 만들 수 없다는 징표이자 경계이기 때문이다. 남자와 여자는 서로 맞바꿀 수 없고, 또 남녀로 젠더화된 사회는 돈이라는 획일적이고 추상적인 범주가 투과할 수 없는 사회이다. 젠더를 상실한 현대 사회에서는 모든 것을 돈으로 살 수 있지만, 젠더화된 사회에서는 그럴 수 없다. 말하자면 젠더는 세계가 평평하지 않다는, 균질적이지 않다는 징표인 것이다. 그러므로 돈의 추상적 보편성, 화폐의 단일성이 지배하기 위해서는 이 평평하지 않은 세계를 불도저처럼 밀어서 납작하게 만들어야 했다. 젠더를 문질러버려야 했다.

일리치는 이 과정을 단순히 자본주의화 과정이라고 말하지 않는다. 그에 따르면 유럽에서 젠더의 상실 과정은 12세기부터 18세기에 이르기까지 서서히 준비되었고, 이를 위한 내면의 공간을 만들어낸 일등 공신은 교회이다. 근대 자본주의는 이러한 토양 위에 비로소 뿌리를 내릴 수 있었다는 것이다.

일리치는 우리가 흔히 '자본주의화'라고 부르는 과정을 젠더의 상실 과정으로, 젠더의 영역으로부터 섹시즘의 왕국으로의 보다 오랜 이행 과정으로 설명하고 있다. 달리 말하면 이것은

'토착적 가치'의 영역으로부터 '희소성'(scarcity)의 세계로의 이행이고, 문화적으로 규정된 남자와 여자의 세계로부터 동물적인 암수의 세계로의, 문화적 사막으로의 이행이다. 이러한 문화적 사막에서 남성과 여성은 소비자와 노동자 기능 외에는 인간으로서의 다른 모든 특징들을 박탈당한 채 중성화된 경제적 행위자 내지는 암수의 인간동물로 전락한다. 그리고 현재의 조건을 만족스러운 것으로 여기든, 불만족스러운 것으로 여기든, 세계를 '상보적 젠더의 세계'가 아니라 획일화된 '경제적 성(sex)'의 세계로 보는 점에서는 이른바 '진보'도 예외가 아니다.

일리치에 따르면 계급평등, 남녀평등을 내세우는 근대의 대안적 운동들과 이념들 역시 인간을 젠더를 상실한 중성화된 경제적 행위자로 보는 근대의 공리를 공유하고 있다. 그들은 이러한 공리에 대해 문제제기를 하지 않은 채 경제적·정치적·법적·사회적 평등이라는 환상적 목표를 향해 매진한다. 일리치는 이러한 대안운동들이 내세우는 '평등'이라는 이념의 본질적 성격에 대해 문제를 제기하고 있다. 그는 세계를 평등한 것들의 총합으로, 교환 가능한 것들의 총합으로 단순화시켜버리는 데 대해 근원적으로 거부하고 있는 것이다. 일리치는 '평등의 신화'를 거부하는 대신 '경제의 축소'를 이야기한다. 오늘날 우리가 과거로부터 무언가 배울 수 있다면, 그것은 '경제의 축소'가 인간이 인간으로서 존재할 수 있는 길임을 가르쳐준다고 말한다. 큰 틀에서 볼 때 그것만이 답이라는 것이다.

그는 이 책에서 두려움 없이, 외롭게 이런 이야기들을 하고 있다. 『젠더』가 출간된 것은 1982년이었고, 이 책은 그의 후기 저서에 속한다. 당연히 이 책은 격렬한 논란을 불러일으켰고, 그는 이해받지 못했다. 그때까지 나온 그의 저서들 『학교 없는 사회』, 『병원이 병을 만든다』, 『공생공락을 위한 도구』 등을 통해 그를 자기편이라고 생각했던 사람들은 당황하기도 했고, 분노하기도 했다. 그러나 나는 이 책을 읽으면서 일리치의 방대한 지식에 다시 한 번 감탄했을 뿐만 아니라, 무엇보다도 우리 시대에 보편적인 진리라고 가정되는 그 어떤 이념들에도 속아 넘어가지 않는 그의 견고한 정신 앞에 머리를 숙일 수밖에 없었다. 그리고 근대라는 바윗덩어리, 인류 역사상 지극히 짧고도 기이한 시대를 들어 올릴 인식론적 아르키메데스의 점을 찾아내는 그의 시적 직관에 차츰 설복당했다.

말년에 일리치는 극에 달한 모독에 대해서는 말을 하지 않고 침묵으로 말하는 것이 가장 많은 말을 하는 것이라고 했다. 20세기 말을 살았던 그의 절망의 깊이를 가늠할 수 있는 말이면서 동시에 그가 느꼈던 불통의 벽을 가늠할 수 있는 말이기도 하다. 그는 이 책을 쓰고 20년을 더 살았다. 지금 이 시대에도 일리치의 말은 광야에서 들리는 외로운 예언자의 소리이다. 그러므로 이런 말을 할 때는 아마도 예수처럼 이렇게 말하면서 이야기를 시작해야 할 것이다. "들을 귀 있는 자는 들으라!"

'토착적 젠더'로부터 '경제적 성'으로

일리치는 자신이 사용하는 젠더라는 용어에 대해서 이렇게 말하는 것으로 시작한다.

> 내가 젠더라는 말을 쓰는 것은 토박이 문화에서 일상적으로 구분되는 행위상의 특징을 지칭하기 위해서다. 토박이 문화에서는 장소, 시간, 도구, 일, 말투와 몸짓, 감각 등을 남자와 결부시키거나 여자와 결부시켜 구분한다. 이러한 연관성은 때와 장소에 구체적으로 관련되어 있기 때문에 사회적 젠더를 구성한다. 나는 그것을 토박이 젠더(vernacular gender)라고 부르겠다. 왜냐하면 이 연관성은 토박이말이 그러하듯이 같은 전통을 가진 사람들(gens)에게만 해당하는 것이기 때문이다. (…) 말하자면 나는, 과거에는 너무나 당연해서 이름 붙일 필요조차 없었지만 지금은 거의 사라진 탓에 성(sex)으로 착각되곤 하는 어떤 이원적 특징을 지칭할 때 이 말을 쓰고자 한다. (『젠더』, 본문 16쪽)

일리치에 따르면 산업시대 이전의 모든 문화에는 도구의 사용이나 노동과 관련해서 남녀 젠더를 구분하는 선이 있었고, 어떠한 지역이나 공동체나 문화도 그 구분선을 똑같은 방식으로

굿지 않았다. 이러한 젠더 구분의 자취는 오늘날까지 남아있는 유럽 농촌지역의 도구들에서도 볼 수 있다고 한다. 일리치는 전통사회에서의 젠더 구분을 이렇게 묘사하고 있다.

어느 곳에서든 토박이 주민들은 멀리서 누군가 일하는 모습을 보면 얼굴이 안 보여도 그가 남자인지 여자인지 알 수 있었다. 지금이 어느 절기인지, 어떤 농기구로 어떤 농작물을 기르는지 보고서 여자인지 남자인지 가려냈고, 짐을 머리에 이는지 어깨에 짊어지는지만 보고도 그 사람의 젠더를 알았다. 가령 추수하는 들판에 거위가 돌아다니고 있으면 근방에는 분명히 여자애가 있을 것이다. 길 가다가 양떼와 마주치면 조금 있다가 사내애가 나타날 것이다. 어디엔가 속한다는 말은 무엇이 우리 여자들에게 맞고 우리 남자들에게 맞는 일인지 안다는 뜻이었다. 다른 젠더의 일로 여겨지는 일을 하는 사람이 있다면, 그는 틀림없이 타지에서 온 사람이거나 체면 차릴 필요가 없는 종일 것이다. 젠더는 두 다리 사이에만 있는 것이 아니라 발걸음을 옮길 때마다, 행동거지마다 존재하는 것이다. (본문 68쪽)

전통사회에서 인간의 모든 활동은 젠더 경계가 그어진 전체 안에 뿌리를 내리고 있었고, 어떻게 뿌리를 내리는가는 공동체마다 달랐으며, 그 각각의 뿌리내리는 방식이 공동체 삶의 독특한 성격을 규정했다. 그리고 이 다양한 젠더 구분 방식이 일리치가 말하는 문화, 즉 '삶의 예술'로서의 문화의 밑바탕을 이룬다. 이때 일리치가 말하는 문화란 전통사회의 사람들이 자신이 속한 시간과 장소에 뿌리내리고, 인간이 넘어설 수 없는 한계를 자각하면서 꽃피운 다양한 사회적 표현들이다.(Ivan Illich, "Needs," *The Development Dictionary*, ed. by Wolfgang Sachs, London: Zed Books, 1992) 젠더는 이 '삶의 예술', '가난의 예술'로서 문화의 가장 밑바닥에 깔린 무늬였다는 것이다.

일리치가 말하는 젠더는 근본적이면서 동시에 어느 곳에서도 동일하지 않은 사회적 양극성, 남녀 이원성을 지칭한다. 그는 이러한 젠더의 특징에 대해 '모호한 상보성'(ambiguous complementarity), '비대칭적 상보성'(asymmetry complementarity)이라는 표현을 쓰고, 오른손과 왼손의 관계에 비유해서 설명하고 있다.(본문 70~73쪽) 오른손과 왼손은 다르지만, 서로 어울린다. 일반적으로 오른손을 왼손보다 더 많이 쓰고 오른손에 더 우위를 부여하지만, 기본적으로 양손은 서로 보완적인 활동과 동작을 위해 이용된다. 그리고 이 독특한 이원성은 늘 모호하다. 일리치는 오른손과 왼손이 이렇게 비대칭적이고 모호한 방식으로 어울리듯이 남자와 여자는 서로 어울리며, 한쪽 없이는 다른 한쪽도 제대로 일을 수행할 수 없다고 한다. 이때 일리치의 논점은 젠더의 비대칭성이 지니는 차별을 드러내는 데 있지 않고, 생존을 위해 양손의 상호작용에 의존하듯이 인간의 삶은 남녀 젠더의 비대칭적 상보성에 의해 유지된다는 데 있다.

그리고 이처럼 모호한 비대칭적 젠더의 이원성 안에서는 누구도 똑같지 않으며, 누구도 똑같은 일을 하지 않는다. 젠더의 상보성은 특정 시공간 안에 있는 남자들과 여자들이 똑같은 것을 말하고 행동하고 원하지 못하도록 떼어놓을 뿐만 아니라, 그 자체가 지역과 시간에 매인 이중성이기 때문이다. 일리치는 이 독특한 이원성은 어떠한 기계적인 이원성으로도 환원되지 않으며, 문화의 다양성, 독특한 삶과 죽음, 고통의 방식의 바탕이 된다고 한다. 남녀가 해야 할 일과 하지 말아야 할 일의 목록은 골짜기마다 다르다. 젠더는 무한히 보편적으로 획일적으로 확장되는 세계를 가정하지 않으며, 각각의 한정된 '우리'라는 공동체 안으로 세계를 "걸어 잠근다."(본문 80쪽) 그렇게 형성된 세계가 아무리 모호하고 부서지기 쉬우며 때로는 부당하고 부조리한 것이라 할지라도 그 세계 안에서 이루어지는 활동들, 즉 아이를 키우고 요리를 하고 뜨개질을 하고 밭을 갈고 망치 또는 주전자를 사용하는 등의 활동들은, 품위 있고 의미가 있으며 공동체의 자립적 삶에 기여하는 바에 따라서 평가되기 때문에 젠더가 내포하는 차별에는 한계가 있다.

성(性)이 하나에 하나를 더하여 정확히 똑같은 종류의 쌍을 만들어내는 이원성이라면, 젠더는 두 부분이 합해서 독특하고 새로우며 복제가 불가능한 전체를 만들어내는 이원성이다. 남자와

358

여자는 함께 전체를 창조해내지만, 두 개의 손이 이루어내는 '전체'가 한 사람 한 사람 다 다르듯이, 남녀가 이루어내는 '전체'도 각기 다른 본성을 가진 전체이다. 그러므로 토착적 젠더의 영역은 일리치가 '경제적 성의 왕국'이라 부르는 곳에서보다 훨씬 깊고 다양한 존재 형태를 꽃피운다. 젠더는 성과 다를 뿐만 아니라 그 이상이다. 그러나 일리치에 따르면 경제성장을 통해 젠더는 성으로 전락해버렸고, 오늘날 사회과학은 이 점을 놓친 채 '경제적 성'의 프리즘을 통해 토착 사회의 젠더를 재단한다.

토착적 젠더 사회에서 경제적 성으로 이뤄진 사회로의 이행은 호모 에코노미쿠스(*homo oeconomicus*)의 탄생과 맥을 같이 한다. 일리치는 중세 말 영주에 의해 공유지가 사유화됨으로써 일어난 변화에 주목한다. 그에 따르면 공유지 내지 공유재(the commons)에 일어난 이러한 변화는 자급적 삶을 위한 공유재가 상품 생산을 위한 '자원'으로, '희소한 가치'로 탈바꿈한 것을 의미한다. 이와 함께 인간은 자급적·자치적 존재가 아니라, 늘 무언가를 필요로 하는 존재, 상품과 서비스에 의해 그 필요가 충족되어야 하는 존재로 탈바꿈했다. 늘 '기본적 필요'(basic needs)가 충족되어야 하는 소비자이자 산업노동력 즉 호모 에코노미쿠스가 탄생한 것이다. 그리고 이 호모 에코노미쿠스는 젠더 부재의 인간이다.

일리치는 칼 폴라니가 공식적 시장경제의 '탈맥락화'(dis

-embedding, 뿌리 뽑힘)라고 불렀던 것을, 인류학적으로 젠더에서 성으로의 변화로 기술하고 있다. 일찍이 칼 폴라니는 '실체적 경제'와 '형식적 경제'를 구분했다. 인간이 자연과 동료 인간들에게 의존해서 자신의 물질적 욕구를 충족시켜나가는 상호작용의 과정이 실체적 경제라면, 형식적 경제란 특정한 목적을 달성하기 위해 희소한 자원과 수단을 합리적으로 사용한다는 의미에서 효율적 선택의 과정을 의미한다. 폴라니는 산업혁명 이후 실체적 경제가 점차 사라지고 형식적 경제만 비대해졌다는 점을 지적했다.

폴라니에 따르면 시장경제의 등장 이전 인간의 삶에서 경제는 사회적·문화적 관계들에 '묻혀있었다(embedded).'(칼 폴라니, 홍기빈 옮김, 『거대한 전환』, 길, 2009) 인간은 사회집단의 일원이고, 개인의 경제행위는 비경제적 목표들을 포함하는 보다 넓은 범위의 사회적 관계와 결합되어 있었다. 경제가 사회에 '묻혀있는' 한, 개인의 경제행위는 사회의 규범에 의해 제약을 받게 된다. 그러나 시장경제의 발전과 함께 경제는 점차 사회적 문화적 맥락에서 벗어나게 되었다. 경제가 자체의 법칙에 따라 움직이면서 사회적·문화적 관계가 시장의 규칙에 종속되기에 이른 것이다. 이렇게 폴라니가 '형식적 경제'와 '실체적 경제'를 구분하고, 비대해진 '형식적 경제'의 특징을 문화적·사회적 맥락으로부터의 '뿌리 뽑힘'이라고 설명했다면, 일리치는 그것을 인류학적으로 젠더라는 맥락으로부터 뿌리 뽑힌 과정이라고 설명하고 있다. 토착적 젠더의 이원성 안에 묻혀 있던 경제가 뿌리 뽑히고 형식적 경제가 사회 전체를 지배하게 됨에 따라 젠더 사회가 생식기의 차이만 남은 경제적 성의 왕국으로 변모했다는 것이다. 일리치는 젠더로부터 뿌리 뽑힌 '호모 에코노미쿠스'를 젠더 부재의 인간, '경제적 중성자'라고 지칭하고, 이러한 사회를 사회문화적 젠더의 맥락으로부터 유리된 경제적 성의 왕국이라고 부른다.

산업사회는 이러한 단일성(unisex)적인 인간, 젠더 부재의 인간을 가정하지 않고는 존립할 수 없다. 이 가정은 두 가지 성이 모두 동일한 일을 위해 존재하며 동일하게 현실을 인식하고, 사소한 장식적 변조는 있지만 동일한 욕구를 가지고 있다고 보는 것이다. 그리고 모든 경제학에 근본적으로 내재하는 '희소성'에 대한 가정은 이 단일성적인 가정에 근거하고 있다.(본문 23쪽) 그러므로 경제 이론이 전제하는 주체는 젠더 부재의 인간이다. 모든 근대의 제도는 이러한 희소성의 가정을 내포하며 또한 그것이 내포하는 단일성적인 가정들을 사회 전체에 퍼뜨린다. 이렇게 해서 각각의 토착 문화에 내포된 미묘하고 이원적인 뉘앙스는 수천 년의 전통을 짓밟히면서 무시되고 혼동된다. 일리치는 이러한 전략이야말로 근대라고 하는 시대를 다른 어떤 시대와도 동떨어지게 만드는 결정적인 인류학적 특징이라고 본다. 이제 경제제도들은 문화적으로 뿌리내린 두 젠더를 탈맥락화된 성에 의해서만 구분되는 경제적 중성자라는 새로운 존재로 바꾸어놓았다. 경제적 중성자는 온갖 문화적 의복을 벗기고 남은 생물학적 성에 의해서만 식별될 뿐이다.

일리치는 산업사회가 젠더를 파괴함으로써 성립했고, 이렇게 성립한 산업사회는 필연적으로 성차별적이라고 본다. 성차별이란 양성 간에 전제된 평등이 침해당했음을 뜻한다. 남자와 여자를 동일한 기준으로 비교할 수 없는 곳에서는 이러한 주장이 나올 수 없다. 젠더가 지배하는 조건에서는 남자와 여자가 근본적으로 다르고, 집단적으로 서로에게 의존한다. 이러한 상호의존성 덕분에 투쟁과 착취와 상대방을 짓밟는 행위에 한계가 그어지는 것이다. 반면 "희소성이 지배하는 사회에서는 남녀 간 전쟁이 끊이지 않고, 여자들은 늘 새로운 형태의 패배를 당한다. 물론 젠더가 다스리는 곳에서도 여성은 종속적이 될 수 있다. 하지만 경제가 지배하는 곳이라면 어디에서나 여성은 오로지 제2의 성일 수밖에 없다."(본문 184쪽)

그러므로 일리치에 의하면 젠더를 무시한 채 경제적·정치적·법적·사회적 평등이라는 환상적인 목표를 향해 뻗어 나가는 이 중성은 '경제적 성'의 특징이고, 남자든 여자든 그러한 생각을 꿈꾸는 것은 허황하다. 아마도 그것은 '모두가 부자가 되는' 꿈처럼 허황할 것이다. 반면 상품생산과 상품의존을 포함한 금전적 연쇄관계를 감소시키는 것은 결코 환상이 아니다. 만일 경제성장과 산업화가 필연적으로 젠더 파괴적, 다시 말해 성(sex)-지향적이라면, 성차별(sexism)은 경제의 축소를 통해서만 약화된다. 성차별을 약화시키기 위해서는 돈과 관련된 것들을 축소하고 비시장적·비경제적 형태의 자급자족을 확대하는 것이 필수적이다. 젠더의 파괴는 성차별의 전조이고, 성차별을 줄이는 길은 경제의 축소에 있다는 것이다.

성차별의 역사와 이유를 분석하는 것이 일리치의 관심사는 아니다. 일리치가 말하고자 했던 것은 성차별이란 젠더가 부재한 상황에서만 있을 수 있다는 것이다. 그는 근대의 중성화된 경제적 인간에 근거해서 평등을 추구하고 토착적 젠더를 평가하는 것은 유토피아에서 캐낸 개념을 가지고 과거를 재구성하는 것이나 다름없다고 했다. 그는 "젠더가 소멸된 인간 양성 사이에 경제적 평등을 이루려는 몸부림은 마치 직선 자를 가지고 원을 재단해 네모를 그리려는 노력과 비슷하다"(본문 63쪽)고 말했다. 그리고 이 몸부림이 거세면 거셀수록 결과는 더 불합리해질 것이라고 했다.

일리치에 따르면 순전히 경제 중심의 사회란 젠더가 존재하지 않는다는 전제를 바탕으로 하는 것이고, 여성은 바로 이 전제에 의해 특정한 방식으로 상처를 입는다. 그러나 여권주의자들은 이 전제에 질문을 제기하는 대신 기존 범주 내에서 조작된 평등을 택함으로써 무한경쟁의 자유주의적 유토피아를 만들어내는 일에 매진하게 되었다. 일리치는 이런 움직임이 서구 혁명정신의 마지막 발작에 해당한다고 하면서, 발전을 위해 예전에 벌였던 여느 운동과 다름없는 결과를 낳을 것이라 예견한다. 즉 소수에게는 더한 특권을, 다수에게는 더한 퇴보를 안겨주는 결과를 낳으리라는 것이다. 그리고 이 다수는 '이중의 게토'(본문 188쪽) 안에 갇혀버리게 될 것이라고 한다. 이중의 게토란 평등의 약속이 여전히 이행되지 않는 상태에서 젠더의 보호막마저 벗겨지는 상황을 두고 일리치의 동료 바바라 두덴이 붙인 이름이었다.

그림자 노동

경제 중심의 사회에서 여성은 어째서 늘 제2의 성이 될 수밖에 없는가? 이에 대해 설명하면서 일리치는 '그림자 노동'(shadow work)이라는 새로운 조어를 만들어냈다. 그는 한 상품에 부가가치를 더하기 위해 소비자가 행하는 무보수 노동을 지칭하기 위해 이 용어를 만들었다. 상품이 실제 사용가치를 실현하고 소비되기 위해서는 추가적인 노동이 필요하다. 일리치는 이러한 활동이 번거로운 시간의 손실을 수반한다는 점에서 '노동'이라는 말을 썼고, 이러한 수고가 소비행위에 연관되고 이를 위한 준

비과정임을 나타내기 위해 '그림자'라는 말을 썼다.(본문 239쪽, 주 30) 그림자 노동은 고도의 상품시장에 의존하는 근대 산업사회의 산물이며, 상품에 의존하지 않는 자급적이고 토착적인 사회에서는 존재하지 않는다. 임금노동 밖에서 임금노동과 병행해서 제2의 유례없는 경제활동이 생겨나게 된 것이다. 그는 그림자 노동이 임금노동과 상품시장이 존재하는 산업사회의 산물임을 설명하기 위해 토착 젠더사회의 여성과 현대 여성이 달걀 프라이를 하는 과정을 비교했다.

현대의 가정주부는 마트에 가서 달걀을 고르고, 자동차에 싣고 아파트에 도착해서, 엘리베이터를 타고 올라와 가스레인지를 켜고 냉장고에 있는 버터를 꺼내 달걀을 부친다. (…) 하지만 할머니가 하던 방식은 달랐다. 닭장에서 달걀을 꺼내고, 집에서 만든 돼지기름 덩어리를 조금 떼어낸 다음, 손자가 공유지에서 주워온 장작으로 불을 지피고, 장에서 사온 소금을 뿌렸다. 두 여자 모두 똑같이 달걀을 부치지만, 현대의 주부는 시장에서 구매한 소비재와 고도로 자본이 들어간 생산재인 자동차, 엘리베이터, 가전제품을 사용한다. 그녀의 할머니는 자급을 이루어내는 젠더 고유의 작업을 수행하지만, 새로운 유형의 주부는 그림자 노동이라는 힘겨운 가사노동을 견디지 않으면 안 된다. (본문 47~48쪽)

여성만이 그림자 노동을 하는 것은 아니지만, 가사노동은 전형적인 그림자 노동이며, 따라서 여성이 그림자 노동의 훨씬 많은 부분을 담당한다. 그림자 노동은 타인을 위해 상품을 생산하는 생산 노동과도 다르고, 돈과 상관없이 수행되는 토착적 활동이나 전통적 가사 활동과도 다르다. 오늘날 여성들은 자신의 선조들은 하지 않았던 그림자 노동이라는 지하경제에서 일하고 있다는 것이다.

일리치는 단순히 남녀의 임금격차보다 산업사회에서 그림자 노동, 지하경제가 차지하는 비중이 점점 더 커지고 이것을 주로 여성들이 담당하고 있다는 사실에 주목한다. 그림자 노동은 현대 경제학에서는 보이지 않는 부분이지만, 실은 보고된 임금노동은 빙산의 일각에 불과하고 수면 아래 잠겨있는 지하노동, 그림자 노동은 그것을 훨씬 상회하며, 현대사회에서 기본적 필요가 늘어날수록 이 부분은 더욱 커질 수밖에 없다고 한다.

산업사회는 점점 더 증대되는 기본적 필요를 재화의 소비를 통해 만족시켜야 한다. 따라서 상품의 소비와 관련된 노고는 생산과 관련된 노고보다 더 근본적이다. 더욱이 기계화를 통해 생산에 투입되는 시간은 급격히 감소하는 반면 자본집약적 상품의 집중도가 증대됨에 따라 소비에 투입되는 시간은 증가하고 있다. 동시에 고도의 소비생활은 필수조건이 되었다. 이러한 소비생활이란 시간을 만족스럽게 이용하는 것이라기보다 시간을 도구로 이용해서 소비를 하는 것이다. 그러므로 일리치는 적어도 모든 현대 경제의 비군사 부문에서 그림자 노동의 투입량은 임금노동의 투입량을 크게 웃돈다고 한다. 그리고 어떠한 방식으로 가사노동을 화폐가치로 환산하든 간에 그 총 가치는 임금노동의 가치를 상회한다고 한다. 가사노동이라는 무료 봉사행위는 가족의 상품의존성을 위한 유일하고도 가장 근본적인 조건이며, 만일 그림자 노동을 수면 위로 떠오르게 해서 그림자 노동에도 보수가 지급된다면 산업체계는 마비된다. 산업사회는 그림자 노동 없이는 기능하지 못한다.(본문 55~56쪽)

따라서 일리치에 의하면 현대사회에서 여성은 남성보다 더 심한 정도로 더욱 광범위하게, 그리고 남성과는 다른 방식으로 경제에 편입되었다. 여성들은 임금노동에서 남성과 동등하지 않으며, 임금노동이 출현하기 전에는 존재하지 않았던 종류의 일에 더욱 불평등하게 매이게 된 것이다. 모든 산업사회에서 여성은 고용상 차별을 받고 있으며, 직업이 없어도 새로운 종류의 '경제적으로' 필수적인 일을 보수도 없이 하도록 강요당하고 있다. 일리치에 따르면 이것은 좀 더 많은 여성이 전문직에 진출하거나 고위관료, 경영인이 되는 것과 상관없이 여성 전체에 변함없이 가해지는 차별이다.(본문 59~60쪽)

공식적인 고용과 그림자 노동에서 여성에게 가해지는 차별은 범세계적이다. 뿐만 아니라 그림자 노동은 부자나라에서 가난한 나라로 수출된다. 예를 들어 슬럼이라는 근대화된 빈곤 지역에서 살고 있는 제3세계의 가난한 남녀들은 경제개발로 인해 과거 그들이 자급적으로 살아가던 방식을 모두 파괴당했다. 그들은 과거 주변 환경을 통해 시장에 가지 않고도 생활에 필요한 것들을 충족할 수 있었지만, 이제 주변 환경은 급격한 개발에 의해 파괴되었고, 그들이 자립적인 삶을 유지하기 위해 사용했던 기술도 거의 잃어버렸다. 이런 상황에서 그들의 가정은 보잘것 없는 수입에 의존할 수밖에 없게 되고 일자리마저 부족한 상태에서 상품의존적인 존재가 되어버렸다. 이들은 토착적 젠더 구분에 의한 아무런 경제적 보호망 없이 근대적 직업으로부터도 소외되고, 과거의 자급(subsistence)으로부터도 소외된다. 말하자면 이들 가난한 나라에서 근대화된 빈곤을 겪는 이들에게 경제 개발이란 '빈곤의 여성화'와 같은 의미를 갖는다는 것이다.(본문 61~62쪽) 그들은 젠더 구분에 의한 경제적 보호망 없이 원시적 축적의 대상으로 떠밀린 것이다.

결국 여성에 대한 경제적 차별은 산업사회가 시작되면서 나타났고, 그것은 산업사회의 수면 아래 은폐된 거대한 빙산인 그림자 노동에 의해 유지된다. 산업사회와 경제성장이 유지되는 한 이 차별은 없어지지 않는다. 젠더를 문질러버린 경제적 성의 사회는 필연적으로 성차별적 사회이다. 전통사회에서도 젠더에 따른 일의 분리, 구분은 있었지만 이것이 본질적 차별은 아니었으며, 여성이 경제적으로 남성에게 의존하지 않았다. 그러나 현대에서 여성의 노동은 그림자 노동이 되면서, 이것이 금전적으로 평가되지 않고, 따라서 남성의 임금노동에 명목상 의존하게 된다. 이것은 모든 영역이 경제화됨으로 인해 일어나는 변화이다. 공유재가 자원 즉 희소한 가치가 됨으로 인해 생겨나는 결핍과 은폐된 노동의 희생자가 여성이라는 것이다. 어머니의 그림자 노동이야말로 화폐유통, 임금, 자본형성을 위한 잉여가치가 모두 궁극적으로 의존하는 경제활동이라는 것이다. 그리고 산업사회에서 이 비공식 부문이야말로 식민화되었다는 것이다. 달리 말하자면 '호모 에코노미쿠스'라는 패러다임은 남자와 여자가 실제로 존재하는 바에 들어맞지 않는다는 것이다.

그러므로 일리치는 경제성장과 남녀의 경제적 평등이 함께 갈 수 있다는 생각을 포기하라고 한다. 경제가 성장할수록 그림자 노동은 증가하고 따라서 대다수 여성의 상황은 더 어려워진다. 평등을 동반한 성장에 대한 꿈은 환상이라는 것이고, 여성에 대한 경제적 억압을 남성 마초들의 탓이라고 돌리는 전략으로는 결코 문제가 해결되지 않으며, 대다수 여성들과 그림자 노동을 전가당한 가난한 나라의 빈곤한 사람들에게는 어떠한 변화도 가져다주지 못한다는 것이다.(본문 60쪽)

반면 일리치에 따르면 어떠한 형태든 남녀 사이의 평화는 경제의 팽창이 아니라 경제의 축소에 달려있다. 경제의 축소와 함께 적어도 덜 성차별적인 사회가 도래할 가능성을 점쳐볼 수 있을 것이라고 한다. 산업주의적 생산으로부터 자급자족으로의 이행, 공유재의 회복이 결국 성차별의 축소에 이르는 길이라는 것이고, 결과적으로 그것은 젠더의 회복으로 가는 길이기도 할 것이다. 상품생산과 상품의존 둘 다를 포함하는 금전적 연쇄관계를 감소시키는 것이 중요하며, 일리치는 지구상의 가난한 나라와 부자나라 사이의 균형을 위해서도, 앞으로 벌어질 끔찍한 생태적 위기상황에 대한 대안으로도 이러한 축소만이 현명한 선택일 것이라고 한다. 금전적 관련성으로부터 점차적으로 플러그를 뽑고 자급자족을 이루는 것은 이제 생존을 위한 조건이라는 것이다.

"하느님은 그들을 남자와 여자로 창조하셨다"

일리치는 근대 산업사회를 인류학적으로 젠더의 상실과 '경제적 중성자'의 등장 내지는 '경제적 성'의 성립 과정으로 묘사하고, 그림자 노동이라는 새로운 개념을 통해 '경제적 성' 위에 구축된 사회가 필연적으로 성차별적 사회일 수밖에 없음을 입증하고자 했다. 그리고 '경제적 성'이라는 전제를 문제 삼지 않은 채 경제적 평등, 남녀평등을 추구하는 것은 환상적 목표를 향한 것이라고 비판하고, 대신 '경제의 축소'만이 여성 차별을 포함한 사회경제적 차별을 줄이고 생태계의 지속성을 유지할 수 있는 길이라고 했다.

당시는 물론이고 오늘날에 들어도 매우 도발적인 일리치의 이러한 주장 근저에 깔려있는 것은 소위 근대화와 '문명화' 과정의 비용을 무겁게 지고 있는 민중에 대한 일리치의 관심이다. 이것은 남성이든 여성이든 이른바 '근대화된 빈곤' 속에서 힘겹게 살아가던 뉴욕 빈민가와 멕시코, 푸에르토리코의 가난한 민중들과 함께했던 일리치 자신의 경험의 연속선상에 있는 것이기도 하다. 아마도 거기서 그는 자본주의 산업생산의 흐름 바깥에 존재하는 자급자족의 경제, 토착적인 삶의 경제의 가능성을 보았을 것이다. 민중에 대한 일리치의 관심이 뿌리내린 지적·경험적 공간은 마르크스주의나 그 어떤 사회과학적 이론에 근거한 평등 이념이 아니라, 바로 이러한 민중의 자급자족적이고 토착적인 삶, 즉 젠더에 뿌리내린 삶이다. 아마도 이 점이 일리치가 오늘날 진보나 대안운동을 추구하는 많은 사람들과 근본적으로 달라지는 지점일 것이다.

이 책 후반부에서 일리치는 유럽에서 젠더 경계가 소멸해간 역사적 과정을 더듬어간다. 말하자면 젠더로부터 성으로의 이행이라는 관점에서 쓴 유럽 남녀관계사의 조감도라고 할 수 있다. 물론 시장관계들의 형성, 자본주의의 침투, 화폐화와 상품의존은 젠더의 폐기를 가속화시켰다. 그러나 일리치에 의하면 이 이행의 과정은 그보다 훨씬 일찍 12세기 중엽에 준비되었다. 우선 경제적인 측면에서 이 시기부터 유럽에서 부부를 대상으로 과세하기 시작했다. 이전에는 부부가 가정의 중심이 아니라 조상과 집과 토지, 혈연관계를 포함한 전체를 뜻하는 '도무스'(domus)와 그 수호신들인 '라레스'(lares)가 가정의 중심이었다. 과세를 할 때도 젠더 구분에 따라 남녀에게 각기 다른 현물이 요구되었다. 그러나 이 시기에 오면 부부가 과세 단위로 되고, 생산공동체로서 부부가 지니는 생산성이 주목받기 시작하면서 부부는 유례없이 가정의 중심으로 부각된다. 그러면서 12세기에는 결혼의 새로운 형태가 나타나기 시작했고, 이 대목에서 교회가 중요한 역할을 한다. 교회는 혼인을 성사(聖事)의 하나로 선언함으로써 부부의 가치를 고양시켰다.(본문 101~105쪽)

일리치는 12세기 중엽 교회에서 나타나기 시작한 혼인서약서 안에 표현된 생각, 즉 계약 관계에 있는 부부 양측이 각기 동등한 '부분'으로 결합되어 있다는 생각에서 남녀평등에 대한 개념의 기원을 발견한다. 이 시기 교회가 한 쌍의 남녀의 내적 관계를 새롭게 도식화했다는 것이다. 12세기 들어 하느님 앞에서 혼인서약을 하기 전에는 맹세하지 말라는 산상수훈의 명령에 따라 남녀가 자의로 맹세하는 것은 교회에 의해 철저히 금지되었다.(실제로 혼인성사는 가톨릭의 일곱 가지 성사 중 가장 늦게 정해졌다.) 그런데 이제 사회경제적 변화와 함께 부부가 가정의 중심에 오고, 교회가 나서서 하느님을 내세워 부부의 결합을 보증하게 된다. 하느님이 각각의 동등한 개인 남녀를 결합시키는 접착제가 된 것이다. 그럼으로써 이제 교회는 단순히 지역의 의식 집행자의 위치로부터 각 가정의 문턱을 넘어 그들의 침대 속, 마음속까지 밀고 들어왔다. 예로부터 마을마다 젠더 구분에 따라 토착적, 자생적으로 형성되었던 겸손이나 성실 같은 미덕이 이제부터 교회의 완전무결한 목회적 서비스 행위의 대상이 된 개인의 양심으로 대체되었다. 1215년 라테라노 공의회에 의해 교회법으로 의무화된 사제 앞에서의 연례적 고해야말로 바로 이 양심이라는 내면적 공간을 확보하는 과정이었다고 한다. 이전에는 제의를 책임졌던 사제가 이제 젠더 부재의 각 개인의 양심의 이야기를 듣는 청죄사가 된 것이다. 또한 교회는 동성애를 기본적인 왜곡으로 정의함으로써 이성 간의 쌍이 정상이라는 개념을 만들어냈다. 물론 이전에도 동성애적 행위는 존재했지만, 누군가 동성애 행위를 한다는 것은 누군가가 작가라고 말하는 것과 같은 수준에서 이상하다고 말하는 것이었고, 대부분 나름의 방식으로 그들을 받아들였지 동성애를 이성애와 대립시켜서 비정상적인 성적 왜곡으로 규정하지는 않았다는 것이다.(본문 149~161쪽)

일리치에 따르면 이러한 일련의 변화는 인간이 개인과 공동체를 이해하는 데 큰 변화가 일어난 것을 의미한다. 12세기 혼인서약서에 나타나는 두 개인 사이의 결합이라는 개념은 상대

방 젠더의 '너'를 개인이라는 추상적 단위로 만듦으로써 '우리'의 구체성이 사라지는 것을 의미한다. 즉 추상적 개인이 탄생함으로써 공동체가 젠더에 의해 스스로에게 부과했던 공동체의 크기 제한이 사라지고, 무한히 확대되는 전 지구적인 '우리'라는 개념이 탄생할 수 있게 된 것이다. 12세기에 일어난 이 변화는 인간 행동에 대한 새로운 종류의 개념화가 탄생하는 인류학적 뿌리였다는 것이다. 바꿀 수 있고 대체할 수 있는 각 부분들로 이루어진 하나의 '체계'로서 사회와 문화가 탄생하게 된 기원이라는 것이다. 이 변화로부터 생겨난 것은 구체적 현실로부터 떠난 전 지구적인 '우리'라는 추상적 개념이다. 이로부터 개체적이고 소유적이며 또한 물질적 생존자라는, 즉 젠더가 부재한 중성적 경제인이라는 개념이 탄생했다는 것이다. 이제 이러한 전제는 결혼생활에서 학교에 이르는 온갖 제도들 가운데 구현되어 역사의 주체를 변화시켰다. 이제 역사의 주체는 더 이상 자기규제적인 여자와 남자가 이루는 애매하고 비대칭적인 결합으로서 '*gens*'(혈족)나 '*lares*'가 아니다. 오히려 주체는 계급, 국가, 회사 또는 파트너로서의 부부 따위의 위조된 '우리'로 만들어진 이데올로기적 개념으로 변했다.(본문 187쪽)

이러한 맥락에서 일리치는 유럽의 역사를 세 단계로 구분했다. 즉 젠더가 다스리던 시대(11세기까지), 젠더가 붕괴하여 이행하던 시기(12-18세기), 그리고 '성'이 지배하는 시기(19세기 이후)

이다. 이제 우리가 살고 있는 시대에 이르러서는 인간 자체가 추상적인 시스템의 일부로 이해되고 있다. 오늘날 인간은 평균적 생존을 유지하기 위한 표준적인 욕구를 할당받아 이를 충족시키는 것이 마치 유일한 삶인 것처럼 여기고 있다. 한계가 지어진 공동체 안에서 젠더적 존재로 자립적으로 살아가는 것이 아니라, 모든 것을 관리 받아야 하고, 그 결과 모두가 동일한 삶의 방식을 따라야 하게 되었다. 즉 수정란에서부터 벌레밥이 되기까지 관리당하는 것이다. 한마디로 좀비들의 세계가 도래한 것이다.

이렇게 대담한 일리치의 역사 구도가 실증적으로 정확한지 판단할 수 있는 역량은 내게 없다. 그러나 일리치의 이러한 역사적 고찰에서 느껴지는 것은 젠더 사회의 낭만화라든가, 아니면 이제 다시 젠더 사회로 돌아가자는 것이 아니다. 그런 것이 아니라 오히려 잃어버린 선한 것들에 대한 일리치의 비애가 느껴진다. 일리치는 이러한 비애를 품고 우리시대의 신화와 우상을 무너뜨리고 있다. 그는 이 책 첫머리에서 산업사회가 만들어낸 두 가지 신화에 대해서 언급했다. 그에 따르면 "산업사회는 두 가지 신화를 창조했다. 하나는 이 사회의 성적 계보에 관한 신화이고, 다른 하나는 산업사회가 평등을 향해 나아가고 있다는 신화이다."(본문 15쪽) 산업사회는 자신에게 필요한 역사를 조작해내는 과정에서 산업사회의 성 구분과는 본질적으로 다른 젠더를 자신의 계보로, 즉 경제적 성의 이전 형태로 해석했다. 산업사회는 젠더 부재의 현재와 젠더화된 과거 사이의 연속성을 짜 맞춰서 성을 젠더의 계승자로 합법화시킨 것이다. 그는 이 조작된 기원은 합법적인 조상을 갖고 있지 못한 현실에 떳떳이 대응할 수 없는 성 중심 사회가 필요로 하는 픽션이라고 했다. 성을 젠더 안에 심는 것은 위조라는 것이다. 일리치는 자신이 이 책을 쓴 목적은 그런 거짓 시각에 맞서기 위한 것이라고 한다.(본문 183쪽) 그러므로 이 책에서 일리치가 한 작업은 젠더와 성 사이의 단절을 주시하고 현재를 과거에서 분리시키는 균열을 밝히는 작업이었고, 산업사회의 위조된 성적 계보와 거기 근거한 평등의 신화를 깨부수는 작업이었다.

남성으로서 일리치가 젠더에 대해 말하는 것은 오늘날 페미니스트들을 격분하게 할 수 있다. 젠더 사회를 일리치가 이상화·낭만화했다고 비판할 수도 있을 것이다. 그러나 일리치의 주장에서 여전히 유효한 것, 그리고 그의 주장의 핵심은 젠더 사회보다 '경제적 성'의 사회가 훨씬 더 성차별적일 뿐만 아니라 필연적으로 성차별적이라는 것이다. 그러므로 경제성장과 남녀평등을 동시에 추구하는 여성운동의 전제에 대해서 재고해야 한다는 일리치의 주장은 특히 성장의 한계가 보다 가시화된 현 시점에서 경청해야만 한다. 일리치는 이렇게 말한다.

수도자와 시인이 죽음을 관조함으로써 현재의 절절한 살아있

음에 감사하듯이, 우리도 젠더 상실의 이 슬픈 현실을 응시해야
한다. 우리가 경제적 중성이라는 이중의 게토에 갇혀 있음을 엄
정하고도 냉정한 시선으로 받아들이고 경제적 성이 제공하는
안락함을 거부하는 길로 나아가지 않는 한, 현대적 삶의 기술
은 회복될 수 없을 것이다. 그러한 삶의 기술에 다가갈 수 있는
희망은 감상적 태도를 버리고 놀라운 진실들에 마음을 여는 데
있다. (본문 187~188쪽)

일리치가 내놓고 말하지는 않았지만, 사실 일리치의 이러한
논의들 밑바탕에는 근원적인 인간적 존재양식으로서 젠더, 즉
"하느님이 그들을 남자와 여자로 창조하셨다"는 성서적 젠더 구
분이 깔려 있다고 본다. 성서적 관점에서 보면 모든 것의 평균이
라는 의미에서의 평등은 존재하지 않는다. 그것은 인간을 하나
의 수학 단위로 환원시킨 것이고, 순전한 관념의 산물이다. 기독
교 신앙에 입각해서 보면 인간은 그렇게 창조되지 않았다. 따라
서 산업사회가 전제하는 경제적 중성자로서의 인간은 기독교적
인간관에 대한 배반이다. 하느님이 인간을 젠더적 존재로 창조
하신 것인지, 아니면 인간 자신이 젠더적 존재로 사회화되었는
데 그것을 하느님에게 투사시킨 것인지 묻는 것은 부질없다. 왜
냐하면 신학은 곧 인간학이고, 신앙 안에서 인간학은 곧 신학일
수밖에 없기 때문이다.

388

200

〈이반 일리치 전집〉을 펴내며

'이반 일리치'라는 이름을 말하면 사람들은 1970~80년대를 풍미했던 이론, 또는 한물간 사상가의 기억을 떠올립니다. 어떤 이들은 학교로부터의 탈출이나 현대의료에 대한 거부를 외쳤던 반문명주의자의 초상을 떠올리기도 합니다. 이처럼 유행의 힘은 사상의 영역에도 예외가 아니어서 변할 수 없는 진리마저 낡고 빛바랜 것으로 만들곤 합니다. 그러나 어떤 진실은 시간의 변덕스런 힘에도 살아남아 뒤늦게 빛을 발합니다. 적지 않은 사람들이 꾸준히 일리치를 찾아 읽고 현실의 어둠을 헤쳐나갈 눈을 얻으려는 것은 그만큼 그의 사상이 진실의 힘을 가지고 있기 때문일 것입니다.

일리치가 한때의 유행에서 다시금 고전으로 부활하고 있는 것은 역설적으로 현대가 겪고 있는 위기가 더욱 커지고 깊어졌다는 뜻이기도 합니다. 끝없는 성장만이 인간을 행복하게 만들어줄 수 있다는 이념은 자유시장과 무한경쟁을 앞세운 신자유주의로 심화되고 있고, 그것이 오늘의 위기를 재촉하고 있다는 것은 모두가 느끼고 있는 사실입니다. 우리는 이 위기를 사회적, 생태적, 실존적 위기의 세 가지로 짚어볼 수 있습니다. 성장의 이데올로기는 능력에 따른 불평등을 정당화하고 결국 양보와 합의에 기초한 공동체의 토대마저 흔들고 있습니다. 그것은 또한 우리 모두에게 주어진 자연을 소수를 위한 착취의 대상으로 삼아버렸습니다. 이러한 사회적, 생태적 위기 속에서 우리는 물질적 욕구의 충족만을 행복으로 여기는 영혼 없는 존재로 타락해 가고 있습니다.

일리치는 이 모든 위기의 뿌리가 인간을 '호모 에코노미쿠스'로 본 근대 경제학에 있다고 합니다. 인간은 날 때부터 '필요'를 가진 존재이고 자연의 '희소성'을 두고 서로 싸워야 하는 존재라고 보는 관점 말입니다. 그러나 일리치는 우리의 필요란 조작된 것이요, 우리 삶의 조건은 희소한 것이 아니라 자급자족적 삶을 꾸려가기에 충분한 것이라고 말합니다. 우리의 가난이란 현대화된 가난으로서 상품을 소비할 수 없어서 생겨난 것이고, 그런 점에서 상품은 인간 삶의 모든 측면에 대해 근본적인 독점을 행사하고 있다는 것입니다. 따라서 상품의 끝없는 생산 및 소비에 의존하는 경제 성장은 필연적으로 역생산성에 빠질 수밖에 없다고 합니다. **가난의 현대화, 근본적 독점, 역생산성**은 이반 일리치가 우리에게 남겨 놓은 귀중한 통찰입니다.

사월의책이 새삼 〈이반 일리치 전집〉을 펴내는 까닭은 현대 사회에 대한 수많은 비판의 담론 위에 또 하나의 비판을 얹고자 함이 아닙니다. "이성으로는 비관하되 의지로 낙관하라"는 안토니오 그람시의 말대로 일리치는 현대를 비판한 만큼이나 인간 사회에 대한 낙관을 잃지 않았습니다. 그는 미래에 대한 비관적 전망이 현재에 드리워놓은 그림자로부터 그 현재를 재발견하는 것이야말로 우리가 해야 할 일이라고 보았습니다. 일리치를 읽는 것은 나 자신과 이 사회를 재발견하고 우리 자신에 대한 희망을 다시 세우는 일이 될 것입니다.

"나는 세상에 불을 던지러 왔노니, 이미 그 불이 타올랐으면 내가
무엇을 원하리요." (누가복음 12:49)

사월의책 편집부